하루 15분 국어 독해력의 기틀을 다지는

뿌리깊은 초등국어 독해력

6단계

초판 20쇄 발행일 2024년 8월 26일 **발행처** (주)마더텅 **발행인** 문숙영

책임편집 임경진 **진행** 남희정, 정반석

집필 구주영 선생님(당동초), 김태호 선생님, 신명우 선생님(서울교대부초), 오보람 선생님(은천초),

최성훈 선생님(울산 내황초), 서혜림 선생님, 박지애, 문성준, 김영광, 허주희, 김수진, 김미래, 오은화, 정소현, 신은진, 김하늘, 임일환,

이경은, 박성수, 김진희, 이다경, 김다애, 장지훈, 마더텅 초등국어 편집부

해설집필 · 감수 김태호 선생님, 신명우 선생님(서울교대부초), 김지남 선생님(서울교대부초), 최성훈 선생님(울산 내황초)

교정 백신희, 안예지, 이복기, 여수현 **베타테스트** 김혜인, 유용화, 한동희, 노현태, 장태준, 김민서

삽화 김미은, 김복화, 서희주, 이혜승, 장인옥, 지효진, 최준규

디자인 김연실, 양은선 **컷** 이혜승, 박성은, 양은선 **인디자인편집** 김재민

제작 이주영 **주소** 서울시 금천구 가마산로 96, 708호 **등록번호** 제1-2423호(1999년 1월 8일)

＊이 책의 내용은 (주)마더텅의 사전 동의 없이 어떠한 형태나 수단으로도 전재, 복사, 배포되거나 정보검색시스템에 저장될 수 없습니다.

＊잘못 만들어진 책은 구입처에서 바꾸어 드립니다.

＊교재 및 기타 문의 사항은 이메일(mother1004@toptutor.co.kr)로 보내주시면 감사하겠습니다.

＊이 책에는 네이버에서 제공한 나눔글꼴이 적용되어 있습니다.

＊ 교재 구입 시 온/오프라인 서점에 교재가 없는 경우에는

고객센터 전화 1661-1064(07:00～22:00)로 문의해 주시기 바랍니다.

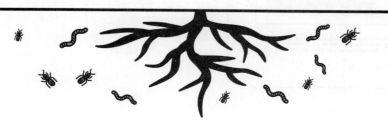

MOTHERTONGUE
마더텅출판사
since1999.4.1.

이 책의 구성

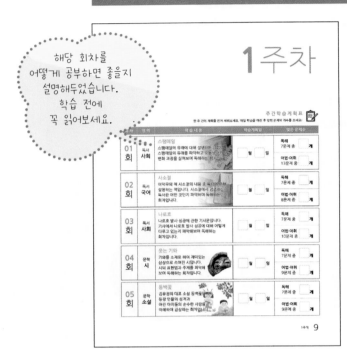

해당 회차를
어떻게 공부하면 좋을지
설명해두었습니다.
학습 전에
꼭 읽어보세요.

<뿌리깊은 초등국어 독해력>은 공부할 내용을
주 단위로 묶었습니다.
'주간학습계획표'는 한 주 동안 공부할 내용을
미리 살펴보고, 학생 스스로 계획을 세울 수 있도록
도와줄 것입니다.

구성 2 독해 지문

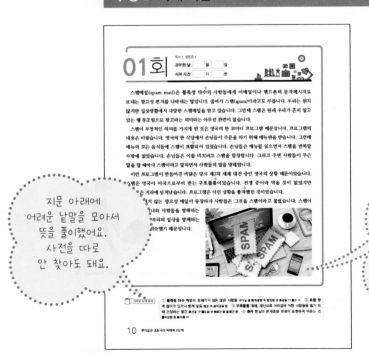

<뿌리깊은 초등국어 독해력>에는 다양한 글감과
여러 가지 형식의 글이 실려 있습니다. 글의 길이와
어휘의 난이도를 고려해 1회차부터 40회차까지
점점 어려워지도록 엮었습니다. 그리고 지문마다
글을 독해하는 데 학생들이 거부감을 줄일 수 있도록
글의 내용과 관련된 사진이나 삽화를 수록했습니다.
여기에 따로 사전을 찾아보지 않도록 '어려운 낱말'을
지문의 아래에 두었습니다.

지문 아래에
어려운 낱말을 모아서
뜻을 풀이했어요.
사전을 따로
안 찾아도 돼요.

글의 내용과 관련된
사진이나 삽화가
수록되어 있어요.
독해가 어려우면
그림을 보고 내용을
미리 짐작해보아요.

해설지를 빠르게
찾아갈 수 있게
'찾아가기' 날개가
달려 있어요.

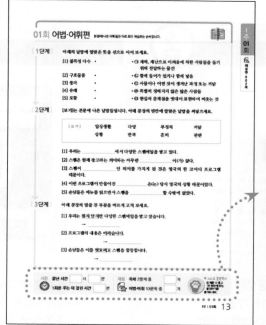

〈뿌리깊은 초등국어 독해력〉에서 독해 문제는
모두 7문제가 출제됩니다. 중심생각을 묻는 문제부터
세부내용, 그리고 글의 내용을 응용해야 풀 수 있는
추론 문제까지 이어지도록 문제를 배치했습니다.
이러한 구성의 문제를 풀다 보면 먼저 숲을 보고
점차 나무에서 심지어 작은 풀까지 보는 방법으로
자연스레 글을 읽게 될 것입니다.

국어 독해력을 기르는 데 필요한 것은 무엇보다
배경지식입니다. 배경지식을 알고 읽는 글과
그렇지 않은 글에 대한 이해도는 하늘과 땅 차이입니다.
〈뿌리깊은 초등국어 독해력〉에는 해당 회차의
지문과 관련된 내용이면서 학생들의 배경지식을 넓히는 데
도움이 될 만한 글들이 곳곳에 자리하고 있습니다.

〈뿌리깊은 초등국어 독해력〉에는
어휘·어법만을 따로 복습할 수 있는
별도의 쪽이 회차마다 들어있습니다.
마치 영어 독해 공부를 하듯 해당 회차
지문에서 어렵거나 꼭 알아 두어야 할
낱말들만 따로 선정해 확인하는 순서입니다.
총 3단계로 이뤄져 있습니다. 1,2단계는
해당 회차 지문에서 나온 낱말을 공부하고,
3단계에서는 어휘 또는 어법을 확장하여
공부할 수 있습니다.

한 회를 마칠 때마다 걸린 시간 및
맞힌 문제의 개수, 그리고 '평가 붙임딱지'를
붙일 수 있는 (자기주도평가)란이 있습니다.
모든 공부를 다 마친 후 스스로 그 결과를
기록함으로써 학생은 그날의 공부를
다시 한 번 되짚어볼 수 있습니다.
그리고 하나하나 성취해가는
기쁨도 느낄 수 있습니다.

구성 7 다양한 주간 부록

독해 어휘력 한자　　　꼭 알아 두어야 할 맞춤법　　　독해에 도움 되는 배경지식　　　알아 두면 도움 되는 관용 표현

〈뿌리깊은 초등국어 독해력〉에는 주마다 독해에 도움이 될 만한 다양한 부록이 실려 있습니다. 독해에 도움이 될 만한 배경지식부터, 독해력을 길러주는 한자까지 다양한 주제와 이야기로 구성되어 있습니다.

구성 8 정답과 해설

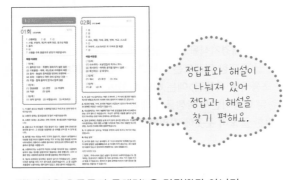

정답표와 해설이
나뉘어 있어
정답과 해설을
찾기 편해요.

〈뿌리깊은 초등국어 독해력〉은 정답뿐만 아니라 문제를 이해할 수 있도록 도와주는 해설도 수록되어 있습니다. 빠르게 정답을 확인할 수 있도록 정답표와 해설을 깔끔하게 분리했습니다.

구성 9 유형별 분석표

〈뿌리깊은 초등국어 독해력〉은 유형별 분석표와 그에 따른 문제 유형별 해설도 실었습니다. 학생이 해당 회차를 마칠 때마다 틀린 문제의 번호에 표시를 해두면, 나중에 학생이 어떤 유형의 문제를 어려워하는지 알 수 있게 됩니다.

계속 표시해
나가면
부족한 부분을
한눈에
알 수 있어요.

구성 10 독해력 나무 기르기

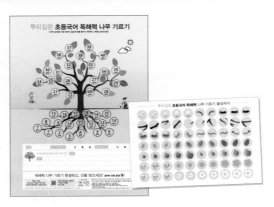

〈뿌리깊은 초등국어 독해력〉은 학생이 공부한 진도를 확인할 수 있도록 '독해력 나무 기르기'를 부록으로 실었습니다. 회차를 마칠 때마다 알맞은 칸에 어울리는 붙임딱지를 붙여서 독해력 나무를 완성해 보세요.

구성 11 낱말풀이 놀이

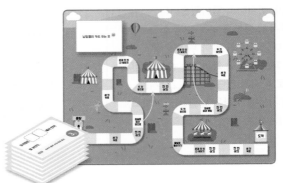

놀이를 하면서 그동안 공부했던 낱말을 재미있게 복습할 수 있도록 교재 뒷부분에 부록으로 '낱말풀이 놀이'를 실었습니다. 카드 수수께끼를 풀면서 말을 움직이는 보드게임입니다.

뿌리깊은 초등국어 독해력에 수록된
전체 글의 종류와 글감

비문학(독서)

	국어	사회/역사		과학	기타
설명문	02회 14쪽 사소절	01회 10쪽 스팸메일	교과연계 08회 40쪽 세계의 다양한 음식 문화 초등사회6-2 3.세계 여러 지역의 자연과 문화	06회 32쪽 카시니호	18회 84쪽 이삭 줍는 여인들
	22회 102쪽 낭중지추	11회 54쪽 우리의 집, 한옥	교과연계 21회 98쪽 헌법 초등사회6-2 1.우리나라의 민주 정치	교과연계 16회 76쪽 영양 성분 표시 초등과학5-2 4.우리 몸의 구조와 기능	
	교과연계 36회 164쪽 언어의 변화 초등국어5-1 8.아는 것과 새롭게 안 것	교과연계 31회 142쪽 흑인의 인권 초등도덕5 6.인권을 존중하는 세상	32회 146쪽 동물 복지	교과연계 26회 120쪽 힘의 종류 중학과학1-1 2.여러 가지 힘	
		교과연계 38회 172쪽 주식회사 초등사회6-1 3.우리나라의 경제 발전	교과연계 17회 80쪽 학교 폭력 초등사회6-2 1.우리나라의 민주 정치	교과연계 27회 124쪽 열의 이동 방법	교과연계 37회 168쪽 민화 초등사회6-1 1.사회의 새로운 변화와 오늘날의 우리
논설문		교과연계 07회 36쪽 문화의 다양성을 존중하자 초등사회6-2 3.세계 여러 지역의 자연과 문화			
실용문					13회 62쪽 전기 자전거 사용법
전기문		12회 58쪽 슈바이처와 박애 정신	교과연계 23회 106쪽 김만덕 초등사회6-1 1.사회의 새로운 변화와 오늘날의 우리		
기타		28회 128쪽 나의 소원	교과연계 03회 18쪽 나로호 초등사회6-2 2.이웃 나라의 환경과 생활 모습		교과연계 33회 150쪽 독립신문 창간사 초등사회6-1 1.사회의 새로운 변화와 오늘날의 우리

문학

시	09회 44쪽 봄은 고양이로다	14회 66쪽 동해 바다	19회 88쪽 호수, 못 잊어	24회 110쪽 모란이 피기까지는	29회 132쪽 청포도	39회 176쪽 풀벌레들의 작은 귀를 생각함
소설	05회 26쪽 동백꽃	10회 48쪽 어린 왕자	20회 92쪽 박씨전	25회 114쪽 빨간 머리 앤	30회 136쪽 춘향전	40회 180쪽 사춘기라서 그래?
동시 / 수필 / 동화	교과서 04회 22쪽 웃는 기와 (동시) 초등국어6-2 (2015학년도)	15회_70쪽 방망이 깎던 노인 (수필)	34회 154쪽 두 형제①	35회 158쪽 두 형제②		

뿌리깊은 초등국어 독해력 목차

1주차

01회	스팸메일	설명문	사회		10쪽
02회	사소절	설명문	국어		14쪽
03회	나로호	기사문	사회	교과연계 : 초등사회6-2	18쪽
04회	웃는 기와	문학	동시	교과서 : 초등국어6-2	22쪽
05회	동백꽃	문학	소설		26쪽
부록	독해에 도움 되는 관용표현 - 빼도 박도 못하다		30쪽

2주차

06회	카시니호	설명문	과학		32쪽
07회	문화의 다양성을 존중하자	논설문	사회	교과연계 : 초등사회6-2	36쪽
08회	세계의 다양한 음식 문화	설명문	사회	관련교과 : 초등사회6-2	40쪽
09회	봄은 고양이로다	문학	시		44쪽
10회	어린 왕자	문학	소설		48쪽
부록	알아 두면 낱말 뜻을 짐작하게 해 주는 독해 어휘력 한자 - 주인 주, 일 사		52쪽

3주차

11회	우리의 집, 한옥	설명문	사회		54쪽
12회	슈바이처와 박애 정신	전기문	사회		58쪽
13회	전기 자전거 사용법	실용문	기타		62쪽
14회	동해 바다	문학	시		66쪽
15회	방망이 깎던 노인	문학	수필		70쪽
부록	독해에 도움 되는 배경지식 - 다양한 한복		74쪽

4주차

16회	영양 성분 표시	설명문	과학	교과연계 : 초등과학5-2	76쪽
17회	학교 폭력	설명문	사회	교과연계 : 초등사회6-2	80쪽
18회	이삭 줍는 여인들	설명문	기타		84쪽
19회	호수, 못잊어	문학	시		88쪽
20회	박씨전	문학	소설		92쪽
부록	국어 실력을 올려 주는 바른 국어 사용법 - 거에요 / 거예요		96쪽

5주차

21회	헌법		설명문 | 사회 | 관련교과 : 초등사회6-2	98쪽
22회	낭중지추		설명문 | 국어 |	102쪽
23회	김만덕		전기문 | 사회 | 관련교과 : 초등사회6-1	106쪽
24회	모란이 피기까지는		문학 | 시 |	110쪽
25회	빨간 머리 앤		문학 | 소설 |	114쪽
부록	독해에 도움 되는 관용표현 - 혀를 내두르다			118쪽

6주차

26회	힘의 종류		설명문 | 과학 | 관련교과 : 중등과학1-1	120쪽
27회	열의 이동 방법		설명문 | 과학 | 관련교과 : 중등과학1	124쪽
28회	나의 소원		연설문 | 사회 |	128쪽
29회	청포도		문학 | 시 |	132쪽
30회	춘향전		문학 | 소설 |	136쪽
부록	알아 두면 낱말 뜻을 짐작하게 해 주는 독해 어휘력 한자 - 얼굴 면, 성질 성			140쪽

7주차

31회	흑인의 인권		설명문 | 사회 | 관련교과 : 초등도덕5	142쪽
32회	동물 복지		설명문 | 사회 |	146쪽
33회	독립신문 창간사		창간사 | 기타 | 관련교과 : 초등사회6-1	150쪽
34회	두 형제①		문학 | 동화 |	154쪽
35회	두 형제②		문학 | 동화 |	158쪽
부록	국어 실력을 올려 주는 바른 국어 사용법 - 이었다 / 이였다			162쪽

8주차

36회	언어의 변화		설명문 | 국어 | 교과연계 : 초등국어5-1	164쪽
37회	민화		설명문 | 기타 | 교과연계 : 초등사회6-1	168쪽
38회	주식회사		설명문 | 사회 | 교과연계 : 초등사회6-1	172쪽
39회	풀벌레들의 작은 귀를 생각함		문학 | 시 |	176쪽
40회	사춘기라서 그래?		문학 | 소설 |	180쪽
부록	독해에 도움 되는 배경지식 - 함흥차사			184쪽

스스로 붙임딱지 **활용법**

공부를 마치면 아래 보기를 참고해 알맞는 붙임딱지를 '학습결과 점검표'에 붙이세요. ※붙임딱지는 마지막 장에 있습니다.

다 풀고 나서
스스로 대단하다는
생각이 들었을 때
- **정답 수** : 5개 이상
- **걸린 시간** : 10분 이하

열심히 풀었지만
어려운 문제가 있었을 때
- **정답 수** : 4개 이하
- **걸린 시간** : 20분 이상

오늘 읽은 글이
재미있었을 때
- 내용이 어려웠지만
  점수와 상관없이
  학생이 재미있게 학습했다면

스스로 공부를 시작하고
끝까지 마쳤을 때
- 학생이 스스로 먼저
  오늘 할 공부를 시작하고
  끝까지 했다면

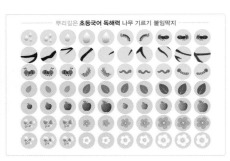

독해력 나무 기르기 **붙임딱지 활용법**

공부를 마치면 아래 설명을 참고해 알맞는 붙임딱지를 '독해력 나무 기르기'에 붙이세요. 나무를 완성해 가면서 끝까지 공부를 했다는 성취감을 느껴 보세요.
※독해력 나무 기르기는 뒤표지 안쪽에 있습니다.

❶ 그날 학습을 마쳤을 때, 학습을 한 회차 칸에 어울리는 붙임딱지를 자유롭게 붙이세요.
❷ 첫째~셋째 줄까지는 뿌리 부분(1~20일차)에 붙이는 붙임딱지입니다. 뿌리 모양 붙임딱지는 뿌리 끝의 모양에 맞춰서 붙여 보세요.
❸ 넷째~일곱째 줄까지는 나무 부분(21~40일차)에 붙이는 붙임딱지입니다.

2025 The 5th Mothertongue Scholarship for TOP Elementary School Students

2025 마더텅 제5기 초등학교 성적 우수 장학생 모집

2025년 저희 교재로 열심히 공부해 주신 분들께 장학금을 드립니다!

대상 **30만 원** / 금상 **10만 원** / 은상 **3만 원**

지원 자격 및 장학금 초1 ~ 초6

지원 과목 국어 / 영어 / 한자 중 1과목 이상 지원 가능 ※여러 과목 지원 시 가산점이 부여됩니다.

성적 기준
아래 2가지 항목 중 1개 이상의 조건에 해당하면 지원 가능
① 2024년 2학기 혹은 2025년 1학기 초등학교 생활통지표 등 학교에서 배부한 학업성취도를 확인할 수 있는 서류
② 2024년 7월~2025년 6월 시행 초등학생 대상 국어/영어/한자 해당 인증시험 성적표
책과함께 KBS한국어능력시험, J-ToKL, 전국영어학력경시대회, G-TELP Jr., TOEFL Jr., TOEIC Bridge, TOSEL, 한자능력검정시험(한국어문회, 대한검정회, 한자교육진흥회 주관)

위 조건에 해당한다면 마더텅 초등 교재로 공부하면서 느낀 점과 **공부 방법, 학업 성취, 성적 변화** 등에 관한 자신만의 수기를 작성해서 마더텅으로 보내 주세요. 우수한 글을 보내 주신 분들께 수기 공모 장학금을 드립니다!

응모 대상 마더텅 초등 교재들로 공부한 초1~초6

**뿌리깊은 초등국어 독해력, 뿌리깊은 초등국어 독해력 어휘편, 뿌리깊은 초등국어
독해력 한국사, 뿌리깊은 초등국어 한자, 초등영문법 3800제, 초등영문법 777,
초등교과서 영단어 2400, 초등영어 받아쓰기·듣기 10회 모의고사, 비주얼파닉스
Visual Phonics, 중학영문법 3800제 스타터** 및 기타 마더텅 초등 교재 중
1권 이상으로 신청 가능

응모 방법

① 마더텅 홈페이지 이벤트 게시판에 접속
② [2025 마더텅 초등학교 장학생 선발] 클릭 후
   [2025 마더텅 초등학교 장학생 지원서 양식]을 다운
③ [2025 마더텅 초등학교 장학생 지원서 양식] 작성 후
   메일(mothert.marketing@gmail.com)로 발송

접수 기한 2025년 7월 31일   **수상자 발표일** 2025년 8월 12일   **장학금 수여일** 2025년 9월 10일

주간학습계획표

한 주간의 계획을 먼저 세워 보세요. 매일 학습을 마친 후 맞힌 문제의 개수를 쓰세요!

회차	영역	학습내용	학습계획일	맞은 문제수
01회	독서 사회	**스팸메일** 스팸메일의 유래에 대해 설명하는 글입니다. 스팸메일의 유래를 파악하고 오늘날까지의 변화 과정을 살펴보며 독해하는 회차입니다.	월 일	**독해** 7문제 중 ☐개 **어법·어휘** 13문제 중 ☐개
02회	독서 국어	**사소절** 이덕무의 책 사소절의 내용 중 독서에 관해 설명하는 책입니다. 사소절에서 강조하는 독서란 어떤 것인지 파악하며 독해하는 회차입니다.	월 일	**독해** 7문제 중 ☐개 **어법·어휘** 8문제 중 ☐개
03회	독서 사회	**나로호** 나로호 발사 성공에 관한 기사문입니다. 기사에서 나로호 발사 성공에 대해 어떻게 다루고 있는지 파악해 보며 독해하는 회차입니다.	월 일	**독해** 7문제 중 ☐개 **어법·어휘** 10문제 중 ☐개
04회	문학 시	**웃는 기와** 기와를 소재로 하여 재미있는 상상으로 쓰여진 시입니다. 시의 표현법과 주제를 파악해 보며 독해하는 회차입니다.	월 일	**독해** 7문제 중 ☐개 **어법·어휘** 9문제 중 ☐개
05회	문학 소설	**동백꽃** 김유정의 대표 소설 동백꽃입니다. 등장 인물의 성격과 어린 아이들의 순수한 사랑을 이해하며 감상하는 회차입니다.	월 일	**독해** 7문제 중 ☐개 **어법·어휘** 9문제 중 ☐개

　스팸메일(spam mail)은 **불특정 다수**의 사람들에게 이메일이나 핸드폰의 문자메시지로
보내는 광고성 편지를 나타내는 말입니다. 줄여서 스팸(spam)이라고도 부릅니다. 우리는 원치
않지만 일상생활에서 다양한 스팸메일을 받고 있습니다. 그런데 스팸은 원래 우리가 흔히 알고
있는 햄 통조림으로 광고라는 의미와는 아무런 관련이 없습니다.

　스팸이 부정적인 의미를 가지게 된 것은 영국의 한 코미디 프로그램 때문입니다. 프로그램의
내용은 이렇습니다. 영국의 한 식당에서 손님들이 주문을 하기 위해 메뉴판을 받습니다. 그런데
메뉴의 모든 음식들에 스팸이 **포함**되어 있었습니다. 손님들은 메뉴를 읽으면서 스팸을 반복할
수밖에 없었습니다. 손님들은 이를 비꼬려고 스팸을 합창합니다. 그리고 주변 사람들이 무슨
말을 할 때마다 스팸이라고 말하면서 사람들의 말을 방해합니다.

　이런 프로그램이 만들어진 까닭은 당시 제2차 세계 대전 중인 영국의 상황 때문이었습니다.
스팸은 영국이 미국으로부터 받는 **구호물품**이었습니다. 전쟁 중이라 먹을 것이 없었지만
스팸만은 거리에 넘쳐났습니다. 프로그램은 이런 상황을 **풍자**했던 것이었습니다.

　그 후 원치 않는 광고성 메일이 등장하자 사람들은 그것을 스팸이라고 불렀습니다. 스팸이
툭하면 튀어나와 사람들을 방해하는
모습이 요즘 우리의 일상을 방해하는
스팸메일과 비슷했기 때문입니다.

어려운 낱말 풀이 ① **불특정 다수** 특별히 정해지지 않은 많은 사람들 不아닐 불 特특별할 특 定정할 정 多많을 다 數수 수　② **포함** 함
께 들어가 있거나 함께 넣음 包쌀 포 含머금을 함　③ **구호물품** 재해, 재난으로 어려움에 처한 사람들을 돕기 위
해 전달하는 물건 救건질 구 護도울 호 物물건 물 品물건 품　④ **풍자** 현실의 문제점을 빗대어 표현하며 비웃는 것
諷비유할 풍 刺찌를 자

1

중심
생각

빈칸을 채워 이 글의 알맞은 제목을 지어 보세요.

....①의 유래

2

세부
내용

'스팸'은 원래 무엇을 가리키는 말이었습니까? ────────────── [   ]

① 광고성 편지   ② 문자메시지   ③ 햄 통조림

④ 영국 식당 메뉴판   ⑤ 구호물품

3

세부
내용

다음 중 이 글의 내용과 <u>다른</u> 것은 무엇인지 고르세요. ──────── [   ]

① 스팸은 원래 광고라는 의미를 가지고 있었다.

② 제2차 세계 대전 중의 영국에는 스팸이 흔했다.

③ 현재에는 원치 않는 광고성 메일을 스팸이라고 부른다.

④ 스팸메일(spam mail)을 줄여서 스팸(spam)이라고도 부른다.

⑤ 스팸이 부정적인 의미를 가지게 된 것은 영국의 코미디 프로그램 때문이다.

4

구조
알기

아래 표의 빈칸을 채워 각 문단을 요약해 보세요.

1문단	현재 [ ]의 의미와 원래의 의미
2문단	영국의 코미디 프로그램 때문에 [ ]인 의미를 가지게 된 스팸
3문단	[ ] 당시 영국에 스팸이 넘쳐난 이유
4문단	[ ]이(가) 등장하자 스팸으로 부르기 시작한 사람들

5

어휘
표현

영국 코미디 프로그램에서는 스팸을 이용해 당시 영국의 처참한② 상황을 비꼬았습니다. 이런 표현 방식을 일컬어③ 무엇이라 하는지 이 글에서 찾아서 써 보세요.

....

어려운 날말 풀이 | ① **유래** 사물이나 어떤 것이 생겨난 과정 또는 이유 由말미암을 유 來올 래   ② **처참한** 몸서리칠 정도로 슬프고 끔찍한 悽슬퍼할 처 慘참혹할 참-   ③ **일컬어** 가리켜

6 이 글의 내용에 비추어 볼 때, 다음 문자메시지 중 스팸메일이 <u>아닌</u> 것을 고르세요. ┈┈ [　　　　]

추론

① [선거운동정보]
안녕하십니까?
△△당 국회의원 후보
기호0번 ○○○입니다.
꼭 찍어주세요!!

② 김미영 팀장입니다.
고객님께서는 최저이율
로 최고 3000만원까지
30분 이내 대출이 가능합
니다.

③ CROSS에서 회원님을
초대합니다. 다양한
이벤트와 스페셜을
확인하세요.
^^CROSS.net

④ △△택배입니다. 고객님
의 택배를 경비실에 맡겨
두었습니다. 확인하시고
꼭 찾아가시기 바랍니다.

⑤ [WEB발신]
(광고)뷰티샵 5월
할인행사
최대 50% 할인
무료수신거부
080********

7 제2차 세계 대전 당시 영국에 스팸이 넘쳐났던 까닭은 무엇인가요?

내용
적용

제2차 세계 대전 당시의 영국에는 먹을 것이 부족했습니다. 그래서

─────────────────────────────

미국으로부터

─────────────────────────────

─────────────────────────────

─────────────────────────────

배경지식 더하기

컴퓨터에 에러가 발생한 것을 왜 '버그'라고 부를까요?

여러분은 컴퓨터 프로그램을 이용하다가 컴퓨터가 갑자기 멈추거나 이상한 화면이
나타난 적이 있을 거예요. 그런 현상을 IT용어로 '버그'라고 부르지요. 아마 여러분도
컴퓨터 버그에 대해서 몇 번 들어본 적은 있을 거예요. 그런데 버그(bug)는 영어
단어로 '벌레'라는 의미를 지니고 있어요. 왜 프로그램 에러를 '벌레'라고 부를까요?

1945년 9월 9일, 그레이스 호퍼 박사가 사용하던 컴퓨터가 갑자기 작동하지 않게
되었어요. 열심히 짜고 있던 프로그램을 아무리 뒤져봤지만 잘못된 곳이 없었어요. 그래서 컴퓨터를 직접
열어봤어요. 그랬더니 나방 한 마리가 컴퓨터 부품 사이에 들어가 있었던 거예요. 그 나방을 제거했더니
컴퓨터가 제대로 작동했어요. 호퍼 박사는 그 사실을 일지에 기록했어요. "컴퓨터에 문제가 생겨 확인했더니
컴퓨터에서 벌레(bug)를 발견했다." 컴퓨터 오류의 원인을 버그라고 기록한 것이지요. 이후 이런 명칭이 후대
프로그래머들에게도 전해져 지금도 컴퓨터 오류를 '버그'라고 부른다고 하네요.

01회 어법·어휘편

본문에 나온 어휘들만 따로 모아 복습하는 순서입니다.

[1단계] 아래의 낱말에 알맞은 뜻을 선으로 이어 보세요.

[1] 불특정 다수 •

[2] 구호물품 •

[3] 풍자 •

[4] 유래 •

[5] 포함 •

• ㉠ 재해, 재난으로 어려움에 처한 사람들을 돕기 위해 전달하는 물건

• ㉡ 함께 들어가 있거나 함께 넣음

• ㉢ 사물이나 어떤 것이 생겨난 과정 또는 까닭

• ㉣ 특별히 정해지지 않은 많은 사람들

• ㉤ 현실의 문제점을 빗대어 표현하며 비웃는 것

[2단계] [보기]는 본문에 나온 낱말들입니다. 아래 문장의 빈칸에 알맞은 낱말을 써넣으세요.

[보기]	일상생활	다양	부정적	까닭
	상황	반복	흔히	관련

[1] 우리는 _____에서 다양한 스팸메일을 받고 있다.

[2] 스팸은 원래 광고라는 의미와는 아무런 _____이(가) 없다.

[3] 스팸이 _____인 의미를 가지게 된 것은 영국의 한 코미디 프로그램 때문이다.

[4] 이런 프로그램이 만들어진 _____은(는) 당시 영국의 상황 때문이었다.

[5] 손님들은 메뉴를 읽으면서 스팸을 _____할 수밖에 없었다.

[3단계] 아래 문장의 밑줄 친 부분을 바르게 고쳐 보세요.

[1] 우리는 **원지 안지만** 다양한 스팸메일을 받고 있습니다.

→ _____

[2] 프로그램의 내용은 **이러습니다.**

→ _____

[3] 손님들은 이를 **빗꼬려고** 스팸을 합창합니다.

→ _____

시간 **끝난 시간** ☐시 ☐분
1회분 푸는 데 걸린 시간 ☐분

채점 **독해** 7문제 중 ☐개
어법·어휘 13문제 중 ☐개

← 스스로 붙임딱지
문제를 다 풀고 맨 뒷장에 있는 붙임딱지를 붙여보세요.

　『사소절』은 조선시대 학자인 이덕무가 쓴 책입니다. '사소절'은 **사소하지만**① 선비가 꼭 지켜야 할 예절을 뜻합니다. 그는 『사소절』에서 '독서'의 방법과 자세도 강조하였다고 합니다. 그가 강조한 독서의 방법과 자세는 무엇이었을까요?

　이덕무는 독서의 방법에 있어서 배움을 위한 첫 단계에서 읽어야 할 책과 그 이후에 읽어야할 책들을 구분하였고, 독서의 순서를 **제시**②하였습니다. 그렇게 순서를 지켜서 책을 읽고 이해해야 좋은 효과가 있을 것이라고 주장했습니다. 그리고 이러한 자세를 **규범**③으로 ㉠삼아야 한다고 기록하였습니다.

　독서의 자세에 대해서는 네 가지를 강조했습니다. 첫째는 책이 익숙해지도록 계속 반복해서 읽는 자세입니다. 둘째는 책의 내용에 대한 다른 **관점**④들을 함께 비교하면서 읽는 자세입니다. 계속해서 셋째는 책을 읽다가 모르는 내용이 나오면 스스로 해결하면서 읽되, **확신**⑤하지 않도록 조심하는 자세입니다. 마지막으로 넷째는 잘못된 내용은 걸러내면서 읽되, 자신의 생각이 옳다고 여기지 않는 태도입니다.

　이렇듯 『사소절』에는 바람직한 독서의 방법과 자세가 제시되어 있습니다. 이 내용은 오래 전에 기록되었지만 오늘날에도 아주 중요하고 강조되는 내용입니다. 또한 앞으로도 독서의 방법과 자세에 있어서 **귀감**⑥이 될 것입니다.

어려운 낱말 풀이

① **사소하지만** 보잘것없이 작거나 적지만 些적을 사 少적을 소-　② **제시** 어떠한 생각을 말이나 글로 나타내어 보임 提끌 제 示보일 시　③ **규범** 인간이 행동하거나 판단할 때에 마땅히 따르고 지켜야 할 본보기 規법 규 範법 범　④ **관점** 사물이나 현상을 관찰할 때, 그 사람이 보고 생각하는 태도나 방향 또는 처지 觀볼 관 點점 점　⑤ **확신** 굳게 믿음 確굳을 확 信믿을 신　⑥ **귀감** 거울로 삼아 본받을 만한 모범 龜거북 귀 鑑거울 감

1 중심 생각

이 글은 어떤 목적으로 쓴 글인가요? ──────────────── [　　]

① 행사를 홍보하기 위해　　　　　　② 정보를 전달하기 위해
③ 의견을 조사하기 위해　　　　　　④ 일정을 안내하기 위해
⑤ 감상을 표현하기 위해

2 세부 내용

『사소절』에 기록된 내용 중 언급되지 <u>않은</u> 내용은 무엇인가요? ──────── [　　]

① 독서의 방법　　　　　　　　　② 독서의 자세
③ 독서의 역사　　　　　　　　　④ 독서의 순서
⑤ 지켜야 할 예절

3 세부 내용

『사소절』에서 설명한 독서의 자세가 <u>아닌</u> 것을 고르세요. ──────── [　　]

① 잘못된 내용은 걸러내면서 읽는다.
② 책이 익숙해지도록 계속 반복해 읽는다.
③ 자신이 생각한 내용을 옳다고 굳게 믿는다.
④ 모르는 내용이 나오면 스스로 해결하면서 읽는다.
⑤ 책의 내용에 대한 다른 관점들을 함께 비교하면서 읽는다.

4 구조 알기

빈칸에 알맞은 낱말을 넣어 표를 완성하세요.

『사소절』

　　　　하지만 꼭 지켜야 할 　　　　을(를) 강조하기 위해 쓴 책

독서의 방법	독서의 자세
독서의 　　　 을(를) 제시하고 그렇게 순서를 지켜서 책을 읽는 자세를 　　　 (으)로 삼아야 한다고 하였다.	책을 　　　 해서 읽고, 다른 관점과 　　　 해 읽으며, 모르는 내용은 　　　 해결하고 잘못된 내용은 걸러내며 읽는다.

5 밑줄 친 ㉠ 대신 쓸 수 있는 표현은 무엇인가요? ──────────────────── [   ]

① 여겨야 한다고
② 의심해야 한다고
③ 비교해야 한다고
④ 제외해야 한다고
⑤ 경계해야 한다고

6 『사소절』을 쓴 사람과 '사소절'의 뜻을 찾아 써 보세요.

[1] 지은이 :
....

[2] '사소절'의 뜻 :
....

....

7 다음 글을 읽고 『사소절』과 공통된 독서 방법을 고르세요. ──────────── [   ]

> 독서하는 다섯 가지 방법 중 첫 번째 방법은 박학(博學)으로 널리 배우는 것이다. 두 번째
> 방법은 심문(審問)으로 곧 자세히 따져 묻는 것이다. 세 번째 방법은 신사(愼思)로 곰곰이
> 생각하는 것이다. 네 번째 방법은 명변(明辯)으로 명백하게 분별한다는 것이다. 마지막 방법은
> 독행(篤行)으로 성실하게 실천하는 것이다.

① 읽은 책의 내용을 행동으로 실천한다.
② 읽은 책을 다른 책과 비교하며 읽는다.
③ 잘못된 내용이 있는지 생각하고 분별한다.
④ 모르는 것이 있으면 주변 사람들에게 따져 물어본다.
⑤ 책은 한 권을 여러 번 읽는 것보다 많이 읽는 것이 좋다.

02회 | 어법·어휘편 본문에 나온 어휘들만 따로 모아 복습하는 순서입니다.

[1단계]   아래의 낱말에 알맞은 뜻을 선으로 이어 보세요.

[1] 사소하다 •   • ㉠ 굳게 믿다

[2] 제시하다 •   • ㉡ 보잘것없이 작거나 적다

[3] 확신하다 •   • ㉢ 어떠한 생각을 말이나 글로 나타내어 보이게 하다

[2단계]   아래 문장의 빈칸에 알맞은 낱말을 [보기]에서 찾아서 써넣으세요.

> [보기]   사소   제시   확신

[1] 이덕무는 『사소절』에서 독서의 순서를 ☐☐ 하였다.

[2] 모르는 내용은 스스로 해결하면서 읽되, ☐☐ 하지 않아야 한다.

[3] 『사소절』은 ☐☐ 하지만 꼭 지켜야 할 예절에 대해 쓴 책이다.

[3단계]   [보기]를 읽고 한자어에 알맞은 독음을 써 보세요.

> [보기]   龜 ① 거북 귀 ② 터질 균

[1] 龜裂 : 거북의 등에 있는 무늬처럼 갈라져서 터지는 것
(찢어질 열)   ☐열

[2] 龜鑑 : 거북 등과 거울이라는 뜻으로, 사물의 본보기
(거울 감)   ☐감

시간   **끝난 시간** ☐시 ☐분   채점   **독해** 7문제 중 ☐개

1회분 푸는 데 걸린 시간 ☐분   **어법·어휘** 8문제 중 ☐개

← 스스로 붙임딱지
문제를 다 풀고
맨 뒷장에 있는
붙임딱지를
붙여보세요.

나로 과학 위성, 우주로 비상하다.①

-나로호 세 번째 시도 끝에 발사 성공하다-

(가) 나로호가 우주로 비상하였다. 2013년 1월 30일 고흥군에 있는 나로우주센터에서 나로호가 성공적으로 발사되었다. 한국항공 우주연구원은 세 번의 시도 끝에 한국 최초의 우주발사체 나로호를 궤도에 올려놓았다. 이제 나로호는 과학기술위성으로서 1년간 우주환경을 관측하는 임무를 수행한다.

(나) 나로호는 오후 4시에 우주로 발사되었다. 215초 후에는 위성 덮개인 페어링이 정상적으로 분리되었다. 229초경에 1단 엔진이 멈추었고, 232초에 1단 분리가 이루어졌다. 분리된 1단 로켓은 발사장에서 2799km 떨어진 바다에 떨어졌다. 540초경에는 위성이 분리되어 궤도에 성공적으로 진입하였다.

(다) 나로호 발사가 한순간에 이루어진 것은 아니다. 나로호 개발은 한국항공우주연구원의 주관②으로 2002년 8월에 시작하였다. 1단 액체 엔진은 러시아에서, 2단 상단 로켓은 국내에서 개발되었다. 지난 2009년 8월 15일 오후 5시에 1차 발사 시도가 있었으나 고압 탱크 관련 문제로 발사가 중지되었다. 이후 2009년 8월 25일 오후 5시에 발사를 재시도 하였으나, 페어링 분리가 이루어지지 않아 목표궤도 진입에 실패하였다. 세 번째 시도 만에 비로소 나로호 발사가 성공하였다.

(라) 나로호 발사로 한국은 로켓을 자체③ 개발하여 위성을 우주로 보낸 열한 번째 나라가 되었다. 나로호를 개발하면서 한국은 과학 위성 개발 첫 단계부터 마지막 단계까지의 우주기술을 확보④하였다. 이러한 우주기술은 과학기술, 국가방어, 우주 과학 산업 분야에서 활용도가 높을 것으로 기대된다.

↑ 한국 첫 우주발사체 '나로호(KSLV-1)'가 30일 오후 전남 고흥군 외나로도 나로우주센터에서 우주를 향해 발사되고 있다. (출처: 연합뉴스)

1

중심
생각

이 글을 쓴 목적은 무엇인가요? --- [   ]

① 문제 상황을 해결하기 위해

② 새로운 정보를 전달하기 위해

③ 글쓴이의 마음을 전달하기 위해

④ 경험에 대한 느낌을 정리하기 위해

⑤ 과학 지식을 체계적으로 정리하기 위해

2

세부
내용

서술형

나로호가 과학기술위성으로서 하는 일은 무엇인가요?

....

....

3

세부
내용

다음 중 이 글의 내용과 맞지 <u>않는</u> 것을 고르세요. ----------------------------------- [   ]

① 나로호는 한국이 독자적으로 개발하였다.

② 나로호 발사는 세 번째 시도 끝에 성공하였다.

③ 한국은 우주에 위성을 보낸 열한 번째 나라이다.

④ 발사된 나로호는 10분 내에 위성궤도에 진입하였다.

⑤ 한국은 국가방어에 활용되는 우주기술을 가지고 있다.

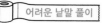 어려운 낱말 풀이 ① **비상** 높이 날아오름 飛날 비 上윗 상   ② **주관** 어떤 일을 책임을 지고 맡아 관리함 主임금 주 管대롱 관
③ **자체** 외부적 영향 없이 내부적이거나 독립적임 自스스로 자 體몸 체   ④ **확보** 확실히 보증하거나 가지고 있음
確굳을 확 保지킬 보

4 이 글의 내용을 육하원칙에 맞게 정리해 보세요.

_{구조 알기}

누가	( )
언제	2013년 1월 30일 오후 4시
어디에서	고흥군 나로우주센터에서
무엇을	나로호를
어떻게	성공적으로 발사시킴
왜	우주환경을 ( )하기 위해

5 (나)의 설명 방법으로 알맞은 것은 무엇인가요? ··· [   ]

_{어휘 표현}

① 일을 시간 순서대로 설명하였다.

② 공간의 변화에 따라 설명하였다.

③ 구체적인 예를 들어 설명하였다.

④ 원인과 결과의 흐름으로 설명하였다.

⑤ 대상을 공통적인 성질에 따라 종류별로 나누어 설명하였다.

6 지금까지 나로호 발사가 실패한 까닭은 무엇인지 각각 써 보세요.

_{내용 적용}

첫 번째 : ....

두 번째 : ....

7 (나), (다)를 읽고 짐작한 것으로 알맞지 <u>않은</u> 것은 무엇인가요? ···················· [   ]

_{추론}

① 나로호에는 액체 엔진이 사용되었다.

② 위성은 발사 과정에서 몇 번의 분리 과정을 거친다.

③ 나로호는 궤도에 진입했을 때까지 덮개가 덮여있었다.

④ 나로호는 분리된 로켓이 바다로 떨어지도록 계획되었다.

⑤ 한국항공우주연구원은 고압 탱크 엔진 문제를 해결하였다.

03회 | 어법·어휘편 본문에 나온 어휘들만 따로 모아 복습하는 순서입니다.

[1단계] 아래의 낱말에 알맞은 뜻을 선으로 이어 보세요.

[1] 비상 •　　　　　　　　• ㉠ 높이 날아오름

[2] 자체 •　　　　　　　　• ㉡ 외부적 영향 없이 내부적이거나 독립적임

[3] 확보 •　　　　　　　　• ㉢ 확실히 보증하거나 가지고 있음

[2단계] 아래 문장의 빈칸에 알맞은 낱말을 [보기]에서 찾아서 써넣으세요.

> [보 기]　　　　　　비상　　　자체　　　확보

[1] 나로호 발사로 한국은 로켓을 ☐☐ 개발하여 위성을 우주로 보낸 열한 번째 나라가 되었다.

[2] 나로호를 개발하면서 한국은 과학 위성 개발 첫 단계부터 마지막 단계까지의 우주기술을 ☐☐ 하였다.

[3] 나로 과학 위성이 우주로 ☐☐ 했다.

[3단계] 설명을 보고 태양계 행성의 이름을 알맞게 쓰세요.

[1] 태양에서 가장 가까운 행성. 태양계 행성 중에 가장 작다.　　☐ㅅ ☐ㅅ

[2] 지구와 크기가 비슷하며, 샛별이라고도 불리는 행성　　☐ㄱ ☐ㅅ

[3] 태양계에서 환경이 지구와 가장 비슷한 행성　　☐ㅎ ☐ㅅ

[4] 태양계에서 두 번째로 큰 행성. 아름다운 테를 두르고 있다.　　☐ㅌ ☐ㅅ

시간　**끝난 시간** ☐ 시 ☐ 분　　채점　**독해** 7문제 중 ☐ 개　　← 스스로 붙임딱지
🕐 **1회분 푸는 데 걸린 시간** ☐ 분　　⭐ **어법·어휘** 10문제 중 ☐ 개　　문제를 다 풀고 맨 뒷장에 있는 붙임딱지를 붙여보세요.

웃는 기와

이봉직

옛 신라 사람들은
웃는 기와로 집을 짓고
㉠웃는 집에서 살았나 봅니다.

기와 하나가
처마① 밑으로 떨어져
얼굴 한쪽이
금 가고 깨졌지만
웃음은 깨지지 않고
㉡<u>나뭇잎 뒤에 숨은</u>
<u>초승달처럼</u> 웃고 있습니다.

나도 누군가에게
한 번 웃어 주면
천년을 가는
그런 웃음을 남기고 싶어
㉢<u>웃는 기와 흉내를 내 봅니다.</u>

어려운 낱말 풀이 | ① **처마** 집에서 지붕이 벽이나 기둥 밖으로 나온 부분

1

중심
생각

이 시의 글감은 무엇인지 쓰세요.

....

2

요소

이 시는 몇 연 몇 행으로 이루어져 있는지 쓰세요.

[　]연 [　]행

3

세부
내용

이 시에 대한 설명으로 옳은 것을 고르세요. -- [　　　]

① 비슷한 구절을 반복해서 리듬감을 만들어내고 있다.

② 시에서 말하는 이는 옛날 신라시대에 살던 사람이다.

③ 말하는 이는 지금 박물관에 전시된 유물들을 보고 있다.

④ 소리나 모양을 흉내 내는 말을 사용해서 웃음소리를 실감나게 표현했다.

⑤ 시에서 말하는 이는 '웃는 기와' 같은 웃음을 갖고 싶은 소망을 시를 통해 드러내고 있다.

4

어휘
표현

밑줄 친 ㉠과 같은 표현법이 사용된 것을 고르세요. ----------------------------------- [　　　]

① 향기로운 꽃 냄새가 퍼져 있는 꽃밭에서

② 붉은 장미가 아름답게 피어 있는 정원을 거닐며

③ 아리랑 아리랑 아라리요. 아리랑 고개로 넘어간다.

④ 돌담에 속삭이는 햇발같이, 풀 아래 웃음 짓는 샘물같이

⑤ 쨍그랑 한 푼, 쨍그랑 두 푼 벙어리저금통이 어이쿠 무거워!

5

어휘
표현

밑줄 친 ⓒ과 같은 표현 방식이 사용되지 <u>않은</u> 것을 고르세요. ----------------------------------- [   ]

① 내 누님같이 생긴 꽃이여

② 구름에 달 가듯이 가는 나그네

③ 사과 같은 내 얼굴, 예쁘기도 하구나.

④ 물 먹은 별이, 반짝, 보석처럼 박힌다.

⑤ 님은 갔지마는 나는 님을 보내지 아니하였습니다.

6

추론
적용

시인이 이 시를 지으며 했을 생각으로 가장 적절한 것을 고르세요. ----------------------------------- [   ]

① 옛 신라 사람들처럼 슬기롭게 살아야지.

② 나도 오래도록 남을 수 있는 웃음을 지어야겠어.

③ 박물관에 가서 고구려 사람들의 생활 방식을 탐구하고 싶어.

④ 어떻게 천 년이 넘은 유물이 원형 그대로 보존될 수 있었는지 궁금해.

⑤ 한쪽이 깨진 기와를 보니 우리 선조들이 얼마나 외세의 침략에 시달렸는지 알 수 있었어.

7

작품
이해

밑줄 친 ⓒ의 까닭은 무엇인지 이 시에서 찾아 쓰세요.

....

....

 배경지식 더하기

기와의 역사

기와는 지붕을 덮는 건축재료 중 일부입니다. 기와는 전 세계에서 흔히 발견되는 건축 재료로 동양과 서양의 공통 건축 재료 중 하나입니다. 서양에선 고대 그리스나 로마시기(기원전 약 1000년~100년)부터, 중국의 경우에는 전국시대(기원전 약 400년)부터 사용되었다고 추정됩니다. 우리나라에서는 삼국시대 이전부터 기와를 사용하였다고 하며 삼국시대에 들어서면서 고구려, 백제, 신라 삼국 모두 각국의 특색을 지닌 기와들을 사용하였습니다. 그리고 〈웃는 기와〉시의 기와는 신라의 특색을 지닌 기와 중 하나였습니다.

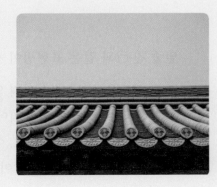

해설편 003쪽

04회 어법·어휘편 본문에 나온 어휘들만 따로 모아 복습하는 순서입니다.

[1단계] **밑줄 친 부분을 올바르게 읽은 것을 고르세요.**

[1] 옛 **신라** 사람들은 ──────────────────── [   ]

　① [신나]　　　　② [실나]　　　　③ [실라]

[2] **웃는** 기와로 집을 짓고 ──────────────── [   ]

　① [운는]　　　　② [욷은]　　　　③ [우슨]

[3] 기와 하나가 처마 **밑으로** 떨어져 ──────────── [   ]

　① [미트로]　　　② [미츠로]　　　③ [미스로]

[4] **나뭇잎** 뒤에 숨은 초승달처럼 웃고 있습니다. ─────── [   ]

　① [나무입]　　　② [나묻입]　　　③ [나문닙]

[2단계] **[보기]의 웃음과 관련된 흉내 내는 말을 학습 후 아래 빈칸에 알맞은 낱말을 쓰세요.**

> [보기]
>
> **빙그레** : 입을 살짝 벌릴 듯 말 듯 하면서 소리 없이 부드럽게 웃는 모양
>
> **피식** : 웃음소리는 내지 않고 입술을 힘없이 터뜨리며 싱겁게 한 번 웃을 때 나는 소리
>
> **실실** : 소리 내지 않고 실없게 슬며시 웃는 모양
>
> **까르르** : 경쾌하고 자지러지게 웃는 소리를 나타내는 말
>
> **하하하** : 즐거워서 입을 벌리고 크고 환하게 웃는 모양

[1] 아이는 용돈을 호주머니에 넣고 슬며시 _____ 웃었다.

[2] 오랜만에 모인 가족들은 _____ 호호호 하며 즐겁게 웃었습니다.

[3] 가온이는 뭐가 그리 신나는지 고개를 젖히고 박수를 치며 _____ 웃어댔다.

[4] 친구의 엉뚱한 행동이 하도 어이가 없어서 나도 싱겁게 _____ 하고 웃었다.

[5] 아무리 좋은 일이 있어도 그녀는 _____ 미소만 지을 뿐 크게 웃는 일이 없었다.

시간　**끝난 시간** [   ]시 [   ]분　　채점　**독해** 7문제 중 [   ]개

1회분 푸는 데 걸린 시간 [   ]분　　**어법·어휘** 9문제 중 [   ]개

◀ 스스로 붙임딱지
문제를 다 풀고
맨 뒷장에 있는
붙임딱지를
붙여보세요.

오늘도 또 우리 수탉이 막 쫓기었다. 내가 점심을 먹고 나무를 하러 갈 ㉠양으로 나올 때이었다. 산으로 올라서려니까 등 뒤에서 푸드득푸드득, 하고 닭의 **횃소리**가 야단이다. 깜짝 놀라서 고개를 돌려 보니 아니나 다르랴, 두 놈이 또 싸우고 있었다.

점순네 수탉(머리가 크고 똑 오소리같이 실팍하게 생긴 놈)이 **몸집**이 작은 우리 수탉을 함부로 해내는 것이다. 그것도 그냥 해내는 것이 아니라 푸드득 하고 볏을 쪼고 물러섰다가 좀 사이를 두고 또 푸드득 하고 ㉡모가지를 쪼았다. 이렇게 멋을 부려 가며 가차 없이 닦아 놓는다. 그러면 이 못생긴 것은 쪼일 ㉢적마다 ㉣주둥이로 땅을 받으며 그 비명이 킥, 킥 할 뿐이다. 물론 미처 ㉤아물지도 않은 볏을 또 쪼이어 붉은 **선혈**은 뚝뚝 떨어진다.

이걸 가만히 내려다보자니 내 머리가 터져서 피가 흐르는 것같이 두 눈에서 불이 번쩍 난다. 대뜸 지게막대기를 메고 달려들어 점순네 닭을 후려칠까 하다가 생각을 고쳐먹고 헛매질로 떼어만 놓았다.

이번에도 점순이가 쌈을 붙여 났을 것이다. 바짝바짝 내 기를 올리느라고 그랬음에 틀림없을 것이다.

고놈의 계집애가 요새로 들어서서 왜 나를 못 먹겠다고 그렇게 아르렁거리는지 모른다.

나흘 전 감자 조각만 하더라도 나는 저에게 조금도 잘못한 것은 없다.

계집애가 나물을 캐러 가면 갔지 남 울타리 엮는 데 **쌩이질**을 하는 것은 다 뭐냐. 그것도 발소리를 죽여 가지고 등 뒤로 살며시 와서,

"얘! 너 혼자만 일하니?"

하고 귀찮은 **수작**을 하는 것이다.

어제까지도 저와 나는 이야기도 잘 않고 서로 만나도 본척만척하고 이렇게 점잖게 지내던 터이련만 오늘로 갑작스레 대견해졌음은 웬일인가. 황차 **망아지**만한 계집애가 남 일하는 놈보구.

"그럼 혼자 하지 다 같이 하디?"

내가 이렇게 내뱉는 소리를 하니까,

"너 일하기 좋니?"

또는,

"한여름이나 되거든 하지 벌써 울타리를 하니?"

잔소리를 두루 늘어놓다가 남이 들을까 봐 손으로 입을 틀어막고는 그 속에서 깔깔댄다. 별로 우스울 것도 없는데 날씨가 풀리더니 이놈의 계집애가 미쳤나 하고 의심하였다. 게다가 조금 뒤에는 제 집께를 할금할금 돌아보더니 행주치마의 속으로 꼈던 바른손을 뽑아서 나의 턱 밑으로 불쑥 내미는 것이다. 언제 구웠는지 아직도 더운 김이 홱 끼치는 굵은 감자 세 개가 손에 뿌듯이 쥐었다.

"느 집엔 이거 없지?"

하고 생색 있는 큰소리를 하고는 제가 준 것을 남이 알면은 큰일 날 테니 여기서 얼른 먹어 버리란다. 그리고 또 하는 소리가,

"너 봄 감자가 맛있단다."

"난 감자 안 먹는다, 너나 먹어라."

나는 고개도 돌리지 않고 일하던 손으로 그 감자를 도로 어깨 너머로 쑥 밀어 버렸다.

그랬더니 그래도 가는 기색이 없고 뿐만 아니라 쌔근쌔근하고 심상치 않게 숨소리가 점점 거칠어진다. 이건 또 뭐야, 싶어서 그때서야 비로소 돌아다보니 나는 참으로 놀랐다. 우리가 이 동리에 들어온 것은 근 삼 년째 되어 오지만 여태껏 가무잡잡한 점순이의 얼굴이 이렇게까지 홍당무처럼 새빨개진 법이 없었다. 게다 눈에 독을 올리고 한참 나를 요렇게 쏘아보더니 나중에는 눈물까지 어리는 것이 아니냐. 그리고 바구니를 다시 집어 들더니 이를 꼭 악물고는 엎어질 듯 자빠질 듯 논둑으로 횅허케 달아나는 것이다.

어쩌다 동리 어른이,

"너 얼른 시집가야지?"

하고 웃으면,

"염려 마세유. 갈 때 되면 어련히 갈라구!"

이렇게 천연덕스레 받는 점순이었다. 본시 부끄럼을 타는 계집애도 아니려니와 또한 분하다고 눈에 눈물을 보일 얼병이도 아니다. 분하면 차라리 나의 등허리를 바구니로 한 번 모질게 후려 쌔리고 달아날지언정.

그런데 고약한 그 꼴을 하고 가더니 그 뒤로는 나를 보면 잡아먹으려고 기를 복복 쓰는 것이다.

―김유정, 「동백꽃」中

1
중심
생각

이야기의 중심인물 중 여자아이의 이름은 무엇인가요?

....

2
요소

이 글에 나타난 나의 성격과 가장 가까운 것을 고르세요. ―――――――――――――― [   ]

① 순박함   ② 다정함   ③ 교활함   ④ 지혜로움   ⑤ 용기가 많음

3
어휘
표현

밑줄 친 ㉠~㉤의 뜻이 잘못된 것을 고르세요. ―――――――――――――――――― [   ]

① ㉠ : 의도, 생각   ② ㉡ : 목   ③ ㉢ : 때

④ ㉣ : 입   ⑤ ㉤ : 생기지도

어려운 낱말 풀이   ① **홰소리** 닭이 날개를 치는 소리   ② **몸집** 몸의 부피   ③ **선혈** 생생한 피 鮮고울 선 血피 혈   ④ **쌩이질** 한창 바쁠 때에 쓸데없는 일로 남을 귀찮게 구는 짓   ⑤ **수작** 남의 말이나 행동, 계획을 낮잡아 이르는 말 酬갚을 수 酌따를 작   ⑥ **망아지** 말의 새끼

4

작품 이해

이 글에 대한 설명으로 알맞은 것을 고르세요. ──────────── [   ]

① 사투리가 많이 사용되었다.　　　　② 하루 동안의 이야기를 담고 있다.

③ '나'의 속마음을 전혀 알 수 없다.　　④ 인물 간의 대화가 나타나지 않는다.

⑤ 마법, 환상 등 비현실적인 일들을 다루고 있다.

5

세부 내용

이 이야기의 내용으로 옳은 것을 고르세요. ──────────── [   ]

① '나'의 닭은 점순이네 닭보다 크다.

② 이 이야기의 계절적 배경은 여름이다.

③ '나'와 점순이가 키우는 닭은 암탉이다.

④ 점순이는 평소에 부끄러움을 타지 않는 성격이다.

⑤ '나'는 점순이가 준 감자를 받아서 맛있게 먹었다.

[6~7] [보기]를 참고하여 물음에 답하세요.

> [보 기]
>
> 　이 이야기에서 점순이는 사실 '나'를 좋아하고 있다. 하지만 '나'는 점순이의 그러한 마음을 알지 못한다. 이 이야기의 웃음 포인트는 바로 이러한 점이다. 적극적인 점순이는 계속해서 '나'에게 관심을 보이지만, 부끄럼이 많은 '나'는 점순이가 그저 자신에게 귀찮게 구는 것이라고만 생각하며 화를 낸다. 그래서 점순이는 '나'에게 섭섭함과 원망을 느끼며 얼굴을 붉히는 것이다.

6

추론 적용

[보기]를 참고하여 '닭싸움'이 의미하는 바로 볼 수 있는 것을 고르세요. ──────────── [   ]

① 점순이가 심심해서 하는 장난이다.

② 점순이가 닭을 미워하여 하는 행위이다.

③ 점순이가 애정을 표현하는 또 다른 방식이다.

④ 점순이가 '나'의 닭을 잡아먹기 위한 행위이다.

⑤ 점순이가 자기도 모르게 충동적으로 하는 행위이다.

7

작품 이해

[보기]를 참고한 이 글의 감상으로 옳지 <u>않은</u> 것을 고르세요. ──────────── [   ]

① 점순이와 '나'는 성격이 좀 다르구나.

② 점순이와 '나'의 행동은 우리에게 친근감을 주는구나.

③ 점순이는 '나'의 약점을 이용하여 자신이 원하는 바를 이루고자 하는구나.

④ 점순이는 나를 좋아한다고 표현했는데 그것을 내가 몰라줘서 화가 났구나.

⑤ '나'는 아직 미숙하여 점순이의 진정한 마음이 무엇인지를 제대로 알지 못하는구나.

05회 어법·어휘편

본문에 나온 어휘들만 따로 모아 복습하는 순서입니다.

[1단계] 아래의 낱말에 알맞은 뜻을 선으로 이어 보세요.

[1] 몸집 •　　　　　　　• ㉠ 생생한 피

[2] 선혈 •　　　　　　　• ㉡ 몸의 부피

[3] 수작 •　　　　　　　• ㉢ 남의 말이나 행동, 계획을 낮잡아 이르는 말

[2단계] 빈칸에 알맞은 낱말을 [보기]에서 골라 쓰세요.

[보 기]	몸집　　　선혈　　　수작

[1] 도대체 나한테 무슨 ☐☐ 이니?

[2] 너는 ☐☐ 이(가) 좋아서 그런지 든든하구나.

[3] 감싸고 있던 손을 치우자 몸에서 ☐☐ 이(가) 흐르기 시작했다.

[3단계] 아래를 참고하여 알맞은 답안을 쓰세요.

> 남자를 의미하는 '수'라는 말 뒤에 ㄱ, ㄷ, ㅂ이 오면
> ㅎ이 첨가되어 ㅋ, ㅌ, ㅍ으로 바뀐다.

[1] 수 + 강아지 = 수 캉 아 지

[2] 수 + 돼지 = ☐☐☐

[3] 수 + 병아리 = ☐☐☐☐

시간 끝난 시간 ☐시 ☐분

1회분 푸는 데 걸린 시간 ☐분

채점 독해 7문제 중 ☐개

 어법·어휘 9문제 중 ☐개

← 스스로 붙임딱지
문제를 다 풀고
맨 뒷장에 있는
붙임딱지를
붙여보세요.

빼도 박도 못하다

"황 고양이 씨, 이게 모두 사실입니까?"

아주 옛날, 옥황상제 앞에서 십이지신 재판이 열렸어요. 가장 처음으로 신이 된 황 고양이에 대한 재판이었죠. 토끼신, 원숭이신, 호랑이신, 용신 등 모두가 숨을 죽인 채 재판을 바라보고 있었지요.

"다시 한 번 묻겠습니다. 옥황상제님의 생신날 왜 오지 않았습니까?"

뱀신이 인상을 쓰고 혀를 낼름거리며 묻자, 황 고양이는 고개를 들며 "정말 그건 날짜를 잘못 전달 받아서..."하고 노란 눈을 번뜩였어요.

뱀신이 기다란 목을 좌우로 흔들자 구름 문이 열리고 박 생쥐가 등장했어요. 하얀 이빨을 드러내며 남몰래 웃어보이던 박 생쥐는 차분히 말을 시작했지요.

"황 고양이 씨에게 저는 제대로 날짜를 전달했습니다. 그러나 그날 황 고양이 씨는 봄의 햇살 아래서 낮잠을 주무셨지요."

황 고양이는 꼬리를 번쩍 세우며 "하지만 분명 다음 주라고...!"라며 가르릉거렸지만 박 생쥐는 아랑곳 않고 말을 이어갔습니다.

"제가 지금 신이 되고 싶다고 해서 이러는 게 아니지 않습니까? 옥황상제님을 모시는 자리에 저렇게 낮잠이나 자는 황 고양이 씨를 둬서는 안 된다고 생각하는 제 충심입니다."

모든 신들이 고개를 끄덕였고, 황 고양이는 가르릉거리며 고개를 숙였습니다.

<u>빼도 박도 못하는 상황</u>이 된 것이지요.

"빼도 박도 못하다."라는 말은 일이 몹시 난처하게 되어 그대로 계속할 수도, 그만둘 수도 없다는 뜻이에요. 어떤 일이 생각한 것과 달라 이러지도 저러지도 못하는 경우에도 이 말을 써요. 황 고양이는 박 생쥐의 말만 믿는 신들 앞에서 이러지도 저러지도 못하는 상황에 놓여 있는 것이지요.

"황 고양이의 십이지신 자격을 박탈시키고, 박 생쥐의 충심을 받아들여 십이지신의 자리로 임명한다."

재판관의 망치 소리가 탕탕탕 울려퍼졌어요. 맞아요. 이게 바로 십이지신에 고양이신이 없는 이유랍니다. 박 생쥐 때문에 신의 자리를 빼앗긴 고양이는 여전히 생쥐를 쫓으며 그 날의 복수를 꿈꾼다고 하네요.

또 다른 관용 표현 뛰지도 걷지도 못하다 몹시 난처하여 이러지도 저러지도 못하다.

2주차

회 차	영 역	학 습 내 용	학습계획일	맞은 문제수
06 회	독서 과학	**카시니호** 카시니호에 관한 설명문입니다. 토성을 관찰하는 임무를 가지고 있던 카시니호가 어떤 과정을 거쳐서 사라졌는지 파악해 보는 회차입니다.	월 일	독해 7문제 중 ☐개 어법·어휘 8문제 중 ☐개
07 회	독서 사회	**문화의 다양성을 존중하자** 문화의 다양성을 존중하자는 주제를 담은 논설문입니다. 논설문인만큼 주장에 따른 근거를 파악해 보며 독해하는 회차입니다.	월 일	독해 7문제 중 ☐개 어법·어휘 9문제 중 ☐개
08 회	독서 사회	**세계의 다양한 음식 문화** 세계의 다양한 음식 문화에 대한 설명문입니다. 나라별로 음식 문화가 어떻게 다르고, 그 특징은 무엇인지 파악해 보는 회차입니다.	월 일	독해 7문제 중 ☐개 어법·어휘 9문제 중 ☐개
09 회	문학 시	**봄은 고양이로다** 봄을 고양이에 비유하여 묘사한 시입니다. 이 시의 표현 방식과 봄을 그린 다른 시와 어떤 점이 비슷하고 다른지 공부해 보는 회차입니다.	월 일	독해 7문제 중 ☐개 어법·어휘 7문제 중 ☐개
10 회	문학 소설	**어린 왕자** 생텍쥐페리의 대표작입니다. 어린 왕자와 여우의 순수한 우정을 감상하고, '길들이다'라는 표현이 여우에게 어떤 의미를 가지고 있는지 파악하며 독해하는 회차입니다.	월 일	독해 7문제 중 ☐개 어법·어휘 10문제 중 ☐개

2017년 9월, 카시니호는 마지막 **임무**를 준비하고 있었습니다. 그 임무는 바로 '스스로 사라지는 것'입니다. 이 우주선은 곧 토성의 **중력**에 이끌려 **대기**로 빨려 들어가게 됩니다. 그러면 카시니호는 토성의 대기에 부서지고 토성의 높은 온도에 녹아 버리겠지요.

카시니호는 1997년에 지구를 출발해서 2004년에 토성에 도착했습니다. 카시니호의 임무는 토성을 관찰하는 것이었습니다. 카시니호는 토성의 **위성**과 아름다운 고리의 모습을 촬영해 지구로 **전송**했습니다. 그중 가장 놀라운 사진은 토성의 한 위성이 우주로 거대한 물줄기를 내뿜는 모습이었습니다. 나사의 과학자들은 이 사진을 보고 토성의 위성 **표면** 아래에 거대한 바다가 있을 것이라고 **추측**할 수 있게 되었습니다. 지구가 아닌 곳에서 최초로 물을 발견한 것이었습니다. 이 발견을 근거로 과학자들은 그 위성에 생명체가 살고 있을 것이라는 기대를 갖게 되었습니다.

그런데 2017년 4월이 되자 카시니호의 **연료**가 부족해지기 시작했습니다. 우주선에 연료를 채워줄 방법은 없었습니다. 연료가 떨어진 카시니호는 토성의 위성과 충돌할 확률이 높았습니다. 그럴 경우 외계 생명체가 존재할 가능성이 있는 위성이 **파괴**될 수도 있었습니다. 나사의 과학자들은 카시니호가 위성과 충돌하기 전에 파괴하기로 결정했습니다. 이것이 카시니호의 마지막 임무가 됐습니다.

카시니호는 토성으로 빨려 들어가면서 부서지고 녹았습니다. 하지만 자신이 부서지는 동안에도 많은 정보를 기록해 지구로 보냈습니다. 카시니호의 마지막 메시지였습니다. 이 정보는 나사의 과학자들에게 전해졌습니다. 현재 과학자들은 카시니호의 마지막 메시지를 통해 토성에 대한 더 깊은 연구를 하고 있습니다. 또한 토성의 북극과 남극에서 발생한 거대한 허리케인도 더 가까이에서 관찰할 수 있었습니다.

카시니호는 지구로 돌아오지 못하고 영원히 사라졌습니다. 하지만 카시니호의 ☐ ㉠ ☐ **희생**으로 지구인들은 토성에 대해 더 많은 사실을 알게 될 것입니다.

⬆ 스스로 토성으로 추락하기 전 카시니호의 모습을 상상하여 그린 그림 (출처 : NASA)

1

중심
생각

이 글의 제목을 지어 보세요.

.... 호의 마지막 ....

2

세부
내용

다음 중 이 글의 내용에 맞는 것은 ○, 틀린 것은 ×로 표시하세요.

[1] 카시니호는 나사의 토성 탐사 우주선이다. ───────────────── [   ]

[2] 카시니호는 토성까지 가는 데 10년이 걸렸다. ───────────────── [   ]

[3] 카시니호는 토성에 있는 바다의 사진을 찍어 보냈다. ───────────────── [   ]

[4] 카시니호는 연료 부족으로 더 이상 임무를 수행할 수 없게 되었다. ──────── [   ]

3

세부
내용

다음 중 카시니호의 마지막 임무를 고르세요. ───────────── [   ]

① 토성의 고리를 촬영하는 것

② 토성의 중력에 이끌려 스스로 사라지는 것

③ 토성의 위성을 가장 가까운 거리에서 촬영하는 것

④ 토성의 남극과 북극에서 발생한 허리케인을 촬영하는 것

⑤ 토성의 강력한 대기 속에서 버티면서 그 정보를 전송하는 것

4

구조
알기

카시니호의 여정을 순서대로 정리해 보세요.

> ㉠ 1997년 지구를 출발해 2004년 토성에 도착했다.
>
> ㉡ 2017년 4월, 카시니호의 연료가 부족해지기 시작했다.
>
> ㉢ 토성의 한 위성이 우주로 거대한 물줄기를 내뿜는 모습을 촬영했다.
>
> ㉣ 2017년 9월, 토성의 대기에 부서지면서 많은 정보를 지구에 전달했다.

[   ] → [   ] → [   ] → [   ]

어려운 낱말 풀이

① **임무** 맡은 일 任맡길 임 務힘쓸 무   ② **중력** 물체가 서로 잡아당기는 힘 重무거울 중 力힘 력   ③ **대기** 우주에 있는 물체의 바깥쪽을 둘러싸고 있는 기체 大큰 대 氣기운 기   ④ **위성** 행성의 끌어당기는 힘에 의하여 그 둘레를 도는 천체 衛지킬 위 星별 성   ⑤ **전송** 글이나 사진 따위를 전류나 전파를 이용하여 먼 곳에 보냄 電번개 전 送보낼 송   ⑥ **표면** 사물의 가장 바깥쪽. 또는 가장 윗부분 表겉 표 面낯 면   ⑦ **추측** 미루어 생각하여 헤아림 推밀 추 測헤아릴 측   ⑧ **연료** 태워 에너지를 얻을 수 있는 물질 燃탈 연 料헤아릴 료   ⑨ **파괴** 때려 부수거나 깨뜨려 헐어 버림 破깨트릴 파 壞무너질 괴   ⑩ **희생** 어떤 목적을 위하여 목숨, 재산, 명예, 이익 따위를 바치거나 버림 犧희생 희 牲희생 생

5 [보기]의 뜻을 읽고 ㉠에 들어갈 알맞은 낱말을 고르세요. ----------------------------- [　　　]

어휘
표현

[보 기]　뜻이 높고 고상한

① 대단한　　　　② 영원한　　　　③ 숭고한　　　　④ 위대한　　　　⑤ 화려한

6 카시니호를 파괴할 수밖에 없었던 까닭은 무엇인가요?

내용
적용

서술형

연료가 떨어진 카시니호는

....

....

　　　　　　　　　　　　　카시니호를 파괴할 수밖에 없었습니다.

....

7 과학자들이 토성의 위성에 외계 생명체가 존재할지도 모른다고 생각한 까닭을 고르세요.

추론
--- [　　　]

① 카시니호가 토성에 가장 먼저 도착했기 때문에
② 카시니호가 토성의 대기에서 산소를 발견했기 때문에
③ 카시니호가 토성 고리의 나이를 밝혀낼 정보를 획득했기 때문에
④ 카시니호가 토성의 위성에 물이 존재한다는 것을 촬영했기 때문에
⑤ 카시니호가 토성의 위성 표면에서 생명체와 비슷한 모습을 촬영했기 때문에

배경지식 더하기

나사(NASA)에 대해 알아볼까요?

나사는 세계 최고의 항공우주 연구기관입니다. '달, 화성, 그리고 그 너머!' 이 문구는 나사의 목표를 나타내고, 나사를 상징하는 문구입니다. 나사의 이름인 NASA는 미국항공우주국의 약자로, 미국 정부의 우주기구입니다. 나사는 미국 대통령의 직속 기관이기 때문에 미국의 수도인 워싱턴에 본부를 두고 있고, 미국 전역에 다양한 산하 시설을 두고 있습니다. 사실 대부분이 나사를 떠올릴 때 우주를 떠올리지만, 미항공우주국이라는 이름답게 항공 관련 연구도 매우 세밀하게 이루어지고 있다고 합니다. 많은 사람들이 우주에 대한 환상과 동경을 가지고 있기 때문에 나사 역시 많은 사람들이 동경하는 기관 중 하나입니다.

해설편 004쪽

[1단계] **아래의 낱말에 알맞은 뜻을 선으로 이어 보세요.**

[1] 임무 •

　　　　　　　• ㉠ 어떤 목적을 위하여 목숨, 재산, 명예, 이익 따위를 바치거나 버림

[2] 위성 •

　　　　　　　• ㉡ 행성의 끌어당기는 힘에 의하여 그 둘레를 도는 천체

[3] 희생 •

　　　　　　　• ㉢ 맡은 일

[2단계] **아래 문장의 빈칸에 알맞은 낱말을 [보기]에서 찾아서 써넣으세요.**

> [보 기]　　　　　　　임무　　　위성　　　희생

[1] 카시니호는 토성의 ☐☐ 을(를) 촬영해 지구로 전송했습니다.

[2] 2017년 9월, 카시니호는 마지막 ☐☐ 을(를) 준비하고 있었습니다.

[3] 카시니호의 ☐☐ (으)로 지구인들은 토성에 대해 더 많은 사실을 알게 될 것입니다.

[3단계] **다음 문장을 읽고 빈칸을 채워 완성하세요.**

[1] 과학자들은 토성의 위성 표면 아래에 바다가 있을 것이라고 ☐☐ 했다.

　　└ 미루어 생각하여 헤아림

[2] 카시니호는 부서지는 동안에도 많은 정보를 지구로 ☐☐ 했다.

　　└ 글이나 사진 따위를 전류나 전파를 이용하여 먼 곳에 보냄

시간　**끝난 시간** ☐ 시 ☐ 분　채점　**독해** 7문제 중 ☐ 개

1회분 푸는 데 걸린 시간 ☐ 분　**어법·어휘** 8문제 중 ☐ 개

← 스스로 붙임딱지
문제를 다 풀고 맨 뒷장에 있는 붙임딱지를 붙여보세요.

↑ 우리나라 음식은 밥, 국, 반찬 등 종류가 다양하기 때문에 음식을 먹을 때 자연스레 숟가락과 젓가락을 이용하게 되었습니다.

문화는 사람들이 함께 생활하면서 만들어지고 전해지는 생활 방식을 말합니다. 기본 생활양식인 의식주를 비롯하여 언어, 이동 수단, 교육, 인사 예절 등 삶의 모든 부분이 문화가 됩니다.

문화는 각 나라마다 다양한 모습을 보입니다. 한국인은 밥그릇을 상 위에 놓고 먹지만, 일본인은 손에 들고 젓가락으로 먹습니다. 프랑스인이 오른손에 나이프, 왼손에 포크를 들고 음식을 썰어 먹는 반면, 인도인은 오른손으로 음식을 집어 먹습니다. 문화는 오랜 시간 함께 생활한 사람들끼리 서로 배우거나 **공유**①한 행동이기 때문에 각 집단마다 다릅니다.

다양한 문화가 발생하게 된 배경은 각 나라의 고유한 자연환경과 역사적 상황 때문입니다. 어떤 문화 **요인**②도 나름대로 만들어진 이유가 있습니다. 예를 들어, 인도인이 손으로 음식을 먹는 까닭은 인도인이 주로 먹는 음식과 관련이 있습니다. 인도인의 주식은 차파티, 난, 파라타 같은 빵 종류가 많습니다. 우리나라의 호떡과 비슷하게 생겼기 때문에 포크나 젓가락보다는 손으로 뜯어먹는 것이 편합니다. 인도의 날씨는 무척 덥습니다. 그렇기 때문에 인도인들은 뜨겁거나 국물로 된 음식보다는 차갑고 먹기 편한 이런 음식을 자연히 많이 먹게 되었습니다. 또한 인도의 더운 날씨는 음식을 먹는 데 사용하는 도구에도 식중독 균 등을 쉽게 발생시킬 수 있기 때문에 인도인들은 음식을 먹을 때 도구를 잘 사용하지 않게 되었습니다.

서로 다른 문화를 올바르게 이해하기 위해서는 그 나라의 입장에서 이해하려는 태도가 필요합니다. 프랑스의 한 여배우가 한국의 개고기 음식 문화를 비판하자 일부 한국인들은 **푸아그라**③를 만들기 위해 거위를 강제로 사육하는 것이야말로 야만적이라며 항의했습니다. 이 모든 행위가 자기 문화의

↑ 인도인의 주식인 차파티는 손으로 뜯어 먹어야 편합니다.

관점에서 상대방의 옳고 그름을 따졌기 때문입니다. 자신의 문화를 **절대적**^④ 기준으로 삼아 상대를 판단해서는 안 됩니다.

  자신과 다르고 익숙하지 않은 문화라고 해서 치우쳐서 생각해서는 안 됩니다. 문화는 나음과 못함을 가릴 수 있는 대상이 아니기 때문입니다. 어떤 문화만이 좋다는 문화적 편견에서 벗어나, 다양성을 인정하는 문화 상대주의 관점에서 서로를 이해하려 노력해야 합니다.

해설편 005쪽

1
중심
생각

이 글에서 글쓴이가 주장하는 것은 무엇인가요? .... [   ]

① 개고기를 먹지 말자.

② 어렸을 때 다양한 경험을 쌓자.

③ 다른 나라 사람에게 인정받는 일을 하자.

④ 선진국 국민은 모든 일에 항상 최선을 다한다.

⑤ 문화의 다양성을 인정하고 서로를 이해하려 노력하자.

2
세부
내용

이 글의 주장에 대한 근거로 알맞은 것은 무엇인가요? .... [   ]

① 한국인은 밥그릇을 상 위에 놓고 먹기 때문이다.

② 거위를 강제로 사육하는 것은 야만적이기 때문이다.

③ 어떤 문화 요인도 나름대로 만들어진 이유가 있기 때문이다.

④ 아무리 어려운 고난도 즐겁게 이겨낼 수 있기 때문이다.

⑤ 많은 사람들이 자신의 나라의 문화를 잘 알지 못하기 때문이다.

3
세부
내용

다음 중 문화에 대해 바르게 설명한 친구를 <u>모두</u> 고르세요. .... [,   ]

① 인나 : 우리 문화와 다른 문화는 옳지 않아요.

② 은아 : 나라마다 다른 인사법도 문화에 포함돼요.

③ 동욱 : 서로 다른 문화의 개성을 존중하는 건 중요해요.

④ 지철 : 가까운 나라의 사람들끼리는 식사예절도 같아요.

⑤ 혜윤 : 모든 문화는 좋은 문화와 나쁜 문화로 나누어져요.

🧻 **어려운 낱말 풀이** ┃ ① **공유** 두 사람 이상이 한 물건을 공동으로 소유함 共한가지 공 有있을 유 ② **요인** 사물이나 사건이 성립되는 까닭 要요긴할 요 因인할 인 ③ **푸아그라** 거위의 간 요리 ④ **절대적** 비교하거나 상대될 만한 것이 없는 絕끊을 절 對대할 대 的과녁 적

4

어휘
표현

'옷과 음식과 집을 통틀어 이르는 말'을 뜻하는 낱말을 이 글에서 찾아 쓰세요.

....

5

구조
알기

글의 중심 내용이 잘 나타나도록 빈칸에 알맞은 낱말을 이 글에서 찾아서 써 보세요.

[   ] 은(는) 어떤 민족이나 집단이 가지고 있는 독특한 생활 방식을 뜻하며,

삶의 모든 부분을 포함한다. 같은 행동이라도 나라마다 [   ] 모습으로

나타나는데, 그 이유는 나라마다 다른 [   ] 와(과) 역사 때문이다. 서로 다른

문화를 올바르게 이해하기 위해서는 문화적 [   ] 에서 벗어나 문화 상대주의의

자세가 중요하다.

6

내용
적용

이 글에서 설명하는 '문화 상대주의'란 무엇인가요? 글의 내용에 비추어 써 보세요.

문화 상대주의란

....

....

....

7

추론

다음 사진을 보고 문화를 바르게 이해한 친구는 누구인가요? ------------------------ [   ]

몽골의 전통 가옥

독일의 전통 가옥

① 지연 : 독일의 집이 더 예쁘니까 몽골보다 더 우수한 것 같아.

② 현서 : 얘들아, 겉모습으로는 어느 문화가 더 나은지 판단할 수 없어.

③ 수연 : 몽골의 집은 여럿이 함께 모여 사니까 더 좋은 문화인 것 같아.

④ 선영 : 나는 몽골의 전통 가옥이 더 매력적인데? 왼쪽이 더 발전한 문화 같아.

⑤ 민아 : 몽골의 집은 창문이 없네. 창문을 만든 독일이 더 발전한 문화라고 생각해.

[**1**단계] 아래의 낱말에 알맞은 뜻을 선으로 이어 보세요.

[1] 공유 •

[2] 요인 •

[3] 절대적 •

• ㉠ 두 사람 이상이 한 물건을 공동으로 소유함

• ㉡ 비교하거나 상대될 만한 것이 없는

• ㉢ 사물이나 사건이 성립되는 까닭

[**2**단계] 아래 문장의 빈칸에 알맞은 낱말을 [보기]에서 찾아서 써넣으세요.

[보 기]　　　　　　　　공유　　　요인　　　절대적

[1] 자신의 문화를 [   ] 기준으로 삼아 상대를 판단해서는 안 됩니다.

[2] 문화는 오랜 시간 함께 생활한 사람들끼리 서로 배우거나 [   ] 한 행동입니다.

[3] 어떤 문화 [   ] 도 나름대로 만들어진 이유가 있습니다.

[**3**단계] 낱말 풀이를 읽고, 빈칸에 알맞은 낱말을 넣어 문장을 완성해 보세요.

[1] 그 나라만의 [   ][   ][   ] 글을 가진 민족은 세계에서 얼마 안 된다.
☞ 본래부터 가지고 있어 특유한

[2] 문화는 각 나라마다 [   ][   ][   ] 모습을 보인다.
☞ 모습이나 상태가 여러 가지로 많은

[3] 프랑스의 한 여배우는 한국의 개고기 음식을 야만적이라며 [   ][   ] 했다.
☞ 잘못을 지적하여 말하는 것

시간　끝난 시간 [   ]시 [   ]분　　채점　독해 7문제 중 [   ]개　　　← 스스로 붙임딱지
1회분 푸는 데 걸린 시간 [   ]분　　　어법·어휘 9문제 중 [   ]개　　문제를 다 풀고 맨 뒷장에 있는 붙임딱지를 붙여보세요.

08회

세계에는 다양한 사람들이 사는 만큼 다양한 음식 문화가 존재합니다. 밥을 먹을 때 아시아에서는 주로 젓가락을 사용하지만, 유럽이나 미국에서는 포크를 사용합니다. 또 인도나 네팔 같은 나라에서는 손으로 밥을 먹기도 합니다. 밀가루를 **주식**으로 하는 나라가 있는가 하면 우리나라처럼 쌀을 주식으로 하는 곳도 있습니다.

음식 문화는 각 나라의 자연환경에 큰 영향을 받습니다. 북유럽에서는 문어나 오징어 같은 **연체동물**을 먹지 않습니다. 추운 나라인 북유럽에서는 따뜻한 물에서 사는 문어나 오징어를 많이 볼 수 없기 때문입니다. 자연 자원이 풍족한 나라일수록 다양한 재료로 만든 음식이 발달했습니다. 일본에서 초밥이나 회를 많이 먹는

↑ 태국의 음식 중 하나인 '똠양꿍'에는 다양한 향신료가 들어갑니다.

이유도 바다 자원이 풍족한 섬나라이기 때문입니다. **향신료**는 주로 태국이나 스페인 등 더운 지역에서 많이 사용합니다. ┃ ㉠ ┃ 음식에 맛을 더할 뿐만 아니라 나쁜 냄새를 없애주고 **살균** 효과가 있기 때문입니다.

종교도 음식 문화에 큰 영향을 끼치는 것 중의 하나입니다. 힌두교를 믿는 인도 사람들은 소고기를 먹지 않습니다. 소를 신처럼 여기기 때문입니다. 반대로 이슬람교를 믿는 사람들은 돼지가 불결하다는 경전 내용에 따라 돼지고기를 먹지 않습니다. 몽골 사람들이 물고기를 먹지 않는 이유도 불교의 한 종류인 라마교를 받아들이면서부터라고 합니다. 라마교에서는 물고기가 사람들을 보호해 준다고 믿습니다.

각 나라들은 음식만 다른 것이 아니라, 식사 예절 또한 다릅니다. 우리나라에서는 밥그릇을 들고 먹는 것이 예의에 어긋나지만, 일본에서는 흔히 밥그릇을 들고 젓가락으로 밥을 먹습니다. 인도에서는 왼손이 더럽다고 생각하기 때문에 오른손으로 밥을 먹어야 합니다. 미국에서는 식사 중에 코를 풀어도 됩니다. 우리의 식사 예절과는 많이 다르지요? 이렇듯 세계의 사람들은 살아가는 환경에 맞추어 각각의 독특한 음식 문화를 발전시켜 왔습니다.

1

중심
생각

이 글에 어울리는 제목을 지어 보세요.

──────────── 의 다양한 ────────────

2

세부
내용

다음 중 이 글에 나오지 <u>않은</u> 내용은 무엇인가요? ─────────────── [   ]

① 네팔에서 밥을 먹는 방법

② 일본에서 회를 많이 먹는 이유

③ 유럽에서 문어를 먹지 않는 이유

④ 경전 내용이 지금까지 전해지는 이유

⑤ 몽골 사람들이 물고기를 먹지 않는 이유

3

세부
내용

이 글을 읽고 나눈 대화입니다. 글의 내용과 일치하지 <u>않는</u> 것은 무엇일까요? ─────── [   ]

① 인도에 가면 손으로 카레라이스를 먹을 거야.

② 일본은 섬나라라서 바다 자원이 풍부해 초밥을 많이 먹을 거야.

③ 이란 사람들은 이슬람교를 믿으니까 돼지고기를 먹지 않을 거야.

④ 북유럽에 위치한 노르웨이에는 다양한 문어요리가 발달했을 거야.

⑤ 중국은 땅이 넓어서 자연 자원이 풍족하니까 그만큼 다양한 음식이 발달했을 거야.

4

어휘
표현

빈칸 ㉠에 들어갈 알맞은 이어 주는 말은 무엇인가요? ───────────── [   ]

① 그리고   ② 왜냐하면   ③ 그러나   ④ 하지만   ⑤ 또한

─────────────────

어려운 낱말 풀이 : ① **주식** 밥이나 빵과 같이 끼니에 주로 먹는 음식 主주인 주 食밥 식   ② **연체동물** 몸에 뼈가 없고 부드러운 동물 軟연할 연 體몸 체 動움직일 동 物물건 물   ③ **향신료** 음식에 맵거나 향기로운 맛을 더하는 조미료 香향기 향 辛매울 신 料헤아릴 료   ④ **살균** 세균 등의 미생물을 죽임 殺죽일 살 菌버섯 균

5 중심 내용이 잘 나타나도록 빈칸에 알맞은 말을 채워 넣으세요.

구조
알기

세계에는 다양한 음식 문화가 존재합니다. 음식 문화는 각 나라의 [   ] 에

영향을 크게 받습니다. 그래서 날씨나 위치에 따라 각 나라들이 주로 먹는 음식이 다릅니다.

[   ] 도 음식 문화에 큰 영향을 끼칩니다. 라마교를 믿는 나라의 경우

[   ] 이(가) 사람들을 보호해 준다고 생각해서 먹지 않습니다.

6 더운 지역에서 향신료를 많이 사용하는 까닭은 무엇인지 써 보세요.

내용
적용

서술형

향신료를 사용하연
....

....

....

7 이 글에서 설명한 각 나라의 음식 문화에 어긋나지 않게 행동한 친구를 고르세요. ········· [   ]

추론

① 인도에서 소고기를 먹은 민호

② 몽골에서 고등어구이를 먹은 유리

③ 미국에서 코를 풀며 밥을 먹은 주영

④ 한국에서 밥그릇을 들고 밥을 먹는 현지

⑤ 일본에서 밥그릇을 상에 두고 숟가락으로 밥을 먹은 지원

08회 어법·어휘편 본문에 나온 어휘들만 따로 모아 복습하는 순서입니다.

해설편 005쪽

[1단계] 아래의 낱말에 알맞은 뜻을 선으로 이어 보세요.

[1] 주식　　·

[2] 향신료　·

[3] 살균　　·

· ㉠ 밥이나 빵과 같이 끼니에 주로 먹는 음식

· ㉡ 세균 등의 미생물을 죽임

· ㉢ 음식에 맵거나 향기로운 맛을 더하는 조미료

[2단계] 아래 문장의 빈칸에 알맞은 낱말을 [보기]에서 찾아서 써넣으세요.

> [보 기]　　　　　주식　　　향신료　　　살균

[1] 향신료는 맛을 더할 뿐만 아니라 [　　　　　] 작용도 합니다.

[2] [　　　　　] 은(는) 주로 더운 나라 음식에서 많이 사용합니다.

[3] 우리나라는 쌀을 [　　　　　] (으)로 합니다.

[3단계] 문장을 읽고 빈칸에 들어갈 낱말을 알맞게 써넣으세요.

[1] 쓰레기통 주변이 [ㅂ][ㄱ] 하면 파리가 모인다.
　　　　　↳ 어떤 사물이나 장소가 깨끗하지 아니하고 더러움

[2] 수산물이나 농산물이나 무엇이든 다 [ㅍ][ㅈ] 하다.
　　　　　↳ 매우 넉넉하여 부족함이 없다.

[3] 각 나라는 자연 환경에 영향을 받아 저마다 [ㄷ][ㅌ] 한 음식 문화를 발전시켰다.
　　　　　↳ 특별하게 다름

시간 | 끝난 시간 [　]시 [　]분
 | 1회분 푸는 데 걸린 시간 [　]분

채점 | 독해 7문제 중 [　]개
 | 어법·어휘 9문제 중 [　]개

↞ 스스로 붙임딱지
문제를 다 풀고
맨 뒷장에 있는
붙임딱지를
붙여보세요.

봄은 고양이로다

이장희

㉮꽃가루와 같이 부드러운 고양이의 털에

㉠고운 봄의 향기가 **어리우도다**.①

㉡금방울과 같이 **호동그란**② 고양이의 눈에

㉢미친 봄의 불길이 흐르도다.

고요히 다물은 고양이의 입술에

㉣포근한 봄 졸음이 떠돌아라.

날카롭게 쭉 뻗은 고양이의 수염에

㉤푸른 봄의 **생기**가 뛰놀아라.③

1
중심
생각

이 시에서 노래하고 있는 계절을 써 보세요.

....

2
요소

이 시의 말하는 이가 하고 있는 일을 골라 보세요. ---------------------------------- [   ]

① 산불을 지켜보며 걱정하고 있다.   ② 고양이 가족의 모습을 그리고 있다.

③ 고양이를 관찰하면서 봄을 느끼고 있다.   ④ 사라진 고양이를 찾아 풀밭을 헤매고 있다.

⑤ 떨어지는 꽃잎을 보며 끝나가는 봄을 아쉬워하고 있다.

🧻 어려운 낱말 풀이 | ① **어리우도다** 기운이 은근하게 드러나도다   ② **호동그란** 매우 동그란 모양의
③ **생기** 활발하고 생생한 기운 生날 생 氣기운 기

3
세부
내용

밑줄 친 ㉠~㉤에 대한 설명 중 옳지 않은 것을 골라 보세요. ------------------------------------ [   ]

① ㉠ 봄의 향기를 '곱다'고 표현하고 있다.

② ㉡ 고양이의 눈을 '금방울'로 표현하고 있다.

③ ㉢ 봄을 '차갑게' 흐르는 대상처럼 표현하고 있다.

④ ㉣ 봄 졸음을 '포근하다'고 표현하고 있다.

⑤ ㉤ 봄의 생기를 '푸르다'고 표현하고 있다.

4
어휘
표현

[보기]를 읽고, 밑줄 친 ㉮와 같은 표현 방법으로 쓴 문장을 고르세요. ------------------------ [   ]

> [보기] 시는 말하고자 하는 대상을 다양한 방법으로 표현합니다. 예를 들어 ㉮에서는 '부드러운 고양이의 털'을 '꽃가루'에 빗대어 표현하고 있습니다. 이렇게 대상을 다른 것으로 빗대어 표현하는 방법을 '비유법'이라고 합니다. '내 마음은 호수요', '사과 같은 내 얼굴' 등은 모두 비유법이 사용된 구절입니다. 비유법 중에서도 '~처럼', '~같이' 등의 말을 이용해서 직접적으로 비유하는 방법을 '직유법'이라고 합니다.

① 보석처럼 빛나는 눈동자!

② 해야 솟아라, 해야 솟아라.

③ 엄마야, 누나야 강변 살자.

④ 산에는 꽃이 피네, 꽃이 피네.

⑤ 우리 아기는 아래 발치에서 코올코올.

5
작품
이해

이 시를 낭송하는 방법으로 가장 적절한 것을 골라 보세요. -------------------------------- [   ]

① 외롭게   ② 우울하게   ③ 공포에 떨면서

④ 화가 난 목소리로   ⑤ 차분하고 따뜻하게

[6~7] [보기]의 시를 읽고 문제를 풀어 보세요.

[보 기]

산 ⓐ**너머** 남촌에는 누가 살길래
해 마다 봄바람이 남으로 오네.

꽃 피는 사월이면 진달래 향기
밀 익는 오월이면 보리 내음새

어느 것 한 가진들 실어 안 오리
남촌서 남풍 불 제 나는 좋데나.

산 너머 남촌에는 누가 살길래
저 하늘 저 빛깔이 저리 고울까

금잔디 너른 벌엔 호랑나비 떼
버들밭 실개천엔 종달새 노래

어느 것 한 가진들 들려 안 오리
남촌서 남풍 불 제 나는 좋데나.

–김동환, 「산 너머 남촌에는」 중에서

6
추론
적용

다음은 위 시를 읽고 '봄은 고양이로다'와 비교하며 나눈 대화입니다. 알맞지 <u>않은</u> 이야기를 한 친구를 골라 보세요. ⋯⋯⋯⋯⋯⋯⋯⋯⋯⋯⋯⋯⋯⋯⋯⋯⋯⋯⋯⋯⋯⋯⋯⋯⋯⋯⋯⋯⋯⋯ [　　　]

① 진영: 위 시는 봄을 '고양이' 대신 '진달래', '종달새'와 같은 소재를 통해 표현했군.
② 나원: 맞아. 두 시 모두 봄에 대해 노래하고 있지.
③ 정규: 산 너머에 그리운 사람을 두고 온 사람의 서글픈 감정과 좌절이 느껴져.
④ 가현: '봄은 고양이로다'의 '~도다', '~아라'와 마찬가지로 위 시에도 '살길래', '좋데나'처럼 반복되는 시어들이 있네.
⑤ 다미: 냄새, 소리 등 다양한 감각을 활용해서 봄의 느낌을 잘 표현했어.

7
어휘
표현

다음은 밑줄 친 'ⓐ너머'와 '넘어'의 뜻과 활용법입니다. 아래의 문장이 자연스럽도록 빈칸에 들어갈 낱말의 기호를 알맞게 써 보세요.

ⓐ **너머**: 높이나 경계가 있어서 가로막힌 사물의 저쪽. 또는 그 공간.
　　활용) 붉은 해가 언덕 너머로 뉘엿뉘엿 떨어졌다.
ⓑ **넘어**: 높은 부분이나 경계의 위쪽을 지나감. 또는 어려운 일을 견딤.
　　활용) 홍수로 인해 강물이 둑을 넘어 많은 집이 침수되었다. 산 넘어 산.

[1] 도둑은 급하게 철망을 ☐ 가다가 옷이 걸려 찢어졌다. ⋯⋯⋯⋯⋯⋯⋯ [　　　]

[2] 담쟁이 넝쿨이 담장 ☐ 로 뻗쳐 올라가고 있다. ⋯⋯⋯⋯⋯⋯⋯⋯⋯⋯ [　　　]

09회 어법·어휘편

본문에 나온 어휘들만 따로 모아 복습하는 순서입니다.

[1단계] '어리다'의 다양한 뜻입니다. 다음 문장에서 밑줄 친 부분의 알맞은 뜻을 골라 번호를 써 보세요.

어리다	① 눈에 눈물이 조금 괴다.
	② 빛이나 그림자, 모습 따위가 희미하게 비치다.
	③ 연기, 안개, 구름 따위가 한곳에 모여 나타나다.
	④ 어떤 현상, 기운, 추억 따위가 배어 있거나 은근히 드러나다.

[1] 친구의 정성 어린 선물과 편지는 정말 감동이었다. ----------------------------- [   ]

[2] 목욕탕 입구 앞에는 뜨거운 김이 어리고 있었다. ------------------------------ [   ]

[3] 그의 눈에는 감동의 눈물이 어리고 있었다. --------------------------------- [   ]

[4] 희미한 빛이 어리고 있는 방 안은 포근한 느낌이었다. --------------------------- [   ]

[2단계] 시의 내용 중 '다물은'과 뜻이 비슷한 표현을 골라 보세요. ------------------- [   ]

① 쉬운   ② 닫은   ③ 어려운   ④ 차가운   ⑤ 돌아다니는

[3단계] 밑줄 친 부분을 제대로 읽은 것을 골라 보세요.

[1] 꽃가루와 같이 -- [   ]

① [가치]   ② [가티]   ③ [가씨]

[2] 미친 봄의 불길이 -- [   ]

① [불길리]   ② [불기리]   ③ [불끼리]

시간 끝난 시간 [   ]시 [   ]분   채점 독해 7문제 중 [   ]개

1회분 푸는 데 걸린 시간 [   ]분   어법·어휘 7문제 중 [   ]개

← 스스로 붙임딱지
문제를 다 풀고
맨 뒷장에 있는
붙임딱지를
붙여보세요.

바로 그때 여우가 나타났다.

"안녕?" 여우가 말했다.

"안녕?" 여우의 인사에 어린 왕자가 예의 바르게 대답했다. 어린 왕자는 고개를 뒤로 돌렸다. 하지만 아무도 보이지 않았다.

"난 여기 있어." 여우의 목소리가 말했다. "사과나무 아래에 있어."

"넌 누구니?" 어린 왕자가 물었다. 그리고 덧붙였다. "넌 참 귀엽구나."

"난 여우야."

"이리 와서 나랑 놀자. 난 지금 전혀 행복하지 않거든."

"난 너랑 놀 수 없어. 난 길들여지지 않았거든."

"아! 미안해."

어린 왕자는 잠시 생각한 후, 여우에게 물었다.

"'길들이다'라는 것이 뭐야?"

"넌 여기 사람이 아니구나? 넌 무엇을 찾고 있니?"

"난 친구들을 찾고 있어. 그런데 대체 '길들이다'라는 것이 뭐야?"

"'길들이다'는 '관계를 맺는다'라는 뜻이야."

"관계를 맺는다고?"

"나에게 너는 아직 다른 수많은 소년들과 다를 바 없어. 그래서 나는 네가 필요하지 않지. 너 또한 내가 필요 없을 거야. 너에게 나도 수많은 다른 여우들과 다를 것이 없기 때문이지. 하지만 네가 나를 길들인다면, ㉠우리는 서로 필요하게 될 거야. 나에게 너는 이 세상에서 유일한 소년이 되겠지. 너에게 나도 마찬가지로 ㉡세상에서 하나뿐인 여우가 될 거야……."

"무슨 말인지 알 것 같아. 저기…… 꽃 한 송이가 있는데 말이야, 아무래도 그 꽃이 나를 길들인 것 같아."

"가능해. 지구에서는 **갖가지**① 일들이 일어나지."

"아니야, 그건 지구에서 있었던 일이 아니야."

"그럼 다른 **행성**②에서?"

"응."

"그 행성에는 사냥꾼이 있지?"

"아니."

"정말? 닭은 있지?"

"아니."

㉢"세상에 완전한 건 없군." 여우는 한숨을 내쉰 후 다시 하던 이야기를 이어갔다. "내 삶은 너무 **단조로워**③. ㉣난 닭을 사냥하고, 사람들은 나를 사냥하지. 모두 비슷비슷하게 살기 때문에 난

너무 지겨워. 하지만 네가 나를 길들인다면 ㉣내 삶엔 햇살이 비춰질 거야. 난 네 발소리를 다른 발소리와 구별할 수 있게 될 거야. 다른 발소리가 들리면 나는 굴속으로 숨겠지만 음악 같은 ㉤네 발소리를 들으면 나는 당장 굴 밖으로 달려 나올 거야……. 부탁이야! 나를 길들여 줘!"

"너를 길들이려면 어떻게 해야 해?"

"인내심이 필요해. 먼저 나한테 떨어져서 저기 풀밭에 앉아 있어. 이렇게 말이야. 그러면 내가 **곁눈**으로 너를 볼 거야. 마치 안 보는 척 말이지. 너도 내가 보고 있는 것을 모르는 척하고 그대로 가만히 있겠지. 하지만 하루하루가 지나면서 너는 내게 조금씩 가까이 다가와서 앉게 될 거야……."

이튿날, 어린 왕자는 여우에게 돌아왔다.

"왔구나. 어제와 같은 시간에 왔으면 더 좋았을 텐데. 만약에 네가 오후 네 시에 온다면 나는 세 시부터 행복할 거야. 시간이 흐를수록 나는 더 행복해지겠지. 네 시가 되면 나는 **안달이 나서** 가만히 있지 못할 거야. 그런데 네가 아무 때나 오면 내가 너를 맞이할 준비를 언제부터 해야 할지 알 수가 없잖아……. 그래서 우리는 **의식**이 필요한 거야."

"의식이 뭐야?"

"그것 또한 사람들이 잊고 있는 것이긴 해. 의식이란, 어떤 날을 다른 날들과 다르게 만드는 일이야. 예를 들어 여우 사냥꾼들도 의식을 치르지. 매주 목요일마다 그들은 마을 사람들과 춤을 춰. 그래서 나한테 목요일은 매우 좋은 날이야! 그날이면 나는 사람들의 포도밭까지 산책을 갈 수도 있어. 하지만 사냥꾼들이 아무 때나 춤을 춘다고 생각해 봐. 매일이 똑같을 거야. 난 하루도 마음 놓고 쉴 수 없을 거고……."

-앙투안 드 생텍쥐페리, 『어린 왕자』

2주
10회

해설편
006
쪽

1 다음의 인물관계도에서 관계가 <u>잘못</u> 설명된 것을 고르세요. ─────────────────[   ]
요소

2 밑줄 친 ㉠~㉤ 중, 여우가 어린 왕자에게 길들여지면 일어나게 될 일과 관계없는 것을 고르세요.
세부
내용 ───[   ]

① ㉠   ② ㉡   ③ ㉢   ④ ㉣   ⑤ ㉤

어려운 낱말 풀이 ① **갖가지** '가지가지(여러 가지)'의 준말 ② **행성** 항성(태양처럼 제자리에서 빛을 내는 별) 주위를 도는 천체 行다닐 행 星별 성 ③ **단조롭다** 단순하고 변화가 없다. 單홑 단 調고를 조- ④ **곁눈** 눈동자만 옆으로 굴려서 보는 눈 ⑤ **이튿날** 다음날 ⑥ **안달이 나서** 속을 태우며 조급해져서 ⑦ **의식** 예를 갖추어 정해진 순서에 맞게 치르는 행사 儀법식, 예절 의 式법 식

3

작품
이해

이야기에서 인물들의 생각을 어떤 방식으로 표현하고 있는지 적절한 것을 고르세요. ····· [   ]

① 자신의 약점을 드러내며 불안해하고 있다.
② 존댓말을 사용하며 상대방을 칭찬하고 있다.
③ 등장인물들이 각자 자신의 의견만을 주장하고 있다.
④ 표현의 효과를 높이기 위해 실제와 반대되게 말하고 있다.
⑤ 묻고 답하는 대화를 통해 한 인물의 생각을 설명하고 있다.

4

세부
내용

여우가 우리의 삶에 의식이 필요하다고 말하는 까닭을 골라 보세요. ·············· [   ]

① 의식은 삶을 단조롭게 만들기 때문에
② 의식은 어떤 날을 다른 날들과 다르게 만들기 때문에
③ 의식은 서로 모르는 친구들을 길들이게 만들기 때문에
④ 의식은 사람들을 아무 때나 춤을 출 수 있게 하기 때문에
⑤ 의식은 길들이기에 필요한 인내심을 기르게 만들기 때문에

5

세부
내용

서술형

여우에게 목요일이 좋은 날인 까닭을 써 보세요.

....

....

....

6

작품
이해

여우가 ⓑ와 같이 말한 까닭이 무엇인지 알맞은 낱말에 ○표를 해 보세요.

여우가 어린 왕자가 있었던 행성에 자신에게 (도움 / 위협)이 되는 (사냥꾼 / 닭)이 없다는
이야기에 자신에게 완전한 곳이라는 흥미를 가졌지만, 곧 자신에게 (필요한 / 불필요한)
존재인 (사냥꾼 / 닭)도 없다는 이야기에 실망하여 그렇게 말했습니다.

7

추론
적용

다음 중 여우가 말하는 '길들여진' 존재가 <u>아닌</u> 것을 골라 보세요. ·············· [   ]

① 우리 반 학생 중에 가장 친한 사이가 된 친구
② 공원 꽃밭의 꽃 중에서 나만의 이름을 붙여준 꽃
③ 여러 선생님들 중 졸업 후에도 연락하게 되는 선생님
④ 성능이 좋아서 많은 사람에게 인기가 있는 최신형 스마트폰 모델
⑤ 등굣길에 매일 마주쳐서 이제는 나를 보면 졸졸 따라오는 고양이

10회 어법·어휘편

본문에 나온 어휘들만 따로 모아 복습하는 순서입니다.

해설편 006쪽

[**1단계**] 아래의 낱말에 알맞은 뜻을 선으로 이어 보세요.

[1] 행성 • • ㉠ 눈동자만 옆으로 굴려서 보는 눈

[2] 곁눈 • • ㉡ 항성 주위를 도는 천체

[3] 이튿날 • • ㉢ 다음날

[**2단계**] 다음 문장의 밑줄 친 '의식'의 뜻으로 알맞은 것을 [보기]에서 찾아 기호를 쓰세요.

> ㄱ. 의식(衣옷 의 食밥 식): 의복과 음식
>
> ㄴ. 의식(意뜻 의 識알 식): 어떤 일에 대한 감정이나 생각
>
> ㄷ. 의식(儀법식,예절 의 式법 식): 예를 갖추어 정해진 순서에 맞게 치르는 행사

[1] 각종 기념일에는 그에 맞는 **의식**을 치른다.. ------------------------------ [   ]

[2] 최근에는 기후 위기로 인해 환경 보호에 대한 **의식**이 높아지고 있다. ------- [   ]

[3] **의식**이 풍족한 다음에야 예절을 차리게 된다. ------------------------------ [   ]

[**3단계**] 다음 표의 빈칸을 알맞게 채워 보세요.

준말	본말	뜻
갖가지	☐☐☐☐	이런저런 여러 가지
☐☐☐	고루고루	두루두루 빼놓지 않고
얘기	☐☐☐	줄거리가 있는 말이나 글
☐☐	밤사이	밤이 지나는 동안

시간 **끝난 시간** [   ]시 [   ]분

🕐 **1회분 푸는 데 걸린 시간** [   ]분

채점 **독해** 7문제 중 [   ]개

⭐ **어법·어휘** 10문제 중 [   ]개

← 스스로 붙임딱지
문제를 다 풀고
맨 뒷장에 있는
붙임딱지를
붙여보세요.

뜻	음
주인	주

7급 主(주인 주)는 주인(또는 자기 자신), 중심이 되다를 뜻하는 한자입니다.
글자에 붙어서 "주인의, 자신의 ~" 또는 "중심으로 ~한"이란 뜻으로 쓰입니다.

주장(主張) : **자신**의 의견을 + 굳게 **드러냄**
  └ 드러낼 장

주제(主題) : 작품에서 **중심이 되는** + **생각**(또는 제목)
  └ 제목, 머리말 제

주식(主食) : 끼니로서 **주로** + 먹는 **밥**
  └ 밥 식

쓰는
순서 | ㆍ ㆍ 亠 キ 主

한자를 칸에 맞춰 써 보세요.

主	主	主	主				

뜻	음
일	사

준 7급 事(일 사)는 일을 뜻하는 한자입니다.
다른 글자에 붙어서 "~한 일"이란 뜻으로 쓰입니다.

사실(事實) : **실제로** + 있었던 **일**
  └ 실제 실

사례(事例) : 어떤 **일**이 + 실제로 일어난 **예**
  └ 보기 예

경사(慶事) : 축하할 만한 + **일**
  └ 축하할 경

쓰는
순서 | 一 ㄱ ㄒ ㅋ ㅋ ㅋ 事

한자를 칸에 맞춰 써 보세요.

事	事	事	事				

3주차

회 차	영 역	학습 내용	학습계획일	맞은 문제수
11 회	독서 **사회**	**우리의 집, 한옥** 우리나라 한옥에 대한 설명문입니다. 한옥의 종류로는 무엇이 있고, 어떤 특징을 가지는지 비교해가며 독해하는 회차입니다.	□ 월 □ 일	독해 7문제 중 □ 개 어법·어휘 10문제 중 □ 개
12 회	독서 **사회**	**슈바이처와 박애 정신** 슈바이처에 관한 전기문입니다. 슈바이처의 삶은 어떠했는지, 그의 가치관은 어떠했는지 살펴보고 교훈을 생각해 보는 회차입니다.	□ 월 □ 일	독해 7문제 중 □ 개 어법·어휘 9문제 중 □ 개
13 회	독서 **기타**	**전기 자전거 사용법** 전기 자전거에 대한 설명서입니다. 전기 자전거의 전체적인 작동법과 상황에 따른 조작법 등을 파악해 보는 회차입니다.	□ 월 □ 일	독해 7문제 중 □ 개 어법·어휘 9문제 중 □ 개
14 회	문학 **시**	**동해 바다 (후포에서)** 친구 관계에 대한 교훈을 담고 있는 좋은 시입니다. 작품의 표현법 및 말하고자 하는 바를 정확히 파악하는 것을 연습해 보는 회차입니다.	□ 월 □ 일	독해 7문제 중 □ 개 어법·어휘 10문제 중 □ 개
15 회	문학 **수필**	**방망이 깎던 노인** 작가의 체험 및 교훈을 담고 있는 갈래인 수필입니다. 앞서 언급한 수필의 특징대로 글을 통해 작가의 체험을 느껴 보고, 그에 따른 교훈을 익혀 보는 회차입니다.	□ 월 □ 일	독해 7문제 중 □ 개 어법·어휘 9문제 중 □ 개

　우리 조상들은 집을 지을 때 자연을 해치지 않고 주변 환경과 어울리게 지었습니다. 특히, 우리 조상들은 산이 **병풍**①처럼 둘러싸고 있으며, 앞으로는 **너른**② 들이 있고 물이 흐르는 곳을 좋아했습니다. 이런 지형을 '배산임수'라고 합니다. 또한 자연에서 얻은 재료로 집을 지었습니다. 이처럼 우리나라의 전통 **가옥**③은 자연에서 재료를 얻어 자연과 어울리게 지어졌습니다. 그렇다면 이러한 한옥에는 어떤 종류가 있을까요? 한옥에는 기와집, 초가집, 너와집, 굴피집 등 그 종류는 다양합니다.

　기와집은 기와로 지붕을 만든 집입니다. 기와는 흙을 구워 만듭니다. 그렇기 때문에 나무껍질이나 볏짚 등의 다른 지붕 재료보다 훨씬 오랜 기간 사용이 가능했습니다. 그러나 기와는 상당히 비쌌기 때문에 일반 농민들이 기와로 집을 짓고 살기는 어려웠고 양반들만 기와로 지은 집에 살 수 있었다고 합니다.

　초가집은 갈대나 억새, 볏짚으로 지붕을 이은 집을 말합니다. 초가집은 옛날에 평범한 사람들이 살았던 집입니다. 지붕의 주요 재료인 볏짚의 속이 비어 있어 공기가 잘 통하기 때문에 여름에는 시원하고 겨울에는 따뜻했습니다. 초가는 겉이 매끄러워서 빗물이 잘 흘러내리지만 햇빛과 비바람에는 **취약**④했습니다. 때문에 한 해에 한 번씩 새 초가로 갈아 주어야 했습니다.

　산 속에 살았던 조상들은 너와집을 짓고 살았습니다. 산 속에서는 볏짚을 구하기 어려웠습니다. 때문에 짚 대신 기와 모양으로 널찍하게 자른 나무를 지붕에 덮었고 바람에 날아가지 않도록 군데군데 돌을 얹었습니다. 이 재료를 너와라고 합니다. 너와 사이에는 틈이 있어 여름에 시원했으나 겨울에는 그 틈으로 눈이나 바람이 들어와서 몹시 추웠습니다. 하지만 비가 오는 날에는 빗물이 새어들지는 않았답니다. 　⑦　너와는 젖어서 축축해지면 불어나는 성질이 있기 때문에 틈이 메워졌기 때문입니다.

↑ 너와집

　몇몇 산골 마을에서는 너와 대신에 굴피로

지붕을 덮기도 했습니다. 굴피란 참나무 껍질을 말합니다. 일정한 크기로 벗겨 내기 어렵기 때문에 지붕에 덮인 굴피가 마치 누더기를 덮은 것처럼 보였습니다. 굴피는 겨울철 날이 건조해지면 오므라들어 틈이 생깁니다. 때문에 난방이 잘 안 되는 단점이 있습니다. 하지만 비가 잘 새지 않아서 '기와 만 년, 굴피 천 년'이라는 말이 있을 만큼 수명이 길었습니다.

↑ 굴피집

1
중심
생각

이 글에서 가장 중심이 되는 낱말을 찾아 쓰세요.

....

2
세부
내용

이 글을 읽고 기와집에 양반들만 살았던 까닭은 무엇인지 고르세요. ---------------- [   ]

① 기와는 비싸서 아무나 살 수 없었기 때문에
② 기와는 바람이 잘 통해 여름에 시원했기 때문에
③ 기와는 겉이 매끄러워 비가 잘 새지 않았기 때문에
④ 기와는 다른 지붕 재료들보다 훨씬 오래 갔기 때문에
⑤ 기와 사이에는 틈으로 바람이 들어와 여름에 시원했기 때문에

3
세부
내용

굴피란 무엇인지 설명하세요.

....

4
어휘
표현

이 글의 [⊙   ] 에 들어갈 알맞은 말을 고르세요. ---------------- [   ]

① 그래서   ② 왜냐하면   ③ 그런데   ④ 하지만   ⑤ 그러므로

어려운 낱말 풀이   ① **병풍** 바람을 막거나 무엇을 가리거나 또는 장식용으로 방 안에 치는 물건 屛병풍 병 風바람 풍   ② **너른** 공간이 두루 다 넓은   ③ **가옥** 사람이 사는 집 家집 가 屋집 옥   ④ **취약** 무르고 약함 脆연할 취 弱약할 약

다음은 다양한 한옥의 장단점을 정리한 표입니다. 빈칸에 알맞은 단어를 본문에서 찾아 쓰세요.

한옥의 종류	장점	단점
☐☐ 집	오랜 ☐☐ 살 수 있다.	비싸다.
초가집	여름엔 시원하고 겨울엔 따뜻하다.	한 해에 한 번씩 ☐☐ 를 새로 갈아 주어야 한다.
☐☐ 집	빗물이 새지 않고 ☐ 이 있어 여름에 시원하다.	☐ 이 메워지지 않으면 춥다.
굴피집	오랜 기간 살 수 있고 빗물이 새지 않는다.	☐☐ 이 잘 안 된다.

6

내용
적용

서술형

[보기]는 종현이가 이 글을 읽고 초가집에 대해 쓴 글입니다. 빈칸을 알맞게 채워 보세요.

[보 기]

종현 : 초가집은 볏집 속에 공기가 있어 여름에는 시원하고 겨울에는 따뜻해.

    하지만 비바람에 약해

    ....

    ....

    한다는 단점이 있어.

7

추론

이 글에 대한 설명으로 옳은 것을 고르세요. .... [   ]

① 자신의 주장을 강조해서 말했다.

② 대상의 종류를 각각 자세히 설명했다.

③ 평소에 잘못 알고 있던 내용을 바로잡았다.

④ 우리 한옥을 바르게 사용하자는 내용을 담았다.

⑤ 전문가의 의견을 실어서 글의 내용을 신뢰할 수 있다.

11회 어법·어휘편

본문에 나온 어휘들만 따로 모아 복습하는 순서입니다.

해설편 007쪽

[1단계] 아래의 낱말의 알맞은 뜻에 선을 이어 보세요.

[1] 병풍 •   • ㉠ 무르고 약함

[2] 가옥 •   • ㉡ 사람이 사는 집

[3] 취약 •   • ㉢ 바람을 막거나 무엇을 가리거나 또는 장식용으로
　　　　　　　　　　　　　　방 안에 치는 물건

[2단계] 아래 문장의 빈칸에 알맞은 낱말을 [보기]에서 찾아서 써넣으세요.

> [보 기]　　　　　　　　　병풍　　　가옥　　　취약

[1] 아버지는 창가에 ☐☐ 을 치셨다.

[2] 연준이네 마을에는 아직도 전통 ☐☐ 이 여러 채 남아 있다.

[3] 올해에는 우리 회사의 ☐☐ 한 기술 수준을 향상시키는 것이 목표이다.

[3단계] 설명을 읽고 밑줄 친 낱말이 문장에서 쓰인 뜻을 찾아 번호를 쓰세요.

> 틈 ① 벌어져 사이가 난 자리
> ② 모여 있는 사람 속
> ③ 어떤 행동을 할 만한 기회
> ④ 어떤 일을 하다가 생각 따위를 다른 데로 돌릴 여유

[1] 너무 바빠서 잠시도 쉴 **틈**이 없다.   (   )

[2] 사람들 **틈**에서 구경하던 소영이는 학원에 지각을 하고 말았다. (   )

[3] 너와 사이에는 **틈**이 있어 여름에는 시원하나 겨울에는 춥다. (   )

[4] 상대 선수가 방심하자 그 선수는 그 **틈**을 놓치지 않았다.   (   )

시간　**끝난 시간** ☐시 ☐분　　채점　**독해** 7문제 중 ☐개

1회분 푸는 데 걸린 시간 ☐분　　**어법·어휘** 10문제 중 ☐개

↖ 스스로 붙임딱지
문제를 다 풀고
맨 뒷장에 있는
붙임딱지를
붙여보세요.

↑ 슈바이처 박사의 모습(1956년)

국적이나 인종, 종교를 떠나 모든 인간을 평등하게 사랑하는 것을 박애라고 합니다. 나의 가족이나 친구를 사랑할 수는 있습니다. 하지만 다른 국적, 다른 인종의 누군가를 단지 인간이란 이유로 차별 없이 사랑한다는 것은 정말 어려운 일입니다. 그런 점에서 박애는 인간이 베풀 수 있는 가장 **고귀한①** 사랑입니다.

박애를 온몸으로 실천한 위인 중 한 명이 바로 슈바이처입니다. 슈바이처 박사는 1875년 독일에서 목사의 아들로 태어났습니다. 어린 시절부터 슈바이처는 어려운 친구들이나 아픈 동물들을 돌봐 주었습니다. 대학에 들어가 **신학②**과 철학을 공부하던 슈바이처는 어떻게 살아야 하는가에 대해 깊은 고민을 했습니다. 그러다가 아프리카 콩고 지방의 원주민이 가난과 질병에 ㉠허덕이고 있다는 글을 보았습니다. 슈바이처는 아프리카 원주민들을 돕기로 결심하였습니다. 그래서 1905년 의학 공부를 시작하여 1912년에 의학 박사가 되었습니다.

슈바이처는 아내 헬레네와 1914년 가봉의 랑바레네로 향합니다. 랑바레네에는 피부병이나 **말라리아③**에 걸린 환자들이 많았습니다. 슈바이처가 임시 병원을 만들고 치료를 시작하자 많은 환자들이 몰려왔습니다. 간호학을 공부한 헬레네가 슈바이처의 조수 역할을 맡았지요. 랑바레네 원주민들은 슈바이처가 병을 치료해 주는 것이 마치 마술 같다고 생각했습니다. 그래서 슈바이처를 [　　　㉡　　　]란 뜻인 '오강가'라 불렀습니다.

제1차 세계대전 중인 1917년, 슈바이처는 프랑스군에게 **포로④**로 잡혔다가 전쟁이 끝나고 나서야 자유의 몸이 됩니다. 이후 슈바이처는 유럽 여러 나라를 다니며 강연을 하였습니다. 유럽 사람들이 아프리카 사람들을 괴롭히고 자원을 **빼앗은** 일에 대해 반성하자는 내용이었지요. 슈바이처는 1924년 다시 랑바레네로 돌아와 병원을 열고 환자들을 치료하였습니다. 이후에도 강연으로 비용을 마련하여 치료를 계속하였고, 1952년 슈바이처는 그의 박애 정신과 오랜 봉사를 인정받아 노벨 평화상을 **수상⑤**합니다.

1 이 글은 누구에 대해 쓴 것입니까?

중심
생각

....

2 슈바이처가 1905년부터 공부를 시작한 분야는 무엇인가요?

세부
내용

....

3 이 글에 나온 슈바이처에 대한 설명으로 맞는 것을 고르세요. ─────────────── [　　　]

세부
내용

① 가봉 랑바레네에서 태어났다.
② 오랜 시간 말라리아로 고생했다.
③ 신학을 공부하여 목사가 되었다.
④ 유럽 곳곳을 다니며 강연을 하였다.
⑤ 노벨 평화상에 도전했으나 실패했다.

4 다음은 슈바이처의 생애를 연표로 만든 것입니다. 빈칸에 알맞은 낱말을 쓰세요.

구조
알기

1875년	독일에서 태어남
1912년	☐☐☐☐ 가 됨
1914년	☐☐ 의 랑베레네로 건너감
1917년	프랑스군에게 포로로 잡힘
1924년	다시 랑베레네에서 치료와 강연을 시작함
1952년	☐☐☐☐☐ 을 받음

어려운 낱말 풀이 | ① **고귀한** 훌륭하고 귀중한 高높을 고 貴귀할 귀- ② **신학** 신이 인간과 세계에 대하여 맺고 있는 관계와 신을 연구하는 학문 神귀신 신 學배울 학 ③ **말라리아** 열대 지방에서 모기에게 물려 감염되는 전염병 ④ **포로** 사로잡은 적 捕잡을 포 虜사로잡을 로 ⑤ **수상** 상을 받음 受받을 수 賞상줄 상

5

어휘 표현

밑줄 친 ㉠의 의미로 알맞은 것을 고르세요. ───────────── [　　　]

① 어떤 일에 괴로워하며 애쓰다.

② 일이나 부담을 해내거나 감당하다.

③ 상처나 병을 잘 다스려 낫게 하다.

④ 의지할 곳이 없어 서운하고 슬프다.

⑤ 어려운 일이나 문제가 되는 상태를 해결하여 없애 버리다.

6

내용 적용

㉡에 들어갈 말로 알맞은 것은 무엇인가요? ───────────── [　　　]

① 의사　　　　　② 강사　　　　　③ 마법사　　　　　④ 간호사　　　　　⑤ 선생님

7

추론

다음 중 슈바이처 박사처럼 박애를 실천한 위인을 고르세요. ───────────── [　　　]

① 수많은 명곡을 작곡한 베토벤

② 왜군과 맞서 싸운 이순신 장군

③ 전구, 축음기 등을 발명한 에디슨

④ 미국 독립운동을 승리로 이끈 워싱턴

⑤ 인도의 가난한 사람들을 돌본 테레사 수녀

 배경지식 더하기

다른 위인들의 슈바이처에 대한 평가

슈바이처는 다른 위인들에게도 존경받는 인물이었습니다. 우선 인류 역사상 가장 위대한 과학자 중 한 명인 아인슈타인은 슈바이처를 "이 초라한 세상 속에서 살고 있는 단 한 명의 위대한 인간"이라고 평가했습니다. 또한 미국의 존경받는 대통령 중 하나인 존 캐네디 대통령은 "우리 시대의 도덕에 가장 커다란 영향을 끼친 분"이라고 평가했습니다. 또 다른 미국 대통령 출신이자 노벨상 수상자인 지미 카터는 "슈바이처 박사의 말은 특정 시대에 구애받지 않는다. 오늘날에도 유효할 뿐만 아니라 미래에도 계속 그러할 것이다."라고 평가했습니다.

이처럼 많은 위인들은 슈바이처를 정말 훌륭한 사람이라고 높였고, 존경했습니다. 그는 위인의 위인이었습니다. 슈바이처가 지구상에 끼친 영향은 앞으로도 계속될 것입니다.

[1단계] 아래의 낱말에 알맞은 뜻을 선으로 이어 보세요.

[1] 고귀한 •　　　　　• ㉠ 사로잡은 적

[2] 포로 •　　　　　• ㉡ 훌륭하고 귀중한

[3] 수상 •　　　　　• ㉢ 상을 받음

[2단계] 아래 문장의 빈칸에 알맞은 낱말을 [보기]에서 찾아서 써넣으세요.

> [보 기]　　　　　고귀한　　　포로　　　수상

[1] ＿＿＿＿＿ 들이 수용소에서 탈출했다는 소식을 들었다.

[2] 연아는 많은 대회에서 ＿＿＿＿＿ 을(를) 한 경력이 있다.

[3] 박애는 인간이 베풀 수 있는 가장 ＿＿＿＿＿ 사랑입니다.

[3단계] 낱말 풀이를 읽고, 빈칸에 알맞은 낱말을 넣어 문장을 완성해 보세요.

[1] 사람들을 ⬜⬜ 없이 사랑한다는 것은 정말 어려운 일입니다.
　　└ 둘 이상의 대상을 각각 수준 차이를 두어서 구별함

[2] 오페라 가수의 목소리는 ⬜⬜ 천상에서 울리는 음악 소리 같다.
　　└ 거의 비슷하게

[3] 저는 모든 사람을 평등하게 사랑하는 ⬜⬜ 정신을 가진 사람이 되고 싶습니다.
　　└ 모든 사람을 평등하게 사랑함

시간 **끝난 시간** ⬜ 시 ⬜ 분　　채점 **독해** 7문제 중 ⬜ 개　　← 스스로 붙임딱지
🕐 **1회분 푸는 데 걸린 시간** ⬜ 분　　⭐ **어법·어휘** 9문제 중 ⬜ 개　　문제를 다 풀고 맨 뒷장에 있는 붙임딱지를 붙여보세요.

전기 자전거 주행 방법

	1. 충전된 건전지를 자전거에 **장착**합니다. ^①
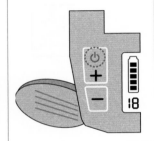	2-1. 자전거에 승차하여 계기판의 ON/OFF 스위치를 눌러 전원을 켭니다. 2-2. 계기판이 켜지면 **주행** 모드를 ^② 로 설정합니다. (PAS 1단 모드로 출발해야 급출발 사고를 예방할 수 있습니다.) 2-3. PAS 1단 모드에서 서서히 페달을 밟으면 모터가 **가동**됩니다. ^③ (**크랭크**가 45도 이상 회전해야 모터가 가동됩니다.) ^④
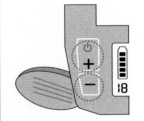	3. PAS 1단 모드 상태에서 주행 모드 설정 스위치를 눌러 1단에서 5단까지 주행 모드를 변경할 수 있습니다.  평지길,　저속주행-비탈길,　고속주행
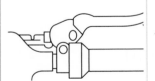	4. 주행 중 브레이크를 잡으면 좌, 우 브레이크 **레버** 중 하나만 사용해도 ^⑤ 전기가 차단되어 모터 가동이 중단됩니다.
	5-1. 주행이 끝나면 자전거에서 내려 안전한 곳에 세우고, 계기판 전원 스위치를 눌러 전원을 끕니다. 5-2. 장기 주차 시에는 건전지를 분리하여 따로 보관합니다.

※PAS 모드 시(1~5단) 페달을 밟아 돌려야만 모터가 가동되며, 페달이 돌아가지 않으면 작동하지 않습니다.

1
중심
생각

이 글에서 설명하는 것은 무엇인가요?

_____

2
세부
내용

다음 중 전기 자전거를 올바르게 사용하지 <u>않은</u> 경우를 고르세요. ---------------------------- [   ]

① 장기 주차 시에는 건전지를 분리하여 따로 보관해 두었어.

② 전기 자전거를 타고 돌아와서 전원을 따로 끄지 않고 세워 두었어.

③ 전기 자전거를 빠르게 타기 위해 주행 모드 숫자를 올리고 나아갔지.

④ 전기 자전거를 타다가 친구와 인사를 나누기 위해 손잡이의 브레이크 레버를 잡아 가던 길을 멈추었어.

⑤ 전기 자전거에 올라타서 전원을 켜고 주행 모드를 1로 설정한 뒤 천천히 페달을 밟아 움직이기 시작했어.

3
어휘
표현

'사람이나 기계가 움직여 일함 또는 기계 등을 움직여 일하게 함'이라는 뜻의 단어 '가동'을 이루는 한자의 뜻을 빈칸에 채워 보세요.

가	동
稼	動
심 을 가	□ □ □ 동

4
구조
알기

전기 자전거의 모터를 가동하기 위해 필요한 과정을 순서대로 나열하세요.

> ㄱ. 자전거에 승차하여 계기판의 ON/OFF 스위치를 눌러 전원을 켭니다.
>
> ㄴ. 충전된 건전지를 자전거에 장착합니다.
>
> ㄷ. 천천히 페달을 밟습니다.
>
> ㄹ. 계기판의 주행 모드를 1로 설정합니다.

□ → □ → □ → □

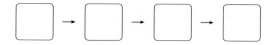

어려운 낱말 풀이 ① **장착** 의복, 기구, 장비 등에 장치를 부착함 裝꾸밀 장 着붙을 착 ② **주행** 주로 동력으로 움직이는 자동차나 열차 등이 달림 走달릴 주 行다닐 행 ③ **가동** 사람이나 기계가 움직여 일함 稼심을 가 動움직일 동 ④ **크랭크** 한 끝은 앞 기어와 연결되고 다른 한 끝은 페달에 붙어 지렛대 작용을 하는 자전거 부품 (crank) ⑤ **레버** 당기거나 밀어서 기계를 조작하는 작은 막대기 모양의 장치 (lever)

5 다음 사진은 '한 끝은 앞 기어와 연결되고 다른 한 끝은 페달에 붙어 지렛대 작용을 하는 자전거 부품'입니다. 이 부품의 이름은 무엇일까요? ────────────────────────── [   ]

세부
내용

① 계기판   ② 브레이크   ③ 페달   ④ 크랭크   ⑤ 스위치

6 전기 자전거 주행이 끝나면 어떻게 해야 하는지 써 보세요.

내용
적용

주행이 끝나면
⋯⋯

⋯⋯

⋯⋯

7 이 글의 특징으로 알맞은 것을 고르세요. ──────────────────────────────── [   ]

추론

① 읽는 사람의 실천을 강조한 글이다.

② 어떤 제품의 사용 방법을 설명한 글이다.

③ 교훈이 담긴 이야기로 사람들에게 감동을 준다.

④ 주제와 관련된 이야기를 소개해 읽는 사람의 흥미를 끈다.

⑤ 단호한 어조로 글을 써 글쓴이의 의견을 강력하게 주장한다.

13회 어법·어휘편

본문에 나온 어휘들만 따로 모아 복습하는 순서입니다.

해설편 008쪽

[**1**단계] 아래의 낱말의 알맞은 뜻에 선을 이어 보세요.

[1] 장착 •   • ㉠ 사람이나 기계가 움직여 일함

[2] 주행 •   • ㉡ 주로 동력으로 움직이는 자동차나 열차 등이 달림

[3] 가동 •   • ㉢ 의복, 기구, 장비 등에 장치를 부착함

[**2**단계] 아래 문장의 빈칸에 알맞은 낱말을 [보기]에서 찾아서 써넣으세요.

> [보 기]   장착   주행   가동

[1] PAS 1단 모드에서 서서히 페달을 밟으면 모터가 ☐☐ 됩니다.

[2] 충전된 건전지를 자전거에 ☐☐ 합니다.

[3] 계기판이 켜지면 ☐☐ 모드를 ┣로 설정합니다.

[**3**단계] [보기]를 읽고 밑줄 친 낱말이 문장에서 쓰인 뜻을 찾아 번호를 쓰세요.

> [보 기] **끄다**   ① 타는 불을 못 타게 하다.
>
> ② 전기나 동력이 통하는 길을 끊어 전기 제품 따위를 작동하지 않게 하다.
>
> ③ 사람에 대해 관심을 갖지 않다.

[1] 그는 시동도 <u>끄지</u> 않고 차에서 내렸다. ------------------- [   ]

[2] 엄마가 난로 불을 <u>끄는</u> 걸 잊었던 모양이다. ------------------- [   ]

[3] 그는 그 문제에 대해 신경을 <u>껐다</u>. ------------------- [   ]

시간 **끝난 시간** ☐ 시 ☐ 분   **채점** **독해** 7문제 중 ☐ 개   ← 스스로 붙임딱지
1회분 푸는 데 걸린 시간 ☐ 분   **어법·어휘** 9문제 중 ☐ 개   문제를 다 풀고 맨 뒷장에 있는 붙임딱지를 붙여보세요.

동해 바다 (부제 : 후포[①]에서)

신경림

친구가 원수보다 미워지는 날이 많다

티끌[②]만 한 잘못이 **맷방석**[③]만 하게

동산만 하게 커 보이는 때가 많다

그래서 세상이 어지러울수록

남에게는 엄격해지고 내게는 너그러워지나보다

돌처럼 잘아지고 굳어지나보다

멀리 동해 바다를 내려다보며 생각한다

널따란 바다처럼 너그러워질 수는 없을까

깊고 짙푸른 바다처럼

감싸고 끌어안고 받아들일 수는 없을까

스스로는 억센 파도로 다스리면서

제 몸은 맵고 모진 매로 채찍질하면서

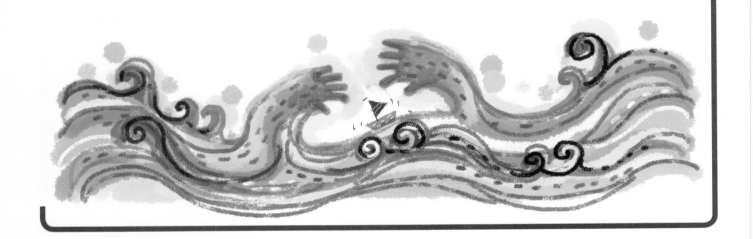

어려운 낱말 풀이 ① **후포** 경상북도 울진군에 있는 지역 명칭 ② **티끌** 티와 먼지를 통틀어 이르는 말로 몹시 작은 것을 표현할 때 씀 ③ **맷방석** 맷돌을 쓸 때 밑에 까는 방석 -方모 방 席자리 석

1

중심
생각

시의 말하는 이가 있는 곳은 어디인가요?

....

2

세부
내용

이 시에 대한 설명으로 적절하지 않은 것을 고르세요. ------------------------------------ [   ]

① 2개의 연으로 구성되어 있다.

② 삶을 살아가는 교훈을 담고 있다.

③ 바다를 살아있는 사람처럼 표현하였다.

④ 일상에 있을법한 일을 바탕으로 한 내용이다.

⑤ 과거의 추억을 그리워하는 말하는 이의 마음을 알 수 있다.

3

작품
이해

이 시에 대한 아래 [보기]의 빈칸에 들어갈 적절한 시어를 찾아 쓰세요.

[보 기]

　(가)는 대상을 받아들이거나 섞이지 못하는 존재이고, (나)는 대상을 감싸고 끌어안으며 받아들이는 존재이다. 시인은 이 둘을 **대조**함으로써 자신의 삶에 대해 돌아보고, 바람직한
①
삶의 자세에 대한 소망을 효과적으로 표현하고 있다.

(가) : [   ] , (나) : [   ]

4

추론
적용

'동해 바다'와 비슷한 기능을 하는 낱말을 아래 [보기]에서 찾아 쓰세요.

[보 기]

　가끔 잘못한 일 때문에 꾸중을 들어 속상할 때면 방에 있는 일기를 읽어 본다. 거기에는 나의 여러 가지 추억도 담겨 있지만, 잘못을 저지르지 않겠다는 다짐도 담겨 있기 때문이다.

[   ]

🧻 어려운 낱말 풀이 │ ① **대조** 두 대상의 서로 반대되는 점을 견주어 봄 **對**비교할 대 **照**비출 조

5

어휘
표현

이 시와 [보기]의 공통된 표현상의 특징을 고르세요. ━━━━━━━━━━━━━━━ [   ]

[보기]

　　비행기를 타고 높은 하늘을 날아보고 싶다. 구름 위에 떠 있는 나의 모습을 상상해보니 정말 짜릿하다. 학교를 마치고 집에 가는 길에 높은 하늘을 올려다보면, 마치 하늘이 나를 부르는 것 같은 기분이 든다.

① 색깔을 나타내는 표현을 사용하였다.
② 사계절의 모습을 아름답게 표현하였다.
③ 사람이 아닌 것을 사람처럼 표현하였다.
④ 두 개의 다른 소재를 서로 대조하고 있다.
⑤ 소리나 모양을 흉내 내는 표현이 사용되었다.

6

작품
이해

이 시에 대한 감상을 가장 적절하게 한 친구는? ━━━━━━━━━━━━━━━━━━━ [   ]

① 성민 : 돌처럼 강한 의지로 꿈을 향해 도전해야겠어.
② 용준 : 다른 사람에게는 너그럽지만, 나 자신에게는 엄격해야겠어.
③ 민우 : 나도 나 자신을 지금보다 훨씬 더 사랑하는 사람이 되고 싶어.
④ 수빈 : 세상이 어지러울수록 좋은 친구를 사귀는 것이 중요한 일인 것 같아.
⑤ 나윤 : 친구의 실수를 거울로 삼아서 나는 잘못을 저지르지 않도록 조심해야지.

7

추론
적용

이 시를 통해 알 수 있는 문학 작품의 가치를 고르세요. ━━━━━━━━━━━━━━ [   ]

① 문학은 사람들이 용기를 가지도록 도와준다.
② 문학은 자신의 삶을 돌아보고 반성할 수 있도록 해 준다.
③ 문학은 사람들이 헛된 희망에서 벗어날 수 있도록 도와준다.
④ 문학은 당시의 시대적 상황을 보여주면서 역사적인 가르침을 준다.
⑤ 문학은 사람들이 미래에 대한 풍부한 상상력을 가질 수 있도록 도와준다.

[**1**단계] '맵다'의 다양한 뜻입니다. 빈칸에 알맞은 뜻을 골라 번호를 쓰세요.

> **맵다** ① 고추나 겨자와 같이 맛이 알알하다.
>
>   ② 날씨가 몹시 춥다.
>
>   ③ 사납거나 독하다.

[1] 겨울바람이 **맵고** 따갑게 불고 있다. -- [   ]

[2] 내가 무슨 잘못을 했기에 그 사람은 나를 **맵게** 대하는 건지. ------------- [   ]

[3] 조금 까불었다가 선생님께 **매운** 꿀밤을 맞았어. ------------------------------ [   ]

[4] 찌개가 너무 **매워서** 혼이 났어. -- [   ]

[5] 오늘은 날씨가 **맵구나**. 되도록 나가지 않고 집에 있어야겠어. ----------- [   ]

[6] **매운** 맛은 사실 맛이 아니라 피부가 아픔을 느끼는 거래. --------------- [   ]

[**2**단계] 아래는 시에서 쓰인 낱말들입니다. 이 낱말들과 어울리는 관용 표현을 선으로 이어 보세요.

[1] 친구 ·

·(가) [   ] 따라 강남 간다.

[2] 원수 ·

·(나) [   ] 에 뛰어들지 않는 자는

[   ] 를 건너지 못한다.

[3] 바다 ·

·(다) [   ] 는 외나무다리에서 만난다.

[4] 돌 ·

·(라) [   ] 다리도 두들겨 보고 건너라.

시간 **끝난 시간** [   ]시 [   ]분 채점 **독해** 7문제 중 [   ]개

1회분 푸는 데 걸린 시간 [   ]분   **어법·어휘** 10문제 중 [   ]개

← 스스로 붙임딱지
문제를 다 풀고 맨 뒷장에 있는 붙임딱지를 붙여보세요.

　벌써 사십여 년 전이다. 동대문 맞은쪽 길가에 앉아서 방망이를 깎아 파는 노인이 있었다. 방망이를 한 벌 사 가지고 가려고 깎아 달라고 부탁을 했다. 값을 굉장히 비싸게 부르는 것 같았다. 좀 싸게 해 줄 수 없느냐고 했더니,

　"방망이 하나 가지고 값을 깎으려오? 비싸거든 다른 데 가 사우."

　대단히 무뚝뚝한 노인이었다. 더 깎지도 못하고 깎아나 달라고만 부탁했다. 그는 잠자코 열심히 깎고 있었다. 처음에는 빨리 깎는 것 같더니, 저물도록 이리 돌려 보고 저리 돌려 보고 굼뜨기① 시작하더니, 이내 마냥 **늑장**이다. 내가 보기에는 그만하면 다 됐는데, 자꾸만 더 깎고 있다. 인제 다 됐으니 그냥 달라고 해도 못 들은 체한다. ⓐ차 시간이 바쁘니 빨리 달라고 해도 통 못 들은 체 대꾸가 없다. 점점 차 시간이 빠듯해 왔다. 갑갑하고 지루하고 인제는 초조할 지경이다.

　더 깎지 아니해도 좋으니 그만 달라고 했더니, 화를 버럭 내며,

　"끓을 만큼 끓어야 밥이 되지, 생쌀이 재촉한다고 밥이 되나?"

　하면서 오히려 야단이다. 나도 기가 막혀서,

　"살 사람이 좋다는데 무얼 더 깎는단 말이오? 노인장, 외고집이시구려. 차 시간이 없다니까 ……."

　노인은

　"다른 데 가 사우. 난 안 팔겠소."

　하는 퉁명스런 대답이다.

　지금까지 기다리고 있다가 그냥 갈 수도 없고 차 시간은 어차피 늦은 것 같고 해서, 될 대로 되라고 체념할 수밖에 없었다.

　"그럼 마음대로 깎아 보시오."

　"글쎄, 재촉을 하면 점점 거칠고 늦어진다니까. 물건이란 제대로 만들어야지, 깎다가 놓으면 되나?"

　좀 누그러진 말투다.

　이번에는 깎던 것을 **숫제**② 무릎에다 놓고 태연스럽게 ⓑ담배를 피우고 있지 않은가? 나도 그만 지쳐 버려 구경꾼이 되고 말았다. 얼마 후에, 노인은 또 깎기 시작한다. 저러다가는 방망이는 다 깎여 없어질 것만 같았다. 또, 얼마 후에 방망이를 들고 이리저리 돌려 보더니, 다 됐다고 내준다. 사실, 다 되기는 아까부터 다 돼 있던 방망이다.

　차를 놓치고 다음 차로 가야 하는 나는 불쾌하기 짝이 없었다. 그따위로 장사를 해 가지고 장사가 될 턱이 없다. 손님 마음대로가 아니고 자기 마음대로다. 불친절하고 무뚝뚝한 노인이다. 생각할수록 화가 났다.

　그러다가 뒤를 돌아다보니, 노인은 태연히 허리를 펴고 동대문의 **추녀**③를 바라보고 있다. 그때, 어딘지 모르게 노인다워 보이는, 그 바라보고 있는 옆모습, 그리고 부드러운 눈매와 흰 수염에 내

마음은 약간 누그러졌다. 노인에 대한 멸시와 증오심도 조금은 덜해진 셈이다.

집에 와서 방망이를 내놨더니, ⓒ아내는 예쁘게 깎았다고 야단이다. 집에 있는 것보다 참 좋다는 것이다. 그러나 나는 전의 것이나 별로 다른 것 같지가 않았다. 그런데 아내의 설명을 들어 보면, 배가 너무 부르면 다듬이질할 때 옷감이 잘 치이고, 같은 무게라도 힘이 들며, 배가 너무 안 부르면 다듬잇살이 퍼지지 않고 손이 헤먹기가 쉽다는 것이고, 요렇게 꼭 알맞은 것은 좀처럼 만나기가 어렵다는 것이다. 나는 비로소 마음이 확 ⑤풀렸다. 그리고 그 노인에 대한 내 태도를 뉘우쳤다. 참으로 미안했다.

옛날 사람들은 흥정은 흥정이요 생계는 생계지만, 물건을 만드는 그 순간만은 오직 훌륭한 물건을 만든다는 그것에만 열중했다. 그리고 스스로 보람을 느꼈다. 그렇게 순수하게 **심혈**④을 기울여 공예 ⑩미술품을 만들어 냈다. 이 방망이도 그런 심정에서 만들었을 것이다. 나는 그 노인에 대해서 죄를 지은 것 같은 괴로움을 느꼈다. "그따위로 해서 무슨 장사를 해 먹는담."하던⑤ 말은 "그런 노인이 나 같은 청년에게 **멸시**와 증오를 받는 세상에서 어떻게 아름다운 물건이 탄생할 수 있담."하는 말로 바뀌어졌다.

나는 그 노인을 찾아가 진심으로 사과해야겠다고 생각했다. 그래서 그다음 일요일에 그 노인을 찾았다. 그러나 그 노인이 앉았던 자리에 노인은 와 있지 아니했다. 나는 그 노인이 앉았던 자리에 멍하니 서 있었다. 허전하고 서운했다. 내 마음은 사과드릴 길이 없어 안타까웠다. 맞은쪽 동대문의 추녀를 바라다보았다. ⓔ푸른 하늘로 날아갈 듯한 추녀 끝으로 흰 구름이 피어나고 있었다. 아, 그때 그 노인이 저 구름을 보고 있었구나. 열심히 방망이를 깎다가 추녀 끝의 구름을 바라보던 노인의 거룩한 모습이 떠올랐다.

-윤오영, 「방망이 깎던 노인」 中

1
중심
생각

이 수필의 중심 소재를 쓰세요.

......

2
요소

'나'가 노인을 만난 곳은 어디인지 세 글자로 쓰세요.

......

3
작품
이해

밑줄 친 ⓐ~ⓔ 중 '나'가 노인에 대해 화가 풀린 계기가 된 것의 기호를 쓰세요.

......

어려운 낱말 풀이 ① **늑장** 느릿느릿 꾸물거리는 태도 ② **숫제** 아예 전적으로 ③ **추녀** 기와집 지붕의 네 귀퉁이에 있는 끝이 번쩍 들린 부분 ④ **심혈** 최대의 힘을 이르는 말 心마음 심 血피 혈 ⑤ **멸시** 업신여기거나 하찮게 여겨 깔봄 蔑업신여길 멸 視볼 시

4

세부
내용

이 이야기에서 노인에 대한 '나'의 심리 변화로 가장 적절한 것을 고르세요. ················ [   ]

① 불쾌함 → 미안함 → 답답함

② 불쾌함 → 미안함 → 만족함

③ 슬퍼함 → 불쾌함 → 초조함

④ 초조함 → 불쾌함 → 미안함

⑤ 미안함 → 답답함 → 화가 남

5

어휘
표현

밑줄 친 ㉠과 가장 유사한 의미를 가진 것을 고르세요. ···································· [   ]

① 저 사람은 많이 취했는지 눈이 풀렸다.

② 달리기 시합을 하다가 신발 끈이 풀렸다.

③ 그의 진심 어린 사과로 인해 기분이 풀렸다.

④ 열심히 공부를 해서 그런지 문제가 술술 풀렸다.

⑤ 따뜻한 물에 몸을 담그니 쌓여있던 피로가 풀렸다.

[6~7] 다음을 참고하여 알맞은 답을 고르세요.

> (가) 장인 정신이라는 말이 있다. 우선 '장인'은 어떠한 일에 전념하거나 한 가지 기술에 특출한
> 사람을 이른다. 즉 장인 정신은 자기가 하고 있는 일에 전념하거나, 한 가지 기술을 터득하여
> 그 일에 몰두하는 철저한 직업 정신을 뜻한다.
> (나) 우리 할아버지는 도자기를 정말 잘 만드신다. 도자기를 만드실 때는 완전히 그 일에만
> 몰두하셔서 시간 가는 줄도 모르신다. 또한 사소한 실수 하나도 용납하지 않으시기 때문에,
> 할아버지께서 만드신 도자기는 최고의 품질을 자랑한다.

6

추론
적용

이야기의 '방망이'와 유사한 역할을 하는 소재를 (나)에서 찾아 쓰세요. ···························

7

작품
이해

서술형

이 글의 '노인'과 (나)의 '할아버지'의 공통점을 (가)의 문장을 활용해서 간단히 써 보세요.

[1단계] 아래의 낱말에 알맞은 뜻을 선으로 이어 보세요.

[1] 늑장 •　　　　　　　　• ㉠ 최대의 힘을 이르는 말
[2] 숫제 •　　　　　　　　• ㉡ 느릿느릿 꾸물거리는 태도
[3] 심혈 •　　　　　　　　• ㉢ 아예 전적으로

[2단계] 빈칸에 알맞은 낱말을 [보기]에서 골라 쓰세요.

[보 기]　　　　　　　　늑장　　숫제　　심혈

[1] 하다가 포기할 거라면 □□ 하지 않는 것이 좋아.

[2] 지금 일이 급하기 때문에 □□ 부릴 시간이 없구나.

[3] 이건 딱 봐도 정말 □□ 을 기울인 작품이라는 것을 알 수 있겠다.

[3단계] [보기]의 시(視)와 관련된 단어들을 학습한 후 아래 빈칸에 알맞은 낱말을 쓰세요.

[보 기]　　멸시(蔑업신여길 멸 視볼 시) : 업신여기거나 하찮게 생각해 깔봄

주시(注물댈 주 視볼 시) : 주의를 집중하여 살펴봄, 눈여겨 봄

좌시(坐앉을 좌 視볼 시) : 참견하지 않고 앉아서 보기만 함

[1] 선생님께서는 모든 학생들을 □□ 하고 계시다.

[2] 결코 이 모든 일들을 □□ 하지 않고, 최선을 다하겠습니다.

[3] 그녀는 그가 너무 원망스러워 □□ 의 눈초리를 보냈다.

시간　끝난 시간 □시 □분
1회분 푸는 데 걸린 시간 □분

채점　독해 7문제 중 □개
어법·어휘 9문제 중 □개

← 스스로 붙임딱지
문제를 다 풀고 맨 뒷장에 있는 붙임딱지를 붙여보세요.

다양한 한복에 숨어 있는 의미

사람들은 기쁜 일이 있을 때나 슬픈 일이 있을 때나 늘 옷과 함께합니다. 옷은 사람의 몸을 보호하고 아름답게 돋보이게 할 뿐만 아니라, 옷 자체가 중요한 의미를 나타내기도 한답니다. 그래서 한복을 살펴보면 우리 조상들이 어떻게 살았는지를 잘 알 수 있습니다.

갓난아이에게는 배냇저고리를 입힙니다. '배내'라는 말은 '뱃속에서부터', 혹은 '태어나기도 전에'라는 뜻입니다. 아기를 편하게 해 주려고 배냇저고리는 일부러 크게 만들었습니다. 또한 복잡한 장식을 달지 않고, 옷감도 색이 들어가지 않은 무명이나 흰색 면으로 옷을 지었습니다. 아이가 오래 잘 살라는 뜻으로 옷고름을 대신해 실로 꼬아 여며 주었고, 집안의 장수한 어른의 옷으로 배냇저고리를 만들어 입히기도 했답니다.

아이의 첫 생일을 축하하는 돌복은 배냇저고리와는 반대로 화려했습니다. 우리 조상들은 옷 색깔이 화려하면 나쁜 기운을 막을 수 있다고 믿었습니다. 그래서 오방색이라고 부르는 홍색, 청색, 황색, 백색, 흑색, 이 다섯 가지 색을 사용해 옷을 지었습니다. 오방색에는 우주의 원리도 담겨 있어서 이 오방색을 이용해 옷을 지어 입으면 장수할 수 있다고 생각한 것입니다.

우리 조상들은 혼례가 남자와 여자의 결합인 동시에 우주의 음과 양의 기운이 만나는 신성한 일이라고 믿었습니다. 그래서 혼례복에 쓰이는 색에도 우주의 기운과 원리, 뜻을 담았답니다. 신랑의 관복 색깔인 파랑과 신부의 치마 색깔인 빨강은 곧 양과 음의 조화를 상징했습니다. 알록달록 색이 많이 쓰인 신부 옷에도 여러 의미가 숨어 있는데, 빨강 치마는 가문이 번성하라는 뜻이, 노랑 저고리는 만물이 태어나는 흙을 상징해 자손의 번성을 기원하는 의미가 담겨 있습니다.

부모님이 돌아가시면 그 자식은 부모님을 돌아가시게 한 죄인이라 여겨 삼베 천에 대충 바느질해서 만든 상복을 입었습니다. 머리와 허리에 묶은 새끼줄도 죄인이라 몸을 묶는다는 뜻이었습니다. 우리 조상들은 부모에 대한 효를 무척 중요하게 여겨서 장례식이 끝나고도 3년 동안 상복을 입으며 산소 옆에 집을 짓고 아침저녁으로 제사를 지냈습니다. 부모님이 살아 계실 때는 물론이고 돌아가신 뒤에도 예의를 다하는 것이었습니다.

무명 솜을 자아 만든 실로 만든 천   **혼례** 결혼식 婚결혼할 혼 禮예절 례   **관복** 갓과 옷 冠갓 관 服옷 복

4주차

주간학습계획표

한 주간의 계획을 먼저 세워 보세요. 매일 학습을 마친 후 맞힌 문제의 개수를 쓰세요!

회차	영역	학습 내용	학습계획일	맞은 문제수
16회	독서 **과학**	**영양 성분 표시** 과자나 음료수 등에 있는 영양 성분 표시에 대한 설명을 담고 있는 글입니다. 글에서 설명하고 있는 것이 무엇이며 그것이 실생활에서 어떻게 사용되고 있는지 적용해 보는 회차입니다.	월 일	독해 7문제 중 ⬚ 개 어법·어휘 9문제 중 ⬚ 개
17회	독서 **사회**	**학교 폭력** 학교 폭력에 대한 설명문입니다. 학교 폭력에는 어떠한 행동들이 있는지 알아보는 회차입니다.	월 일	독해 7문제 중 ⬚ 개 어법·어휘 10문제 중 ⬚ 개
18회	독서 **기타**	**이삭 줍는 여인들** 밀레의 작품인 이삭 줍는 여인들에 관한 설명문입니다. 밀레가 이삭 줍는 여인를 통해 전하고자 하던 바는 무엇인지, 그림에는 어떠한 특징이 있는지 살펴보며 독해하는 회차입니다.	월 일	독해 7문제 중 ⬚ 개 어법·어휘 9문제 중 ⬚ 개
19회	문학 **시**	**호수, 못 잊어** 유명한 작가들이 쓴 유사한 주제를 가진 두 편의 시입니다. 시의 표현법과 주제를 파악하는 것을 연습해 보는 회차입니다.	월 일	독해 7문제 중 ⬚ 개 어법·어휘 9문제 중 ⬚ 개
20회	문학 **고전 소설**	**박씨전** 실제 역사를 바탕으로 창작한 고전소설입니다. 글을 통해 인물들의 갈등 구조와 글의 내용을 파악해 보는 것을 연습하는 회차입니다.	월 일	독해 7문제 중 ⬚ 개 어법·어휘 8문제 중 ⬚ 개

성장기인 학생들이 건강하게 자라기 위해서는 무엇보다 먹는 것이 중요합니다. 영양소를 제대로 섭취하지 못하면 키가 자라지 못하고 뼈가 약해지는 등의 문제가 생길 수 있습니다. 과자나 음료수, 아이스크림 등에는 설탕이 많이 들어 있고, 우리 몸에 필요한 영양소는 부족한 경우가 많습니다. 게다가 우리 몸에 **해로운**① 성분들도 들어 있기 때문에 잘 선택해서 먹어야 합니다. 그렇다면 어떻게 해야 건강한 음식을 고를 수 있을까요? 영양 성분 표시를 잘 살펴보면 됩니다. 영양 성분 표시는 식품의 용기나 포장에 나와 있습니다.

영양정보	총 내용량 500g/100g당 462kcal	
100g 당		1일 영양성분 기준치에 대한 비율
나트륨	300 mg	17 %
탄수화물	70 g	22 %
당류	40 g	40 %
지방	18 g	33 %
트랜스지방	0 g	
포화지방	2.6 g	17 %
콜레스테롤	0 mg	0 %
단백질	5 g	9 %
1일 영양성분 기준치에 대한 비율(%)은 2,000 kcal 기준이므로 개인의 필요 열량에 따라 다를 수 있습니다.		

9 791162 720387

※실제 과자 봉지가 아닌 이해를 돕기 위해 가상으로 꾸민 이미지입니다.

↑ 과자 봉지에 있는 영양성분표시

영양 성분 표시를 읽을 때 가장 먼저 확인해야 하는 것은 '1회 제공량'입니다. 1회 제공량은 한 번에 먹게 되는 양을 나타냅니다. 그다음 확인해야 할 것은 총 제공량입니다. 총 2회 제공량을 나눠 먹지 않고 한 번에 다 먹는 경우에는 **열량**②은 물론 다른 영양소도 2배로 계산해야 합니다.

다음으로 확인해야 하는 것은 %(퍼센트) 영양소 **기준치**③입니다. 영양소 기준치는 식품을 먹었을 때 하루에 섭취해야 할 영양소의 몇 퍼센트를 먹게 되는지를 나타냅니다. 우리가 적게 먹어야 하는 나트륨이나 **당**④은 기준치가 낮을수록 좋습니다.

비만이 걱정된다면 열량도 살펴보아야 합니다. 열량은 식품을 먹었을 때 얼마나 에너지를 낼 수 있는지 나타내는 수치입니다. 열량을 많이 섭취하면 남는 에너지가 지방으로 바뀌어 몸에 쌓여서 비만이 될 수 있습니다.

마지막으로는 영양 성분도 살펴보아야 합니다. 탄수화물(당류), 단백질, 지방(포화지방, 트랜스 지방), 콜레스테롤, 나트륨(소금)이 필수적으로 들어가며 그 밖에 식품에 따라 강조하고자 하는 영양 성분을 표시합니다.

주변에 있는 식품을 살펴보면 쉽게 영양 성분 표시를 확인할 수 있습니다. 영양 성분 표시를 확인하면 자신에게 **적합한**⑤ 식품을 선택할 수 있습니다. 또한 제품 간의 영양소를 비교하여 건강한 식품을 고를 수도 있습니다. 앞으로 식품을 선택할 때, 영양 성분 표시를 확인함으로써 건강한 **식생활**[6]을 하는 습관을 들이도록 합시다.

1
중심
생각

이 글의 제목으로 가장 알맞은 것을 고르세요. ───────────── [　　　]

① 건강한 음식의 종류
② 우리 몸에 해로운 성분들
③ 영양 성분 표시를 보는 방법
④ 영양소 기준치란 무엇인가요?
⑤ 에너지가 지방으로 바뀌는 과정

4
주
16
회

해설편
0
0
9
쪽

2
세부
내용

한 번에 먹게 되는 양을 무엇이라고 하나요?

....

3
세부
내용

이 글의 내용과 <u>다른</u> 것은 무엇인가요? ───────────── [　　　]

① 총 제공량은 보통 한 번에 먹게 되는 양을 나타낸다.
② 영양 성분 표시는 식품의 용기나 포장에서 확인할 수 있다.
③ 열량은 식품을 먹었을 때 얼마나 에너지를 내는지를 말한다.
④ 영양 성분에는 탄수화물(당류), 단백질, 지방(포화지방, 트랜스 지방), 콜레스테롤, 나트륨(소금) 등이 있다.
⑤ 퍼센트 영양소 기준치는 식품을 먹었을 때 하루에 섭취해야 할 영양소의 몇 퍼센트를 먹게 되는지를 나타낸다.

어려운 낱말 풀이 ① **해로운** 해가 되는 점이 있는 害해할 해- ② **열량** 열에너지의 양. 단위는 보통 칼로리(kcal)로 표시함 熱더울 열 量헤아릴 량 ③ **기준치** 어떤 상태를 판정하는 기준이 되는 수치 基터 기 準준할 준 値값 치 ④ **당** 물에 잘 녹으며 단맛이 있는 탄수화물 糖엿 당 ⑤ **적합한** 일이나 조건 따위에 꼭 알맞은 適맞을 적 合합할 합- ⑥ **식생활** 먹는 일이나 먹는 음식에 관한 생활 食밥 식 生날 생 活살 활

4 이 글의 중심 내용이 잘 드러나도록 빈칸을 채워 보세요.

구조
알기

> 성장기인 학생들은 어떤 음식을 먹는 지가 중요합니다. 식품의 용기나 포장에 있는
>
> 영양 성분 표시를 살펴보고 잘 골라 먹는 것이 좋습니다. 영양 성분 표시를 확인할 때는
>
> ☐☐ 제공량과 ☐ 제공량, ☐☐☐ ☐☐☐ 기준치,
>
> 열량, ☐☐ 성분을 살펴보아야 합니다.

5 다음이 설명하는 낱말을 본문에서 찾아 쓰세요.

어휘
표현

> 열에너지의 양. 단위는 보통 칼로리(kcal)로 표시한다.

☐

6 영양 성분 표시를 통해 얻을 수 있는 이로운 점 두 가지를 찾아 쓰세요.

내용
적용

서술형

7 아래의 영양 성분 표시를 잘못 읽은 친구는 누구인가요? ──────── [   ]

추론

영양성분	1회 제공량 약1/2봉지(30g) 총 약 2회 제공량(75g)	
1회 제공량 당 함량		**%영양소 기준치**
열량	155 kcal	
탄수화물	19g	6%
당류	4g	
단백질	2g	3%
지방	8g	16%
포화지방	3g	20%
트랜스지방	0g	
콜레스테롤	0mg	0%
나트륨	65mg	3%

※ %영양소기준치 : 1일 영양소기준치에 대한비율

① 미래 : 이 과자는 두 번 먹을 분량이네.

② 상준 : 이 과자에는 콜레스테롤이 없어.

③ 진국 : 이 과자 한 봉지를 다 먹어도 155kcal야!

④ 유라 : 이 과자를 한꺼번에 다 먹으면 탄수화물 일일 섭취 권장량의 12%를 먹게 돼.

⑤ 은혜 : 과자 전체 무게가 75g밖에 안 되네. 포장만 컸지 양은 조금이야.

16회 어법·어휘편 본문에 나온 어휘들만 따로 모아 복습하는 순서입니다.

[1단계] 아래의 낱말에 알맞은 뜻을 선으로 이어 보세요.

[1] 해로운 •   • ㉠ 일이나 조건 따위에 꼭 알맞은

[2] 적합한 •   • ㉡ 먹는 일이나 먹는 음식에 관한 생활

[3] 식생활 •   • ㉢ 해가 되는 점이 있는

[2단계] 아래 문장의 빈칸에 알맞은 낱말을 [보기]에서 찾아서 써넣으세요.

[보 기]   해로운   적합한   식생활

[1] 곤충은 인간에게 이로운 곤충과 ☐☐☐ 곤충으로 나눌 수 있다.

[2] 체중조절을 위해서는 평소에 ☐☐☐ 을 올바르게 하는 것이 중요하다.

[3] 할머니께서는 내가 목욕을 하기에 ☐☐☐ 온도로 물을 데워 주셨다.

[3단계] 빈칸에 들어갈 알맞은 한자를 [보기]에서 찾아서 써 보세요.

[보 기]   量   素   值
            헤아릴 양(량)   본바탕 소   값 치

[1] 영양 ☐ : 생물에 필요한 에너지를 공급하는 영양분이 있는 물질

[2] 기준 ☐ : 어떤 상태를 판정하는 기준이 되는 수치

[3] 제공 ☐ : 무엇을 내주거나 갖다 바치는 양

시간 끝난 시간 ☐시 ☐분   채점 독해 7문제 중 ☐개   ← 스스로 붙임딱지
1회분 푸는 데 걸린 시간 ☐분   어법·어휘 9문제 중 ☐개   문제를 다 풀고 맨 뒷장에 있는 붙임딱지를 붙여보세요.

　학교 폭력은 심각한 문제입니다. 학교에서 다른 학생들에게 피해를 주는 행동을 학교 폭력이라 합니다. 학교 폭력을 당한 학생들은 매우 심한 고통을 받게 됩니다. 폭력의 종류에는 여러 가지가 있습니다.

　(가) 신체 폭력은 친구의 신체에 직접 피해를 입히는 폭력을 말합니다. 몸을 때리거나 꼬집는 행동, 강제로 끌고 가거나 가두는 일, 　　ㄱ　　, 물건 던지기, 옷 잡아당기기, 친구가 싫다고 해도 억지로 몸을 만지는 것과 같은 행동 등이 이에 **해당**①합니다.

　(나) 언어폭력은 말로 상처를 입히는 폭력을 말합니다. 욕설, 협박은 물론, 친구가 듣기 싫어하는 말, 　　ㄴ　　을 하는 것도 폭력이 될 수 있습니다. 어떠한 말을 했을 때, 듣는 사람이 상처를 입을 수도 있다는 사실을 꼭 **유념**②해야 합니다.

　(다) 학교 폭력은 사이버 공간에서도 일어납니다. 인터넷이나 SNS에 다른 사람의 허락 없이 사생활을 공개하는 행동, 다른 사람이 하지 않은 말이나 행동을 거짓으로 지어내어 퍼뜨리는 행동은 **명백한**③ 사이버 폭력입니다. 뿐만 아니라 다른 사람에게 **수치심**④을 주거나 공포심을 일으키는 　　ㄷ　　, 그리고 그러한 문자 메시지 또는 사진을 **당사자**⑤에게 계속 보내는 행동 등도 사이버 폭력입니다. 이러한 사이버 폭력이 학생들 사이에서 벌어진다면 학교 폭력이 됩니다.

　(라) 친구가 진심으로 빌려주고 싶은 생각이 없는데도, **일방적**⑥으로 빌린다고 말하고 친구의 돈이나 물건을 억지로 가져오는 것도 학교 폭력에 해당합니다. 옷이나 물건을 빼앗거나 망가뜨리는 것도 학교 폭력입니다.

　(마) 어떤 행동이 폭력에 해당하는지는 당한 사람이 어떻게 느끼는지에 따라 결정됩니다. 그러므로 상대방에게 괴로움을 주는 모든 행동이 폭력이라고 할 수 있습니다.

1 무엇에 대해 쓴 글인가요? ────────────────────────── [   ]

중심
생각

① 학교 폭력으로 인한 고통
② 학교 폭력의 종류와 특징
③ 학교 폭력을 행사하는 이유
④ 학교 폭력을 신고하는 방법
⑤ 학교 폭력을 예방하는 방법

2 지문 빈칸에 들어갈 내용으로 알맞은 것을 연결해 보세요.

세부
내용

[1] [㉠   ] •   • ⓐ 글 또는 사진 등을 인터넷 게시판에 올리는 행동

[2] [㉡   ] •   • ⓑ 세계 밀치기

[3] [㉢   ] •   • ⓒ 모욕적인 말

3 이 글의 내용과 <u>다른</u> 것은 무엇인가요? ──────────────── [   ]

세부
내용

① 강제로 끌고 가거나 가두는 일은 학교 폭력이다.
② 장난을 쳤을 때 당한 사람이 괴로워했다면 학교 폭력이다.
③ 공포심을 일으키는 문자를 계속 보내는 것은 학교 폭력이다.
④ 친구가 듣기 싫어하는 말을 하는 것은 학교 폭력이다.
⑤ 친구에게 빌린다고 말하고 연필을 빌려 가는 것은 학교 폭력이다.

4 다음 [보기]의 내용이 들어갈 곳은 어디인가요? ────────────── [   ]

구조
알기

[보 기] 친구에게 무언가를 요구하며 윽박지르거나 욕하는 것이 이에 해당합니다.

① (가)   ② (나)   ③ (다)   ④ (라)   ⑤ (마)

어려운 낱말 풀이 | ① **해당** 어떤 범위나 조건 등에 바로 들어맞음 該갖출 해 當마땅할 당 ② **유념** 잊거나 소홀히 하지 않도록 마음 속에 깊이 간직하여 생각함 留머무를 유 念생각할 념 ③ **명백한** 매우 분명하고 확실한 明밝을 명 白흰 백 ④ **수치심** 부끄러움을 느끼는 마음 羞부끄러울 수 恥부끄러울 치 心마음 심 ⑤ **당사자** 어떤 일에 직접 관계가 있는 사람 當마땅할 당 事일 사 者놈 자 ⑥ **일방적** 어느 한쪽이나 한편으로 치우친 것 一하나 일 方모 방 的과녁 적

5

어휘
표현

[보기]가 설명하는 낱말을 이 글에서 찾아 써 보세요.

> [보 기]   부끄러움을 느끼는 마음

....

6

내용
적용

다음 중 글의 내용을 <u>잘못</u> 이해한 친구는 누구인가요? ---------------------------------- [   ]

① 수진 : 언어로 마음에 상처를 입히는 행동도 폭력에 해당하는구나.

② 아영 : 장난으로 해도 당한 사람이 폭력이라고 느낀다면 그 행동은 폭력이야.

③ 효원 : 가족끼리 여행간 사진을 내가 인터넷 게시판에 올리는 건 사이버 폭력이 아니야.

④ 민수 : 손에 꼭 쥔 물건을 억지로 가져왔지만 빌리는 거라고 분명히 말했으니까 이건 폭력이 아니야.

⑤ 보라 : 친구에게 문자메시지로 인신공격을 하는 것도 상대가 느끼기에 따라선 폭력이 될 수도 있겠어.

7

추론

다음 내용을 읽고 지수의 행동이 학교 폭력인 이유를 본문을 참고해서 써 보세요.

> 성민이는 친한 친구에게만 털어놓은 비밀이 있었다. 그런데 어쩐 일인지 지수가 그 일을 알게 되었다. 지수는 성민이의 비밀을 같은 반 친구들이 있는 단체 채팅방에 말했고, 성민이는 친구들의 놀림을 받았다. 하지만 지수는 성민이를 때리거나 성민이에게 욕을 하지 않았기 때문에 학교 폭력이라고 생각하지 않았고 사과도 하지 않았다.

....

....

....

....

[1단계] 아래의 낱말의 알맞은 뜻에 선을 이어 보세요.

[1] 유념 •

[2] 당사자 •

[3] 일방적 •

• ㉠ 어떤 일이나 사건에 직접 관계가 있거나 관계한 사람

• ㉡ 어느 한쪽으로 치우친 것

• ㉢ 잊거나 소홀히 하지 않도록 마음속에 깊이 간직하여 생각함

[2단계] 아래 문장의 빈칸에 알맞은 낱말을 [보기]에서 찾아서 써넣으세요.

[보 기]   유념   당사자   일방적

[1] 선생님의 말씀을 [   ] 해야 한다.

[2] 내가 응원하는 축구 팀이 상대 팀을 [   ]으로 이겼다.

[3] [   ] 가 폭력이라고 느끼는 모든 행동이 폭력입니다.

[3단계] [보기]를 읽고, 밑줄 친 낱말이 문장에서 쓰인 뜻을 찾아 번호를 쓰세요.

[보 기]   **일어나다**   ① 어떤 일이 생기다.

② 누웠다가 앉거나 앉았다가 서다.

[1] 규형이는 침대에서 **일어나** 물을 마셨다. ----------------------------------- [   ]

[2] 주현이는 사고가 **일어난** 곳을 지나갔다. ----------------------------------- [   ]

[3] 임진왜란은 우리나라에서 **일어난** 전쟁이다. ------------------------------ [   ]

[4] 현성이는 천둥소리에 놀라 벌떡 **일어났다.** --------------------------------- [   ]

시간 끝난 시간 [   ]시 [   ]분

1회분 푸는 데 걸린 시간 [   ]분

채점 독해 7문제 중 [   ]개

어법·어휘 10문제 중 [   ]개

← 스스로 붙임딱지

문제를 다 풀고 맨 뒷장에 있는 붙임딱지를 붙여보세요.

⬆ 장 프랑수아 밀레, 〈이삭 줍는 여인들〉 (파리 오르세 미술관 소장)

여인들의 뒤로 **건초**① 더미가 많이 쌓여 있는 것, 보이나요? 건초 더미 옆에는 수레 한가득 **밀단**②을 싣고 있는 마차가 보입니다. 추수가 끝난 들판의 모습을 그린 밀레의 〈**이삭**③ 줍는 여인들〉이라는 그림입니다. 밀단과 건초의 양이 많은 걸로 봐서 올해는 풍년이었던 것이 틀림없습니다. 하지만 추수가 끝난 들판에서 여인들은 무엇을 하고 있는 걸까요?

그림은 19세기의 프랑스를 배경으로 합니다. 당시에는 농장주의 땅에서 사람들이 일을 해 주고 돈을 받았습니다. 대부분 ㉠가난한 사람들이었지요. 그래서 농장주가 이러한 사람들에게 추수를 하고 난 뒤에 들판에 남은 밀 이삭을 주워 가도록 허락해 주었습니다. 부자인 농장주가 농촌의 가난한 사람들에게 베풀어 주는 **특권**④이었지요. 그러나 ㉡굶주린 이들의 숫자에 비해 남아 있는 곡식의 양은 턱없이 부족했기 때문에, 이삭줍기는 늘 엄격한 관리 속에서 이루어졌습니다. 이삭을 줍는 세 여인 뒤로 멀리 떨어진 곳에 말을 탄 ㉢보안관이 있는 것도 바로 그 이유 때문입니다.

그림에서 보이는 것과 같이 이삭을 줍기 위해서는 허리를 계속 굽히고 있어야 하기 때문에 엄청나게 힘든 노동이었습니다. 하지만 가난한 사람들은 남보다 한 알갱이라도 더 주워 모으기 위해 잠시라도 허리를 펼 여유가 없었겠지요. 그래서인지 그림 속 여인들의 얼굴은 볼 수가 없습니다. 화가는 이 그림에서 빈곤과 풍요가 **공존**^⑤하는 농촌의 현실과 **궁핍한**^⑥ 삶을 살아가는 ㉣농민의 **처지**^⑦를 보여 주고자 했습니다.

위해 잠시라도 허리를 펼 여유가 없었겠지요. 그래서인지 그림 속 여인들의 얼굴은 볼 수가 없습니다. 화가는 이 그림에서 빈곤과 풍요가 **공존**[5]하는 농촌의 현실과 **궁핍한**[6] 삶을 살아가는 ㉣농민의 **처지**[7]를 보여 주고자 했습니다.

1 중심 생각

이 글의 주제로 가장 알맞은 것을 고르세요. ──────── [   ]

① 이삭이 생기는 이유
② 이삭 줍는 일이 힘든 이유
③ 밀레의 〈이삭 줍는 여인들〉에 숨어 있는 이야기
④ 프랑스에서 여성들이 주로 밭일을 했던 이유
⑤ 〈이삭 줍는 여인들〉에 사용된 다양한 미술 표현 방법

2 세부 내용 · 서술형

〈이삭 줍는 여인들〉의 그림 속 말을 탄 보안관이 있는 것은 무엇 때문인가요?

3 세부 내용

이 글의 내용과 <u>다른</u> 것을 고르세요. ──────── [   ]

① 추수가 끝난 후의 모습이다.
② 배경은 19세기의 프랑스이다.
③ 빈곤과 풍요가 공존하는 농촌의 현실을 보여 주고 있다.
④ 추수 후에 들판에 남은 밀 이삭 또한 농장주가 모두 가져갔다.
⑤ 이삭을 줍는 여인들을 통해 가난한 농민의 모습을 보여 주고 있다.

4 어휘 표현

'몹시 가난함'을 나타내는 낱말을 찾아 쓰세요.

어려운 낱말 풀이 ① **건초** 베어서 말린 풀 乾하늘 건 草풀 초 ② **밀단** 밀을 베어 묶은 단 ③ **이삭** 곡식이나 과일, 나물 따위를 거둘 때 흘렸거나 빠뜨린 낟알이나 과일, 나물을 이르는 말 ④ **특권** 특별한 권리 特특별할 특 權권세 권 ⑤ **공존** 두 가지 이상의 사물이나 현상이 함께 존재함 共한가지 공 存있을 존 ⑥ **궁핍한** 몹시 가난한 窮다할 궁 乏모자랄 핍- ⑦ **처지** 처하여 있는 사정이나 형편 處곳 처 地땅 지

5 구조 알기

이 글의 중심 내용이 잘 드러나도록 빈칸을 채워 보세요.

[ㅤ]의 〈이삭 줍는 여인들〉은 19세기의 [ㅤ]을(를) 배경으로 합니다.
당시에는 농장주의 땅에서 가난한 농민들이 일을 해 주었습니다. 농장주는 이러한 사람들에게
추수를 하고 난 뒤에 [ㅤ]에 남은 밀 [ㅤ]을(를) 주워가도록
허락해 주었습니다. 그림 속 여인들 역시 남은 밀 이삭을 줍고 있는 것입니다. 화가는 이
그림에서 [ㅤ]한 삶을 살아가는 농민의 처지를 보여 주고자 했습니다.

6 추론

밑줄 친 ㉠~㉣ 중 의미하는 것이 다른 하나를 고르세요. ----------------------------------- [ㅤ]

① ㉠　　　　② ㉡　　　　③ ㉢　　　　④ ㉣

7 내용 적용

이 글을 읽고 그림을 가장 정확하게 감상을 한 친구는 누구일까요? ------------------------------- [ㅤ]

↑ 밀레, 〈만종〉 (파리 오르세 미술관 소장)

밀레의 〈만종〉은 해가 질 무렵, 들판에서 남자와 여자가 기도를 하고 있는 모습을 그린 그림입니다. 얼핏 보면 감자를 수확해서 신께 감사기도를 드리고 있는 평화로운 그림인 듯하지만, 사실 이 그림에는 비밀이 숨어 있습니다. 살바도르 달리의 주장에 따르면, 밀레가 살던 시대에는 가난 때문에 많은 갓난아기들이 굶주림으로 죽었다고 합니다. 이런 까닭으로 밀레는 이러한 슬픔을 보여 주기 위해서 굶주림으로 죽은 아기를 두고 기도하는 부부를 그렸지만, 너무 슬픈 그림이라고 느껴져 후에 관 위에 감자 바구니를 덧칠해 그렸다고 합니다. 실제로 1963년, 루브르 박물관의 전문가들은 이 그림을 엑스선으로 촬영하였고 감자 바구니 밑에 그려져 있는 작은 관을 발견했습니다.

① 선미 : 〈만종〉에서 남자와 여자도 이삭을 줍고 있어.

② 유라 : 화가는 일부러 감자 바구니를 숨기려고 관을 작게 그린 것 같아.

③ 용준 : 〈이삭 줍는 여인들〉과 〈만종〉 두 그림 모두 당시 가난한 농민들의 삶을 잘 보여 주고 있어.

④ 하준 : 〈이삭 줍는 여인들〉과 〈만종〉을 통해 화가는 농사일이 얼마나 힘들었는지 알려 주고 싶어했어.

⑤ 성우 : 〈이삭 줍는 여인들〉에서와 달리 〈만종〉의 남자와 여자는 잠시 쉬는 시간이 있는 것으로 봐서 형편이 더 나았던 것 같아.

[1단계] **아래의 낱말에 알맞은 뜻을 선으로 이어 보세요.**

[1] 특권 •   • ㉠ 두 가지 이상의 사물이나 현상이 함께 존재함

[2] 공존 •   • ㉡ 특별한 권리

[3] 처지 •   • ㉢ 처하여 있는 사정이나 형편

[2단계] **아래 문장의 빈칸에 알맞은 낱말을 [보기]에서 찾아서 써넣으세요.**

[보 기]   특권   공존   처지

[1] 저희 회원이 되시면 모든 시설을 무료로 이용할 수 있는 ☐☐ 이(가) 주어
집니다.

[2] 인간은 자연과 조화를 이루면서 ☐☐ 하고 있다.

[3] 세나와 나는 집이 면 ☐☐ 이(가) 같아 쉽게 친해졌다.

[3단계] **낱말 풀이를 읽고, 빈칸에 알맞은 낱말을 넣어 문장을 완성해 보세요.**

[1] 저기 큰 장독에는 된장이 [ㅎ][ㄱ][ㄷ] 담겨 있다.
└ 꽉 차도록 가득

[2] 우리 모두 외국인 관광객에게 친절을 [ㅂ][ㅍ][ㅈ] .
└ 남에게 돈을 주거나 일을 도와주어서 혜택을 받게 하다.

[3] 아버지는 새벽 다섯 시면 [ㄴ] 일어나셨다.
└ 계속하여 언제나

시간 **끝난 시간** ☐시 ☐분   채점 **독해** 7문제 중 ☐개   ← 스스로 붙임딱지
  1회분 푸는 데 걸린 시간 ☐분   **어법·어휘** 9문제 중 ☐개   문제를 다 풀고 맨 뒷장에 있는 붙임딱지를 붙여보세요.

(가) 호수

정지용

ⓐ얼굴 하나야
손바닥 둘로
폭 가리지만,

보고 싶은 ⓑ마음
호수만 하니
㉠눈 감을 밖에.

(나) 못 잊어

김소월

못 잊어 생각이 나겠지요,
그런대로 한 세상 지내시구료,
사노라면 잊힐 날 있으리다.

못 잊어 생각이 나겠지요,
그런대로 세월만 가라시구려,
못 잊어도 **더러**는 잊히오리다.
①

그러나 또 한껏 이렇지요,
"그리워 **살뜰히** 못 잊는데,
②
어쩌면 생각이 **떠지나요?**"
③

1
세부
내용

(가) 시의 말하는 이의 상황으로 가장 적절한 것을 고르세요. -- [   ]

① 호수로 향하고 있다.

② 보고 싶은 사람이 곁에 없다.

③ 손바닥으로 호수를 가리고 있다.

④ 호수에서 얼굴을 비춰 보고 있다.

⑤ 사랑하는 사람과 호수를 거닐고 있다.

4
주
19
회

해
설
편
0
1
1
쪽

2
작품
이해

밑줄 친 ㉠의 의미로 알맞은 것을 고르세요. ----------------------------------- [   ]

① 눈을 감고 한숨 자고 싶다.

② 눈을 감으면 그 사람을 볼 수 있다.

③ 눈 감고 곰곰이 고민해 봐야 할 것 같다.

④ 눈을 감아서 호수의 모습을 상상하고 싶다.

⑤ 보고픈 마음이 너무 커서 눈을 감아야 가릴 수 있다.

3
어휘
표현

다음 중 밑줄 친 ⓐ와 ⓑ의 관계와 가장 유사한 것을 고르세요. ----------------- [   ]

① 빨간 장미와 노란 개나리

② 우리나라 국기는 태극기

③ 티끌 같은 잘못도 눈덩이처럼 커 보인다.

④ 내가 좋아하는 피자와 파스타

⑤ 엄마, 세상은 참 따뜻한 것 같아요.

4
세부
내용

(나) 시의 말하는 이의 상황으로 적절한 것을 고르세요. --------------------------- [   ]

① 사랑하는 사람과 함께 있다.

② 사랑하는 사람을 완전히 잊었다.

③ 사랑하는 사람을 잊지 못하고 있다.

④ 누군가에게 다른 사람을 소개하고 있다.

⑤ 계속해서 세월이 흐르고 있는 것을 속상해하고 있다.

🧻 어려운 낱말 풀이 | ① **더러** 전체 가운데 어느 정도 ② **살뜰히** 사랑하고 위하는 마음이 자상하고 지극하게 ③ **떠지나요** 뜸해 지나요

5

작품
이해

(나) 시에 대한 설명으로 옳지 <u>않은</u> 것을 고르세요. ──────────────── [   ]

① 3개의 연으로 구성되어 있다.

② 옛날 말투가 조금씩 사용되었다.

③ 누군가에게 말을 전하는 형식이다.

④ 각 연의 첫 행은 똑같은 문장으로 되어 있다.

⑤ 시의 마지막 부분은 질문으로 마무리하고 있다.

6

중심
생각

(가)와 (나)에서 공통으로 느낄 수 있는 감정은 무엇인가요? ──────────── [   ]

① 기대   ② 존경   ③ 그리움   ④ 무서움   ⑤ 부끄러움

7

추론
적용

(가) 시의 말하는 이와 (나) 시의 말하는 이가 대화를 나누었습니다. 적절하지 <u>않은</u> 것을 고르세요.
── [   ]

① (가) : 누군가를 보고픈 마음이 너무나도 크네요.

② (나) : 그 마음은 사노라면 잊힐 날이 올 것만 같습니다.

③ (가) : 결국 저는 그 사람을 원망하며 눈을 감을 수밖에 없네요.

④ (나) : 그 사람이 보고 싶은데, 어떻게 하면 그 생각을 조금이라도 지울까요?

⑤ (가) : 당신의 그 마음도 마치 호수처럼 큰가 보네요.

배경지식 더하기

작가소개 : 정지용, 김소월

정지용은 1930년대에 한국 현대시의 새로운 시대를 열어 준 시인이라는 평가를 받을 만큼 엄청난 시인이었습니다. 당시 유명한 문학가들은 "한국의 현대시가 정지용에서 비롯되었다"고 평가하기도 했습니다. 정지용은 일상 언어를 자신만의 독특한 언어로 변형시켜 시를 쓰곤 했습니다. 대표작으로는 〈유리창〉, 〈발열〉, 〈호수〉 등이 있습니다.

김소월 시인의 본명은 김정식입니다. 김소월 시인은 한국의 전통적인 한(恨)을 노래한 시인이라고 평가 받고 있습니다. 시인이 자라난 고향이나 자연물 등을 소재로 하여 거기에 한(恨)을 추가하는 등 풍부한 감정과 함께 많은 시를 남겼습니다. 대표적인 작품으로는 〈진달래꽃〉, 〈엄마야 누나야〉, 〈산유화〉 등이 있습니다.

19회 어법·어휘편   본문에 나온 어휘들만 따로 모아 복습하는 순서입니다.

[1단계]   '세월'의 다양한 뜻입니다. 빈칸에 알맞은 뜻을 골라 번호를 쓰세요.

> 세월   ① 흘러가는 시간
>
> ② 살아가는 세상
>
> ③ 지내는 형편이나 사정, 또는 그런 재미

[1] 나는 그래도 정말 좋은 **세월**을 살았구나.   (   )

[2] **세월**이 흘러도 변하지 않는 우리의 마음.   (   )

[3] 이젠 더 이상 물건도 안 팔리고 **세월**이 없어졌다.   (   )

[4] 요즘 일이 잘 되고 **세월**을 만난 것 같아.   (   )

[5] 요즘은 정말 **세월**이 빠르게 가는 것 같아.   (   )

[6] 요즘 스마트 폰을 보면 참 **세월**이 발전했어.   (   )

[2단계]   아래는 시에서 쓰인 낱말들입니다. 이 밑줄 친 낱말들의 맥락상의 뜻을 연결해 보세요.
(답은 각 하나씩)

[1] 손바닥 둘로 **폭**   · ㉠ 그럭저럭
    가리지만
                            · ㉡ 알맞게

[2] **그런대로** 한 세상   · ㉢ 완전히
    지내시구려.
                            · ㉣ 얼마쯤

[3] 못 잊어도 **더러**는   · ㉤ 그렇지만
    잊히오리다.
                            · ㉥ 아직

시간   **끝난 시간** [   ]시 [   ]분   채점 **독해** 7문제 중 [   ]개   ← 스스로 붙임딱지
1회분 푸는 데 걸린 시간 [   ]분   **어법·어휘** 9문제 중 [   ]개   문제를 다 풀고 맨 뒷장에 있는 붙임딱지를 붙여보세요.

계화가 나타나 청나라의 장군 용골대를 크게 꾸짖었다.

"네 이놈, 네 동생이 내 손에 죽었거늘 너조차 죽기를 원하느냐?"

"너희 조선은 이미 우리 청나라와의 전쟁에서 패배했고 **군신**의 관계를 맺었다! 내 동생이 불행히 네 손에 죽었지만, 너희 나라의 항복을 받았으니 이제는 너희도 다 우리나라의 신하다. 죽고 싶지 않으면 너도 그만 항복해라."

용골대는 군사들에게 화살을 쏘라고 명령했다. 그런데 화살이 수없이 계화를 향해 날아갔지만 단 하나의 화살도 계화를 맞추지 못했다. 용골대는 분한 마음에 더 많은 군사들을 데리고 계화와 박씨 부인이 있는 '피화당'으로 갔다. 그러고는 군사로 하여금 피화당 주변에 땅을 파서 화약과 염초를 많이 붓고, 불을 지르게 했다.

"하하하, 너희가 아무리 재주가 뛰어난들 이 엄청난 불길을 당해낼 수는 없겠지."

피화당 주변에 불길이 일어나고 무섭게 번지기 시작했다. 그런데 박씨가 주렴과 부채를 쥐어 주문을 외우자, 불길의 방향이 용골대와 군사들 쪽으로 바뀌었다. @엄청난 불길로 인해 수많은 군사들이 이리저리 왔다 갔다 하며 정신없이 도망치느라 바빴다.

"저것들을 죽이려다가 괜히 나와 군사들이 위험해지다니. 분하지만 그냥 후퇴하자!"

용골대는 박씨와 계화를 죽이는 것을 포기하고 세자 대군과 왕대비를 데리고 청나라로 향하기 시작했다. 그러자 박씨가 도술을 부려 순식간에 용골대 앞에 나타나 말했다.

"이 어리석은 오랑캐야, 우리 조선은 너희에게 은혜를 베풀었던 나라다. 그런데 너희 왕은 감히 은혜를 베푼 나라를 침범했다. 더군다나 **화친**의 표시로는 세자전하만 모셔 가기로 약속했지 않았느냐? 헌데 세자전하도 모자라 왕대비까지 끌고 가려 하다니! 당장 그만두지 않으면 너희들은 청나라에 돌아가지 못하리라!"

"청나라에 항복한 조선의 백성 주제에 말이 많구나. 썩 비키지 못할까!"

"너희가 감히 그리하려거든 지금부터 어떤 일이 벌어지는지 똑똑히 봐 두도록 해라!"

박씨가 도술을 부리자 하늘에 먹구름이 끼기 시작했다. 그러자 엄청난 바람과 함께 큰 비가 내리기 시작했다. 비는 매서운 눈보라로 바뀌었고 갑작스런 눈보라와 추위로 인해 용골대와 군사들이 끌고 온 말들은 말발굽이 땅에 얼어 움직이지 못하게 되었다. 용골대와 군사들은 그제야 박씨의 무서움에 벌벌 떨며 박씨 앞에 무릎을 꿇고 말했다.

"말씀하신 대로 왕대비는 데려가지 않을 테니 부디 목숨만 살려 주시옵소서."

그러자 박씨가 근엄한 목소리로 말했다.

"ⓑ나의 도술을 똑똑히 보았느냐? 너희들은 큰 벌을 받아야 마땅하지만 오늘은 특별히 용서해 주겠다. 이번에는 살려 주었으니 우리 세자 대군을 부디 태평히 모셔 가라. 만일 그렇지 아니하면 내가 도술로써 네놈들을 씨도 없이 **박멸**하리라."
③

이에 용골대와 군사들은 다시 박씨에게 큰절을 올리고 청나라로 허겁지겁 향하기 시작했다.

– 작자 미상, 「박씨전」 中

1
중심
생각

이 이야기에서 대립하고 있는 두 나라를 쓰세요.

......................................, ... 나라

2
요소

청나라 장군의 이름을 쓰세요.

....

3
어휘
표현

밑줄 친 ⓐ의 상황과 어울리는 표현을 고르세요. ───────── [   ]

① 헐레벌떡   ② 느릿느릿   ③ 슬금슬금

④ 방실방실   ⑤ 스멀스멀

4
세부
내용

이 이야기의 내용으로 옳은 것을 고르세요. ───────── [   ]

① 용골대는 계화의 동생을 죽였다.

② 용골대는 군사들과 피화당으로 도망쳤다.

③ 청나라는 조선에게 은혜를 베푼 나라였다.

④ 용골대는 왕대비를 청나라에 데려가지 못했다.

⑤ 박씨는 도술을 부려 용골대와 군사들을 씨도 없이 박멸했다.

어려운 낱말 풀이 | ① **군신** 임금과 신하 君임금 군 臣신하 신   ② **화친** 나라와 나라 사이에 다툼 없이 의좋게 지냄 和화할 화 親친할 친
③ **박멸** 모조리 잡아 없애버림 撲칠 박 滅멸할 멸

5

어휘
표현

이 이야기의 표현상의 특징으로 적절하지 <u>않은</u> 것을 고르세요. ------------------------------- [   ]

① 옛날에 사용하던 말투들을 종종 볼 수 있다.

② 대화마다 사투리가 실감나게 사용되고 있다.

③ 이야기가 시간의 흐름에 따라 진행되고 있다.

④ 대립하는 인물들 사이의 갈등이 잘 나타나 있다.

⑤ 현실에서는 일어날 수 없는 일이 보여지기도 한다.

6

추론
적용

밑줄 친 ⓑ에 관한 설명으로 가장 적절한 것을 고르세요. ------------------------------- [   ]

① 속담을 사용해서 상대방을 설득하고 있다.

② 비유를 사용해서 상대방에게 부탁하고 있다.

③ 자신의 능력을 과시하며 상대방에게 경고하고 있다.

④ 정중한 표현을 사용해서 상대방에게 부탁하고 있다.

⑤ 여러 가지 사례를 언급하며 상대방에게 질문하고 있다.

7

추론
적용

아래 [보기]를 바탕으로 이 소설에 대해 이해한 내용으로 알맞은 것을 고르세요. --------- [   ]

[보 기]

    병자호란(丙子胡亂)은 1636년 12월 28일(음력 12월 2일)부터 1637년 2월 24일(음력 1월 30일)까지 조선과 청나라 사이에 벌어진 전쟁이다.

    조선은 이 전쟁에서 패함으로써 조선의 왕이 청나라의 왕에게 세 번 엎드려 절하고 머리를 아홉 번 조아리는 굴욕을 당해야 했으며 많은 백성들이 죽거나 피해를 입었다. 거기다가 세자를 포함한 수십만의 백성이 전쟁 포로로 청나라에 끌려가 그 사회적 피해가 유례없이 막심하였다.

① 이 소설은 청나라에 대해 사과를 표하는 소설이군.

② 이 소설은 청나라에 끌려간 세자의 생활을 잘 담아낸 소설이군.

③ 이 소설은 백성들에게 병자호란의 행복한 추억을 선물하는 소설이군.

④ 이 소설은 실제 역사보다 조선이 입은 피해를 더욱 심각하게 표현했군.

⑤ 이 소설은 전쟁의 패배에 대한 아픔을 박씨라는 인물을 통해 위로 받기 위한 소설이군.

[**1단계**] 아래의 낱말에 알맞은 뜻을 선으로 이어 보세요.

[1] 군신 •　　　　　　　　　• ㉠ 나라와 나라 사이에 다툼 없이 의좋게 지냄

[2] 화친 •　　　　　　　　　• ㉡ 모조리 잡아 없애 버림

[3] 박멸 •　　　　　　　　　• ㉢ 임금과 신하

[**2단계**] 빈칸에 알맞은 낱말을 [보기]에서 골라 쓰세요.

[보 기]　　　　　　　군신　　　화친　　　박멸

[1] 농작물이 잘 자라기 위해서는 해충들을 ☐☐ 해야 한다.

[2] 전쟁이 끝난 후 두 나라는 ☐☐ 을 맺었다.

[3] ☐☐ 간에는 믿음과 충성이 중요하다.

[**3단계**] 아래의 글을 읽어가며 옳은 표현을 골라 ○표 하세요.

> 고전소설 〈박씨전〉은 역사를 바탕으로 한 소설이다. 따라서 이 소설에는 (실제 / 허구) 사건인 병자호란 및 용골대라는 등장인물들을 주요 소재로 하여 이야기가 진행된다. 거기에 작가의 (망상 / 상상)이 추가되어 박씨라는 여인을 주인공으로 내세움으로써 소설적 면모를 더하고 있는 것이다.

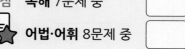

시간　**끝난 시간** ☐시 ☐분

1회분 푸는 데 걸린 시간 ☐분

채점　**독해** 7문제 중 ☐개

어법·어휘 8문제 중 ☐개

← 스스로 붙임딱지
문제를 다 풀고
맨 뒷장에 있는
붙임딱지를
붙여보세요.

-거예요(○) / 거에요(×)

서현이 동생 서윤이는 이제 막 세 살이 되었습니다. 서윤이는 말을 하기 시작하면서 부쩍 스스로 하겠다고 고집 피울 때가 많아졌습니다.

엄마: 서윤아, 엄마랑 옷 갈아입자.

서윤: 서윤이가 할 **거에요**.

서현: 그래? 그럼 언니가 치마 입는 것을 도와주면 어때?

서윤: 아니야. 서윤이가 할 거야.

엄마: 서윤이가 혼자 입을 **거에요**? 한 번 해 볼까?

"이젠 없을 거예요."의 '거에요'는 '거예요'로 쓰는 것이 맞습니다. 받침이 있는 말 다음에는 '책상이어요, 연필이에요'처럼 '-이어요, -이에요'가 붙고, 받침이 없는 말 다음에는 '-이어요, -이에요'가 준 '-여요, -예요'가 붙습니다. 그래서 '책상'은 '책상이어요, 책상이에요'처럼 쓰고, '국수'는 '국수여요, 국수예요'처럼 씁니다. '거예요'의 '거'는 받침이 없는 말이므로 '거여요, 거예요'로 써야 맞습니다.

바르게 고쳐 보세요.

서윤: 서윤이가 할 **거에요**.

→ 서윤이가 할 ☐☐☐ .

엄마: 서윤이가 혼자 입을 **거에요**?

→ 서윤이가 혼자 입을 ☐☐☐ ?

5주차

주간학습계획표

한 주간의 계획을 먼저 세워 보세요. 매일 학습을 마친 후 맞힌 문제의 개수를 쓰세요!

회차	영역	학습 내용	학습계획일	맞은 문제수
21회	독서 사회	**헌법** 헌법에 대해 설명하고 있는 글입니다. 헌법의 정의는 무엇이고, 헌법이 보장하고 있는 국민의 권리에는 무엇이 있는지를 복합적으로 독해하는 회차입니다.	월 일	독해 7문제 중 □개 어법·어휘 9문제 중 □개
22회	독서 국어	**낭중지추** 사자성어 낭중지추에 관한 설명문입니다. 낭중지추의 유래를 이해하면서 표면적인 뜻과 속뜻을 모두 이해하도록 학습하는 회차입니다.	월 일	독해 7문제 중 □개 어법·어휘 10문제 중 □개
23회	독서 사회	**김만덕** 조선시대 위인인 김만덕에 관한 전기문입니다. 김만덕은 어떤 삶을 살았고, 그녀가 우리에게 주는 교훈은 무엇인지를 학습하는 회차입니다.	월 일	독해 7문제 중 □개 어법·어휘 8문제 중 □개
24회	문학 시	**모란이 피기까지는** 모란에 대한 시입니다. 말하는 이가 모란에 대해 어떤 태도를 가지고 있고 시에서 쓰인 표현법은 무엇인지 학습해 보는 회차입니다.	월 일	독해 7문제 중 □개 어법·어휘 7문제 중 □개
25회	문학 소설	**빨간 머리 앤** 세계적으로 유명한 소설 빨간 머리 앤입니다. 내용을 통해 이야기의 배경과 인물의 성격을 이해하면서 독해해 보는 회차입니다.	월 일	독해 7문제 중 □개 어법·어휘 9문제 중 □개

헌법은 법 중에 가장 으뜸인 법입니다. 모든 법은 헌법이 지닌 가치를 실현하기 위해 존재하기 때문입니다. 헌법은 개인이 법으로 **보장**①받는 영역 안에서 국가 권력의 간섭 또는 **침해**②를 받지 아니할 권리를 보장하고 있는데 이를 바로 국민의 권리라고 합니다. 우리나라 헌법은 10조에 "모든 국민은 인간으로서의 **존엄**③과 가치를 가지며, 행복을 추구할 권리를 가진다."라고 명시하여 '인간의 존엄과 가치 및 행복 추구권'을 모든 국민의 기본권으로 **규정**④하고 있습니다.

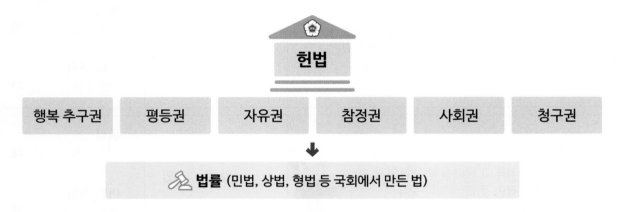

▲ 헌법과 법률의 관계

자유권은 국가 권력의 간섭을 받지 않고 자유롭게 생활할 수 있는 권리입니다. 그 예로 법률에 따르지 않고는 신체적 **구속**⑤을 받지 않는 자유인 '신체의 자유'와 정신을 구속받지 않는 '정신적 자유', 종교를 구속받지 않는 '종교적 자유' 등이 있습니다.

평등권은 인종, 성별, 종교, 신분, 장애 등에 의해 부당하게 차별받지 않고 동등하게 대우받을 권리입니다. 다시 말해서 모든 국민은 법 앞에서 평등한 대우를 받아야 하며, 정치적·경제적·사회적·문화적 생활의 모든 영역에서 차별받아서는 안 된다는 것입니다.

사회권은 국가에 대하여 인간다운 생활의 보장을 요구할 수 있는 권리로서 국가의 적극적인 **개입**⑥이 필요한 권리입니다. 사회권에는 교육을 받을 권리, **근로**⑦의 권리, 사회 보장을 받을 권리, 쾌적한 환경에서 살 권리 등이 있습니다. 우리가 초등학교와 중학교를 의무적으로 다녀야 하는 이유는 기본권 중에서도 사회권을 보장받고 있기 때문입니다.

참정권은 국민이 국가의 의사 결정 과정에 참여할 수 있는 권리로서 국가의 의사를 결정하는 최고 권력인 주권이 국민에게 있다는 국민 주권주의를 실현하는 수단이 됩니다. 참정권에는 대통령 선거나 국회의원 선거에 참여하여 투표할 수 있는 선거권과 국가의 중요 정책을 직접 결정할 수 있는 국민 투표권 등이 있습니다.

　청구권은 국가에 대해 일정한 행위를 신청할 수 있는 권리입니다. 청구권은 다른 기본권이 침해되거나 침해될 위험이 있을 때 그것을 **구제**[8]하기 위해 필요한 권리로, 기본권을 보장하기 위한 수단적 성격의 기본권입니다. 청구권에는 국민이 국가에게 어떤 일을 해 달라고 문서로 요구할 수 있는 청원권과 모든 국민이 재판을 **청구**[9]할 수 있는 재판 청구권, 다른 사람의 행위로 인해 입은 손해를 청구할 수 있는 손해 배상 청구권 등이 있습니다.

1 　**이 글의 주제로 알맞은 것을 고르세요.** -- [　　　]
중심
생각
① 헌법의 역사와 가치 　　　　　　　　　② 헌법이 보장하는 권리

③ 헌법을 만드는 사람들 　　　　　　　　④ 헌법에 담긴 시민의식

⑤ 헌법과 행복 추구권의 의미

2 　**이 글에 나오지 않은 내용은 무엇인가요?** ------------------------------ [　　　]
세부
내용
① 기본권의 뜻 　　　　　　② 기본권의 종류 　　　　　③ 사회권의 성격

④ 평등권의 종류 　　　　　⑤ 청구권의 종류

3 　**기본권에 대한 설명으로 알맞지 않은 것을 고르세요.** ---------------------- [　　　]
세부
내용
① 모든 기본권은 헌법이 보장한다.

② 사회권은 국가의 적극적인 개입이 필요한 권리이다.

③ 청구권은 기본권을 보장하기 위한 수단적 성격의 기본권이다.

④ 자유권, 평등권, 사회권, 참정권, 청구권은 포괄적인 기본권이다.

⑤ 자유권은 생활의 모든 영역에서 차별받아서는 안 된다는 기본권이다.

어려운 낱말 풀이

① **보장** 어떤 일이 어려움 없이 이루어지도록 조건을 마련하여 책임지고 보호함 保지킬 보 障막을 장
② **침해** 침범하여 해를 끼침 侵침노할 침 害해할 해 　③ **존엄** 함부로 다룰 수 없는 높은 위엄 尊높을 존 嚴엄할 엄
④ **규정** 내용이나 성격, 의미 따위를 밝혀 정함 規법 규 定정할 정 　⑤ **구속** 행동이나 의사의 자유를 막음 拘잡을 구 束묶을 속 　⑥ **개입** 자신과 직접적인 관계가 없는 일에 끼어듦 介낄 개 入들 입 　⑦ **근로** 부지런히 일함 勤부지런할 근 勞일할 로 　⑧ **구제** 자연적인 재해나 사회적인 피해를 당하여 어려운 처지에 있는 사람을 도와줌 救구원할 구 濟건널 제 　⑨ **청구** 상대편에 대하여 어떠한 행위나 물건을 요구함 請청할 청 求구할 구

4

세부
내용

다른 기본권이 침해되거나 침해될 위험이 있을 때 그것을 구제하기 위해 필요한 권리는 무엇인지 써 보세요.

....

5

어휘
표현

아래 문장이 뜻하는 낱말을 이 글에서 찾아 쓰세요.

> 함부로 다룰 수 없는 높은 위엄

....

6

내용
적용

빈칸에 알맞은 말을 써 글을 완성해 보세요.

> 한 병원에서 간호사를 새로 뽑기로 했습니다. 많은 사람들이 지원했지만, 병원에서는 여자
>
> 환자들이 남자 간호사를 좋아하지 않는다며 여자 간호사만을 뽑았습니다. 하지만 이것은
>
> [   ] 을(를) 침해한 것입니다. 우리나라 헌법 11조에는 "누구든지 성별 · 종교
>
> 또는 사회적 신분에 의하여 [   ] · [   ] · [   ] ·
>
> [   ] 생활의 모든 영역에 있어서 차별을 받지 아니한다."라고 규정되어 있기
>
> 때문입니다.

7

추론

다음 중 우리나라 헌법에서 말하는 자유권과 관련된 내용은 무엇인가요? ---------------------- [   ]

① 조선 시대에는 신분에 있어 차별을 받았다.

② 초등학교와 중학교를 다니는 것은 국민의 의무다.

③ 조선 시대에는 기독교를 믿는 사람들을 억압하고 죽이기도 했다.

④ 우리나라는 일정한 나이가 되면 투표를 할 수 있는 권리를 가지게 된다.

⑤ 우리나라는 누구나 재판을 받을 수 있는 권리가 있다.

21회 어법·어휘편 본문에 나온 어휘들만 따로 모아 복습하는 순서입니다.

[**1**단계] 아래의 낱말에 알맞은 뜻을 선으로 이어 보세요.

[1] 보장 •

[2] 구속 •

[3] 개입 •

• ㉠ 자신과 직접적인 관계가 없는 일에 끼어듦

• ㉡ 어떤 일이 어려움 없이 이루어지도록 조건을
마련하여 책임지고 보호함

• ㉢ 행동이나 의사의 자유를 막음

[**2**단계] 아래 문장의 빈칸에 알맞은 낱말을 [보기]에서 찾아서 써넣으세요.

[보 기]　　　　　　보장　　　구속　　　개입

[1] 나는 아무런 ☐☐ 이 없는 자유로운 분위기에서 일하고 싶어.

[2] 사회권은 국가의 적극적인 ☐☐ 이 필요한 권리입니다.

[3] 헌법은 자유권, 평등권, 사회권, 참정권, 청구권 등을 ☐☐ 하고 있습니다.

[**3**단계] 설명에 알맞은 낱말을 [보기]에서 찾아 쓰세요.

[보 기]　　　　으뜸인　　　부당한　　　동등한

[1] 이치에 맞지 않은　　　　　　　　　　_____

[2] 등급이나 정도가 같은　　　　　　　　_____

[3] 많은 것 가운데 가장 뛰어난, 기본이나 근본이 되는　_____

시간　**끝난 시간** ☐시 ☐분　　**채점** **독해** 7문제 중 ☐개　　← 스스로 붙임딱지
1회분 푸는 데 걸린 시간 ☐분　　**어법·어휘** 9문제 중 ☐개　　문제를 다 풀고 맨 뒷장에 있는 붙임딱지를 붙여보세요.

　'낭중지추(囊中之錐)'는 '주머니 속의 송곳'이라는 뜻의 고사성어로, 재능이 뛰어난 사람은 숨어 있어도 다른 사람의 눈에 저절로 드러난다는 속뜻을 가지고 있습니다. 낭중지추의 **유래**^①는 다음과 같습니다.

　지금의 중국은 먼 옛날에는 여러 나라로 갈라져 있었고, 각 나라가 전쟁을 **일삼던**^② 시대가 있었습니다. 이 시대를 전국 시대라고 합니다. 이 당시 조나라에 진나라가 공격해 들어왔습니다. 그러자 다급해진 조나라의 왕은 이웃나라인 초나라에 도움을 요청하러 가기로 하였습니다.

　조나라의 왕인 혜문왕은 신하들에게 초나라에 도움을 요청하러 가는 **막중한**^③ 역할을 해낼 사람을 추천하라고 하였고, 신하들은 모두 조승이라는 사람을 추천했습니다. 그래서 조승은 초나라로 가게 되었습니다. 하지만, 조승이 혼자 초나라에 갈 수는 없었기 때문에 같이 갈 신하 20명을 **선발**^④했습니다. 19명은 어렵지 않게 선발할 수 있었지만, 나머지 한 명이 마땅치가 않아서 고민하고 있을 때 한 신하가 직접 **자원**^⑤하였습니다.

　조승이 그 신하에게 누구냐고 묻자, 그 신하는 자신을 모수라고 소개했습니다. 모수는 3년이나 조승의 집에 있었지만, 조승의 눈에 띄지 않아 조승이 알아보지 못한 것이었습니다. 초나라에 도움을 요청하러 가는 중요한 일을 하기 위한 상황에서, 눈에 띄지도 않을 정도로 존재감이 없는 사람을 데리고 갈 수는 없었던 조승이 모수를 향해 말했습니다.

　"뛰어난 재주는 숨겨져 있어도 주머니 속의 송곳처럼 밖으로 튀어나와 남의 눈에 띄는 법인데, 그대는 내 집에 온 지 삼 년이나 되었는데도 그러지 못하였다. 내가 무엇을 믿고 자네를 데려갈 수 있겠는가?"

　그러자 모수는 당당하게 대답했습니다.

　"그야 조승께서 한 번도 저를 주머니에 담아 주시지 않았으니 튀어나오고 말고가 어디 있겠습니까? 이번에 주머니에 담아만 보십시오. 송곳 끝뿐 아니라 자루까지 드러내 보이겠습니다."

내가 바로 '낭중지추'요.

재치⁶ 넘치는 모수의 대답에 조승은 당장 모수를 선발하여 함께 출발했고, 초나라에서도 모수는 능력을 발휘⁷하여 성공적으로 임무⁸를 수행하였습니다.

이때, 조승이 했던 "뛰어난 재주는 숨겨져 있어도 주머니 속의 송곳처럼 밖으로 튀어나와 남의 눈에 띄는 법"이라는 말에서 '낭중지추(囊中之錐)'라는 고사성어가 유래한 것입니다.

1
중심
생각

이 글의 주제는 무엇일까요?

....의 ....와(과) 뜻

2
세부
내용

이 글의 내용에 맞는 것은 ○, 틀린 것은 ×로 표시하세요.

[1] '낭중지추'는 전국 시대 때 생겨난 말입니다. ------------------------------------- [   ]

[2] 조승은 신하 20명과 함께 초나라에 가게 되었습니다. ---------------------------- [   ]

[3] 조승은 재주가 뛰어난 모수를 단번에 알아보고 뽑았습니다. ----------------------- [   ]

[4] '낭중지추'는 조승의 신하였던 모수의 말에서 유래하였습니다. --------------------- [   ]

3
어휘
표현

'재능, 능력 따위를 떨치어 나타내다'를 나타내는 낱말을 고르세요. -------------------- [   ]

① 발전하다　　② 발달하다　　③ 발생하다　　④ 발휘하다　　⑤ 발산하다

4
세부
내용

서술형

'낭중지추'의 표면적인 뜻과 속뜻을 찾아 써 보세요.

[1] 표면적인 뜻 : _____

[2] 속뜻 : _____

어려운 낱말 풀이
① **유래** 사물이나 일이 생겨남 由말미암을 유 來올 래　② **일삼던** 좋지 아니한 일 따위를 계속하여 하던
③ **막중한** 더할 수 없이 중요하고 큰 莫없을 막 重무거울 중-　④ **선발** 많은 가운데서 골라 뽑음 選가릴 선 拔뽑을 발
⑤ **자원** 어떤 일을 자기 스스로 하고자 하여 나섬 自스스로 자 願원할 원　⑥ **재치** 익숙한 솜씨나 말씨 才재주 재
致이를 치　⑦ **발휘** 재능, 능력 따위를 떨치어 나타냄 發필 발 揮두를 휘　⑧ **임무** 맡은 일 任맡을 임 務힘쓸 무

5 빈칸에 알맞은 낱말을 써 글을 완성해 보세요.

구조
알기

┌───┐
│   │
│ [   ]은(는) 한자 그대로 해석하면 주머니 속의 [   ](이)라는   │
│   │
│ 뜻이다. 전국 시대 때 조승은 초나라에 도움을 요청하러 가면서 같이 갈 신하를 뽑았다. 자원한 │
│   │
│ 모수에게 조승은 "뛰어난 [   ]은(는) 숨겨져 있어도 [   ] 속의   │
│   │
│ [   ]처럼 밖으로 튀어나와 남의 눈에 띄는 법"이라며 그의 능력을 의심했지만,   │
│   │
│ 모수는 "주머니에 담아 주신다면 능력을 발휘하겠다"고 재치 있게 대답하여 선발되었다.   │
│   │
│ [   ]은(는) 이때 조승이 한 말에서 유래했다.   │
│   │
└───┘

6 조승이 처음에 모수를 믿지 못한 까닭은 무엇인가요?

내용
적용

서술형

조승은 오수가

....

....

                                     조승은 오수를 믿지 옷하였습니다.

....

7 다음 중 '낭중지추'라는 말을 쓰기에 가장 적절한 것을 고르세요. ----------------- [   ]

추론

① 재주가 뛰어나도 알아주는 사람이 없다면 낭중지추야.

② 이번 시험에서도 반에서 꼴찌를 했어. 역시 난 낭중지추야.

③ 영민이는 낭중지추라서 어딜 가든지 친구들을 잘 챙긴다니까.

④ 소진이는 항상 긍정적인 생각을 많이 하는 낭중지추 같은 친구야.

⑤ 그 가수는 노래를 너무 잘해서 낭중지추의 존재감을 드러내고 있어.

22회 어법·어휘편 본문에 나온 어휘들만 따로 모아 복습하는 순서입니다.

[1단계] 아래의 낱말에 알맞은 뜻을 선으로 이어 보세요.

[1] 일삼는 •　　　　　　　• ㉠ 더할 수 없이 중요하고 큰

[2] 막중한 •　　　　　　　• ㉡ 좋지 아니한 일 따위를 계속하여 하는

[3] 재치　 •　　　　　　　• ㉢ 익숙한 솜씨나 말씨

[2단계] 아래 문장의 빈칸에 알맞은 낱말을 [보기]에서 찾아서 써넣으세요.

> [보기]　　　　일삼던　　　　막중한　　　　재치

[1] 전국 시대에 중국의 각 나라가 전쟁을 　　　　　　 시대가 있었습니다.

[2] 경수의 　　　　　　 있는 농담에 모두 하하 웃었다.

[3] 나는 어제 　　　　　　 임무를 떠맡아 부담감이 크다.

[3단계] 설명을 읽고 밑줄 친 낱말이 문장에서 쓰인 뜻을 [보기]에서 찾아 번호를 쓰세요.

> [보기]　**띄다(뜨이다)**　① 눈에 보이다.
> 　　　　　　　　　　　② 남보다 훨씬 두드러지다.

[1] 도둑들은 남의 눈에 **띄지** 않게 밤에 도망쳤다. ------------------ [　　　]

[2] 지난 몇 년간 우리 마을은 눈에 **띄는** 발전을 했어. ------------------ [　　　]

[3] 그 친구는 보기 드물게 눈에 **띄는** 천재 피아니스트였다. ------------------ [　　　]

[4] 나는 잃어버린 강아지를 찾아보았으나 눈에 **띄지** 않았다. ------------------ [　　　]

시간　**끝난 시간**　[　]시 [　]분　　채점　**독해** 7문제 중　[　]개

　　　1회분 푸는 데 걸린 시간　[　]분　　　**어법·어휘** 10문제 중　[　]개

↖ 스스로 붙임딱지
문제를 다 풀고
맨 뒷장에 있는
붙임딱지를
붙여보세요.

↑ 김만덕 표준영정 (출처 : 전통문화포털)

조선 시대에 여성 상인이 있었다는 사실을 알고 있나요? 바로 제주의 **거상**^① 김만덕입니다. 김만덕은 ㉠여성에 대한 사회적 차별을 이겨내고 제주도 최고의 상인으로 우뚝 선 인물입니다. 그럼 김만덕의 **일대기**^②를 함께 살펴봅시다.

김만덕은 1739년 **중개**^③상인 김응열과 어머니 고씨 사이에서 태어났습니다. 김만덕이 열두 살이 되던 해, 아버지 김응열이 장삿길에 **풍랑**^④을 만나 세상을 떠났습니다. 얼마 되지 않아 어머니마저 전염병으로 돌아가셨습니다. 살길이 막막한 김만덕은 월중선이란 기생의 집에 가서 집안일을 하였습니다.

김만덕이 성실하고 춤과 노래에 재능을 보이자 월중선은 김만덕을 관기로 만들었습니다. 관기는 관가에 속한 **기생**^⑤으로 나라에서 **녹봉**^⑥을 받는 직업이었습니다.

하지만 김만덕은 **천민**^⑦인 기생이 된 것이 자랑스럽지 않았습니다. 돌아가신 부모님 앞에 떳떳한 사람이 되고 싶었습니다. 스물세 살이 되던 해 김만덕은 제주 목사 신광익에게 도움을 청했고, **양인**^⑧의 신분을 되찾았습니다.

집으로 돌아온 김만덕은 객주를 하기로 결심했습니다. 객주는 상인들에게 머물 곳을 제공하면서 물건을 팔아 주거나 흥정을 붙여 주는 사람이나 그런 집을 말합니다. 김만덕은 건입포에 객주를 열었습니다. 건입포는 제주도와 육지를 연결하는 **포구**^⑨이면서 제주 관아에서 가까워 늘 사람들로 붐볐습니다. 김만덕은 제주 특산물인 미역, 귤, **말총**^⑩ 등을 육지의 화장품이나 **가체**^⑪와 교환하여 큰돈을 벌었습니다. 여성이라는 이유로 사람들이 무시하기도 하였지만, 김만덕은 강한 의지로 차별을 극복하였습니다.

1793년 제주도에서는 심각한 흉년이 들었습니다. 김만덕은 굶주린 백성들에게 쌀을 나눠 주었습니다. 평소 [㉡] 생활을 하던 김만덕이었지만, 제주 백성들을 돕는

데에는 아낌이 없었습니다. 흉년이 계속되자 제주 백성들 중 절반이 넘는 사람들이 죽기에 이르렀습니다. 정조 임금의 명령으로 전라 감사가 배 열두 척에 쌀을 실어 제주로 보냈으나, 풍랑을 만나 다섯 척의 배가 바다에 잠기기도 하였습니다. 그러자 김만덕은 동생 만석을 해남, 강진, 영암으로 보내 전 재산으로 쌀을 사도록 했습니다. 그렇게 얻은 쌀 오백 석으로 많은 제주 백성들이 굶주림을 면할 수 있었습니다.

  김만덕의 선행은 전국 방방곡곡으로 퍼져나갔습니다. 이를 들은 정조 임금은 김만덕을 **가상히** 여겨 김만덕의 소원을 들어주기로 하였습니다. 김만덕은 임금님을 뵙고 금강산을 보고 싶다고 하였습니다. 당시 제주도 여성이 배를 타고 육지로 나가는 일은 금지되어 있었습니다. 정조 임금의 허락으로 특별히 육지로 나간 김만덕은 정조 임금과 효의왕후를 만나고, 금강산을 직접 볼 수 있었습니다. 또한 여성으로서 오를 수 있는 가장 높은 벼슬인, 의녀 반수에 임명되었습니다.

1 세부내용
이 글에 나온 김만덕의 직업은 무엇인가요?

....

2 세부내용
만덕에 대한 설명으로 옳지 <u>않은</u> 것을 고르세요. ──────────── [   ]

① 관기가 된 것을 부끄러워했다.　　　② 건입포에 객주를 열어 부자가 됐다.
③ 해남으로 가서 쌀 오백 석을 팔았다.　④ 금강산을 보고 싶은 소원을 이루었다.
⑤ 여성으로 오를 수 있는 최고 벼슬에 올랐다.

3 어휘표현
㉡에 들어갈 말로 알맞은 것은 무엇인가요? ──────────── [   ]

① 검소한　　② 진지한　　③ 방탕한　　④ 사치스러운　　⑤ 풍요로운

어려운 낱말 풀이 ① **거상** 밑천을 많이 가지고 크게 하는 장사. 또는 그런 장수 巨클 거 商장사 상　② **일대기** 어느 한 사람의 일생에 관한 내용을 적은 기록 一한 일 代대신할 대 記기록할 기　③ **중개** 제삼자로서 두 당사자 사이에 서서 일을 주선함 仲버금 중 介끼일 개　④ **풍랑** 바람과 물결을 아울러 이르는 말 風바람 풍 浪물결 랑　⑤ **기생** 잔치나 술자리에서 노래나 춤 또는 풍류로 흥을 돋우는 것을 직업으로 하는 여자 妓기생 기 生날 생　⑥ **녹봉** 벼슬아치에게 일 년 또는 계절 단위로 나누어 주던 금품을 통틀어 이르는 말 祿녹 녹 俸녹 봉　⑦ **천민** 신분 사회에서 천대를 받던 최하 계급 賤천할 천 民백성 민　⑧ **양인** 조선 시대에, 양반과 천민의 중간 신분으로 천한 일에 종사하지 않던 백성 良어질 양 人사람 인　⑨ **포구** 배가 드나드는 곳 浦개 포 口입 구　⑩ **말총** 말의 갈기나 꼬리의 털　⑪ **가체** 예전에, 부인들이 머리를 꾸미기 위하여 자신의 머리 외에 다른 머리를 얹거나 덧붙이던 일. 또는 그런 모양 加더할 가 髢다리 체　⑫ **가상히** 착하고 기특하게 嘉아름다울 가 尙오히려 상-

4

세부
내용

서술형

김만덕이 임금께 말한 소원을 쓰세요.

....

5

구조
알기

이 글을 읽고 느낀 점을 써 보았습니다. 중심 내용이 잘 드러나도록 빈칸에 알맞은 말을 [보기]에서
찾아 쓰세요.

| [보 기] | 이익 | 나눔 | 신분 | 기부 | 용기 |

김만덕은 자신의 [   ] 을(를) 되찾을 정도로 [   ] 있는

여자였다. 그리고 객주를 차려 큰돈을 벌었다. 하지만 자신의 [   ] 을(를)

생각하기보다는 제주 사람들을 생각하는 마음이 더 컸다. 김만덕이 쌀을

[   ] 하여 제주 사람들은 굶주림을 면할 수 있었다. 요즘에는 자기 것을

나누는 마음이 부족하다. 모두가 김만덕의 [   ] 정신을 본받아 살아갔으면

좋겠다.

6

내용
적용

서술형

이 글에서 ㉠에 해당하는 구체적 사례를 하나 이상 찾아 쓰세요.

....

....

....

7

추론

이 글에 나타난 조선 시대의 사회 모습으로 알맞은 것은 무엇인가요? ·············· [   ]

① 천민은 양인이 될 수 없었다.

② 신분이 높아야 부자가 될 수 있었다.

③ 객주가 되어야 장사를 할 수 있었다.

④ 흉년이 심하면 사람들이 죽기도 했다.

⑤ 여성이 장사를 하는 것은 금지되었다.

[1단계] 아래의 낱말에 알맞은 뜻을 선으로 이어 보세요.

[1] 중개 •　　　　　　　　　　• ㉠ 배가 드나드는 곳

[2] 풍랑 •　　　　　　　　　　• ㉡ 바람과 물결을 아울러 이르는 말

[3] 포구 •　　　　　　　　　　• ㉢ 제삼자로서 두 당사자 사이에 서서 일을 주선함

[2단계] 아래 문장의 빈칸에 알맞은 낱말을 [보기]에서 찾아서 써넣으세요.

> [보 기]　　　　　중개　　　　　풍랑　　　　　포구

[1] 선생님의 고향은 남해안 어느 조그만 ☐☐ 근처라고 하셨다.

[2] 어젯밤, ☐☐ 이(가) 해안 마을에 몰아닥쳤다.

[3] 아버지께서는 ☐☐ 사 시험을 보려고 책을 사서 공부를 시작하셨다.

[3단계] 아래 두 문장의 빈칸에 공통으로 들어갈 말을 써서 문장을 완성하세요.

[1]

☐	영양소를 섭취하지 못하면 키가 자라지 못하고 뼈가 약해지는 ㄷ 의 문제가 일어날 수 있습니다.
	이 과자는 설탕, 콩기름 ㄷ 으로 만들었다.

└ 그와 같은 종류의 어떤 사물이나 사실이 열거되어 있음

[2]

☐	그다음 확인해야 할 것은 ㅊ 제공량입니다.
	이번 발표회에는 ㅊ 다섯 학급이 참여한다.

└ 전체를 합한

시간　끝난 시간 ☐시 ☐분　　채점　독해 7문제 중 ☐개　　←스스로 붙임딱지
1회분 푸는 데 걸린 시간 ☐분　　　어법·어휘 8문제 중 ☐개　　문제를 다 풀고 맨 뒷장에 있는 붙임딱지를 붙여보세요.

모란이 피기까지는

김영랑

모란이 피기까지는

나는 아직 나의 봄을 기다리고 **있을 테요**①

모란이 ㉠뚝뚝 떨어져 버린 날

나는 비로소 ㉡봄을 **여읜**② 설움에 잠길 테요

오월 어느 날 그 하루 무덥던 날

㉢떨어져 누운 꽃잎마저 시들어 버리고는

천지③에 모란은 **자취**④도 없어지고

뻗쳐오르던⑤ 내 보람 **서운케**⑥ 무너졌느니

모란이 지고 말면 그뿐 내 한 해는 다 가고 말아

삼백예순 날⑦⑧ 하냥⑨ ㉣**섭섭해 우옵내다**⑩

모란이 피기까지는

나는 아직 기다리고 있을 테요 ㉤**찬란한**⑪ 슬픔의 봄을

어려운 낱말 풀이 ① **있을 테요** 있을 것입니다 ② **여읜** 멀리 떠나보낸 (기본형: 여의다) ③ **천지** '세상', '우주', '세계' 를 이르는 말 天하늘 천 地땅 지 ④ **자취** 어떤 것이 남기고 간 표시 또는 흔적 ⑤ **뻗쳐오르던** 어떤 것 이 아주 거세게 퍼져 많거나 높은 상태가 되던 (기본형: 뻗쳐오르다) ⑥ **서운케** 실망스러운 상황으로 인 해 아쉽게 (기본형: 서운하다) ⑦ **삼백예순 날** 일 년 동안 매일 (1년을 약 360일 정도로 생각했기 때문 에 생겨난 말) 三석 삼 百일백 백- ⑧ **하냥** '늘'이라는 뜻의 방언 ⑨ **섭섭해** 없어지는 것이 안타깝고 아 까워 (기본형: 섭섭하다) ⑩ **우옵내다** '우옵니다'의 전라도 방언 (기본형: 울다) ⑪ **찬란한** 아름답고 밝은 燦빛날 찬 爛빛날 란- (기본형: 찬란하다)

1

중심
생각

이 시의 중심 글감을 써 보세요.

....

2

세부
내용

이 시의 말하는 이가 하고 있는 일로 옳은 것을 골라 보세요. ──────────────── [　　　　]

① 떨어진 꽃잎을 주워 담고 있다.

② 모란이 피는 봄을 기다리고 있다.

③ 모란꽃이 가득 피어 있는 공원을 걷고 있다.

④ 모란이 피는 것을 보며 보람을 느끼고 있다.

⑤ 봄이 지나가고 여름이 오기만을 기다리고 있다.

3

작품
이해

이 시에 대한 설명으로 적절한 것에 ○표, 적절하지 않은 것에 ×표를 해 보세요.

[1] 이 시는 3개의 연으로 이루어져 있다. ──────────────────── [　　　　]

[2] 색깔을 나타내는 표현을 사용하고 있다. ──────────────── [　　　　]

[3] 모란을 통해 봄을 기다리는 마음과 봄을 보내는 서러움을 드러내고 있다. ─────── [　　　　]

[4] 처음의 두 행과 마지막의 두 행에서 같은 내용을 반복하여 강조하고 있다. ──────[　　　　]

4

작품
이해

시의 짜임을 정리한 표입니다. 빈칸에 들어갈 올바른 말을 골라 보세요. ──────────── [　　　　]

1~2행		3~10행		11~12행
기다림	→	?	→	기다림

① 슬픔과 상실감 　　　　　② 공감과 슬픔 　　　　　③ 희망과 따스함

④ 여유와 무기력함 　　　　⑤ 여유와 평화로움

5 밑줄 친 두 단어가 시에서의 '모란'과 '봄'의 관계와 비슷한 것을 고르세요. ------------------- [   ]

추론
적용

① 내일 학교에서 체육 대회가 열릴 거야.

② 우리는 시계를 보고 시간을 알 수 있지.

③ 나는 도토리로 만든 도토리묵을 정말 좋아해.

④ 나는 코스모스가 피기까지 가을을 기다리고 있어.

⑤ 지구는 지금 이 순간에도 공전과 자전을 하고 있어.

6 ㉠~㉤ 중 [보기]에서 설명하는 표현 방법이 쓰인 것을 골라 보세요. ------------------- [   ]

어휘
표현

[보 기]

'모순'이란 어떤 설명의 앞뒤나 두 사실이 서로 이치에 맞지 않아 어긋남을 이르는 말입니다. 시에서는 모순을 활용한 표현 방법이 쓰이기도 하는데, 겉으로 보면 서로 어울릴 수 없는 말을 함께 활용하는 것입니다. 예시로는 "소리 없는 함성"이 있습니다. 소리가 없는 함성은 서로 이치에 어긋나지만, 사실을 더욱 강조하기 위한 표현입니다. 이처럼 서로 반대되는 의미를 동시에 담아 진실을 드러내는 표현 방법을 '역설법'이라고 합니다.

① ㉠   ② ㉡   ③ ㉢   ④ ㉣   ⑤ ㉤

7 이 시에서 말하는 이와 비슷한 태도를 보이고 있는 친구를 골라 보세요. ------------------- [   ]

추론
적용

① 지나간 일을 다시 생각하며 후회하는 친구

② 꺾어 온 꽃으로 꽃다발을 만들어 선물한 친구

③ 열심히 준비하던 대회가 취소되어 허탈해하는 친구

④ 친구가 자신의 편을 들어 주지 않아 섭섭해 우는 친구

⑤ 다른 곳으로 이사 간 친구를 다시 만날 날을 기다리는 친구

[1단계]   아래의 낱말에 알맞은 뜻을 선으로 이어 보세요.

[1] 자취 •
[2] 섭섭해 •
[3] 찬란한 •

• ㉠ 아름답고 밝은
• ㉡ 어떤 것이 남기고 간 표시 또는 흔적
• ㉢ 없어지는 것이 안타깝고 아까워

[2단계]   아래 문장의 빈칸에 알맞은 낱말을 [보기]에서 찾아서 써넣으세요.

[보 기]   자취   찬란한   섭섭해

[1] 범인이 감쪽같이 [   ] 를 감추어 버려서 찾을 수 없었다.

[2] 동생은 자주 가던 식당이 사라지자 [   ] 했다.

[3] 상자 안에는 보석이 [   ] 빛을 발하고 있었다.

[3단계]   아래 문장의 빈칸에 가장 어울리는 낱말을 고르세요. ---------------- [   ]

친구가 나와의 약속을 잊어버려서 [   ].

① 반갑다   ② 서운하다   ③ 뿌듯하다

시간   끝난 시간 [ ] 시 [ ] 분   채점   독해 7문제 중 [ ] 개

1회분 푸는 데 걸린 시간 [ ] 분   어법·어휘 7문제 중 [ ] 개

← 스스로 붙임딱지
문제를 다 풀고
맨 뒷장에 있는
붙임딱지를
붙여보세요.

　소파에 앉아 책을 읽고 있던 다이애나는 손님들이 들어오는 것을 보고 책을 내려놓았다. 그녀는 어머니의 검은 눈과 머리카락, 장밋빛 뺨, 그리고 아버지의 밝은 표정을 닮은 아주 예쁜 ㉠소녀였다.

　"제 딸 다이애나예요."라고 배리 부인이 말했다. "다이애나, 앤을 데리고 정원으로 나가 네 꽃들을 보여 주렴. 책 읽는 것보다 더 즐거울 거야."

　앤과 다이애나가 나가자 배리 부인이 마릴라에게 말했다. "다이애나는 책을 너무 많이 읽는답니다. 저는 말릴 수가 없어요. 애 아빠는 그런 다이애나를 그냥 내버려 둔답니다. 그러니 ㉡그 아이는 항상 책에 푹 빠져 있어요. 다이애나에게 같이 놀 ㉢친구가 생긴 것 같아 기뻐요. 이제 바깥에서 좀 더 많은 시간을 ⓐ보내게 될 것 같네요."

　앤과 다이애나는 정원의 바깥에 서 있었다. 부드러운 노을빛이 오래된 전나무들 사이에 내려앉았다. 둘은 참나리 **덤불**❶ 건너편에서 수줍게 서로를 바라보았다.

　꽃이 **만발**❷한 나무들이 우거진 배리 씨 가족의 정원은 앤의 마음을 언제든지 즐겁게 해 줄 것 같았다. 정원은 오래된 버드나무와 키 큰 전나무들에 둘러싸여 있었다. 정원에는 좁은 길이 나 있었다. 가장자리가 조개껍데기로 예쁘게 둘러싸인 그 길은 정원의 꽃밭 사이로 이리저리 나 있어서 마치 선물 상자의 빨간 리본처럼 정원을 꾸몄다. 그 꽃밭에는 옛 **정취**❸가 **물씬**❹ 풍기는 꽃들이 만발해 있었다. 빨간 장미꽃, 화려한 진홍색 모란꽃, 희고 향기로운 수선화와 가시가 많지만 달콤한 스코틀랜드 장미, 색색의 매발톱꽃과 비누풀, 개사철쑥과 민트, 난초, 섬세하고 향긋한 클로버와 사향꽃이 가득했다. 그 꽃들 위로 주홍빛 노을이 천천히 저물고 있었다. 벌들이 윙윙거리며 날아다녔고, 이 정원의 아름다움에 이끌린 바람이 기분 좋은 소리를 속삭였다.

　"아아, 다이애나!" 마침내 앤이 다이애나의 두 손을 꼭 잡고 속삭이듯 말했다. "내 친구가 되어 줄 수 있을까?"

　다이애나는 웃었다. 다이애나는 말하기 전에 항상 웃곤 했다.

　"응, 그럴 수 있을 것 같아."라고 ㉣그녀가 솔직하게 말했다. "네가 여기서 살게 되어 정말 기뻐. 여긴 가까이 사는 여자애도 없고, 내 또래의 자매도 없었거든. 같이 놀 친구가 있으면 즐거울 거야."

　"영원히 내 친구가 되겠다고 **맹세**❺할 수 있겠니? 나와 **엄숙하게**❻ 약속해 줄 수 있겠니?" 앤이 **간절히**❼ 물었다.

　"그렇게. 맹세는 어떻게 하면 돼?"

　"이렇게 손을 마주 잡고," 앤이 진지하게 말했다. "그리고 흐르는 물 위에 있어야 하는데……. 그래, 대신에 이 길을 흐르는 물이라고 상상하자. 내가 먼저 맹세를 말할게. 잘 듣고 따라해 봐. '나는 해와 달이 뜨는 한 나의 진정한 친구인 다이애나에게 **충실**❽할 것을 엄숙히 맹세한다.' 자, 이제 네가 이 문장에 내 이름을 넣어서 말하면 돼."

다이애나는 웃으며 [(가)] 라고 말했다. 그리고는 이렇게 말했다.

"앤, 넌 이상한 아이야. 네가 이상하다는 소문을 이미 들었어. 하지만 ⓜ나는 널 정말 좋아하게 될 것 같아."

앤이 집으로 돌아갈 때 다이애나는 통나무 다리까지 함께 걸었다. 두 소녀는 서로 팔짱을 끼고 걸었다. 개울에서 둘은 내일 오후를 함께 보내기로 약속하며 헤어졌다.

-루시 모드 몽고메리, 「빨간 머리 앤」

해설편 014쪽

1 요소

밑줄 친 ㉠~㉤ 중 가리키는 대상이 나머지와 다른 것을 고르세요. ────────── [　　]

① ㉠ 소녀　　　② ㉡ 그 아이　　　③ ㉢ 친구　　　④ ㉣ 그녀　　　⑤ ㉤ 나

2 세부내용

이 이야기의 내용으로 옳은 것을 고르세요. ──────────────────── [　　]

① 다이애나는 앤과 함께 책을 읽었다.

② 다이애나의 머리색은 아버지를 닮았다.

③ 앤과 다이애나는 흐르는 물 위에서 맹세를 했다.

④ 앤과 다이애나는 내일 오후에 다시 만나기로 약속했다.

⑤ 다이애나는 앤을 만나기 전에 또래 여자 친구들을 많이 사귀었다.

3 작품이해

이 글에 대한 설명으로 알맞지 않은 것을 고르세요. ──────────────── [　　]

① 인물 간 대화가 나타난다.　　　　　② 비현실적인 일들을 다루고 있다.

③ 인물이 직접 자신의 감정을 드러낸다.　　　④ 시간의 흐름에 따라 이야기가 전개되고 있다.

⑤ 비유적 표현을 사용하여 정원의 풍경을 묘사했다.

4 어휘표현

다음 중 밑줄 친 낱말의 뜻이 ⓐ와 가장 비슷한 것을 고르세요. ─────────── [　　]

① 직접 갈 수가 없어서 친구를 대신 보냈다.

② 어제는 집에서 영화를 보며 하루를 보냈다.

③ 선생님께서 보내신 편지를 읽자 눈물이 났다.

④ 세 아이를 대학에 보내느라 정말 힘이 드셨겠어요.

⑤ 그 인형에게 정이 많이 들었지만 더 필요한 곳으로 보내 주기로 했다.

🧻 **어려운 낱말 풀이** ① **덤불** 뒤섞이고 엉클어진 수풀　② **만발** 꽃이 활짝 다 핌 滿가득할 만 發필 발　③ **정취** 어떤 느낌이나 분위기를 만들어내는 흥 또는 모습 情마음 정 趣자태 취　④ **물씬** 코를 푹 찌르도록 매우 짙은 냄새가 풍기는　⑤ **맹세** 어떤 약속이나 목표를 꼭 실천하겠다고 다짐함 盟약속 맹 誓서약할 세　⑥ **엄숙하게** 말이나 태도 따위가 위엄 있고 정중하게 嚴엄할 엄 肅정중할 숙－　⑦ **간절히** 마음속에서 우러나와 바라는 정도가 매우 절실하게 懇간절할 간 切정성스러울 절－　⑧ **충실** 충직하고 성실함 忠충성 충 實책임 다할 실

이 글의 (가) 부분에 들어갈 알맞은 말을 써 보세요.

....

....

아래 식물도감을 참고하여 이 이야기는 어떤 계절을 배경으로 하는지 고르세요. ············ [   ]

식물의 개화 시기는 서식지에 따라 1~2개월 차이가 나기도 하지만 평균적인 개화 시기는 아래와 같습니다.

↑ 동백나무
개화기 : 1월
분류군 : 차나무과

↑ 클로버
개화기 : 6~7월
분류군 : 콩과

↑ 개사철쑥
개화기 : 7~9월
분류군 : 국화과

↑ 데이지
개화기 : 3~5월
분류군 : 국화과

↑ 코스모스
개화기 : 6~10월
분류군 : 국화과

↑ 민트
개화기 : 7~9월
분류군 : 꿀풀과

↑ 매발톱꽃
개화기 : 6~7월
분류군 : 미나리아재비과

↑ 비누풀
개화기 : 7~8월
분류군 : 석죽과

① 초봄   ② 늦봄   ③ 여름   ④ 가을   ⑤ 겨울

이 이야기를 연극으로 만든다고 할 때 적절하지 <u>않은</u> 연출 방법을 고르세요. ·················· [   ]

꽃이 활짝 핀 정원을 배경으로 서 있는 앤과 다이애나. 앤, ㉮<u>주위를 둘러본다.</u> ㉯<u>무대 조명이 두 사람을 비춘다.</u>
앤: (두 손을 꼭 잡고) 아아, 다이애나. ㉰<u>내 친구가 되어 줄 수 있을까?</u>
다이애나: ㉱<u>응, 그럴 수 있을 것 같아.</u> 네가 여기서 살게 되어 정말 기뻐. 여긴 가까이 사는 여자애도 없고, 내 또래의 자매도 없었거든. 같이 놀 친구가 있으면 즐거울 거야.
앤: ㉲<u>영원히 내 친구가 되겠다고 맹세할 수 있겠니?</u> 나와 엄숙하게 약속해 줄 수 있겠니?
다이애나: 그렇게. 맹세는 어떻게 하면 돼?

① ㉮에서 앤은 아름다운 풍경을 보고 감탄하는 표정을 지어야겠군.
② ㉯에서 조명은 노을과 비슷한 색을 비추어야겠군.
③ ㉰에서 앤은 다이애나를 바라보며 말해야겠군.
④ ㉱에서 다이애나는 실망스러운 표정을 지어야겠군.
⑤ ㉲에서 앤은 간절한 마음을 드러내며 말해야겠군.

[1단계] **아래의 낱말에 알맞은 뜻을 선으로 이어 보세요.**

[1] 맹세 •   • ㉠ 마음속에서 우러나와 바라는 정도가 매우 절실하게

[2] 간절히 •   • ㉡ 꽃이 활짝 다 핌

[3] 만발 •   • ㉢ 어떤 약속이나 목표를 꼭 실천하겠다고 다짐함

[2단계] **빈칸에 들어갈 알맞은 낱말을 [보기]에서 골라 쓰세요.**

> [보 기]   맹세   간절   만발

[1] 영현이는 다시 그 친구를 만날 수 있기를 ☐☐ 히 바라고 있다.

[2] 아영이가 꽃이 ☐☐ 한 화단 앞에서 사진을 찍었다.

[3] 주아는 다시는 거짓말을 하지 않겠다고 ☐☐ 했다.

[3단계] **[보기]를 참고하여 문장의 빈칸에 가장 알맞은 단어를 골라서 써넣으세요.**

> [보 기]   **간절**(懇간절할 간 切끊을 절): 마음속에서 우러나와 바라는 정도가 매우 절실함.
>
> **친절**(親친할 친 切끊을 절): 대하는 태도가 매우 정겹고 고분 고분함. 또는 그런 태도.
>
> **적절**(適맞을 적 切끊을 절): 어떤 기준이나 정도에 맞아 어울리는 상태.

[1] 그 가게의 주인은 항상 손님을 ☐☐ 하게 맞이한다.

[2] 모두가 앉기 위해서는 의자를 남은 공간에 ☐☐ 하게 배치해야 한다.

[3] 합격 결과가 나오는 날 그는 ☐☐ 한 마음으로 기도를 했다.

시간 **끝난 시간** ☐ 시 ☐ 분   채점 **독해** 7문제 중 ☐ 개

1회분 푸는 데 걸린 시간 ☐ 분   **어법·어휘** 9문제 중 ☐ 개

← 스스로 붙임딱지
문제를 다 풀고
맨 뒷장에 있는
붙임딱지를
붙여보세요.

5주 | 25회 117

혀를 내두르다

늑대 한 마리가 오랜만에 물고기를 사냥하여 잡아먹는 중이었습니다. 맛있게 물고기를 먹던 늑대는 순간 목에서 따끔한 통증을 느꼈습니다. 생선의 굵은 가시 중 하나가 목을 찔러 버린 것이었지요. 늑대는 목에 박힌 가시를 빼기 위해 아등바등 몸을 움직였습니다. 헛기침을 해 보기도 하고 옆에 있던 나무에 등을 부딪혀 보기도 했지요. 하지만 가시를 뺄 수는 없었습니다. 가까스로 숨을 쉬고는 있었지만 여간 힘든 것이 아니었지요.

그때 마침 늑대의 눈에 근처 나무에서 졸고 있던 황새가 보였습니다. 늑대는 황새 근처로 다가가 최대한 큰 소리로 황새를 깨웠습니다.

"우슨 일이니? 설마 나를 잡아먹으려는 건 아니겠지?"

황새가 경계하며 말했습니다. 늑대는 힘겹게 황새에게 자초지종을 설명했고 입 안의 가시를 빼 준다면 아주 큰 보답을 하겠다고 약속했습니다. 황새는 큰 보답을 받을 생각으로 늑대의 입안으로 들어갔고 부리를 이용해 목에 있는 굵은 가시를 빼 주었습니다. 황새에게는 너무나 간단한 일이었지요.

"자, 네가 말했던 큰 보답은 우엇이니? 어서 보여 줘."

황새가 목이 아파 켁켁거리고 있는 늑대에게 말했습니다. 하지만 늑대는 기침을 멈추고 진정이 되자마자 뒤돌아 그냥 가는 것이었습니다. 황새는 잠시 멍하니 늑대의 뒷모습을 바라보다가 날개를 펴고 늑대를 불러 세웠습니다.

"보답은커녕 고맙다는 말조차 하지 않는군. 네 옥숨을 구해 줬는데 어째서 약속을 지키지 않는 거니?"

그러자 늑대가 대답했습니다.

"너 방금 내 입속에 들어갔다가 나왔잖아?"

그렇게 다시 멀어지는 늑대를 보며 황새는 <u>혀를 내두르고 말았답니다.</u>

"혀를 내두르다"라는 말은 어떤 일에 매우 놀라거나 어이가 없어서 말을 옷 한다는 뜻이에요. 예상과 너무나 달라 어이가 없을 때 이 말을 써요. 위 이야기에서 황새는 왜 혀를 내둘렀을까요? 보답을 받지 옷했다는 생각 때문이었을까요?

또 다른 관용 표현 **혀를 깨물다** 어떤 일을 힘들게 억지로 참다. **혀가 굳다** 놀라거나 당황하며 말을 잘하지 못하다.

주간학습계획표

한 주간의 계획을 먼저 세워 보세요. 매일 학습을 마친 후 맞힌 문제의 개수를 쓰세요!

회차	영역	학습 내용	학습계획일	맞은 문제수
26회	독서 과학	**힘의 종류** 힘의 개념과 종류를 설명하고 있는 글입니다. 힘이 무엇인지 익히고 종류에 따른 특징을 잘 파악해 보며 독해하는 회차입니다.	월 일	독해 7문제 중 □개 어법·어휘 12문제 중 □개
27회	독서 과학	**열의 이동 방법** 열이 이동하는 세 가지 방법에 대해 설명하는 글입니다. 각 방법의 개념과 현실에서의 예시를 독해를 통해 이해하고 문제를 푸는 데 적용을 해 보는 회차입니다.	월 일	독해 7문제 중 □개 어법·어휘 9문제 중 □개
28회	독서 기타	**나의 소원** 김구 선생님의 연설문입니다. 김구 선생님의 주장은 무엇인지 파악하고 연설문의 특징도 함께 익혀 보는 회차입니다.	월 일	독해 7문제 중 □개 어법·어휘 8문제 중 □개
29회	문학 시	**청포도** 일제 강점기에 발표된 시입니다. 시에 쓰인 표현법과 주제를 생각해 보며 독해하는 회차입니다.	월 일	독해 7문제 중 □개 어법·어휘 8문제 중 □개
30회	문학 소설	**춘향전** 고전 소설인 춘향전을 아이들이 읽기 쉽도록 쓰인 책의 일부분을 수록하였습니다. 인물과 사건 등을 파악하며 독해하는 회차입니다.	월 일	독해 7문제 중 □개 어법·어휘 7문제 중 □개

우리는 일상생활에서 힘이라는 단어를 여러 가지 의미로 사용합니다. 시험 성적이 좋지 않았을 때, 친구의 위로가 '힘'이 되기도 하고, 운동회에서 우리 편을 응원할 때, '힘'을 내라고 말하기도 합니다. 어려운 일을 할 때에도 '힘'이 든다며 불만을 드러내기도 합니다.

그런데 과학에서 말하는 힘은 우리가 평소 말하는 힘과 조금 다릅니다. 그렇다면 과학에서 말하는 힘은 과연 무엇일까요? 과학에서 말하는 힘의 여러 가지 종류를 알아봄으로써 과학에서 말하는 힘들의 공통점을 알아보겠습니다.

먼저 중력이 있습니다. 중력은 지구가 물체를 끌어 당기는 힘입니다. 중력은 지구와 물체가 서로 붙어있지 않아도 **상호 작용**합니다. 우리가 느끼는 자신의 몸무게가 바로 지구가 우리를 끌어당기는 힘인 중력입니다.

⬆ 지구가 끌어당기는 중력이 없으면 이렇게 둥둥 떠다니게 됩니다.

다음으로 자기력과 전기력이 있습니다. 두 힘 또한 중력처럼 서로 떨어져 있는 두 물체 사이에서 상호 작용하는 힘입니다. 자석의 N극과 S극은 서로 달라붙지요? 그리고 자석과 쇠붙이도 서로 달라붙지요? 이때, 끌어당기는 힘이 바로 자기력입니다. 전기력은 전기를 띤 두 물체 사이에 작용하는 힘입니다. 책받침을 머리카락에 비비면 머리카락이 책받침에 달라붙는 모습을 볼 수 있습니다. 여기서 끌어당기는 힘이 바로 전기력입니다.

마찰력이란 힘도 있습니다. 마찰력은 두 물체의 **접촉면**에서 물체의 운동을 방해하는 힘입니다. 자동차가 브레이크를 밟으면 자동차 타이어와 도로 사이에 어떤 힘이 작용해 자동차가 멈춥니다. 이 힘이 바로 마찰력입니다. 우리가 두 발로 길을 걸어서 나아갈 수 있는 것도 바로 마찰력이 있기 때문입니다.

이 밖에 **탄성력**이란 힘도 있습니다. 탄성력은 어떤 힘에 의해 변형된 물체가 원래의 모양으로 되돌아가려는 힘입니다. 예를 들어, 용수철을 당겨서 늘였다가 놓으면 용수철은 원래 상태로 되돌아갑니다. 이 힘이 바로 탄성력입니다.

지금까지 과학에서 말하는 힘의 여러 종류에 대해 알아보았습니다. 이 힘들의 공통점이 무엇인지 혹시 눈치챘나요? 공통점은 바로 두 물체가 있어야 한다는 것과 두 물체가 서로 영향을 주고받는다는 것입니다. 이처럼 과학에서 힘이란 한 물체와 다른 물체 사이에서 밀거나 끌어당기는 상호 작용이라고 할 수 있습니다.

1

중심
생각

이 글에서 가장 중심이 되는 낱말은 무엇인가요?

....

2

중심
생각

이 글을 쓴 목적을 고르세요. .... [   ]

① 과학을 열심히 공부하도록 설득하기 위해

② 과학에서 말하는 힘에 대해 설명하기 위해

③ 자기력과 전기력의 차이점을 설명하기 위해

④ 일상생활에서 힘이라는 단어가 어떻게 사용되는지 설명하기 위해

⑤ 과학에서 말하는 힘을 몸으로 느꼈을 때의 감상을 표현하기 위해

3

세부
내용

아래의 문장이 중력에 대한 설명이면 ○, 아니면 ×로 표시하세요.

[1] 지구가 물체를 끌어당기는 힘이다. .... [   ]

[2] 지구와 물체가 서로 맞붙어있지 않으면 작용하지 않는다. .... [   ]

[3] 몸무게는 중력이다. .... [   ]

[4] 어떤 힘에 의해 변형된 물체를 원래 모양으로 되돌아가게 한다. .... [   ]

해설편 014쪽

4

구조
알기

이 글의 내용을 정리해 봅시다.

과학에서 말하는 힘의 여러 가지 종류

중력	□□	전기력	마찰력	□□□
□□ 와(과) 물체 사이에 작용하는 힘	자석과 자석, 자석과 쇠붙이 사이에 작용하는 힘	□□ 을(를) 띤 두 물체 사이에 작용하는 힘	두 물체의 □□ □에서 물체의 움직임을 방해하는 힘	어떤 힘에 의해 변형된 물체가 원래 상태로 되돌아가려는 힘

🧻 어려운 낱말 풀이 | ① **상호 작용** 두 물체 사이에서 서로에 이루어지는 영향 相서로 상 互서로 호 作지을 작 用쓸 용 ② **접촉면** 서로 맞 닿은 면 接닿을 접 觸닿을 촉 面얼굴 면 ③ **탄성** 외부의 힘에 부피나 모양이 변하였다가 그 힘이 없어지면 원래의 상태로 돌아가려는 성질 彈총알 탄 性성질 성

5

내용
적용

서술형

중력과 자기력, 전기력 및 마찰력의 공통점이 무엇인지 써 보세요.

....

....

6

내용
적용

다음 중 과학에서 말하는 힘과 같은 뜻으로 쓰인 것을 고르세요. ---------------------------------- [   ]

① "조금만 더 **힘**을 내!"
② "가방이 너무 무거워서 **힘**들어."
③ "너 왜 그렇게 **힘**없이 축 처져 있어?"
④ "선생님의 말씀은 내게 큰 **힘**이 되었어."
⑤ "강력한 슛을 하기 위해선 축구공에 정확한 **힘**을 가해야 해."

7

추론

아래 그림과 같이 실에 매여 있는 자석 A에 다른 자석 B를 가까이 가져갔더니 자석 A가 자석 B에 달라붙었습니다. 그림에 대한 설명으로 옳지 <u>않은</u> 것을 고르세요. ---------------------------------- [   ]

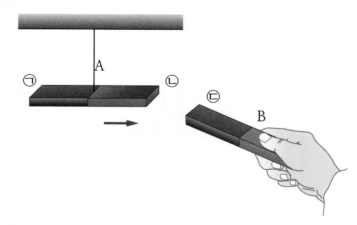

① ㉡과 ㉢은 같은 극이다.
② ㉠이 S극이면 ㉢도 S극이다.
③ 두 자석 사이에 작용한 힘은 자기력이다.
④ 자석 A와 B 사이에는 당기는 힘이 작용하였다.
⑤ 자석 B를 반대로 쥐면 A는 반대 방향으로 힘을 받는다.

26회 어법·어휘편 본문에 나온 어휘들만 따로 모아 복습하는 순서입니다.

[1단계] **아래의 낱말에 알맞은 뜻을 선으로 이어 보세요.**

[1] 접촉 •   • ㉠ 두 물체가 서로 닿아 비벼짐
[2] 마찰 •   • ㉡ 어떤 현상을 일으키거나 영향을 미침
[3] 탄성 •   • ㉢ 본디 모양으로 되돌아가려는 성질
[4] 작용 •   • ㉣ 서로 맞닿음

[2단계] **[보기]는 이 글에 나온 낱말들입니다. 아래 문장의 빈칸에 알맞은 낱말을 써넣으세요.**

[보기]	눈치	작용	평소	방해

[1] 과학에서 말하는 힘은 우리가 _____ 말하는 힘과 다르다.

[2] 전기력은 전기를 띤 두 물체 사이에 _____하는 힘이다.

[3] 마찰력은 두 물체의 접촉면에서 물체의 운동을 _____하는 힘이다.

[4] 과학에서 말하는 여러 종류의 힘의 공통점이 무엇인지 _____챘나요?

[3단계] **아래 문장의 밑줄 친 부분을 바르게 고쳐 보세요.**

[1] 과학에서 말하는 힘의 종류를 **알아봄으로서** 과학에서 말하는 힘에 대해 알아보자.

→ _____

[2] 중력은 지구와 물체가 서로 **부터 있지** 않아도 상호 작용을 한다.

→ _____

[3] 자동차가 브레이크를 **발브면** 어떤 힘이 작용해 자동차가 멈춘다.

→ _____

[4] 용수철을 당겨서 **늘렸다가** 놓으면 용수철은 원래 상태로 되돌아간다.

→ _____

시간 **끝난 시간** [ ]시 [ ]분   채점 **독해 7문제 중** [ ]개   ◀ 스스로 붙임딱지
1회분 푸는 데 걸린 시간 [ ]분   **어법·어휘 12문제 중** [ ]개   문제를 다 풀고 맨 뒷장에 있는 붙임딱지를 붙여보세요.

6 주 26 회

해설편 014쪽

　열이란 물체의 온도를 변화시키는 에너지입니다. 열은 항상 온도가 높은 물체에서 낮은 물체로 이동합니다. 뜨거운 국에 넣어 둔 숟가락의 손잡이가 뜨거워지는 것, 물을 끓일 때 냄비의 바닥 부분만 **가열**^①해도 물 전체가 골고루 뜨거워지는 것, 햇볕 아래 서 있을 때 따뜻함을 느낄 수 있는 것은 모두 열이 이동하기 때문입니다. 열이 이동하는 방법에는 세 가지가 있습니다.

　첫 번째는 '전도'입니다. 전도란 물체를 이루는 **분자**^②가 열을 받아 움직이며 이웃한 분자와 충돌하면서 열이 이동하는 방법입니다. 주로 고체를 가열할 때 확인할 수 있으며, 열이 전도되는 정도는 물질의 종류에 따라 다릅니다. 알루미늄, 철 등의 **금속 물질**^③은 열이 잘 전도됩니다. (　㉮　) 플라스틱, 천 등의 **비금속 물질**^④은 열이 잘 전도되지 않습니다. 이러한 특성을 활용하여 프라이팬이나 냄비는 금속으로, 손잡이나 주방 장갑은

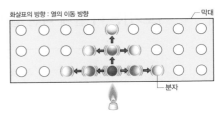

화살표의 방향 : 열의 이동 방향 / 막대 / 분자

⤊ 열이 전도되어 금속 막대의 한쪽만 가열해도 막대 전체가 뜨거워짐

| ㉠ | 이나 | ㉡ |

으로 만듭니다.

[전도] 플라스틱으로 된 손잡이는 열이 잘 전도되지 않는다.
[대류] 냄비 속의 물이 순환하며 열이 전달된다.
[전도] 뜨거워진 냄비에 의해 물이 끓는다.
[복사] 불에서 냄비로 열이 바로 전달된다.

⤊ 냄비에 물을 끓일 때 일어나는 열의 이동

　두 번째는 '대류'입니다. 대류는 열을 받은 액체나 기체 상태의 분자가 직접 이동하면서 열이 전달되는 방법으로, 흐르는 성질이 있는 액체나 **확산**^⑤되는 성질이 있는 기체와 같이 고체보다 비교적 분자의 **구성**^⑥이 자유로운 물질에서 일어납니다. 물체에 열을 가하면 대부분 부피가 커지는데, 액체와 기체도 온도가 올라가면 부피가 커져서 가벼워집니다. 그리고 가벼워진 물질이 위로 올라가 비워진 공간을 무거운 물질이 대신 채웁니다. 예를 들어 냄비에 물을 넣고 바닥 부분을 가열하면, 바닥 부분에 있는 물 분자는 위로 올라가고 위에 있던 차가운 물 분자는 아래로 내려와 데워집니다. 즉, 어느 한 부분만 가열해도 냄비 속의 물 분자들의 **순환**^⑦ 과정을 통해 열이 이동하며 물이 전체적으로 뜨거워집니다. 기체의 분자 이동도 이와 같습니다.

　마지막은 '복사'입니다. 햇볕 아래 서 있거나 난로 가까이에 있으면 따뜻함을 느낄 수 있는데, 이는 열이 태양과 난로로부터 직접 전달되기 때문입니다. 이처럼 열이 어떤 물질의 도움 없이 직접 전달되는 방법을 복사라고 하며, 이를 통해 전해진 열을 '복사열'이라고 합니다. 복사는 열이 **매개체**^⑧를 거치지 않아 전도나 대류보다 열이 훨씬 빠르게 이동합니다. 사람이나 동물을 포함한 모든 물체는 복사열을 내보내기 때문에 우리는 적외선 카메라를 이용하여 물체의 온도를 눈으로 확인할 수 있습니다.

태양　　　전자기파　　　지구

⤊ 태양의 열은 전자기파의 형태로 바로 지구로 전달됨

1
중심
생각

이 글은 무엇에 대해 설명하고 있나요?

....

2
세부
내용

다음 중 이 글의 내용과 다른 것을 고르세요. .... [   ]

① 열은 항상 온도가 높은 곳에서 낮은 곳으로 이동한다.
② 철, 알루미늄, 플라스틱은 대표적인 금속 물질이다.
③ 액체와 기체는 온도가 올라가면 부피가 커져서 가벼워진다.
④ 대류는 고체에 비해 분자의 구성이 자유로운 물질에서 일어난다.
⑤ 동물이나 사람을 포함한 모든 물체는 스스로 복사열을 내보낼 수 있다.

6주
27
회

해설편 015쪽

3
어휘
표현

빈칸 ㉮에 들어갈 이어 주는 말로 알맞은 것은 무엇인가요? .... [   ]

① 왜냐하면   ② 그래서   ③ 또는   ④ 그러므로   ⑤ 반면에

4
세부
내용

빈칸 ㉠과 ㉡에 들어갈 알맞은 단어를 본문에서 찾아 쓰세요.

㉠ : ....   ㉡ : ....

🧻 어려운 낱말 풀이

① **가열** 물질에 뜨거운 열을 가함 加더할 가 熱더울 열   ② **분자** 어떤 물질의 화학적 형태와 성질을 띠고 있는 가장 작은 알갱이 分나눌 분 子아들 자   ③ **금속 물질** 열이나 전기를 잘 전도하고, 펴지고 늘어나는 성질이 풍부하며, 특수한 광택을 가진 것 金쇠 금 屬무리 속 物만물 물 質바탕 질   ④ **비금속 물질** 금속의 성질을 가지지 않은 것 非아닐 비 金쇠 금 屬무리 속 物만물 물 質바탕 질   ⑤ **확산** 흩어져 널리 퍼짐 擴넓힐 확 散흩을 산   ⑥ **구성** 여러 필요한 사람이나 몇 가지의 부분 혹은 요소를 모아서 하나로 만드는 일, 또는 그렇게 해서 하나로 만들어진 것 構얽을 구 成이룰 성   ⑦ **순환** 어떤 행동이나 현상이 하나의 과정을 지나 다시 처음 자리로 돌아오는 것을 되풀이함 循좇을 순 環고리 환   ⑧ **매개체** 둘 사이에서 양쪽의 관계를 맺어 주는 것 媒중매 매 介끼일 개 體몸 체

5 다음은 비커에 물을 끓이고 있는 것을 나타낸 그림입니다. 파란색 화살표는 차가운 물 분자의 움직임, 빨간색 화살표는 뜨거운 물 분자의 움직임이라고 할 때, 대류의 과정을 표현한 것으로 알맞은 것을 골라 보세요. ──────────── [   ]

내용
적용

①

③

④

⑤

6 이 글을 읽고 내용을 바르게 이해한 친구를 골라 보세요. ──────────────── [   ]

내용
적용

① 영지: 전도는 물체가 서로 직접 닿지 않아도 열이 전달되는 방법이야.
② 은호: 전도는 물질의 종류와 상관없이 항상 똑같은 정도로 일어나는구나.
③ 다빈: 액체와 기체는 분자 구성이 고체보다 자유롭기 때문에 대류가 일어나.
④ 신우: 복사는 열을 전달할 때 반드시 매개체가 있어야만 열이 전달될 수 있어.
⑤ 민아: 복사열을 이용한 적외선 카메라로 사람과 동물의 온도는 측정할 수 없어.

7 [보기]에서 열의 이동 방법이 같은 것끼리 묶어 보세요.

추론

[보 기]

㉠ 적외선 카메라로 체온을 확인할 수 있다.
㉡ 불에 달군 프라이팬으로 음식을 굽는다.
㉢ 천장의 에어컨을 켜 두면 방 안 전체가 시원해진다.
㉣ 점심시간에 운동장 한가운데에 서 있으면 더위를 느낀다.
㉤ 숟가락을 뜨거운 국에 넣어 두면 숟가락의 손잡이까지 뜨거워진다.
㉥ 냄비에 물을 넣고 가스레인지로 끓이면 물 전체가 뜨거워진다.

[1] 전도 : _____

[2] 대류 : _____

[3] 복사 : _____

[**1단계**] 아래의 낱말에 알맞은 뜻을 선으로 이어 보세요.

[1] 구성 •

• ㉠ 어떤 행동이나 현상이 하나의 과정을 지나 다시 처음 자리로 돌아오는 것을 되풀이함

[2] 확산 •

• ㉡ 흩어져 널리 퍼짐

[3] 순환 •

• ㉢ 여러 필요한 사람이나 몇 가지의 부분 혹은 요소를 모아서 하나로 만드는 일, 또는 그렇게 해서 하나로 만들어진 것

[**2단계**] 아래 문장의 빈칸에 알맞은 낱말을 [보기]에서 찾아서 써넣으세요.

> [보 기]   구성   확산   순환

[1] 손발이 찬 것은 혈액의 ☐☐ 이 안 되기 때문이다.

[2] 겨울이 다가오자 감기가 빠르게 ☐☐ 되고 있다.

[3] 밴드부는 악기를 다룰 수 있는 아이들로 ☐☐ 되었다.

[**3단계**] [보기]를 읽고, 밑줄 친 낱말이 문장에서 쓰인 뜻을 찾아 번호를 쓰세요.

> [보 기]   **채우다**   ① 일정한 공간에 사람, 사물, 냄새 따위를 가득하게 하다.
> ② 정한 수량, 나이, 기간 따위가 다 되게 하다.
> ③ 만족하게 하다.

[1] 자신의 욕심을 **채우기** 위해 이기적인 행동을 해서는 안 된다. ----------------- [   ]

[2] 학생들은 한 칸씩 앞으로 이동하여 빈자리를 **채웠다**. ----------------- [   ]

[3] 최소 인원을 **채우지** 못한 수업은 정상적으로 진행될 수 없다. ----------------- [   ]

시간 **끝난 시간** ☐시 ☐분
1회분 푸는 데 걸린 시간 ☐분

채점 **독해** 7문제 중 ☐개
어법·어휘 9문제 중 ☐개

◀ 스스로 붙임딱지
문제를 다 풀고
맨 뒷장에 있는
붙임딱지를
붙여보세요.

나의 소원

김구

"네 소원이 무엇이냐?"하고 하느님이 물으시면 나는 **서슴지 않고**[①] "내 소원은 대한 독립이오."하고 대답할 것이다. "그다음 소원은 무엇이냐?"하면 나는 또 "우리나라의 독립이오."할 것이요, 또 "그다음 소원이 무엇이냐?"하는 세 번째 물음에도 나는 더욱 소리를 높여서 "나의 소원은 우리나라 대한의 완전한 **자주독립**[②]이오."하고 대답할 것이다.

동포[③] 여러분!

나 김구의 소원은 ㉠이것 하나밖에는 없다. ㉡내 과거의 70 평생을 이 소원을 위해 살아왔고, 현재에도 이 소원 때문에 살고 있고, 미래에도 나는 이 소원을 이루려고 살 것이다. 나는 일찍이 우리 독립 정부의 문지기가 되기를 원하였거니와, 그것은 우리나라가 독립국만 되면 나는 그 나라의 가장 **미천한**[④] 자가 되어도 좋다는 뜻이다. 왜 그런가 하면 독립한 제 나라의 **빈천**[⑤]이 남의 밑에 사는 부귀보다 기쁘고 영광스럽고 희망이 많기 때문이다.

옛날, 일본에 갔던 ㉢박제상이 "내 차라리 **계림**[⑥]의 개, 돼지가 될지언정 **왜왕**[⑦]의 신하로 부귀를 누리지 않겠다."라고 한 것이 그의 진정이었던 것을 나는 안다. 제상은 왜왕이 높은 벼슬과 많은 재물을 준다는 것을 물리치고 달게 죽음을 받았으니, 그것은 '차라리 내 나라의 귀신이 되리라'함에서였다.

근래[⑧] 우리 동포 중에는 우리나라를 어느 큰 이웃 나라에 편입하기를 소원하는 자가 있다 하니, 나는 그 말을 차마 믿으려 아니 하거니와 만일 진실로 그러한 자가 있다 하면, 그는 제정신을 잃은 미친놈이라고밖에 볼 길이 없다.

현실의 진리는 민족마다 최선의 국가를 이루어 최선의 문화를 낳아 길러서 다른 민족과 서로 바꾸고 서로 돕는 일이다. 이것이 내가 믿고 있는 민주주의요, 이것이 인류의 현 단계에서는 가장 확실한 진리이다. 그러므로 우리 민족으로서 하여야 할 최고의 임무는, 첫째로 남의 절제도 아니 받고 남에게 **의뢰**[⑨]도 아니 하는, 완전한

↑ 남북대표회의에 참석한 김구 선생이 평양에서 연설하는 장면
(출처 : 연합뉴스)

해설편 015쪽

자주독립의 나라를 세우는 일이다. 이것이 없이는 우리 민족의 생활을 보장할 수 없을뿐더러, 우리 민족의 정신력을 자유로 발휘하여 빛나는 문화를 세울 수가 없기 때문이다.

인류가 현재에 불행한 근본 이유는 **인의**⑩가 부족하고 **자비**⑪가 부족하고 사랑이 부족하기 때문이다. 인류의 이 정신을 **배양**⑫하는 것은 오직 문화이다. 나는 우리나라가 남의 것을 모방하는 나라가 되지 말고, 이러한 높고 새로운 문화의 근원이 되고 목표가 되고 모범이 되기를 원한다. 그래서 진정한 세계의 평화가 우리나라에서, 우리나라로 **말미암아**⑬ 세계에 실현되기를 원한다.

동포 여러분! 이러한 나라가 된다면 얼마나 좋겠는가. 나는 우리의 힘으로, 특히 교육의 힘으로 반드시 이 일이 이루어질 것을 믿는다. 우리나라의 젊은 남녀가 다 이 마음을 가진다면 꼭 이루어질 것이다. 나는 천하의 교육자와 남녀 학생들이 한번 크게 마음을 고쳐먹기를 빌지 않을 수 없다.

1947년 **샛문**⑭ 밖에서

1
세부
내용

이 글을 듣는 대상은 누구인지 쓰세요.

....

2
세부
내용

김구 선생은 인류가 현재 불행한 이유로 무엇이 부족하기 때문이라고 했는지 세 가지를 찾아 쓰세요.

.... , ... , ...

3
세부
내용

김구 선생은 우리나라의 자주독립은 특히 무엇의 힘으로 이루어질 것이라고 했나요? … [   ]

① 믿음   ② 교육   ③ 연방   ④ 편입   ⑤ 진실

어려운 낱말 풀이

① **서슴지 않고** 어떤 행동을 선뜻 결정하지 못해 망설이지 않고   ② **자주** 남의 보호나 간섭을 받지 아니하고 자기 일을 스스로 처리함 自스스로 자 主임금 주   ③ **동포** 같은 나라 또는 같은 민족의 사람을 다정하게 이르는 말 同한가지 동 胞세포 포   ④ **미천한** 신분이나 지위 따위가 하찮고 천한 微작을 미 賤천할 천-   ⑤ **빈천** 가난하고 천함 貧가난할 빈 賤천할 천   ⑥ **계림** '신라'의 다른 이름 鷄닭 계 林수풀 림   ⑦ **왜왕** 예전에, 일본의 왕을 낮잡는 뜻으로 이르던 말 倭왜나라 왜 王임금 왕   ⑧ **근래** 가까운 요즈음 近가까울 근 來올 래   ⑨ **의뢰** 남에게 부탁함 依의지할 의 賴의뢰할 뢰   ⑩ **인의** 어짊과 의로움 仁어질 인 義옳을 의   ⑪ **자비** 남을 깊이 사랑하고 가엾게 여김 慈사랑 자 悲슬플 비   ⑫ **배양** 인격, 역량, 사상 따위가 발전하도록 가르치고 키움 培북을 돋울 배 養기를 양   ⑬ **말미암아** 어떤 현상이나 사물 따위가 원인이나 이유가 되어   ⑭ **샛문** 정문 외에 따로 드나들도록 만든 작은 문 -門문 문

4

세부 내용

㉠'이것'은 무엇인가요? ―――――――――――――――――――――――――――――― [   ]

① 우리나라의 자주독립
② 우리나라와 일본의 전쟁
③ 우리나라의 독립을 위한 투쟁
④ 우리나라 사람들이 교육을 받는 것
⑤ 우리나라가 부강한 나라가 되는 것

5

어휘 표현

김구 선생이 듣는 이의 이해를 돕고, 하고자 하는 말을 강조하기 위해 ㉡에서 사용한 방법을 <u>두 가지</u> 고르세요. ―――――――――――――――――――――――――― [,   ]

① 같은 단어를 반복하여 사용하였다.
② 질문의 방식을 사용하였다.
③ 주장에 대한 근거를 들었다.
④ 다른 사람의 말을 인용하였다.
⑤ 과거, 현재, 미래를 연결하여 소원을 말하였다.

6

내용 적용

서술형

㉢과 같이 박제상의 이야기를 예로 들며 말하고자 하는 것은 무엇인지 쓰세요.

....

....

....

7

추론

이 글과 [보기]의 공통점이 <u>아닌</u> 것은 무엇인가요? ――――――――――――――――― [   ]

[보 기]

이 자리에서 우리가 한 말을 세계가 주목하거나 오래 기억하지는 않을 것입니다. 하지만 이곳에서 용사들이 한 일은 결코 잊히지 않을 것입니다. 이곳에서 싸운 이들이 숭고하게 앞장서 이끌었지만 아직 끝내지 못한 과업을 수행하는 데 바쳐져야 할 것은 바로 살아 있는 우리들입니다. 우리 앞에 남아 있는 위대한 일을 위해 우리 자신을 바쳐야 합니다. 명예롭게 죽은 이들의 뜻을 받들어 그분들이 목숨까지 바쳐 가며 이루고자 했던 그 큰 뜻에 더욱 헌신해야 합니다. 그분들의 죽음이 헛되지 않도록 굳게 다짐합시다. 신의 은총 아래 이 나라는 새로운 자유를 낳을 것입니다. 국민의, 국민에 의한, 국민을 위한 정부는 지상에서 멸망하지 않을 것입니다.

게티즈버그에서 에이브러햄 링컨

① 연설하기 위해 쓴 글이다.
② 듣는 이에게 감동을 준다.
③ 듣는 이를 설득하기 위한 글이다.
④ 두 글 모두 나라가 위태로울 때 쓰였다.
⑤ 대상에 대하여 자세히 알려 주기 위한 글이다.

28회 어법·어휘편 <small>본문에 나온 어휘들만 따로 모아 복습하는 순서입니다.</small>

[**1단계**] 아래의 낱말에 알맞은 뜻을 선으로 이어 보세요.

[1] 자주 •   • ㉠ 남의 보호나 간섭을 받지 아니하고 자기 일을
                                      스스로 처리함

[2] 근래 •   • ㉡ 가까운 요즈음

[3] 의뢰 •   • ㉢ 남에게 부탁함

[**2단계**] 아래 문장의 빈칸에 알맞은 낱말을 [보기]에서 찾아서 써넣으세요.

> [보 기]   자주   근래   의뢰

[1] 그 영화는 작품성이 매우 뛰어난, ☐☐ 보기 드문 대작이다.

[2] 조국의 ☐☐ 독립을 위해 피를 흘린 애국지사들을 잊지 말자.

[3] 그는 이번 사건을 탐정에게 ☐☐ 했다.

[**3단계**] 아래 두 문장의 빈칸에 공통으로 들어갈 말을 써서 문장을 완성하세요.

[1] | ㄱ |

전화 끊자마자 ☐ 그리로 갈게.

조금만 더 기다려 보자. 어머니께서 ☐ 오실 거야.

└ 시간적으로 머지않아

[2] | ㄱ | ㅋ |

이번에는 ☐☐ 물러서지 않겠어.

그 애는 약속한 것은 ☐☐ 어기는 일이 없다.

└ 어떤 경우에도 절대로

시간 **끝난 시간** ☐ 시 ☐ 분   채점 **독해** 7문제 중 ☐ 개   ← 스스로 붙임딱지
1회분 푸는 데 걸린 시간 ☐ 분   **어법·어휘** 8문제 중 ☐ 개   문제를 다 풀고
맨 뒷장에 있는
붙임딱지를
붙여보세요.

6주 | 28회 131

6
주
28
회

해설편
015쪽

청포도

이육사

내 고장 칠월은

청포도가 익어 가는 시절.

이 마을 전설이 주저리주저리 열리고

먼 데 하늘이 꿈꾸며 알알이 들어와 박혀,

㉠하늘 밑 푸른 바다가 가슴을 열고

흰 돛 단 배가 곱게 밀려서 오면,

내가 바라는 손님은 고달픈 몸으로

①청포를 입고 찾아온다고 했으니,

내 그를 맞아 이 포도를 따 먹으면

두 손은 함뿍 적셔도 좋으련,

아이야, 우리 식탁엔 은쟁반에

하이얀 모시 수건을 마련해 두렴.

1

중심
생각

이 시의 중심 글감을 쓰세요.

....

어려운 낱말 풀이 ① **청포** 푸른 빛깔의 옷 靑푸를 청 袍핫옷 포

2
요소

밑줄 친 ⊙에서 서로 대비되는 두 가지 색을 찾아 쓰세요.

.... 색, ... 색

3
작품
이해

말하는 이가 '손님'을 대하는 태도로 적절하지 <u>않은</u> 것을 고르세요. ----------------------------- [   ]

① 손님을 맞이하는 기쁨을 표현하고 있다.

② 손님이 나타나기를 애타게 기다리고 있다.

③ 손님을 맞이하는 간절한 마음을 드러내고 있다.

④ 정성스런 소재를 통해 손님에 대한 기다림을 표현하고 있다.

⑤ 걱정스런 말투를 통해 손님이 오지 않을까봐 슬퍼하는 마음을 드러내고 있다.

4
추론
적용

이 작품이 교과서에 실린다면, 어떤 소제목이 어울릴까요? ----------------------------- [   ]

① 사람을 설득하기 위한 글을 읽어봅시다.

② 인생에서 얻은 깨달음을 알리는 글을 읽어봅시다.

③ 자신의 주장을 강하게 전달하는 글을 읽어봅시다.

④ 영화나 드라마를 감상하고 생각을 정리한 글을 읽어봅시다.

⑤ 자신의 소망이나 느낌을 운율이 느껴지는 말로 표현한 글을 읽어봅시다.

5
어휘
표현

아래의 대화는 이 시의 어느 부분에 대한 대화일까요? ----------------------------- [   ]

> 우형 : 오랜 기다림 끝에 손님을 맞이해서 기쁨을 만끽하는 말하는 이의 모습이 상상되었어.
>
> 우석 : 소망하는 대상을 위해 자신을 희생하려는 말하는 이의 의지가 드러난다고 생각했어.

① 2연   ② 3연   ③ 4연   ④ 5연   ⑤ 6연

[6~7] 아래 [보기]를 읽고 물음에 답하세요.

[보 기]

　　이육사의 〈청포도〉는 일제 강점기에 발표된 시로써 **광복**^①에 대한 기다림을 주제로 하고 있다. 결국 이 시에서 '손님'은 해방되어 누리게 될 평화로운 나날인 광복을 의미한다.
　　아래 주어진 시 〈광야〉 역시 〈청포도〉처럼 일제 강점기에 발표된 시이다. 따라서 〈청포도〉와 비슷한 **맥락**^②으로 감상할 수 있다.

광야

이육사

까마득한 날에

하늘이 처음 열리고

어디 [닭] 우는 소리 들렸으랴.

모든 [산맥]들이

바다를 **연모**^③해 휘달릴 때도

차마 이 곳을 범하던 못하였으리라.

끊임없는 **광음**^④을

부지런한 [계절]이 피어선 지고

큰 강물이 비로소 길을 열었다.

지금 [눈] 내리고

매화 향기 홀로 아득하니

내 여기 가난한 노래의 씨를 뿌려라.

다시 **천고**^⑤의 뒤에

백마 타고 오는 [초인]^⑥이 있어

이 광야에서 목 놓아 부르게 하리라

6

세부
내용

[보기]에 따르면 〈청포도〉에서 '손님'은 무엇을 의미하는지 두 글자로 쓰세요.

．．

7

추론
적용

〈광야〉에서 '이것'은 〈청포도〉의 '손님'과 같은 의미로서 말하는 이가 애타게 기다리고 있는 대상입니다. '이것'은 무엇인지 고르세요. ───────────────────── [　　　　]

① 닭　　　　　② 산맥　　　　　③ 계절　　　　　④ 눈　　　　　⑤ 초인

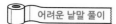 ① **광복** 일본으로부터 빼앗긴 나라를 되찾는 일 **光**빛 광 **復**돌아올 복　② **맥락** 서로 이어져 있는 관계나 연관 **脈**줄기 맥 **絡**이을 락　③ **연모** 사랑 **戀**그리워할 연 **慕**그리워할 모　④ **광음** 세월 **光**빛 광 **陰**그늘 음　⑤ **천고** 아주 긴 세월 **千**일천 천 **古**옛 고　⑥ **초인** 보통 사람보다 훨씬 뛰어난 능력을 가진 사람 **超**뛰어넘을 초 **人**사람 인

[1단계]　아래의 낱말에 알맞은 뜻을 선으로 이어 보세요.

[1] 맥락 •

[2] 청포 •

[3] 광복 •

• ㉠ 일본으로부터 빼앗긴 나라를 되찾음

• ㉡ 서로 이어져있는 관계나 연관

• ㉢ 푸른 빛깔의 옷

[2단계]　빈칸에 알맞은 낱말을 [보기]에서 골라 쓰세요.

> [보 기]　　　맥락　　　청포　　　광복

[1] 책을 읽을 때는 내용간의 ☐☐ 도 잘 따져 봐야 해.

[2] 일제 강점기 우리 조상들은 오로지 ☐☐ 만이 꿈이셨어.

[3] 옷감에 푸른색 물을 들여서 ☐☐ 을(를) 만들었어.

[3단계]　아래의 글을 읽어가며 옳은 표현을 골라 ○표 하세요.

> '함뿍'은 '분량이 차고도 남도록 넉넉하게'라는 뜻을 지닌 '함빡'이라는 단어의
> 북한 (사투리 / 비속어) 입니다. '하이얀'은 '하얀'을 문법적으로 (옳게 / 틀리게)
> 쓴 것입니다. 이와 같이 문학에서 표준어가 아닌 방언을 사용하거나 문법적으로
> 틀린 표현을 사용하는 것을 '시적 자유' 또는 '시적 허용'이라고 합니다.

시간　끝난 시간 ☐시 ☐분　　채점　독해 7문제 중 ☐개

1회분 푸는 데 걸린 시간 ☐분　　　어법·어휘 8문제 중 ☐개

← 스스로 붙임딱지
문제를 다 풀고
맨 뒷장에 있는
붙임딱지를
붙여보세요.

(오른쪽 여백: 6주 29회 · 해설편 016쪽)

ⓐ어사또 **걸인**① 차림으로 변장을 하고 남원 **관아**②에 들어가 단정히 앉아 좌우를 살펴보니 마루 위의 모든 수령이 다과상을 앞에 놓고 느린 **가락**③을 즐기는데, 어사또 상을 보니 어찌 아니 통분하랴. 귀퉁이가 떨어진 낡은 쟁반에 나무젓가락, 콩나물에 깍두기, 막걸리 한 사발이 놓였구나. 상을 발로 탁 차 던지며 운봉 ⓑ수령의 갈비를 슬쩍 집어 들고,

"갈비 한 대 먹읍시다."

"다리도 잡수시오."

하고 운봉 수령이 하는 말이,

"이런 잔치에 **풍류**④로만 놀아서는 맛이 적으니 시 한 수씩 지어 보면 어떻겠소?"

"그 말이 옳다."

다들 찬성을 했다. 운봉 수령이 먼저 운을 낼 때 '높을 고(高)'자, '기름 고(膏)'자 두 자를 내놓고 차례로 운을 달아 시를 지었다. 앞사람이 끝나면 뒷사람이 받아 시를 지을 때 어사또 끼어들어 하는 말이,

"이 ⓒ걸인도 어려서 글을 좀 읽었는데, 좋은 잔치를 맞아 술과 안주를 포식하고 그냥 가기가 염치가 아니니 한 수 하겠소이다."

운봉 수령이 반갑게 듣고 벼루를 내주니, 어사또는 백성들의 사정과 변 사또의 악행을 생각하여 시 한 편을 써 내려갔다.

금준미주는 천인혈이요
옥반가효는 만성고라
촉루낙시에 민루락이요
가성고처에 원성고라

이 글의 뜻은,

금 술잔의 좋은 술은 수많은 사람의 피요 ⌐
옥쟁반의 좋은 안주는 만백성의 기름이라 │
촛농이 떨어질 때 백성들 눈물도 떨어지고 │ ㉠
노랫소리 높은 곳에 원망의 소리도 높구나 ⌐

이렇게 시를 지어 보이니 술에 취한 변 사또는 무슨 뜻인지도 모르지만, 글을 받아 본 운봉 수령은 속으로,

'아뿔싸! 일 났다.'

가슴이 철렁 내려앉았다. 그때 술이 **거나하게**⑤ 취한 변 사또가 술주정을 하느라고 느닷없이 명을 내렸다.

"춘향이 빨리 불러올려라."

이때 어사또가 **역졸**⑥들에게 눈길을 주어 신호를 하니, 역졸들이 달 같은 **마패**⑦를 햇빛같이 번쩍 들고 우렁차게 소리를 질렀다.

"ⓓ<u>암행어사 출두야!</u>"

역졸들이 일시에 외치는 소리에 강산이 무너지고 천지가 뒤집히는 듯하니 그 누가 아니 떨겠는가.

어사또가 남원 관아를 한차례 정리하고 하는 말,

"변 사또를 사또 자리에서 박탈하라. 그리고 옥에 갇힌 죄인들을 다 올리라."

명하니 죄인을 올리거늘 다 각각 죄를 물은 후에 죄 없는 자들을 풀어 줄 때, 춘향이는 아직도 어사또를 알아보지 못한다. 어사또 춘향이에게 분부하되,

"얼굴을 들어 나를 보아라."

하시기에 춘향이 천천히 고개를 들어 대 위를 살펴보니, 거지로 왔던 ⓔ<u>**낭군**⑧</u>이 어사또로 뚜렷이 앉아 있었다. 순간, 춘향은 깜짝 놀라 눈을 질끈 감았다가 떴다. 몸이 풀린 춘향은 웃음 반 울음 반으로,

"얼씨구나 좋을씨고, 어사 낭군 좋을씨고, 남원읍에 가을 들어 낙엽처럼 질 줄 알았더니, 봄이 들어 봄바람에 핀 오얏꽃이 날 살리네. 꿈이냐 생시냐? 꿈이 깰까 염려로다."

－조현설 각색, 「춘향전」 中

해설편 016쪽

1 이 이야기가 이루어지는 장소를 쓰세요.
요소
.... 관아

2 밑줄 친 ⓐ~ⓔ 중에서 가리키는 대상이 <u>다른</u> 것을 고르세요. ─────────── [   ]
요소
① ⓐ   ② ⓑ   ③ ⓒ   ④ ⓓ   ⑤ ⓔ

3 글을 통해 알 수 있는 변 사또의 성격으로 옳은 것을 고르세요. ─────────── [   ]
요소
① 착하다.   ② 정직하다.   ③ 어리석다.   ④ 용기가 많다.   ⑤ 변덕이 심하다.

🧻 어려운 낱말 풀이 | ① **걸인** 거지 乞빌 걸 人사람 인   ② **관아** 예전에, 벼슬아치들이 모여 나랏일을 처리하던 곳 官벼슬 관 衙마을 아   ③ **가락** 소리의 높낮이가 길이나 리듬과 어울려 나타나는 음의 흐름   ④ **풍류** 멋스럽고 풍치가 있는 일. 또는 그렇게 노는 일 風바람 풍 流흐를 류   ⑤ **거나하게** 술 따위에 잔뜩 취하게   ⑥ **역졸** 하인 驛역참 역 卒군사 졸   ⑦ **마패** 벼슬아치의 신분을 증명하는 물건 馬말 마 牌패 패   ⑧ **낭군** 예전에, 젊은 여자가 자기 남편이나 연인을 부르던 말 郎사나이 낭 君임금 군

4

세부
내용

이 이야기의 내용으로 옳은 것을 고르세요. ────────────── [   ]

① 어사또는 자신의 상차림에 만족했다.

② 춘향은 처음에 어사또를 알아보지 못했다.

③ 운봉 수령은 어사또의 시를 이해하지 못했다.

④ 변 사또는 어사또의 시를 듣자마자 이해하고 도망갔다.

⑤ 변 사또는 어사또를 사또 자리에서 박탈하라고 명했다.

5

작품
이해

이 이야기에 대한 설명으로 옳지 <u>않은</u> 것을 고르세요. ────────── [   ]

① 인물의 속마음을 알 수 있는 부분이 있다.

② 인물의 대사는 옛날에 쓰던 말투로 표현했다.

③ 중간중간에 비유가 쓰인 부분이 나타나 있다.

④ 이야기는 시간의 흐름에 따라서 진행되고 있다.

⑤ 서로 갈등하던 인물들이 화해하는 과정을 보여 주며 교훈을 준다.

6

작품
이해

이야기에서 ㉠이 하는 기능 중 옳지 <u>않은</u> 것을 고르세요. ────────── [   ]

① 춘향이에게 희망을 준다.

② 변 사또의 악행을 강조한다.

③ 운봉 수령을 긴장하도록 만들어 준다.

④ 변 사또의 모습과 백성들의 모습을 함께 보여 준다.

⑤ 비유를 통해 고통받는 백성들의 모습을 강조한다.

7

추론
적용

㉠과 [보기]를 비교한 내용 중 옳은 것을 고르세요. ────────── [   ]

[보 기]

　　변 사또의 죄는 다음과 같다. 첫째, 수많은 백성들을 괴롭히고 못살게 굴어 놓고 너는 매일같이 술을 마시며 놀기만 하였다. 둘째, 백성들은 힘들게 살고 있는데 돌보지 않고, 자신만 좋은 안주를 배불리 먹었다. 변 사또는 백성들은 울고 있는데 관심은 없고, 원망의 소리는 듣지도 않고 혼자서 잔치를 하며 노래만 불렀다.

① ㉠과 달리 [보기]가 더 노래 가락과 비슷한 형식을 갖고 있다.

② [보기]와 달리 ㉠에서 변 사또의 악행을 직접적으로 말해 주고 있다.

③ ㉠과 [보기] 모두 변 사또와 백성의 서로 반대되는 상황을 보여 준다.

④ ㉠과 [보기] 모두 듣는 이를 부드럽게 설득하기 위한 목적의 내용이다.

⑤ [보기]와 달리 ㉠에서 변 사또의 악행을 명확하게 따져서 확인시켜 주고 있다.

30회 어법·어휘편

본문에 나온 어휘들만 따로 모아 복습하는 순서입니다.

[1단계] 아래의 낱말에 알맞은 뜻을 선으로 이어 보세요.

[1] 걸인 •

• ㉠ 소리의 높낮이가 길이나 리듬과 어울려 나타나는 음의 흐름

[2] 풍류 •

• ㉡ 거지

[3] 가락 •

• ㉢ 멋스럽고 풍치가 있는 일. 또는 그렇게 노는 일

해설편 016쪽

[2단계] 빈칸에 알맞은 낱말을 [보기]에서 골라 쓰세요.

[보기]	걸인	풍류	가락

[1] 주어진 ☐☐ 에 맞춰서 간단하게 작곡을 해 볼까요?

[2] 흥선 대원군은 한때 누추한 차림으로 ☐☐ 행세를 하고 다녔다.

[3] 저 작품을 이해하다니, 당신은 ☐☐ 을(를) 아는 사람이군요.

[3단계] 아래에서 밑줄 친 부분과 바꿔 쓸 수 없는 것을 고르세요. ┈┈┈┈┈┈┈ [   ]

이런 잔치에 풍류로만 놀아서는 <u>맛</u>이 적으니 시 한 수씩 지어 보면 어떻겠소?

① 흥미   ② 재미   ③ 취미   ④ 만족

시간 **끝난 시간** ☐ 시 ☐ 분
1회분 푸는 데 걸린 시간 ☐ 분

채점 **독해** 7문제 중 ☐ 개
어법·어휘 7문제 중 ☐ 개

← 스스로 붙임딱지
문제를 다 풀고 맨 뒷장에 있는 붙임딱지를 붙여보세요.

뜻	음
얼굴	면

7급 面(얼굴 면)은 얼굴, 또는 겉모습·방향을 뜻하는 한자입니다.
글자에 붙어서 "얼굴을 ~함" 또는 "~한 모습·방향"이란 뜻으로 쓰입니다.

가면(假面) : 얼굴을 감추기 위해 얼굴에 쓰는 **(가짜) + 얼굴**
└ 거짓 가

면접(面接) : **얼굴을 + 서로 마주하고** 평가하는 시험
└ 닿을 접

정면(正面) : **똑바로** 마주 보이는 + **면 또는 방향**
└ 똑바를 정

쓰는 순서 一 ｢ ｢ 丆 丙 而 而 面 面

한자를 칸에 맞춰 써 보세요.

面	面	面	面				

뜻	음
성품	성

준 5급 性(성품 성)은 성품(바탕) 또는 성별을 뜻하는 한자입니다.
다른 글자에 붙어서 "~하는 성질" 또는 "여성, 남성"란 뜻으로 쓰입니다.

본성(本性) : **본래의 + 성품**
└ 근본 본

성선설(性善說) : **사람**은 본래 **착하게** 태어났다는 **학설**
↓ └ 말씀 설
착할 선

성별(性別) : **남녀의 + 구별**
└ 나눌 별

쓰는 순서 ｜ ￪ ｜ 忄 忄 忄 忄 性 性

한자를 칸에 맞춰 써 보세요.

性	性	性	性				

7주차

회차	영역	학습내용	학습계획일	맞은 문제수
31회	독서 사회	**흑인의 인권** 흑인들의 인권에 관한 설명문입니다. 한때 흑인들이 어떠한 차별을 받았고, 그 차별을 위해 어떠한 노력을 했는지 독해하는 회차입니다.	월 일	독해 7문제 중 □개 어법·어휘 7문제 중 □개
32회	독서 사회	**동물 복지** 동물 복지에 대해 설명하는 글입니다. 공장식 축산의 문제점을 이해한 후 그에 대한 대안으로 동물 복지를 주장하는 글입니다.	월 일	독해 7문제 중 □개 어법·어휘 10문제 중 □개
33회	독서 고전	**독립신문 창간사** 순한글로 발간된 독립신문의 창간사입니다. 왜 독립신문이 순한글로 발간되었는지 조목조목 논증하고 있습니다. 한글을 써야 하는 까닭을 생각해 보고 고전을 읽는 경험을 해 보는 회차입니다.	월 일	독해 7문제 중 □개 어법·어휘 8문제 중 □개
34회	문학 동화	**두 형제①** 그림 형제의 동화입니다. 이 이야기에는 많은 인물이 등장합니다. 벌어지는 사건도 많고, 현실 세계에서는 볼 수 없는 환상적인 일들도 벌어집니다. 이 회차에서는 이러한 내용들을 정확히 독해하여 그 내용을 확인하는 독해 문제를 풀어 보는 연습을 합니다.	월 일	독해 7문제 중 □개 어법·어휘 8문제 중 □개
35회	문학 동화	**두 형제②** 34회에서 이어지는 이야기입니다. 앞의 이야기에서 벌어졌던 일들이 새롭게 전개됩니다. 이야기가 어떻게 전개되는지, 인물의 행동은 어떤 이유에서 나타나게 되었는지를 독해하는 회차입니다.	월 일	독해 7문제 중 □개 어법·어휘 7문제 중 □개

　미국의 독립 선언문에는 "모든 사람은 평등하게 태어났고, 생명과 자유와 행복의 추구가 있다."는 말이 등장합니다. 하지만 미국에서는 다양한 인종이 모여 살면서 백인 외의 다른 인종을 억압하는 모습을 심심치 않게 볼 수 있었습니다. 1950년대 미국에서는 흑인들은 태어날 때부터 백인들과 다른 **분만**실에서 태어났습니다. 산모의 피부색에 따라 분만실이 정해졌기 때문입니다. 또 백인들과는 다른 학교를 다녀야 했고, 공공장소에서는 백인들과 따로 서 있어야 했습니다. 같은 식당이나 호텔, 극장을 이용할 수도 없었습니다. 심지어 화장실도 백인과 흑인은 따로 사용해야 했습니다.

⬆ 로자 파크스

　1955년 12월, 백화점에서 **재봉**사로 일했던 로자 파크스는 일을 마치고 집으로 돌아가기 위해 버스를 탔습니다. 당시 로자가 살던 몽고메리에서는 오랫동안 버스 좌석이 흑인과 백인 자리로 나뉘어 있었습니다. 게다가 버스의 백인 자리가 다 차서 백인들이 앉지 못하면, 흑인 승객들이 자리에서 일어나 백인들을 앉게 해줘야 했습니다. 백인 승객이 자리가 없어서 서 있게 되자 버스 운전기사는 흑인 전용 자리에 앉아 있던 로자에게 일어나라고 요구했지만 그녀는 일어나지 않았습니다. 운전기사는 경찰에 신고를 했고, 로자는 법을 어겼다는 이유로 체포되어 벌금형에 처해졌습니다.

　이 일을 계기로 많은 흑인들이 정당한 대접을 받고, 차별을 없애기 위해 스스로 나서기 시작했습니다. 젊은 목사 마틴 루터 킹은 '㉠버스 안 타기 운동'을 1년 가까이 계속했습니다. 몽고메리에서 하루 동안 버스를 이용하는 흑인이 4만 명, 백인은 1만 명 정도였습니다. 이렇게 많은 흑인들이 버스를 타지 않으면서 버스 회사는 사정이 어려워졌고, 시내 상점도 손님이 줄어 손해가 심각했습니다. 그러는 동안 흑인들은 흑인끼리 차를 태워 주고, ┃　　　㉡　　　┃ 짝을 지어 걸어 다녔습니다. 또 성금을 모아 작은 버스를 사서 운행하기도 했습니다. 마틴 루터 킹 목사는 백인들에게 협박 전화와 편지를 받기도 했고, 심지어 연설을 하는 동안 킹 목사의 집이 폭탄을 맞아 폭파되기도 했습니다. 그리고 많은 흑인들이 괴롭힘을 당하기도 했고 회사에서 해고되기도 했습니다.

1956년 11월, 드디어 미국 법원은 버스에서의 인종 차별이 불법이라고 선고했습니다. 몽고메리 흑인들의 승리는 인종 차별의 벽을 무너뜨리는 계기가 되었습니다. 이후 인종 차별을 금지한 법이 제정③되면서 극장, 호텔, 학교 등에서 인종 차별이 금지되었습니다. 마틴 루터 킹 목사는 이후에도 흑인 인권을 개선하기 위해 발 벗고 나섰고, 이러한 업적을 인정받아 노벨 평화상을 수상하기도 했습니다.

↑ 링컨 기념관 앞에서 연설을 하고 있는 마틴 루터 킹의 모습

1
중심
생각

이 글의 제목을 지어 보세요.

.... 운동

2
구조
알기

글의 내용이 잘 드러나도록 빈칸에 알맞은 말을 채워 쓰세요.

예전에는 [   ]이 다르다는 까닭으로 [   ]을 당하는 일이 많았습니다. 흑인이었던 로자 파크스는 버스에서 백인에게 자리를 비켜 주지 않아서 체포되기도 했습니다. 이 일을 계기로 흑인들은 '[   ]'을 벌였고, 마틴 루터 킹 목사는 대규모 인권운동을 통해 흑인의 [   ]을 주장했습니다. 이러한 노력의 결과로 마침내 1956년, 미국 법원은 드디어 인종 차별이 [   ]이라고 선고했습니다. 이후 인종 차별을 금지한 법이 제정되었습니다.

3
세부
내용

이 글을 읽고 알 수 있는 사실을 고르세요. ----------------------------------- [   ]

① 마틴 루터 킹의 운동은 어려움 없이 순조롭게 진행되었다.

② 인종에 관계없이 모든 시민들이 '버스 안 타기 운동'에 참여했다.

③ 마틴 루터 킹 목사는 1956년 이후에도 인권 운동을 계속해 나갔다.

④ 많은 노력에도 불구하고 인종 차별에 관한 법의 조항은 생기지 못하였다.

⑤ 미국은 독립 선언문에 나온 내용대로 모두가 평등한 대접을 받으며 살아왔다.

어려운 낱말 풀이 | ① **분만** 아이를 낳음 分나눌 분 娩낳을 만 ② **재봉** 옷감 따위를 바느질하는 일 裁마를 재 縫꿰맬 봉 ③ **제정** 제도나 법률 따위를 만들어서 정함 制지을 제 定정할 정

4 [보기]를 참고해서 [ⓛ] 에 들어갈 알맞은 표현을 고르세요. ----------- [   ]

어휘
표현

> [보 기]
>
> 서너 사람 또는 대여섯 사람이 떼를 지어 다니거나 무슨 일을 함. 또는 그런 모양.

① 오합지졸   ② 조삼모사   ③ 삼삼오오   ④ 삼고초려   ⑤ 유유상종

5 이 글의 특징을 설명한 것 중 옳은 것을 고르세요. -------------------- [   ]

중심
생각

① 백인들이 다른 인종보다 우월한 까닭에 대해 설명하고 있다.
② 다양한 인종이 모여 사는 만큼 다양한 문화를 인정해야 한다고 주장하고 있다.
③ 생활 속에서 실천할 수 있는 인종 차별의 구체적인 해결 방법에 대해 설명하고 있다.
④ 마틴 루터 킹의 일생에 대해 요약하고 그를 통해 배워야 할 점을 확실하게 제시하고 있다.
⑤ 인종 차별의 다양한 사례를 말한 후, 인종 차별을 없애기 위해 노력했던 사건들을 설명하고 있다.

6 [보기]는 마틴 루터 킹 목사의 연설 중 일부입니다. 본문과 [보기]를 읽고 나눈 대화로 옳지 않은 말을 한 친구를 고르세요. ----------- [   ]

내용
적용

> [보 기]
>
> 저에게는 꿈이 있습니다. 모든 인간은 평등하게 태어났다는 진리를 우리 모두가 자명한 진실로 받아들이는 날이 오리라는 꿈입니다. 저에게는 꿈이 있습니다. 과거에 노예로 살았던 부모의 후손과 그 노예의 주인이 낳은 후손이 식탁에 함께 둘러앉아 형제애를 나누는 날이 언젠가 오리라는 꿈입니다. 저에게는 꿈이 있습니다. 저의 네 자식들이 피부색이 아니라 인격에 따라 평가받는 나라에서 살게 되는 날이 언젠가 오리라는 꿈입니다.

① 민수 : 피부색이 조금씩 달라도 모든 인간은 평등한 존재야.
② 채영 : 피부색이 아니라 인격에 따른 차별은 괜찮다는 말이야.
③ 진영 : 과거에 흑인들은 백인들의 노예였기 때문에 차별 대우를 받은 거였구나.
④ 준호 : 킹 목사는 꿈을 실현시키기 위해 '버스 안 타기 운동'을 지도하기도 했어.
⑤ 지선 : 이 연설을 할 때만해도 꿈을 꾸고 있을 뿐이었지만 마침내 그 꿈을 이뤄낸 킹 목사가 존경스러워.

7 밑줄 친 ㉠이 성공할 수 있었던 까닭을 본문을 참고하여 쓰세요.

추론

서술형

31회 어법·어휘편

본문에 나온 어휘들만 따로 모아 복습하는 순서입니다.

[1단계] 아래의 낱말에 알맞은 뜻을 선으로 이어 보세요.

[1] 분만 •　　　　　　　　　• ㉠ 옷감 따위를 바느질하는 일

[2] 재봉 •　　　　　　　　　• ㉡ 제도나 법률 따위를 만들어서 정함

[3] 제정 •　　　　　　　　　• ㉢ 아이를 낳음

[2단계] 아래 문장의 빈칸에 알맞은 낱말을 [보기]에서 찾아서 써넣으세요.

> [보 기]　　　　분만　　　재봉　　　제정

[1] 드디어 교육에 관한 새로운 법이 ☐☐ 되었습니다.

[2] 이 ☐☐ 기계 덕분에 작업이 아주 쉬워졌어.

[3] 이제 곧 ☐☐ 이 시작되니까 갓 태어난 동생을 볼 수 있을 거야.

[3단계] 아래를 참고하여, 아래의 예시에 맞지 <u>않는</u> 답을 고르세요. ------------------------ [　　　]

> 본문의 '발 벗고 나서다.'는 정말로 '발을 벗다.'의 뜻이 아닌, '발+벗다'가 합쳐져
> '적극적으로'라는 새로운 뜻을 만들어낸 경우입니다.

① 손이 맵다.　　　　② 손이 크다.　　　　③ 발이 넓다.

④ 얼굴을 익히다.　　　⑤ 얼굴이 두껍다.

7주 31회

해설편 017쪽

　2017년에는 조류 인플루엔자(AI)와 구제역이 최악의 수준으로 발생했습니다. 여기에 살충제 달걀 문제까지 벌어졌습니다. (㉠) 수많은 가축들이 살처분됐고, 우리의 건강한 먹거리가 **위협**①받았습니다. 전문가들은 좁은 공간에서 동물을 대량 사육하는 공장식 축산이 그 원인이라고 **지적**②하면서 '동물 복지' 농장을 그 **대안**③으로 내놓았습니다.

　동물 복지란 동물이 원래 가진 **습성**④대로 살 수 있도록 하는 사육 환경을 갖추는 것을 말합니다. (㉡) 이런 환경에서 자란 동물은 공장식 축산 환경에서 키워진 동물보다 건강합니다. 스트레스가 적고 운동 공간이 갖춰졌기 때문입니다. 그 덕분에 살충제나 항생제를 공장식 축산보다 적게 사용할 수 있게 됩니다.

　동물 복지는 사람과 동물이 같은 **권리**⑤를 누려야 한다는 '동물권'과는 다른 개념입니다. (㉢) 동물 복지는 동물을 경제적으로 이용하는 것을 바탕에 두고 있습니다. 인간의 필요에 따라 동물을 이용하기는 하되 동물이 타고난 습성을 최대한 배려해 주자는 것입니다.

　유럽 국가들은 동물 복지를 중요하게 생각합니다. 동물이 건강해야 그 동물을 먹는 인간도 건강할 수 있다고 생각하기 때문입니다. (㉣) 영국은 1979년에 동물의 다섯 가지 자유를 **지정**⑥했습니다. 갈증에서 벗어날 자유, 불편함을 느끼지 않을 자유, **본능**⑦에 따라 행동할 수 있는 자유, 고통과 질병에서 벗어날 자유, 공포로부터 벗어날

↑ 동물 복지에 맞춰진 쾌적한 환경에서 사육되고 있는 소들

자유를 말합니다. 이 자유는 반려동물뿐만 아니라 농장의 가축에게도 해당합니다. 유럽연합은 이를 바탕으로 동물 사육에 관한 다양한 **규정**⑧을 만들었습니다. 현재 유럽의 농장에서는 공장식 축산뿐만 아니라 **비위생적**⑨인 사육 환경 또한 금지되어 있습니다.

　우리나라에서는 2012년 양계장을 중심으로 동물 복지 농장이 시작됐습니다. 현재에는 닭뿐만 아니라 돼지, 소, 오리까지 그 범위가 확대되었습니다. 하지만 아직도 공장식 축산을 포기하지 못하는 농가가 대부분입니다. 동물 복지를 실천하는 농장은 손에 꼽을 정도로

적습니다. 동물 복지 환경을 만들기 위해서는 새로 시설을 갖춰야 하고 관리도 까다롭기 때문입니다. (ⓤ) 무엇보다 공장식 축산보다 비용은 많이 들지만 생산량은 줄어든다는 점이 동물 복지를 가로막고 있습니다.

1
중심
생각

이 글을 쓴 목적은 무엇일까요? ──────────────────────────────── [　　　]

① 유럽연합의 동물 복지 농장을 묘사하기 위해
② 동물 복지 농장이 생긴 역사를 설명하기 위해
③ 동물 복지 농장을 만드는 방법을 알리기 위해
④ 동물 복지를 주장하는 사람들을 소개하기 위해
⑤ 동물 복지를 공장식 축산의 대안으로 제안하기 위해

2
세부
내용

다음은 이 글에서 설명하는 '동물 복지'가 무엇인지 정리한 문장입니다. 빈칸을 알맞게 채워 보세요.

동물 복지란　　　　　　　　　이(가) 원래 가진　　　　　　　　대로

살 수 있도록 하는 사육　　　　　　　　을(를) 갖춰 줌으로써 동물에게

최대한 고통을 주지 않는 것입니다.

3
세부
내용

영국이 지정한 동물의 5가지 자유를 써 보세요.

[1]

[2]

[3]

[4]

[5]

🧻 **어려운 낱말 풀이**　　① **위협** 힘으로 으르고 협박함 威위엄 위 脅위협할 협　② **지적** 허물 따위를 드러내어 알림 指가리킬 지 摘딸 적　③ **대안** 이미 세운 계획이나 방법을 대신할 만한 계획 代대신 대 案계획 안　④ **습성** 버릇처럼 몸에 밴 성질 習익힐 습 性성질 성　⑤ **권리** 어떤 일을 하거나 다른 사람에 대하여 당연히 요구할 수 있는 힘이나 자격 權권세 권 利이로울 리　⑥ **지정** 가리키어 확실하게 정함 指가리킬 지 定정할 정　⑦ **본능** 어떤 생물이 태어날 때부터 가지고 있는 감정이나 어떤 행동을 하고 싶은 욕구 本근본 본 能할 능　⑧ **규정** 지키기로 정한 규칙이나 법 規법 규 定정할 정　⑨ **비위생적** 건강에 좋지 않거나 알맞지 않은 非아닐 비 衛지킬 위 生날 생 的과녁 적

4

아래의 문장이 들어가기에 알맞은 곳을 고르세요. ────────────────── [　　　]

> 닭이 스스로 진드기나 해충을 떼어낼 수 있도록 흙 목욕을 할 수 있는 충분한 공간과 깨끗한
> 모래를 갖춘 환경을 예로 들 수 있을 것입니다.

① ㉠　　　　　　② ㉡　　　　　　③ ㉢　　　　　　④ ㉣　　　　　　⑤ ㉤

5

'이미 세운 계획이나 방법을 대신할 만한 계획'을 나타내는 낱말을 고르세요. ────────── [　　　]

① 대표　　　　　② 대신　　　　　③ 대가　　　　　④ 대안　　　　　⑤ 대리

6

다음 중 이 글에서 설명하는 '동물 복지'에 해당하는 경우가 <u>아닌</u> 것을 고르세요. ────── [　　　]

① ○○농장의 돼지들이 방목장에서 자유롭게 활동하고 있다.
② ○양계장은 닭이 흙 목욕을 할 수 있도록 깨끗한 모래를 닭장에 깔아 주었다.
③ 유럽연합은 닭 한 마리당 닭장 공간을 최소 750cm²를 확보하도록 하고 있다.
④ 횡성의 ○○○농장은 특별한 상황이 아니면 송아지를 밧줄에 묶어 두지 않는다.
⑤ 희서 아버지는 키우는 강아지가 추울까 봐 사람 옷만큼 비싼 옷을 사다 입혔다.

7

[보기]는 돼지의 습성을 설명한 글입니다. 그리고 사진은 공장식 축사에서 사육되는 돼지의 현실입
니다. '동물 복지'를 생각하면 어떻게 해야 할지 여러분의 생각을 적어 보세요.

[보 기]

　더럽고 게으를 것 같은 돼지에 대한 우리의
편견과 달리, 돼지는 공간이 허용된다면
배변자리와 잠자리를 구분해 생활하는 청결하고,
똑똑한 동물이다. 많은 연구를 통해 돼지는
개보다 학습능력이 뛰어나고 사람으로 치면 3살
아이 정도의 지능을 가진 것으로 밝혀졌다.

↑ 공장식 농장의 돼지의 모습. 오물과 뒤섞여 살고 있다.

[1단계] 아래의 낱말에 알맞은 뜻을 선으로 이어 보세요.

[1] 위협 •   • ㉠ 지키기로 정한 규칙이나 법

[2] 습성 •   • ㉡ 힘으로 으르고 협박함

[3] 규정 •   • ㉢ 버릇처럼 몸에 밴 성질

[2단계] 아래 문장의 빈칸에 알맞은 낱말을 [보기]에서 찾아서 써넣으세요.

[보기]   위협   습성   규정

[1] 젖은 곳을 싫어하는 것은 닭의 ☐☐ 이다.

[2] 도시의 자연환경은 극심한 공해로 생존의 ☐☐ 을 받고 있다.

[3] 대회의 ☐☐ 에 따라 금지 약물을 복용한 선수는 탈락하였다.

[3단계] 설명을 읽고 밑줄 친 낱말이 문장에서 쓰인 뜻을 [보기]에서 찾아 번호를 쓰세요.

[보기] **지적하다** ① 꼭 집어서 가리키다.
                    ② 허물 따위를 드러내어 폭로하다.

[1] 선생님은 나를 **지적**하시며 자리에서 발표하라고 하셨다.   [   ]

[2] 내 짝꿍은 쪽지시험에서의 내 실수를 **지적**하며 놀려댔다.   [   ]

[3] 나는 내 동생이 쓴 소설에 창의성이 없다고 **지적**하였다.   [   ]

[4] 아빠는 손가락으로 달력의 한 곳을 **지적**하며 날짜를 확인했다.   [   ]

시간 **끝난 시간** ☐ 시 ☐ 분   **채점** **독해** 7문제 중 ☐ 개   ← **스스로 붙임딱지**
1회분 푸는 데 걸린 시간 ☐ 분   **어법·어휘** 10문제 중 ☐ 개   문제를 다 풀고 맨 뒷장에 있는 붙임딱지를 붙여보세요.

　우리 신문이 한문은 안 쓰고 한글로만 쓰는 이유는 신분의 높고 낮음에 상관없이 모든 사람이 다 보게 하기 위해서이다. 또 한글을 이렇게 **구절**①마다 띄어 쓰는 이유는 누구나 이 신문을 보기 쉽게 하고 신문 속에 있는 말을 자세히 알아보게 하기 위해서이다.

　다른 나라에서는 사람들이 남녀 누구나 자기 나라의 글을 먼저 배워 익힌 뒤에야 외국 글을 배우는데, 조선에서는 한글은 안 배우고 한문만 공부하는 까닭에 한글을 잘 아는 사람이 **드물다**②. 한글과 한문을 비교해 보면 한글이 한문보다 나은 점이 많다. 첫째는 배우기가 쉬우니 좋은 글이다. 둘째는 한글이 조선의 글이니 조선 사람들이 배워서 모든 일을 한문 대신 한글로 써야 신분에 상관없이 모두 알아보기가 쉬울 것이다. 그런데 한문만 쓰고 한글은 **소홀히**③ 한 까닭에 한글로만 쓴 글을 조선 사람들이 **도리어**④ 잘 알아보지 못하고 한문을 잘 알아보니 어찌 한심하지 않겠는가.

　한글을 알아보기가 어려운 건 다름이 아니라 첫째는 말마디를 띄지 않고 그저 줄줄 세로로 내려쓰기 때문이다. 글자가 위에 붙었는지 아래 붙었는지 몰라서 몇 번 읽어 본 뒤에야 글자가 어디에 붙었는지 비로소 알고 읽을 수 있다. 그러니 한글로 쓴 편지 한 장을 보려면 한문으로 쓴 것보다 **더디게**⑤ 보고, 또 그나마 한글을 자주 안 쓰니 서툴러서 잘 못 보는 것이다. 그러니 정부에서 내리는 명령과 국가 문서를 한문으로만 써서 한문을 못하는 사람은 남의 말만 듣고 무슨 명령인 줄 알고, 직접 그 글을 못 보니 그 사람은 바보가 되는 것이다.

　한문을 못 깨우쳤다고 그 사람이 무식한 사람은 아니다. 한글만 잘해도 다른 **물정**⑥과 학문이 있으면 그 사람은 한문만 잘하고 다른 물정과 학문이 없는 사람보다 **유식**⑦하고 높은 사람이 되는 법이다. 조선 여성도 한글을 잘하고 여러 가지 물정과 학문을

↑ 독립신문 창간호(1897년 4월 7일 금요일자)

배워 **소견**^⑧이 높고 행동이 정직하면 신분이나 재산에 상관없이, 한문은 잘하지만 다른 것은 모르는 귀족 남자보다 높은 사람이 되는 법이다.

우리 신문은 가난하든 부유하든 귀하든 천하든 구별 없이 이 신문을 보고 외국 물정과 국내 사정을 알게 하려고 한다. 그러니 신분에 상관없이 남녀노소 누구나 우리 신문을 이틀에 한 번씩 몇 달간 보면 새 깨달음과 새 학문이 생길 것이다.

－ 독립신문 창간사

해설편 018쪽

1
중심
생각

이 글을 쓴 목적은 무엇일까요? ────────────────── [   ]

① 한글의 위대함을 알리기 위해
② 독립신문의 특징을 알리고 소개하기 위해
③ 우리말을 배워야 하는 이유를 설명하기 위해
④ 조선 사람들이 주로 쓰는 말을 조사하기 위해
⑤ 우리말에 띄어쓰기가 필요하다고 주장하기 위해

2
세부
내용

이 글을 읽고 '한글이 한문보다 나은 점' <u>두 가지</u>를 찾아 써 보세요.

[1]
_____

[2]
_____

3
세부
내용

이 글을 읽고 알 수 있는 내용이 <u>아닌</u> 것은 무엇인가요? ────── [   ]

① 한글에서 띄어쓰기가 필요한 이유
② 독립신문의 내용을 한글로만 쓰는 이유
③ 조선 사람이 한문을 쉽게 배울 수 있는 방법
④ 한글과 한문을 비교했을 때 한글이 한문보다 나은 점
⑤ 우리글인 한글보다 한문이 널리 쓰여서 생기는 문제점

🧻 **어려운 낱말 풀이** │ ① **구절** 한 토막의 말이나 글 句글귀 구 節마디 절　② **드물다** 흔하지 않다　③ **소홀히** 중요하게 여기지 않고 흔하게. 또는 마음에 들지 않고 데면데면하게 疏소통할 소 忽갑자기 홀-　④ **도리어** 예상이나 기대 또는 일반적인 생각과는 반대되거나 다르게　⑤ **더디게** 어떤 움직임이나 일에 걸리는 시간이 오래되게　⑥ **물정** 세상의 이러저러한 사정이나 상태 物물건 물 情뜻 정　⑦ **유식** 배워 익힌 지식이 있어 깨달은 지식이 높음 有있을 유 識알 식　⑧ **소견** 어떤 일이나 사물을 살펴보고 가지게 되는 생각이나 의견 所바 소 見볼 견

4 이 글에서 설명한 순서대로 나열해 보세요.

구조
알기

(가)	한글의 우수성
(나)	독립신문을 읽는 의미
(다)	독립신문이 한글을 쓰는 의미
(라)	한글을 알아보기 어려운 이유
(마)	유식하고 높은 사람이 되는 방법

□ → □ → □ → □ → □

5 아래 문장의 밑줄 친 말과 같은 뜻을 가진 것을 고르세요. ────────────────── [   ]

어휘
표현

> 한글로 쓴 편지 한 장을 보려면 한문으로 쓴 것보다 **더디게** 보고

① 다르게   ② 빠르게   ③ 느리게   ④ 틀리게   ⑤ 반대로

6 이 글에서 설명한 독립신문의 독자와 독립신문을 읽으면 알 수 있는 것을 정리해 보세요.

내용
적용

독립신문은

....

....

....

7 이 글을 읽은 조선 시대 사람의 감상으로 적절하지 **않은** 것을 고르세요. ───────────── [   ]

추론

① 나는 그동안 한문이 최고로 훌륭한 글이라고 여기고 한문 공부에만 힘을 기울였는데 그건 잘못된 생각이구나.

② 한문은 글자 수도 많아서 다 외우기가 너무 어려웠는데, 한글은 배우기가 쉬운 글자여서 금방 배울 수 있었어.

③ 나는 가난해서 글공부를 하지 못했지만 한글을 익히면 중요한 문서도 남에게 대신 읽어 달라고 부탁해야 했던 어려움에서 벗어날 수 있겠구나!

④ 나는 천민이지만 물정과 학문을 배우면 얼마든지 사람대접을 받을 수 있겠구나. 다들 한문을 열심히 공부하니 나도 한문을 공부해야겠다!

⑤ 나는 똑똑하고 하고 싶은 것도 많지만 여자라는 이유로 좌절당하곤 했어. 그렇지만 사람의 훌륭함은 성별로 결정되는 것이 아니야. 열심히 학문을 배우면 여자도 얼마든지 훌륭한 일을 할 수 있어.

[**1**단계]   아래의 낱말에 알맞은 뜻을 선으로 이어 보세요.

[1] 소홀히 •

[2] 도리어 •

[3] 물정   •

• ㉠ 예상이나 기대 또는 일반적인 생각과는 반대되거나 다르게

• ㉡ 중요하게 여기지 않고 흔하게.

• ㉢ 세상의 이러저러한 사정이나 상태

[**2**단계]   아래 문장의 빈칸에 알맞은 낱말을 [보기]에서 찾아서 써넣으세요.

[보 기]	소홀히	도리어	물정

[1] 할아버지께서는 우리 집을 찾는 사람은 누구라도 [　　　　　] 대접하는 법이 없었다.

[2] 나는 외국에서 살다 와서 이 곳 [　　　　　] 을(를) 잘 모른다.

[3] 잘못한 사람이 [　　　　　] 큰소리를 친다.

[**3**단계]   다음 중 '드물다'가 문장 속에서 쓰인 뜻을 찾아 고르세요.

[1] 새벽 1시가 되자 거리에는 지나다니는 사람이 **드물었다**. ⸺⸺⸺⸺ [　　]

① 어떤 일이 일어나는 일이 자주 있지 않다.

② 공간의 사이가 좁지 아니하고 어느 정도 떨어져 있다.

③ 흔하지 않다.

[2] 우리 집 앞 골목길에는 전봇대가 **드물게** 서 있다. ⸺⸺⸺⸺⸺ [　　]

① 어떤 일이 일어나는 일이 자주 있지 않다.

② 공간의 사이가 좁지 아니하고 어느 정도 떨어져 있다.

③ 흔하지 않다.

시간   **끝난 시간** [　] 시 [　] 분   채점   **독해** 7문제 중 [　] 개

1회분 푸는 데 걸린 시간 [　] 분   **어법·어휘** 8문제 중 [　] 개

↙ 스스로 붙임딱지
문제를 다 풀고
맨 뒷장에 있는
붙임딱지를
붙여보세요.

앞부분 줄거리: 여행을 떠난 사냥꾼 형제는 숲에서 토끼, 여우, 늑대, 곰, 사자를 두 마리씩 만나 함께 다닌다. 형제는 갈림길 앞에서 동물들을 똑같이 한 마리씩 나누어 가지고 헤어진다.

ⓐ두 형제 중 동생인 사냥꾼과 동물들은 어느 도시에 도착했습니다. 그 도시에는 온통 검은 깃발이 걸려 있었습니다. 도시에서 며칠 **묵기**① 위해 여관에 들어간 ⓑ사냥꾼이 여관 주인에게 이유를 묻자, 여관 주인이 대답했습니다.

"도시 바깥의 산에 사는 용이 공주님에게 **한눈**②에 반해, 공주님과 결혼시켜 주지 않으면 도시를 공격하겠다고 했답니다. 국왕께서 용을 물리치면 소원을 들어주겠다고 약속했지만 용을 물리치려던 자들 모두 용에게 목숨을 잃었습니다. 그리고 바로 내일이 공주님과 용이 결혼하기로 약속한 날입니다. 그래서 슬퍼하는 마음으로 검은 깃발을 걸게 된 것입니다."

다음 날, 사냥꾼은 동물들과 함께 용이 있는 산으로 올라갔습니다. 산에 오르자 보이는 교회 **제단**③에는 물이 든 잔과 아주 무거운 칼이 놓여 있었고, 제단 옆에는 "이 물을 마시면 세상에서 제일 힘이 센 사람이 되어 이 칼을 쓸 수 있게 될 것이다."라고 적혀 있었습니다. ⓒ그가 물을 마시자 정말 힘이 솟아나 칼을 들고 쉽게 다룰 수도 있게 되었습니다.

㉮ 잠시 후 국왕과 장군이 교회 앞에 공주를 데리고 왔습니다. 슬퍼하던 국왕은 장군에게 멀리서 공주를 지켜보라 명령하고 떠났습니다. 사냥꾼은 이 모습을 숨어서 지켜보고 있었습니다. 국왕이 떠나자 머리가 일곱 달린 용이 커다란 **괴성**④을 내며 나타났습니다. 숨어 있던 사냥꾼은 용을 공격했습니다. 용이 반격하자 날쌘 토끼와 여우가 사냥꾼이 공격을 피할 수 있도록 이끌어 주었습니다. 사냥꾼이 공격을 다 피해 화가 난 용이 불을 내뿜자, 산에 붙은 불이 거세지지 않도록 곰과 늑대가 발로 밟아 꺼트렸습니다. 동물들의 도움을 받은 사냥꾼은 칼을 한 번 휘둘러 용의 목 세 개를, 다시 한 번 휘둘러 세 개를 베었습니다. 용이 쓰러지자 사자가 마지막 하나 남은 용의 목을 물어뜯었습니다. 이를 본 공주는 기뻐하며 동생 사냥꾼에게 말했습니다.

"ⓓ당신처럼 용맹한 분은 처음 봅니다. 부디 저의 남편이 되어 주세요."

공주는 보답으로 사자에겐 황금 열쇠를, 나머지 동물들에게는 산호 목걸이를 주었습니다. 또 사냥꾼에게는 공주의 이름을 **수놓은**⑤ 손수건을 주었습니다. 사냥꾼은 용의 혀 일곱 개를 잘라 손수건에 잘 싸서 보관했습니다.

용과의 싸움으로 몹시 피곤해진 사냥꾼이 공주에게 말했습니다.

"우리 모두 지쳤으니 잠시 여기서 쉬다 갑시다."

지친 사냥꾼과 긴장이 풀린 공주는 금방 잠들었습니다. 동물들도 서로에게 무슨 일이 있으면 깨워 달라고 부탁한 뒤 잠들었습니다.

그때, 모든 것을 지켜보고 있던 장군이 나타났습니다.

장군은 [㉠] 잠들어 있던 사냥꾼을 칼로 찔렀습니다. 그런 다음 공주를 데리고 산 밑으로 내려갔습니다. 잠이 깬 공주가 깜짝 놀라자 장군이 말했습니다.

"국왕에게 용을 죽인 사람이 ⓔ나라고 말하시오! 그렇지 않으면 목숨이 **위태로울**⑥ 것이오!"

공주는 [㉡] 하는 수 없이 궁전에 돌아가 국왕에게 장군이 용을 물리치고 자신을 구했다고 말했습니다. 그리고 사냥꾼의 공을 가로챈 장군은 용을 물리친 **포상**⑦으로 공주와 결혼하고 싶다고 했습니다. 장군의 말을 들은 공주는 대신 결혼식을 일 년 후에 올리겠다고 말했습니다. 그 사이에 사냥꾼의 소식을 들을 수 있으리라 생각했기 때문입니다.

한편 잠에서 깬 동물들은 공주가 없어지고 자신들의 주인이 큰 상처를 입어 정신을 잃은 것을 발견했습니다. 다행히 토끼가 어떤 병이나 상처도 말끔히 낫게 하는 약초가 있는 곳을 알고 있었습니다. 토끼는 재빨리 뛰어가 약초를 찾아 왔습니다. 그 약초를 사냥꾼의 상처에 바르자 상처가 씻은 듯이 나았습니다. 정신을 차린 사냥꾼이 주위를 둘러보았지만, 공주는 보이지 않았습니다. 사냥꾼은 '공주는 나와 결혼하고 싶지 않아서 떠났구나.'라고 생각하며 슬퍼했습니다. 그리고 동물들과 함께 도시를 떠났습니다.

일 년 후, 사냥꾼은 예전에 용을 물리쳤던 도시로 돌아왔습니다. 이번에는 도시가 붉은 깃발로 뒤덮여 있었습니다. 동생은 여관 주인에게 붉은 깃발이 걸려 있는 까닭을 물었습니다. 여관 주인은 기쁜 목소리로 말했습니다.

"일 년 전 공주님이 용과 결혼하려던 날, 장군님이 용을 물리쳤습니다. 그 자리에서 장군님이 공주님에게 **청혼**^⑧했고, 오늘이 바로 결혼식이 열리는 날이랍니다."

-그림 형제, 「두 형제」 중 (다음 회에 이어집니다.)

1
요소

다음의 인물관계도 중 옳은 설명으로만 짝지어진 것을 골라 보세요. ----------------------- [   ]

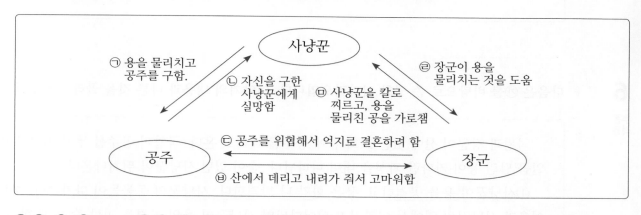

① ㉠, ㉡, ㉢   ② ㉢, ㉣, ㉤   ③ ㉡, ㉢, ㉤   ④ ㉠, ㉢, ㉣   ⑤ ㉣, ㉤, ㉤

2
세부
내용

이 이야기의 내용으로 옳지 <u>않은</u> 것을 골라 보세요. ----------------------- [   ]

① 사냥꾼은 교회 제단의 물을 먹고 힘을 얻었다.

② 토끼는 상처를 입은 사냥꾼에게 줄 약초를 구해 왔다.

③ 곰은 산에 불이 번지지 않도록 용이 내뿜은 불을 밟아서 꺼트렸다.

④ 사자는 용에게 달려들어 마지막 남은 머리 하나를 물어뜯었다.

⑤ 늑대는 용이 쓰러지자 용의 혀 일곱 개를 잘라 사냥꾼에게 주었다.

어려운 낱말 풀이 | ① **묵기** 어디에서 손님으로 머물기 ② **한눈** 한 번 봄 또는 잠깐 봄 ③ **제단** 기독교에서 예배나 미사를 드리는 단 祭제사 제 壇단 단 ④ **괴성** 매우 이상한 소리 怪기이할 괴 聲소리 성 ⑤ **수놓은** 바늘에 색실을 꿰어 그림, 글자를 떠서 놓은 繡수놓을 수- ⑥ **위태로울** 상태가 마음을 놓을 수 없을 정도로 위험할 危위태할 위 殆위태할 태- ⑦ **포상** 잘한 일을 칭찬하고 앞으로 더 잘하기를 바라며 상을 줌 褒칭찬할 포 賞상 줄 상 ⑧ **청혼** 결혼하기를 부탁함 請청할 청 婚혼인할 혼

3
요소

@~ⓔ 중 가리키는 대상이 나머지와 <u>다른</u> 것을 골라 보세요. ━━━━━━━ [　　　]

① ⓐ　　　　　② ⓑ　　　　　③ ⓒ　　　　　④ ⓓ　　　　　⑤ ⓔ

4
추론
적용

어려운
문제 ★

서술형 ✎

도시에 아래 색깔의 두 깃발이 걸린 까닭을 각각 써 보세요.

[1] ⚑ ....

....

....

[2] ⚑ ....

....

....

5
어휘
표현

아래 문장이 뜻하는 낱말을 이 글에서 찾아 쓰세요.

┌───┐
│　　　　　　　　　　결혼해 주기를 부탁함　　　　　　　　　　│
└───┘

....

6
추론
적용

다음은 ㉮를 바탕으로 쓴 영화 시나리오입니다. 이야기의 내용과 <u>다른</u> 것을 골라 보세요. [　　　]

┌───┐
│　　국왕과 장군이 산에 있는 교회 앞에 공주를 데리고 온다. 국왕이 공주를 두고 떠나자 머리가 │
│ 일곱 달린 용이 커다란 괴성을 내며 나타난다. 숨어 있던 사냥꾼이 뛰쳐나온다. │
│　　①사냥꾼이 용을 공격하고, 용은 화가 나 반격한다. 사냥꾼의 동물들이 다가온다. ②토끼와 │
│ 여우가 사냥꾼의 옆에서 이리저리 뛰어다니며 사냥꾼이 용의 공격을 피할 수 있게 한다. 용이 │
│ 불을 내뿜자 ③곰과 늑대가 불이 붙은 풀들을 발로 밟아 꺼트린다.　④사냥꾼이 활을 쏴 용의 │
│ 머리 일곱 개 중 여섯 개를 명중시킨다. 용의 머리 6개가 떨어지며 용이 쓰러지자 ⑤사자가 │
│ 달려들어 하나 남은 용의 목을 물어뜯는다. 공주는 그 모습을 지켜보다 사냥꾼에게 다가간다. │
│ 공주가 기뻐하며 말한다. │
└───┘

7
작품
이해

빈칸 ㉠과 ㉡에 들어갈 말이 <u>모두</u> 알맞게 짝지어진 것을 고르세요. ━━━━━━━ [　　　]

	㉠	㉡
①	사나운 동물들로부터 공주를 구하기 위해서	장군이 정말 자신을 해칠 수도 있다고 생각해서
②	사냥꾼의 공을 가로채고 왕국을 차지하기 위해서	장군이 정말 자신을 해칠 수도 있다고 생각해서
③	사랑하는 공주를 사냥꾼과 결혼시키지 않기 위해서	사냥꾼의 동물들을 궁전에 데려가고 싶지 않아서
④	사나운 동물들로부터 공주를 구하기 위해서	사냥꾼보다 장군이 더 마음에 들어서
⑤	사냥꾼의 공을 가로채고 왕국을 차지하기 위해서	사냥꾼의 동물들을 궁전에 데려가고 싶지 않아서

[**1단계**] 아래의 낱말에 알맞은 뜻을 선으로 이어 보세요.

[1] 포상 •   • ㉠ 매우 이상한 소리

[2] 괴성 •   • ㉡ 기독교에서 예배나 미사를 드리는 단

[3] 제단 •   • ㉢ 한 일을 칭찬하고 앞으로 더 잘하기를 바라며 상을 줌

[**2단계**] 빈칸에 알맞은 낱말을 [보기]에서 골라 쓰세요.

> [보 기]   포상 괴성 제단

[1] 아침 일찍 모인 사람들이 ☐☐ 앞에서 차례대로 절을 했다.

[2] ☐☐ 을 지르며 달려오는 사람 때문에 깜짝 놀랐다.

[3] 그는 이번 올림픽에 출전하여 금메달을 따내 ☐☐ 금을 받았다.

[**3단계**] 밑줄 친 낱말이 문장에서 쓰인 뜻을 골라 ○표 해 보세요.

[1] 석현이는 긴장을 <u>풀기</u> 위해서 심호흡을 했다.

 ① 풀다: 묶이거나 얽혀 있는 것 따위를 그렇지 아니한 상태로 되게 하다. [ ]

 ② 풀다: 일어난 감정 따위를 누그러뜨리다. ────────────── [ ]

 ③ 풀다: 생각이나 이야기 따위를 말하다. ─────────────── [ ]

[2] 지현이는 오늘 한 선택에 자신의 운명이 <u>걸려</u> 있다고 생각했다.

 ① 걸다: 벽이나 못 따위에 어떤 물체를 떨어지지 않도록 매달아 올려놓다. [ ]

 ② 걸다: 앞으로의 일에 대한 희망 따위를 품거나 기대하다. ────── [ ]

 ③ 걸다: 목숨, 명예 따위를 담보로 삼거나 희생할 각오를 하다. ───── [ ]

시간	끝난 시간 ☐시 ☐분	채점	독해 7문제 중 ☐개
	1회분 푸는 데 걸린 시간 ☐분		어법·어휘 8문제 중 ☐개

← 스스로 붙임딱지
문제를 다 풀고
맨 뒷장에 있는
붙임딱지를
붙여보세요.

진실을 알게 된 사냥꾼은 다음 날 공주의 마음을 확인하기 위해 동물들을 차례대로 공주에게 보냈습니다. 달리기가 빠른 토끼는 문지기가 알아채지 못할 만큼 재빠르게 궁전으로 뛰어들어 갔습니다. 샛길①을 잘 아는 여우는 문지기에게 들키지 않고 공주의 방으로 들어갈 수 있었습니다. 늑대는 두려운 것이 없었으므로 곧장 궁전으로 향했습니다. 곰은 커다란 앞발로 문지기를 밀치고 궁전 안으로 들어갔습니다. 사자는 사자를 본 문지기가 놀라 달아나 버렸기 때문에 쉽게 궁전으로 들어갈 수 있었습니다.

공주는 토끼와 여우, 늑대, 곰의 목에 걸린 산호 목걸이와 사자의 목에 걸린 황금 열쇠를 보고 이 동물들이 자신을 구해 주었던 사냥꾼의 동물들이라는 것을 알아보았습니다. 공주는 사냥꾼이 돌아왔다는 사실에 기뻐하며 동물들에게 궁전의 진귀한② 음식을 챙겨 주며 돌려보냈습니다. 공주가 챙겨 준 음식을 받은 사냥꾼은 공주가 아직 자신을 사랑하는 것을 알게 되었습니다.

한편 동물들이 궁전에 다녀간 것을 알게 된 국왕은 공주에게 물었습니다.

"동물들이 네 방에 왔다 갔다고 들었다. 무엇 때문이냐?"

"지금은 사정③이 있어 말할 수 없지만, 동물들의 주인을 성으로 초대해 주시면 모든 것을 말씀드릴 수 있습니다."

그 말을 듣고 국왕은 사냥꾼을 궁전으로 초대했습니다. 궁전 안은 용을 물리친 장군과 공주의 결혼을 축하하기 위해 아름답게 꾸며져 있었습니다. 멋진 옷을 입은 장군의 옆에는 그의 용감함을 칭송④하기 위한 용의 머리 일곱 개가 단상⑤ 위에 놓여 있었습니다. 사냥꾼이 용의 목구멍을 벌리며 장군에게 물었습니다.

"용의 머리는 있는데 혀는 없군요. 혀는 어디 있나요?"

장군은 하얗게 질린 얼굴로 용은 원래 혀가 없다고 대답했습니다. 그 말을 들은 사냥꾼은 품에서 손수건에 싼 용의 혀 일곱 개를 꺼내, 용의 목구멍에 꽂아 넣었습니다. 그 혀들은 용의 일곱 개의 목구멍에 딱딱 들어맞았습니다. 그리고 공주의 이름이 수놓인 손수건과 산호 목걸이, 황금 열쇠를 보여 주며 공주에게 이것을 누구에게 주었는지 물었습니다. 공주가 대답했습니다.

"손수건은 용을 물리친 분께, 산호 목걸이와 황금 열쇠는 그를 도운 동물들에게 주었습니다."

국왕이 어떻게 된 일인지 묻자, 사냥꾼은 국왕에게 ⓐ자초지종⑥을 말했습니다.

"제가 용을 물리친 후, 그 증거로 용의 혀를 잘라 공주님께서 주신 손수건에 보관하고 있었습니다. 그 후 제가 잠시 잠들었을 때 장군이 저를 칼로 찌르고 공주를 데려가 자신이 용을 해치웠다고 거짓말을 한 것입니다."

㉔ 사냥꾼의 말을 들은 국왕이 공주에게 사실이냐고 묻자, 공주는 고개를 끄덕이며 말했습니다.

"네, 사냥꾼의 말이 맞습니다. 사실은 장군이 저의 목숨을 가지고 협박⑦했기 때문에 어쩔 수 없이 거짓말을 해야 했습니다. 제가 결혼식을 일 년 뒤에 하려 했던 이유는 ☐㉠☐ 였습니다. 저는 이 사냥꾼과 결혼하고 싶습니다."

ⓑ진실을 알게 된 국왕은 장군에게 큰 벌을 주었습니다. 그리고 사냥꾼과 공주의 성대한⑧ 결혼식을 열었습니다. 사람들은 무척 기뻐했고, 그 후 사냥꾼과 공주는 동물들과 즐겁고 행복하게 살았습니다.

-그림 형제, 「두 형제」 중

1

작품
이해

이 이야기에 대한 설명으로 알맞은 것을 골라 보세요. ────────────── [   ]

① 과거에 실제로 일어났던 이야기이다.

② 이야기가 시간의 흐름에 따라 진행되고 있다.

③ 인물의 대사는 옛날에 쓰던 말투로 표현했다.

④ 서로 갈등하던 두 인물이 어떤 사건을 계기로 화해한다.

⑤ 비유적인 표현을 사용하여 장면을 실감 나게 묘사하고 있다.

2

작품
이해

[보기]는 사냥꾼이 알게 된 진실 입니다. 각 빈칸에 알맞은 인물을 써넣어 진실을 완성해 보세요.

[보 기]

ㄱ 이 자신의 공을 가로채기 위해 자신을 칼로 찌르고 ㄴ 의

목숨을 위협하여 ㄴ 가 거짓말을 하도록 만들었다.

ㄱ : _____   ㄴ : _____

7주 35회

해설편 019쪽

3

어휘
표현

밑줄 친 ⓐ를 적절하게 사용한 문장을 골라 보세요. ────────────── [   ]

① 고요한 산속에 집을 짓고 자초지종하며 살 수 있을 것이다.

② 더 이상 실수를 반복하지 않는 걸 보니 완전히 자초지종했구나.

③ 항상 자초지종으로 남보다 먼저 좋은 일을 했으니 상을 줘야지.

④ 지금 일을 게을리하면 나중에 자초지종하게 되어 더욱 힘들 거야.

⑤ 친구에게 일의 자초지종을 듣고 나서야 오해를 풀고 화해할 수 있었다.

4

추론
적용

[보기]의 단어를 모두 활용하여 빈칸 ㉠에 들어갈 말을 써 보세요.

[보 기]   실제   용   물리치다   나타나다   기다리다

───

어려운 낱말 풀이   ① **샛길** 사이에 난 길   ② **진귀한** 보기 드물게 귀하고 중요한 珍보배 진 貴귀할 귀-   ③ **사정** 일의 형편이나 여유
事일 사 情형편 정   ④ **칭송** 매우 훌륭하고 위대한 점을 칭찬하여 말함 稱칭찬할 칭 頌기릴 송   ⑤ **단상** 교단이나
강단 등의 위 壇단 단 上위 상   ⑥ **자초지종** 처음부터 끝까지의 모든 과정 自스스로 자 初처음 초 至이를 지 終마칠 종
⑦ **협박** 겁을 주고 위협하여 남에게 억지로 어떤 일을 하도록 함 脅위협할 협 迫핍박할 박   ⑧ **성대한** 행사의 규모
등이 매우 크고 훌륭한 盛성할 성 大큰 대-

5

어휘
표현

밑줄 친 ⓑ와 가장 잘 어울리는 표현을 고르세요. ──────── [   ]

① 개과천선(改고칠 개 過지날 과 遷옮길 천 善착할 선): 옛날의 잘못을 고쳐 착하게 됨.

② 표리부동(表겉 표 裏안쪽 리 不아닐 부 同같을 동): 겉모습과 속으로 하는 생각이 다름.

③ 인과응보(因인할 인 果열매 과 應응할 응 報갚을 보): 이전에 행한 선악에 따라 현재의 행복이나 불행이 결정되는 것.

④ 속수무책(束묶을 속 手손 수 無없을 무 策방법 책): 손을 묶은 것처럼 어찌할 방법이 없어 꼼짝 못 함.

⑤ 칠전팔기(七일곱 칠 顚넘어질 전 八여덟 팔 起일어날 기): 일곱 번 넘어지고 여덟 번 일어난다는 뜻으로, 여러 번 실패해도 포기하지 않고 계속 노력함.

6

작품
이해

㉮의 내용 중에서 등장인물이 할 수 있는 생각으로 옳은 것에는 ○, 옳지 않은 것에는 ×표를 해 보세요.

[1] 사냥꾼 : 국왕께 그동안의 일에 대해 얘기해도 믿어 주지 않을 테니 말하지 말자.   [   ]

[2] 공주 : 사냥꾼이 나타나 결국 장군과 결혼하지 못하게 되어서 너무 속상해. ┈┈┈ [   ]

[3] 국왕 : 공주를 위협해 나에게 용을 물리친 사람이 장군이라고 거짓말을 하게 만든 장군에게 매우 화가 나는군. ┈┈┈┈┈┈┈┈┈┈┈┈┈┈┈┈┈┈┈┈ [   ]

[4] 장군: 평생 안 들킬 줄 알았던 거짓말을 들켜 벌을 받게 되다니! ┈┈┈┈┈┈┈ [   ]

7

세부
내용

다음은 사냥꾼이 국왕에게 용을 물리친 증거로 제시한 물건들입니다. 물건들이 증거가 될 수 있는 까닭을 빈칸을 채워 정리해 보세요.

황금 열쇠와 산호 목걸이	☐ 가 ☐ 을 물리친 사람을 도운 ☐ 들에게 주었기 때문에 증거가 된다.
공주의 이름이 수놓인 손수건	공주가 용을 ☐ 자신을 ☐ 사람에게 주었기 때문에 증거가 된다.
용의 혀 7개	☐ 이 자신이 용을 물리친 ☐ 로 보여 주기 위해 공주가 준 ☐ 에 보관했으므로 증거가 된다.

[1단계] 빈칸에 들어갈 알맞은 낱말을 선으로 이어 문장을 완성해 보세요.

[1] 목적지까지 ☐☐ 을 통해서 가자. • • ㉠ 샛길

[2] 그를 위해 ☐☐ 한 환영식을 열었다. • • ㉡ 진귀

[3] 이웃 나라에서 ☐☐ 한 물건을 수입해 왔다. • • ㉢ 성대

[2단계] 빈칸에 들어갈 알맞은 낱말을 [보기]에서 골라 쓰세요.

[보기] 샛길 말씀 증거 칭송 초대 사정 협박 단상

피치 못할 ＿＿＿＿＿＿＿＿이(가) 생겨서 학교에 나가지 못했다.	☐☐
상대 팀의 ＿＿＿＿＿＿＿＿을(를) 봐주지 않고 공격했다.	
가족 여행을 못 간 이유는 어려워진 집안 ＿＿＿＿＿＿＿＿때문이다.	

[3단계] 제시된 두 단어와 각 뜻을 비교해 보고, 다음 문장에서 밑줄 친 단어의 뜻으로 알맞은 것을 골라 기호를 써 보세요.

'벌리다.'
㉠ 둘 사이를 넓히거나 멀게 하다.
㉡ 껍질 따위를 열어 젖혀서 속의 것을 드러내다.
㉢ 우므러진 것을 펴지거나 열리게 하다.

'벌이다.'
㉣ 일을 계획하여 시작하거나 펼쳐 놓다.
㉤ 놀이판이나 노름판 따위를 차려 놓다.
㉥ 여러 가지 물건을 늘어놓다.

[1] 앞사람과의 줄 간격을 벌려라. ＿＿＿＿＿＿＿＿＿＿＿＿＿ [   ]

[2] 할아버지의 생신을 맞이하여 이번 주 일요일에 잔치를 벌인다. ＿＿＿ [   ]

[3] 앞에 놓인 자루를 벌려서 안에 책을 담았다. ＿＿＿＿＿＿＿＿ [   ]

 시간 끝난 시간 ☐ 시 ☐ 분
1회분 푸는 데 걸린 시간 ☐ 분

채점 독해 7문제 중 ☐ 개
어법·어휘 7문제 중 ☐ 개

 ← 스스로 붙임딱지
문제를 다 풀고 맨 뒷장에 있는 붙임딱지를 붙여보세요.

-이었다 / -이였다

> 3교시가 끝나고 쉬는 시간이 되었습니다. 친구들이 오늘 점심 식단에 대해서 이야기를 나누고 있습니다.
>
> 기홍 : 오늘 점심 식단이 뭐였지?
>
> 예진 : 오늘 점심은 **비빔밥이였어**. 또 뭐가 있었지?
>
> 기홍 : 다른 반찬도 있었던 것 같은데.
>
> 수지 : 소고기 불고기도 있었어.

'비빔밥이였어'는 '비빔밥이었어'로 써야 바른 표현입니다. '먹다'의 '먹-'에 '-었-'이 붙으면 '먹었다'로 씁니다. 이처럼 '비빔밥이다'의 '비빔밥이-' 뒤에 '-었'이 붙어서 '비빔밥이었다'로 씁니다. 그런데 '이-'가 뒤의 '-었-'에 영향을 주어 [-옅따]로 소리 나기 때문에 이를 혼동할 수 있습니다. 이렇게 '-이-'나 '-히-'가 들어가는 '녹이다, 업히다'도 '-어', '-었-'이 붙었을 때, '녹이여, 업히여'가 아니라 '녹이어, 업히어'로 써야 맞습니다.

바르게 고쳐 보세요.

예진: 오늘 점심은 **비빔밥이였어**.

→ 오늘 점심은 ☐☐☐☐☐☐ .

지영: 내가 본 꽃은 **장미꽃이였다**.

→ 내가 본 꽃은 ☐☐☐☐☐☐ .

주간학습계획표
한 주간의 계획을 먼저 세워 보세요. 매일 학습을 마친 후 맞힌 문제의 개수를 쓰세요!

회차	영역	학습내용	학습계획일	맞은 문제수
36회	독서 **국어**	**언어의 변화** 언어가 변화하는 원인을 설명하는 글입니다. 언어의 변화 원인을 네 가지로 분류해서 각 특징을 잘 정리하는 회차입니다.	☐월 ☐일	독해 7문제 중 ☐ 개 어법·어휘 9문제 중 ☐ 개
37회	독서 **사회**	**민화** 민화에 대한 설명문입니다. 민화의 특징과 그 의미를 파악해 가며 독해하는 회차입니다.	☐월 ☐일	독해 7문제 중 ☐ 개 어법·어휘 8문제 중 ☐ 개
38회	독서 **사회**	**주식회사** 주식회사에 대한 설명문입니다. 생소한 주제이기 때문에 개념을 확실하게 익히고 유한회사와의 차이점도 정리해 보며 독해하는 회차입니다.	☐월 ☐일	독해 7문제 중 ☐ 개 어법·어휘 9문제 중 ☐ 개
39회	문학 **시**	**풀벌레들의 작은 귀를 생각함** 조그만 자연에도 관심을 가져보자는 주제를 담고 있는 시입니다. 수학능력시험에도 출제되었던 만큼 작품성이 높은 시입니다.	☐월 ☐일	독해 7문제 중 ☐ 개 어법·어휘 7문제 중 ☐ 개
40회	문학 **소설**	**사춘기라서 그래?** 사춘기 소녀의 마음과 부모님과의 일화를 재미있게 표현하고 있는 소설입니다. 소설을 통해 등장인물을 이해해 보고 사건을 파악해 보는 회차입니다.	☐월 ☐일	독해 7문제 중 ☐ 개 어법·어휘 8문제 중 ☐ 개

↑ 오랜 세월을 거치면서 명칭이 변한 김치

우리나라의 대표음식이라고 할 수 있는 김치는 그 역사가 삼국시대로 거슬러 갑니다. 하지만 삼국시대 때에는 김치를 김치라고 부르지 않았습니다. 그 당시는 소금에 절인 채소를 부를 때 '팀채'라는 용어를 사용했다는 것이 **문헌**에서 발견되었고, 그 후 오랜 세월을 거치는 동안 '팀채 → 딤채 → 짐채 → 짐치'를 거쳐 지금의 '김치'로 부르게 되었습니다. 이렇게 말은 모양이나 소리가 바뀌거나 사라지기도 하고, 또 새롭게 생기기도 하는데, 여기에는 다양한 원인이 있습니다.

첫째, 언어적인 원인을 들 수 있습니다. 언어적이라는 것은 시간이 지나면서 말의 발음과 낱말의 형태가 달라지거나, 그 의미가 달라지는 경우입니다. 위에서 다루었던 '김치'의 변화가 대표적인 발음과 형태의 변화에 해당합니다. 또, '별로'라는 단어는 본래 '별로…아니다.'처럼 뒤에 따라오는 단어와 함께 나타내는 것이 일반적이지만, 때때로 '별로'라는 단어만으로도 **부정**의 의미를 나타내기도 합니다. 이처럼 '별로'라는 단어가 원래는 부정의 의미가 없었지만 나중에 생긴 것으로, 언어의 의미 변화가 생기게 된 것입니다.

둘째, 역사적인 원인이 있습니다. 이는 단어가 가리키는 대상이 바뀌었는데도 그 단어는 남아 있는 경우, 어쩔 수 없이 그 단어의 의미가 변화하는 것을 말합니다. 예를 들어, '바가지'는 본래 '박' 속을 비워 만든 물을 뜨는 용기를 뜻했습니다. 현대에 와서는 플라스틱으로 만든 용기가 이를 대신하고 있지만 여전히 그 용기를 우리는 '바가지'라고 부릅니다. 또한, '배'도 과거에는 나무로 만든

↑ 우주선의 선은 배 선(船)자입니다.

배만을 가리켰으나, 지금은 쇠로 만든 배뿐만 아니라 우주선도 **지칭**하고 있습니다.

셋째, 심리적인 원인이 있습니다. 이는 한 단어가 **비유적**인 표현 등에 많이 쓰이는 경우 그 단어에 대한 **인식**이 바뀌면서 단어의 의미까지 변화하게 된 경우입니다. 예컨대, 둔한 사람을 가리킬 때, '곰'이라는 단어를 사용하거나 똑똑한 사람을 가리켜, '컴퓨터'라는 단어를 사용하는 것이 이에 해당합니다. 또한, 심리적인 원인의 언어 변화는 주로 **금기어**에서 찾을 수 있는데,

'변소' 대신 '화장실'을 사용하거나 '죽다'란 단어 대신 '돌아가시다'라고 표현하는 경우를 들 수 있습니다.

넷째, 마지막으로 사회적인 원인을 들 수 있습니다. 사회적인 원인은 최근의 언어가 변화하는 원인 중 가장 큰 부분을 차지하고 있습니다. 현대에 와서 사회가 복잡해지고 외국과의 **교류**가^⑦ 많아지면서 새로운 사물과 현상들이 끊임없이 나타나, 그에 맞는 새로운 어휘가 생겨나야 하는 필요성이 커진 것입니다. 특히, 최근에는 사람들이 디지털 기기를 많이 사용함에 따라 이와 관련한 말이 많이 생겼습니다. '인터넷', '스마트폰', 'SNS'와 같이 새로 생겨나는 단어가 그렇습니다.

언어의 이러한 변화는 언어의 가장 기본적인 기능인 의사소통을 **원활**^⑧하게 해 주고 문화 교류를 쉽게 만들어 주는 장점이 있습니다. 하지만 이런 의미 있는 변화와는 달리 그 시대의 유행적인 습관이나 잘못된 인식으로 나타나는 '언어파괴 현상'과 같은 경우는 오히려 언어의 기본적인 기능인 의사소통을 방해하는 원인이 될 수 있습니다. 새로 만들어지는 통신언어가 무조건 나쁘다고는 할 수 없지만 뜻이 제대로 통하지 않을 정도로 ㉠마구 만들어서 사용하는 것은 좋지 않습니다. 통신언어를 실생활에서 너무 많이 사용하는 것도 문제이지만, 예부터 전해 내려오는 예쁜 우리말이 점점 사라지는 것도 문제가 됩니다.

해설편 019쪽

1
중심
생각

이 글에 알맞은 제목을 지어 보세요.

언어가 .... 하는 ....

2
세부
내용

이 글의 내용과 일치하지 **않는** 것을 고르세요. ──────────────── [　　　]

① 현재의 김치는 처음에 '짐채'라고 불렸다.

② 언어가 변화하는 심리적인 원인의 예로는 금기어가 많다.

③ 지금 쓰이는 '바가지'는 역사적으로 의미가 변화한 것이다.

④ 언어가 변화하는 언어적인 원인은 말의 발음이나 형태가 달라지는 것이다.

⑤ 언어가 변화하는 사회적인 원인은 새로운 어휘의 필요성이 많아졌기 때문이다.

어려운 낱말 풀이

① **문헌** 옛날의 제도나 문화를 아는 데 증거가 되는 자료나 기록 文글월 문 獻드릴 헌　② **부정** 그렇지 않다고 단정하거나 옳지 않다고 반대함 否아닐 부 定정할 정　③ **지칭** 어떤 대상을 가리켜 말함 指가리킬 지 稱일컬을 칭　④ **비유적** 어떤 현상이나 사물을 직접 설명하지 않고 다른 비슷한 현상이나 사물에 빗대어서 설명하는 것 比견줄 비 喩깨우칠 유 的과녁 적　⑤ **인식** 사물을 분별하고 판단하여 앎 認알 인 識알 식　⑥ **금기어** 마음에 꺼려서 하지 않거나 피하는 말 禁금할 금 忌꺼릴 기 語말씀 어　⑦ **교류** 문화나 사상 따위를 서로 주고 받음 交사귈 교 流흐를 류　⑧ **원활** 거침이 없이 잘되어 나감 圓둥글 원 滑미끄러울 활

3 다음의 예시들이 각각 언어 변화의 어떠한 원인에 해당하는지 연결해 보세요.

세부
내용

[1] '곰', '돌아가시다' •　　　　　　　　•　언어적인 원인

[2] '인터넷', '스마트폰' •　　　　　　　•　사회적인 원인

[3] '김치', '별로' •　　　　　　　　　•　역사적인 원인

[4] '배' •　　　　　　　　　　　•　심리적인 원인

4 각 문단별 중심 내용이 바르게 연결되지 <u>않은</u> 것을 고르세요. ------------------------ [　　　　]

구조
알기

① 둘째 문단 – 언어 변화의 언어적인 원인

② 셋째 문단 – 언어 변화의 역사적인 원인

③ 넷째 문단 – 언어 변화의 심리적인 원인

④ 다섯째 문단 – 언어 변화의 사회적인 원인

⑤ 여섯째 문단 – 언어 변화의 과학적인 원인

5 ㉠과 바꾸어 쓸 수 있는 말을 고르세요. --------------------------------------- [　　　　]

어휘
표현

① 몹시　　　　　② 세차게　　　　　③ 열심히　　　　　④ 함부로　　　　　⑤ 딴판으로

6 이 글에서 설명한 언어 변화의 단점은 무엇인지 써 보세요.

내용
적용

서술형

....

....

....

7 이 글을 바르게 이해하지 <u>못한</u> 친구를 고르세요. ------------------------------ [　　　　]

추론

① 은정 : 새로운 물건이 생기면 이름이 필요해. 태블릿 PC도 그 예야.

② 영미 : '너무'라는 말은 부정적인 의미로 쓰였지만 지금은 긍정적인 의미로도 쓰여.

③ 선영 : 언어는 약속이기 때문에 누가 함부로 바꿀 수 없지. '테이블'을 '식탁'으로 부를 수 없어.

④ 수호 : '영감'이라는 말은 원래 벼슬을 뜻했는데 지금은 나이 많은 남자를 뜻하는 말이야.

⑤ 형준 : 조선시대에는 '어리다'가 '어리석다'라는 뜻이었지만 지금은 나이가 어리다는 뜻이야.

36회 어법·어휘편 본문에 나온 어휘들만 따로 모아 복습하는 순서입니다.

[1단계] 아래의 낱말에 알맞은 뜻을 선으로 이어 보세요.

[1] 부정 •　　　　　　　　• ㉠ 사물을 분별하고 판단하여 앎

[2] 인식 •　　　　　　　　• ㉡ 문화나 사상 따위를 서로 주고 받음

[3] 교류 •　　　　　　　　• ㉢ 그렇지 않다고 단정하거나 옳지 않다고 반대함

[2단계] 아래 문장의 빈칸에 알맞은 낱말을 [보기]에서 찾아서 써넣으세요.

> [보 기]　　　　　부정　　　　인식　　　　교류

[1] 경진이는 긍정도 ☐☐ 도 하지 않고 미소만 지었다.

[2] 최근 들어 남북한 ☐☐ 이(가) 확대되고 있다.

[3] 최근 환경 오염으로 인해 재활용에 대한 ☐☐ 이(가) 달라지고 있다.

[3단계] 다음 중 '금기어'에 대한 설명으로 맞는 것은 ○, 아닌 것은 ×로 표시하세요.

[1] 홍역이나 천연두 같은 병은 전염되지 않기를 바라는 마음으로 '손님'이나 '마마'로 부른다. -- [　　　]

[2] 무분별하게 외래어가 사용되는 것을 막기 위해 네티즌을 누리꾼으로 바꿔 부른다. -- [　　　]

[3] 부모님이 귀여운 자식에게 '개똥이'라고 부르는 것은 이름을 천하게 불러 생명을 빼앗아가는 귀신들에게서 벗어나려는 것이다. ------------------ [　　　]

8주 36회 해설편 019쪽

시간　끝난 시간 ☐ 시 ☐ 분　　채점 **독해 7문제 중** ☐ 개　　↰ 스스로 붙임딱지

1회분 푸는 데 걸린 시간 ☐ 분　　**어법·어휘 9문제 중** ☐ 개　　문제를 다 풀고 맨 뒷장에 있는 붙임딱지를 붙여보세요.

　　민화는 조선 후기 서민들 사이에서 널리 유행한 그림입니다. 민화의 **기법**은 전통적인 동양의 **회화**② 방식과는 차이가 있으며, 대부분 정식 그림 교육을 받지 못한 **무명**③ 화가나 떠돌이 화가들이 그렸습니다. '민화'라는 용어는 일본 사람인 야나기 무네요시가 처음 사용했는데, 그는 민화를 '창의성보다 **실용성**④이 강조되고 몇 장씩 되풀이하여 그리는 그림이며 민속적인 미와 상징성을 지니고 있는 그림'이라고 **규정**⑤하였습니다. 민화에는 삶의 복을 빌며 **출세**⑥를 바라는 마음이 들어있고, 꽃, 새, 물고기, 까치, **십장생**⑦, 산수, 풍속 등 자연에서 흔히 볼 수 있는 것들이 그려져 있습니다. 이렇듯 민화는 주로 실용적인 목적을 위해서 제작되었고, 일상생활 공간의 장식에 많이 사용되었습니다.

　　민화의 소재로 등장하는 동물의 종류는 다양하지만, 그중에서 가장 많이 등장하는 동물은 호랑이입니다. 민화 속 호랑이는 그린 사람의 의도에 따라 의미나 **상징성**⑧이 서로 다릅니다. 그래서 호랑이가 그려진 민화를 볼 때에는 어떤 의미의 호랑이인지를 알 수 있어야 합니다. 호랑이의 의미로는 첫째, 은혜를 갚는 호랑이입니다. 인간이 어려운 처지에 있는 호랑이를 도와주었을 때 그것을 잊지 않고 은혜를 갚는 것입니다. 또는 인간의 선한 행동에 감동해 스스로 인간을 돕는 내용의 것도 있습니다. 둘째, 인간을 잡아먹는 호랑이입니다. 호랑이가 인간을 삼켜 버리는 것이 주된 내용입니다. 호랑이가 삼켜버린 인간은 다시 살아날 수도 있고 그 자리에서 그냥 죽임을 당하는 두 가지의 경우가 있습니다. 셋째, 우둔한 호랑이입니다. 여기서는 호랑이가 어리석은 동물로 그려지며 작은 동물이 골탕을 먹이는 대상이 됩니다. 넷째, 변신하는 호랑이입니다. 인간이 호랑이로 변신하는 경우도 있고 호랑이가 인간으로 변신하는 경우도 있습니다.

↑ 호작도 (호암미술관 소장)

　　호랑이를 소재로 한 민화 중에서 '호작도'라는 그림을 살펴보겠습니다. '호작도'는 호랑이와 까치를 그린 그림들을 말합니다. 처음에 중국에서 건너온 호랑이와 까치 그림은 우리나라에 전파되면서 점점 우리나라 특유의 **화풍**⑨이 되었습니다. 일반적으로 호랑이는 무섭고 용맹스럽게 표현되는데, 이 그림에서는 우스꽝스럽고 익살스럽게 표현했습니다. 그리고 까치와 호랑이의 관계가 단순히 주인공과 배경의 관계를 넘어서 흥미로운 이야기로 표현되고 있습니다. 호랑이는 탐관오리와 같이 힘과 권력이 있는 사람을 상징하고,

까치는 힘없는 서민을 대표합니다. 또한, 호랑이는 바보스럽게 표현되고 까치는 당당하게 묘사되면서 호랑이가 까치에게 쩔쩔매는 모습으로 표현됩니다. 이는 신분 사회에서 겪고 있는 양반과 서민 간의 갈등 문제를 재미있고 **풍자**적으로 나타낸 것입니다.

　예전에는 민화가 전통 동양 회화 기법을 사용하지 않고, 전문 화가의 그림이 아니라는 이유로 우리 민족 전통 미술에 있어 별로 중요하지 않다고 생각했습니다. 유명한 화가들의 풍속화와 비교했을 때, 모양도 우습고 작가도 불분명하고 고급스럽지 않았기 때문이었습니다. 하지만 최근에 여러 학자들은 민화의 존재 자체가 우리나라 전통 미술의 다양성과 독창성에 크게 기여를 했다고 말합니다. 다양한 유형으로 이루어진 민화는 우리 민족 생활양식의 오랜 역사와 밀착되어 형성되어있고, 내용이나 발상 등에는 한국적인 **정서**가 짙게 **내재**해 있기 때문입니다. 이제는 우리 민화가 소중하다는 것을 이해하고 잘 보존하고 연구해야 할 것입니다.

1 중심생각
이 글의 중심내용은 무엇일까요? ─────────────────────── [　　　]

① 민화의 화풍　　② 민화의 쓰임새　　③ 민화 속 식물　　④ 민화의 작가들　　⑤ 민화의 역사

2 세부내용
이 글의 내용과 일치하지 <u>않는</u> 것을 고르세요. ─────────────── [　　　]

① 민화는 무명 화가나 떠돌이 화가에 의해 그려졌습니다.

② 민화에 등장하는 호랑이는 다양한 의미를 지니고 있습니다.

③ 민화는 일반 서민의 일상생활과 관련이 있으며 장식에 많이 사용되었습니다.

④ 민화는 실용성보다는 창의성이 강조되며 주로 창의적인 목적으로 제작되었습니다.

⑤ 민화에는 꽃, 새, 물고기, 까치, 십장생, 산수, 풍속 등 자연에서 흔히 볼 수 있는 것들이 그려져 있습니다.

3 어휘표현
아래 문장이 설명하는 낱말을 이 글에서 찾아 써 보세요.

현실의 부정적 모습이나 모순 따위를 빗대어 비웃으면서 씀

8주 37회 해설편 020쪽

어려운 낱말 풀이　① **기법** 교묘한 기술과 솜씨, 방법 技재주 기 法법 법　② **회화** 여러 가지 선이나 색채로 평면 위에 모양을 그려 내는 미술 繪그림 회 畫그림 화　③ **무명** 이름이 널리 알려져 있지 않음 無없을 무 名이름 명　④ **실용성** 실제적인 쓸모가 있는 성질이나 특성 實열매 실 用쓸 용 性성품 성　⑤ **규정** 내용이나 성격, 의미 따위를 밝혀 정함 規법 규 定정할 정　⑥ **출세** 사회적으로 높은 지위에 오르거나 유명하게 됨 出날 출 世인간 세　⑦ **십장생** 오래도록 살고 죽지 않는다는 열 가지. 해, 산, 물, 돌, 구름, 소나무, 불로초, 거북, 학, 사슴 十열 십 長길 장 生날 생　⑧ **상징성** 뚜렷하지 못한 사물이나 개념을 구체적인 사물로 나타내는 성질 象코끼리 상 徵부를 징 性성품 성　⑨ **화풍** 그림을 그리는 방식이나 양식 畫그림 화 風바람 풍　⑩ **풍자** 현실의 부정적 모습이나 모순 따위를 빗대어 비웃으면서 씀 諷풍자할 풍 刺찌를 자　⑪ **정서** 사람의 마음에 일어나는 여러 가지 감정. 또는 감정을 불러일으키는 기분이나 분위기 情뜻 정 緖실마리 서　⑫ **내재** 어떤 현상이나 성질 등이 그 안에 들어가 있음 內안 내 在있을 재

4 ‘민화에 등장하는 호랑이의 의미’에 대해 <u>잘못</u> 말한 친구를 고르세요. ────────── [   ]

세부
내용

① 현지 : 인간을 잡아먹는 호랑이에서 인간이 다시 살아나는 경우는 없어.

② 민지 : 변신하는 호랑이의 경우 호랑이가 인간으로 변신하는 경우도 있어.

③ 지수 : 우둔한 호랑이는 어리석은 동물로 그려지고 작은 동물에게 당하는 대상이야.

④ 원석 : 은혜를 갚는 호랑이는 인간의 착한 행동에 감동해서 돕는 내용으로 그려지는 경우가 있어.

⑤ 시원 : 민화 속 호랑이는 실제 자연 상태의 호랑이가 아니라 그린 사람의 의도에 따라 다른 의미를
가져.

5 이 글에서 설명한 순서대로 나열해 보세요.

구조
알기

(가)	민화 연구 · 보존의 의의
(나)	민화 속 호랑이의 상징성
(다)	민화의 유래와 특징
(라)	‘호작도’의 특징과 상징성

☐ → ☐ → ☐ → ☐

6 ‘호작도’에 나오는 호랑이와 까치의 상징에 대해 생각하며 ‘호작도’의 의미를 써 보세요.

내용
적용

서술형

‘호작도’에서 바보스럽게 표현되는 호랑이는

───

───

───

7 이 글을 읽고 미루어 생각한 내용으로 옳지 <u>않은</u> 것을 고르세요. ────────── [   ]

추론

① 조선 후기에는 신분 제도가 흔들리면서 서민들도 문화를 즐기게 되었습니다.

② 양반들의 그림과 마찬가지로 민화는 감정을 솔직히 표현한 것이 많았을 것입니다.

③ 민화는 주로 그림 공부를 제대로 하지 못한 천민이나 평민들이 그렸을 것입니다.

④ 십장생을 그려 놓은 병풍을 방에 장식하는 것은 오래 살고자 하는 마음 때문일 것입니다.

⑤ 조선 후기에 유행했던 판소리도 당시 사회에 대한 비판을 담고 있어 서민문화라 할 수 있습니다.

[1단계] **아래의 낱말에 알맞은 뜻을 선으로 이어 보세요.**

[1] 실용성 •
[2] 정서 •
[3] 내재 •

• ㉠ 어떤 현상이나 성질 등이 그 안에 들어가 있음
• ㉡ 실제적인 쓸모가 있는 성질이나 특성
• ㉢ 사람의 마음에 일어나는 여러 가지 감정. 또는 감정을 불러일으키는 기분이나 분위기

[2단계] **아래 문장의 빈칸에 알맞은 낱말을 [보기]에서 찾아서 써넣으세요.**

| [보 기] | 실용성 | 정서 | 내재 |

[1] 이 그릇은 모양은 예쁜데 [   ] 이(가) 떨어진다.

[2] 사람에게는 누구에게나 천사와 악마의 양면성이 [   ] 해 있다.

[3] 나는 자연 속에서 체험했던 [   ] 을(를) 노래로 옮겼다.

[3단계] **밑줄 친 말을 다른 말로 알맞게 바꾸어 쓰세요.**

[1] 민화의 **교묘한 기술과 솜씨**는 전통적인 동양의 회화 방식과는 차이가 있다.

→ 민화의 [   ] 은(는) 전통적인 동양의 회화 방식과는 차이가 있다.

[2] 중국의 호랑이와 까치 그림은 점점 우리나라 특유의 **그림 양식**을 만들었다.

→ 중국의 호랑이와 까치 그림은 점점 우리나라 특유의 [   ] 을(를) 만들었다.

시간 **끝난 시간** [   ]시 [   ]분 **1회분 푸는 데 걸린 시간** [   ]분

채점 **독해** 7문제 중 [   ]개 **어법·어휘** 8문제 중 [   ]개

← 스스로 붙임딱지
문제를 다 풀고 맨 뒷장에 있는 붙임딱지를 붙여보세요.

　　우리는 뉴스나 신문에서 '(주)뿌리건설', '(주)뿌리모터스' 등 회사 이름 앞에 '(주)'가 붙는 경우를 종종 보게 됩니다. 여기서 '(주)'는 '주식회사'의 줄임말입니다. 회사라는 말은 우리에게 친근하고 익숙한데, 앞에 '주식'이라는 말은 　　　㉮　　　. 과연 주식회사는 어떤 회사일까요?

　　주식회사는 주식을 판매한 돈으로 회사를 **설립**①하고 운영하는 방식의 회사를 말합니다. '주식'이란, 한 회사에 대해 주인으로서 **행사**②할 수 있는 권리와 회사에 **자본**③을 제공하는 의무를 담고 있는 **증서**④입니다. 주식회사는 주식을 **발행**⑤하여 사람들에게 투자를 받습니다. 주식을 가진 사람들을 '주주'라고 부릅니다. 주주는 그 주식회사가 벌어들인 이익을 주식을 가진 양에 따라 배당 받을 권리를 가집니다. 또한 주주는 주주총회에 참석하여 회사가 앞으로 나아가야 할 방향에 대해 논의할 권리를 가집니다. 하지만 실질적인 경영은 전문 경영인(CEO)에게 맡깁니다. 주식회사는 회사의 자본과 회사의 경영이 분리되는 형태의 회사이기 때문입니다.

　　㉠주식회사를 더 자세히 알아보기 위해, '유한회사'와 비교해보겠습니다. ㉡유한회사는 서로 친분이 있는 적은 수의 투자자가 이익을 **창출**⑥하기 위한 목적으로 하여 설립한 회사입니다. 유한회사는 회사 이름 앞에 '(유)'가 붙어있어 주식회사와 쉽게 구분할 수 있습니다.

　　유한회사는 주식회사와 몇 가지 공통점이 있습니다. 두 회사 모두 투자자들의 자금을 가지고 회사를 설립하고 운영합니다. 그리고 회사가 이익을 내지 못해 문을 닫더라도 주주와 투자자들은 회사가 가진 빚에 대해서 책임을 지지 않습니다. 대신 투자한 돈을 포기해야 됩니다. 이러한 이유로 대부분 회사는 주식회사 또는 유한회사의 형태로 운영됩니다.

　　하지만 유한회사와 주식회사는 다릅니다. 두 회사의 차이점으로는 첫째, 주식회사의 주식은 투자자가 자유롭게 누구에게나 사고팔 수 있지만, 유한회사는 회사의 규칙에 의한 허락을 받아야 가능합니다. 둘째, 주식회사는 회사의 경영과 관련된 사항을 결정하는 이사회를 두는 것이 의무이지만 유한회사는 그런 의무가 없습니다. 때문에 유한회사는 주식회사에 비해 의사결정을 빠르게 할 수 있습니다. 셋째, 주식회사는 자금이 필요할 때마다 주식을 발행하여 추가로 자금을 **조달**⑦할 수 있지만, 유한회사는 처음 회사를 설립할 때의 자금 이외에는 자금을 조달하지 못합니다. 넷째, 주식회사는 최소 1인 이상의 **감사**⑧를 두어 회사의 경영 상태를 점검받고 공개해야 하는 의무가 있지만, 유한회사는 이러한 의무가 없습니다.

　　주주는 회사를 통해 돈을 벌기 위해서 주식을 구매합니다. 회사는 주주에게 회사가 **이윤**⑨을 내면 그만큼의 가치에 해당하는 돈을 돌려주겠다고 약속합니다. 주주는 기업이 돈을 많이 벌면 자신이 가지고 있는 주식만큼의 이익을 얻게 됩니다. ⓒ예를 들어, 처음에 구매한 오백만 원어치의 주식이 나중에 회사가 성장해서 천만 원으로 오르면, 그 회사의 투자자는 오백만 원을 벌게 된 것입니다. 하지만 주식을 구매한다고 해서 모두가 돈을 벌 수 있는 것은 아닙니다. 주식을 비싼 가격에 샀는데, 회사가 잘 운영되지 않아 주식의 가격이 **하락**⑩하는 경우도 있습니다. 주식을 구매해서 손해를 본 것입니다. ⓔ따라서 신중하게 이것저것 따져보고 주식에 투자해야 합니다.

1 이 글의 가장 중심적인 내용은 무엇인가요? ─────────────── [   ]

중심
생각

① 주식회사의 특징   ② 주식회사의 역사   ③ 주식 투자의 위험성

④ 주식회사 운영 방법   ⑤ 주식회사와 유한회사의 차이

2 이 글의 내용과 일치하지 <u>않는</u> 것을 고르세요. ─────────────── [   ]

세부
내용

① 주식회사는 주식을 판매한 돈으로 회사를 설립하고 운영합니다.

② 회사가 잘 운영되지 않아 주식의 가격이 하락하는 경우도 있습니다.

③ 주주는 회사에 필요한 자본을 제공하고 회사의 실질적인 업무에 참여합니다.

④ 주식회사는 감사를 두어 회사의 경영 상태를 점검 받고 공개해야 하는 의무가 있습니다.

⑤ 회사 이름 앞에 (주)가 붙어있으면 '주식회사', (유)가 붙어있으면 '유한회사'라고 읽습니다.

3 빈칸에 알맞은 말을 넣어 이 글을 정리해 봅시다.

구조
알기

주식회사란 [   ] 을(를) 판매한 돈으로 [   ] 을(를) 설립하고 운영하는 방식의 회사를 말합니다. [   ] 은(는) 회사의 운영에 필요한 [   ] 을(를) 제공하고 회사의 나아가야 할 방향을 [   ] 을(를) 통해서 정합니다.

어려운 낱말 풀이   ① **설립** 건물이나 조직, 회사 등을 세움 設세울 설 立세울 립   ② **행사** 힘이나 권리의 내용을 실현함 行갈 행 使시킬 사   ③ **자본** 장사나 사업을 시작하는 데 기본이 되는 돈 資재물 자 本뿌리 본   ④ **증서** 권리나 어떤 사실 등을 증명하는 문서 證증거 증 書글 서   ⑤ **발행** 화폐, 증권, 증명서 따위 등을 만들어 세상에 내놓아 널리 쓰도록 함 發필 발 行다닐 행   ⑥ **창출** 전에 없던 것을 처음으로 생각하여 지어내거나 만들어 냄 創비롯할 창 出날 출   ⑦ **조달** 자금이나 물자 따위를 대어 줌 調고를 조 達이를 달   ⑧ **감사** 회사의 재산이나 업무를 감시하고 점검하는 사람 監볼 감 事일 사   ⑨ **이윤** 장사나 사업을 하여 벌어들여 남긴 돈 利이로울 이 潤윤택할 윤   ⑩ **하락** 값이나 수준이 떨어짐 下아래 하 落떨어질 락

4
세부
내용

다음은 이 글에서 설명하는 ㉠ 주식회사와 ㉡ 유한회사의 차이점을 정리한 것입니다. 잘못 정리한 것을 고르세요. ──────────────────────────── [   ]

	주식회사	유한회사
①	최소 1인 이상의 감사를 두어야 합니다.	감사를 두지 않아도 됩니다.
②	이사회를 두는 것이 의무입니다.	이사회를 두지 않아도 됩니다.
③	필요할 때마다 자금 조달이 가능합니다.	처음 회사를 설립할 때의 자금 이외에는 자금을 조달하지 못합니다.
④	투자자가 자유롭게 누구에게나 사고 팔 수 있습니다.	회사의 규칙에 의한 허락을 받아야 사고팔 수 있습니다.
⑤	회사를 운영하면서 자금 사정이 어려워지거나 문을 닫으면 회사가 가진 빚에 대해서 투자자가 책임져야 합니다.	회사를 운영하면서 자금 사정이 어려워지거나 문을 닫더라도 회사가 가진 빚에 대해서 책임지지 않아도 됩니다.

5
어휘
표현

[㉮] 에 들어갈 알맞은 낱말은 무엇인가요? ──────────────────────── [   ]

① 서투릅니다   ② 친숙합니다   ③ 낯섭니다   ④ 서먹합니다   ⑤ 익숙합니다

6
내용
적용

다음 [보기]는 이 글의 ㉢에 사용된 설명 방식을 정리한 것입니다. [보기]와 같은 설명 방식을 활용한 문장을 고르세요. ──────────────────────── [   ]

> [보 기]   이 설명 방식은 읽는 이의 이해를 돕기 위해, 사례를 들어 설명하는 방법입니다.

① 우리가 먹는 밥의 주재료인 쌀은 벼에서 껍질을 벗겨 낸 알맹이를 말합니다.

② 테니스와 배드민턴은 비슷한 점도 많지만, 테니스는 둥근 공을 사용하고 배드민턴은 셔틀콕을 사용합니다.

③ 벌레를 잡아먹는 식물이 있습니다. 벌레잡이풀은 벌레를 잡는 주머니로 벌레가 오기를 기다렸다가 벌레를 잡습니다.

④ 달리기가 빠른 토끼와 느린 거북이가 달리기 시합을 했습니다. 그런데 토끼가 낮잠을 자는 바람에 결국 거북이에게 지고 말았습니다.

⑤ 태극기의 흰색 바탕은 밝음과 순수를 나타내고, 태극 문양은 음양의 조화를 나타냅니다. 그리고 사괘는 하늘, 물, 불, 땅을 상징합니다.

7
추론

위 글의 ㉣과 가장 잘 어울리는 속담을 써 보세요.

[1단계] 아래의 낱말에 알맞은 뜻을 선으로 이어 보세요.

[1] 행사 •
[2] 자본 •
[3] 조달 •

• ㉠ 장사나 사업을 시작하는 데 기본이 되는 돈
• ㉡ 힘이나 권리의 내용을 실현함
• ㉢ 자금이나 물자 따위를 대어 줌

[2단계] 아래 문장의 빈칸에 알맞은 낱말을 [보기]에서 찾아서 써넣으세요.

[보 기]   행사   자본   조달

[1] 우리 할아버지께서는 독립운동 자금을 □□ 하는 일을 하셨다.

[2] 아버지는 퇴직금을 □□ (으)로 작은 식당을 열기로 하셨다.

[3] '주식'이란 한 회사에 대해 주인으로서 □□ 할 수 있는 권리와 의무를 말합니다.

[3단계] 다음 문장을 읽고 빈칸을 채워 완성하세요.

[1] 정부는 새로운 복권의 □□ 을 허가했다.
  └ 화폐, 증권, 증명서 따위를 만들어 세상에 내놓아 널리 쓰도록 함

[2] 주식회사는 최소 1인 이상의 □□ 을(를) 두어야 합니다.
  └ 회사의 재산이나 업무를 감시하고 점검하는 사람

[3] 이 사업은 적어도 만 명의 고용을 □□ 하게 될 것으로 예상된다.
  └ 전에 없던 것을 처음으로 생각하여 지어내거나 만들어 냄

8주 38회 해설편 020쪽

시간 **끝난 시간** □시 □분
1회분 푸는 데 걸린 시간 □분

채점 **독해** 7문제 중 □개
어법·어휘 9문제 중 □개

◀ 스스로 붙임딱지
문제를 다 풀고
맨 뒷장에 있는
붙임딱지를
붙여보세요.

㉠텔레비전을 끄자

풀벌레 소리

어둠과 함께 방 안 가득 들어온다

㉡어둠 속에서 들으니 벌레 소리들 환하다

별빛이 묻어 더 **낭랑하다**①

귀뚜라미나 여치 같은 큰 ⓐ울음 사이에는

너무 작아 ⓑ들리지 않는 소리도 있다

그 풀벌레들의 작은 귀를 생각한다

내 귀에는 들리지 않는 소리들이 드나드는

까맣고 좁은 통로들을 생각한다

그 통로의 끝에 두근거리며 매달린

㉢여린 마음들을 생각한다

발뒤꿈치처럼 두꺼운 내 귀에 부딪쳤다가

㉣되돌아간 소리들을 생각한다

브라운관②이 뿜어낸 **현란**③한 빛이

내 눈과 귀를 두껍게 채우는 동안

그 ⓓ울음소리들은 수없이 나에게 왔다가

너무 단단한 벽에 놀라 되돌아갔을 것이다

㉤하루살이들처럼 전등에 부딪쳤다가

바닥에 새카맣게 떨어졌을 것이다

크게 밤공기 들이쉬니

허파 속으로 ⓔ그 소리들이 들어온다

㉥허파도 별빛이 묻어 조금은 환해진다

　　　　　　-김기택, 「풀벌레들의 작은 귀를 생각함」

1

중심
생각

이 시의 중심 소재를 쓰세요.

....

2

세부
내용

이 시에 등장하는 장면 중 적절하지 <u>않은</u> 것을 고르세요. ──────────── [　　　]

① 말하는 이가 텔레비전을 끄는 장면

② 텔레비전에서 현란한 빛이 나오는 장면

③ 말하는 이가 어두운 방 안에 있는 장면

④ 말하는 이가 밤공기를 마시며 숨 쉬는 장면

⑤ 말하는 이가 까맣고 좁은 통로를 걸어가는 장면

3

어휘
표현

밑줄 친 ⓐ~ⓔ 중 가리키는 것이 <u>다른</u> 하나를 고르세요. ─────────── [　　　]

① ⓐ　　　　　② ⓑ　　　　　③ ⓒ　　　　　④ ⓓ　　　　　⑤ ⓔ

4

작품
이해

이 시의 말하는 이가 풀벌레 우는 소리를 들을 수 없다고 생각하는 까닭을 쓰세요.

우리의 귀가 ....기 때문에 부딪혔다가 되돌아가기 때문이다.

5

어휘
표현

이 시에 대한 설명으로 옳은 것을 고르세요. ──────────────────── [　　　]

① 색깔을 나타내는 표현을 사용했다.

② 말하는 이의 말투가 갑자기 바뀐다.

③ 행마다 글자 수를 일정하게 맞추었다.

④ 소리를 흉내 내는 표현을 사용하였다.

⑤ 시의 내용 안에 사계절이 모두 나타나있다.

🧻 어려운 낱말 풀이

① **낭랑하다** 소리가 맑고 또랑또랑하다 浪밝을 낭 浪밝을 랑-

② **브라운관** 텔레비전 -管피리 관

③ **현란** 정신을 차리기 어려울 정도로 어수선함 眩아찔할 현 亂어지러울 란

6

어휘
표현

밑줄 친 ㉠~㉤에 대한 설명 중 옳지 <u>않은</u> 것을 고르세요. ------------------------------- [   ]

① ㉠ : 이 행동으로 인해 풀벌레 소리의 상황이 **반전**^①된다.

② ㉡ : 어둠 속에서 울리는 풀벌레 소리를 시각적으로 표현했다.

③ ㉢ : 다른 소리들 때문에 귀에 닿지 못했던 풀벌레 소리를 표현한 것이다.

④ ㉣ : 하루살이들의 하루밤에 살지 못하는 안타까운 현실을 강조하고 있다.

⑤ ㉤ : 텔레비전보다는 자연에 집중하기 시작하는 말하는 이의 모습을 보여 주고 있다.

7

추론
적용

[보기]는 이 시에 대한 감상문입니다. 빈칸에 들어갈 알맞은 낱말을 이 시에서 찾아서 써 보세요.

> [보 기]
>
> 　오늘은 김기택 시인의 「풀벌레들의 작은 귀를 생각함」을 읽었다. ☐☐☐
>
> 소리를 소재로 쓴 시인데, 시를 읽으니 밤의 풍경 속에서 우는 풀벌레들의 ☐☐
>
> ☐☐ 가 진짜로 들리는 것 같았다. 시의 화자는 평소 ☐☐☐☐ 소리
>
> 때문에 듣지 못했던 풀벌레 소리를 듣고 자신이 평소에 작고 사소한 것들을 신경 쓰지 않고
>
> 살았다는 것을 깨닫는다.
>
> 　나 또한 학교를 마치고 집에 돌아오면 늘 텔레비전을 켜 놓거나 컴퓨터를 하곤 해서, 이 시의
>
> 풀벌레 소리와 같은 것들에 무심한 채로 살았던 것 같다. ☐☐☐☐ 이 뿜어낸
>
> 현란한 빛, 텔레비전 소리처럼 사람이 만들어 낸 것과 어둠, ☐☐ , ☐☐☐
>
> 소리 같은 자연의 것이 시 속에서 대조되어 자연의 빛과 소리가 더욱 소중하게 느껴졌다. 나도
>
> 오늘 밤에는 시의 화자처럼 작고 사소한 것들에 귀를 기울이며 크게 ☐☐☐ 를
>
> 들이쉬어 보아야겠다.

어려운 낱말 풀이 ┊ ① **반전** 상황이 뒤바뀜 反되돌릴 반 轉구를 전

[1단계] [보기]의 란(亂)과 관련된 단어들을 학습한 후 아래 빈칸에 알맞은 낱말을 쓰세요.

> [보 기]
>
> **피란**(避피할 피 亂어지러울 란) : 난리를 피함
>
> **문란**(紊어지러울 문 亂어지러울 란) : 도덕, 질서, 규범 따위가 어지러움
>
> **혼란**(昏어두울 혼 亂어지러울 란) : 뒤죽박죽이 되어 어지럽고 질서가 없음

[1] 전쟁이 나자 많은 사람들이 ☐☐ 길에 올랐다.

[2] 지금 나는 어찌해야 할지 너무 ☐☐ 스러워.

[3] 나이가 들수록 더욱 ☐☐ 한 행동은 하지 말아야 한다.

[4] 괜히 헷갈리게 해서 상대방에게 ☐☐ 을 주지 말자.

[5] 법이 없어서 ☐☐ 해진 이곳의 질서를 바로잡도록 하자.

[6] ☐☐ 민들 중에는 가족을 잃어버린 경우도 흔했다고 하는구나.

[2단계] 이 시는 의도적으로 문장 부호를 생략했습니다. 주어진 시의 일부에 어울리는 문장 부호 마침표(.), 쉼표(,)를 넣어 보세요.

> 텔레비전을 끄자 ☐
>
> 풀벌레 소리
>
> 어둠과 함께 방 안 가득 들어온다 ☐
>
> 어둠 속에서 들으니 벌레 소리들 환하다 ☐
>
> 별빛이 묻어 더 낭랑하다 ☐

시간 **끝난 시간** ☐시 ☐분
1회분 푸는 데 걸린 시간 ☐분

채점 **독해** 7문제 중 ☐개
어법·어휘 7문제 중 ☐개

← **스스로 붙임딱지**
문제를 다 풀고
맨 뒷장에 있는
붙임딱지를
붙여보세요.

8주 39회 해설편 021쪽

　모른 척 덮어 버리고 싶은 마음과 끝까지 보고 싶은 마음 사이에서 [　　⑦　　] 한다. 나는 엄마의 일기장을 넘기기가 두려운 건지도 모르겠다. 일기장을 넘길 때마다 엄마에게 준 상처가 얼룩처럼 남아 있는 걸 보게 될까 봐 무섭다.

　그래서 한 장 한 장 차례대로 일기장을 들여다보지 못하고 곧바로 마지막 장을 펼친다.

　"말도 안 돼!"

　이건 정말 말도 안 된다. '나가!'라는 내 말 한마디에 엄마가 이렇게 상처를 받았다니.

　엄마는…… 상처 같은 거 받지 않는 거잖아.

　엄마는…… 상처 따위 받으면 안 되는 거잖아.

　그런 거 아니었어?

　분명 내 눈앞에서 벌어졌지만 믿을 수 없는 일을 겪는 것만 같다. 마지막 장을 몇 번이고 소리 내어 읽어 본다.

　'뚝뚝 떨어져 내리는 눈물에 눈앞이 뿌옇게 흐려져 더 이상은 일기를 쓸 수 없을 만큼 나는 아프다. 아무한테라도 안아 달라고 두 팔을 뻗으며 매달리고 싶다. 아무한테라도 나가라고 소리치고 싶을 만큼 혼자이고 싶다.' "정말 뭐냐고, 엄마!"

　마치 엄마가 내 앞에 있는 것처럼 소리치고 만다. 엄마 대신 빈 의자만이 버티고 앉아 멀뚱히 나를 바라본다.

(중략)

　내 앞의 빈 의자에 대고 따져 묻는다. 내가 바보냐고 따져 묻고 소리쳐도 엄마는 대답하지 않는다.

　"어휴, 정말 웃긴다. 내가 무슨 말만 하면 엄만 바로 뭐라고 대답을 하잖아. 그런데 엄마가 아무 말 안 하고 내 말을 들어주기만 하니까 나도 이렇게 말하게 되네. 엄마도 그래서 나한테 말 못한 거야? 엄마가 무슨 말만 하면 내가 소리 지르고 짜증내니까? 음…… 우리 진짜 이상한 **모녀**①인가 봐. 같이 있을 땐 만날 싸우고 없을 땐 서로 속상해하구. 어제만 해도 그렇잖아. 난 엄마가 애들이랑 오션파크 갈 때 입으라고 새 수영복 사 준다고 했을 때 실은 진짜 고마웠어. 수영복 매장에 가기 전까지만 해도 비싼 거 말고 싸면서 좋은 걸 사자, 정말 그런 마음이었다고. 그런데 엄마가 수영복 매장에 도착하자마자 저렴한 것만 모아 놓은 **매대**②로 뛰어가니까 고마운 마음이 싹 사라져 버리더라구. 어제도 내가 소리를 지르긴 했지. 만날 이런 것만 사 줄 바에야 차라리 그만두라고 나와 버린 것도 나야. 그래도…… 그래도 엄마, 난 지금 사춘기라고. 나도 다른 애들처럼 유행하는 신발 신고 싶고, 비싸도 아이들 앞에서 폼 잡을 수 있는 좋은 메이커 옷 입고 싶다고. 수영복도 한번 사면 몇 년을 입을 거잖아. 엄마! 엄마도 가끔은 그냥 내가 원하는 걸 사 주면 안 돼? 가끔은 아무 말 없이 내 말 좀 들어주기만 하면 안 돼? 엄만 내가 속상한 일 있어서 털어놓으면 이건 이렇게 해라, 엄마 생각에는 그렇게 하는 게 좋겠다, 꼭 해결책까지 말해 주잖아. 난 엄마한테 내 문제를 해결해 달라는 게 아냐. 속상하니까 아무한테도 말할 수가 없으니까, 엄마한테 털어놓고 울고 소리치고 싶은 것뿐이라고. 응? 엄마, 지금처럼 가만히 그냥 내 이야기만 들어 줄 수는 없는 거야?"

내가 혼자 이야기하고 혼자 묻는 내내 빈 의자는 그저 조용히 듣고만 있다. 문득, 엄마의 일기장이 엄마에게 무엇인지 알 것만 같다. ⓒ엄마에게 일기장은 어쩌면 지금 내 앞의 빈 의자와 같은 것일지도 모르겠다.

"그러니까 엄마도 그저 가만히 엄마 얘기에 귀 기울여 주는 사람이 필요한 거야?"

전구에 불이 켜지듯 머릿속에 반짝하고 생각이 떠오른다. 나는 얼른 일어나 내 방으로 달려간다. 12색 사인펜을 들고 나온다. 갈색 사인펜을 들고 맨 마지막 장을 펼친다. 아직 빈 칸으로 남은 귀퉁이에 빈 의자 하나를 그려 넣는다.

"난 역시 미술에 소질③이 있어. 꽤 괜찮은데?"

이번엔 빨간 사인펜을 꺼내 빈 의자 아래에 하트를 그린다. 그리고 초록색 사인펜으로 빨간 하트 안에 이렇게 적어 넣는다. 빈 의자 쿠폰.

"역시 창의력은 나를 따를 자가 없다니까."

완성된 빈 의자 쿠폰을 들여다보며 혼자 피식 웃는다. 엄마가 이 쿠폰을 발견하면 어떤 표정을 지을지 상상해 본다. 엄마 입가에 번질 미소를 떠올리는 것만으로도 내 마음속 딱딱한 스펀지에 물이 스민다.

나, 왜 이래? 짜증났다, 기뻤다 슬펐다, 즐거웠다, 너무 오락가락하는 거 아니야? 윤현정, 너 정말 왜 이러니? 사춘기라서 그래?

-이명랑, 「사춘기라서 그래?」中

1
세부
내용
이 이야기의 첫 부분에서 주인공은 무엇을 하였나요? -------------------------------- [   ]

① 엄마의 일기를 읽었다.　　　　　② 엄마의 얼굴을 그렸다.

③ 엄마와 쇼핑을 하였다.　　　　　④ 엄마에 대한 일기를 썼다.

⑤ 친구에게 엄마에 대한 험담을 했다.

2
세부
내용
주인공이 어제 엄마에게 소리를 지른 까닭은 무엇인가요? --------------------------- [   ]

① 엄마가 새 수영복을 사 주지 않아서　　　② 엄마가 주인공의 일기를 몰래 읽어서

③ 엄마가 오션파크에 가지 못하게 해서　　　④ 엄마가 값싼 수영복을 사 주려고 해서

⑤ 엄마가 수영복 매장에서 창피하게 행동해서

어려운 낱말 풀이 ┊ ① **모녀** 어머니와 딸을 아울러 이르는 말 母어미 모 女여자 녀　② **매대** 상점에서 물건을 놓고 파는 자리 賣팔 매 臺대 대　③ **소질** 타고난 능력이나 기질 素바탕 소 質바탕 질

3 이 이야기를 통해 알 수 있는 어머니에 대한 내용으로 알맞지 <u>않은</u> 것을 고르세요. ········ [   ]

요소

① 주인공의 이야기를 아무 말 없이 잘 들어준다.

② 겉으로 드러나는 것과 달리 속으로는 힘들고 외롭다.

③ 딸과 같이 있으면 싸우기도 하지만 실제로는 딸을 사랑한다.

④ 주인공처럼 가만히 자신의 이야기를 들어줄 사람이 필요하다.

⑤ 주인공의 곤경에 대해 주인공의 바람과는 다른 해결책을 제시한다.

4 빈칸 ㉠에 들어갈 알맞은 낱말을 고르세요. -- [   ]

어휘
표현

① 허겁지겁   ② 갈팡질팡   ③ 싱숭생숭   ④ 어리둥절   ⑤ 두런두런

5 주인공이 ㉡처럼 생각한 까닭은 무엇일지 써 보세요.

작품
이해

서술형

....

6 다음 중 '빈 의자 쿠폰'에 들어갈 내용으로 가장 적절한 것을 고르세요. ------------------------ [   ]

추론
적용

① 당신이 이 쿠폰을 내밀면 상대는 한마디 대꾸도 하지 않고 당신의 잘못을 용서해줍니다.

② 당신이 이 쿠폰을 내밀면 상대는 한마디 대꾸도 하지 않고 당신의 고민을 해결해 줍니다.

③ 당신이 이 쿠폰을 내밀면 상대는 한마디 대꾸도 하지 않고 그저 당신 말을 가만히 들어줍니다.

④ 당신이 이 쿠폰을 내밀면 상대는 한마디 대꾸도 하지 않고 앉고 있던 의자를 당신에게 내어줍니다.

⑤ 당신이 이 쿠폰을 내밀면 상대는 한마디 대꾸도 하지 않고 당신이 마음껏 속마음을 말할 수 있도록 당신 앞에서 사라져 줍니다.

7 사춘기인 주인공의 심리상태를 묘사한 표현 <u>네 글자</u>를 지문에서 찾아 써 보세요.

어휘
표현

....

40회 어법·어휘편 본문에 나온 어휘들만 따로 모아 복습하는 순서입니다.

[1단계] 아래의 낱말에 알맞은 뜻을 선으로 이어 보세요.

[1] 모녀 •　　　　　　　　　• ㉠ 상점에서 물건을 놓고 파는 자리

[2] 매대 •　　　　　　　　　• ㉡ 어머니와 딸을 아울러 이르는 말

[3] 소질 •　　　　　　　　　• ㉢ 타고난 능력이나 기질

[2단계] 빈칸에 알맞은 낱말을 [보기]에서 골라 쓰세요.

> [보 기]　　　　　모녀　　　매대　　　소질

[1] ☐☐ 에 진열되어 있는 저 물건이 꽤 괜찮아 보이는데?

[2] 우리 ☐☐ 은(는) 평소에도 정말 사이가 좋답니다.

[3] 너는 정말 글쓰기에 ☐☐ 이(가) 있나보구나.

[3단계] 이 이야기에서 '메이커'와 '쿠폰'은 우리말로 순화할 수 있습니다. 어울리는 순화 표현을 찾아 ◯표 하세요.

[1] 쿠폰 – (교환권 / 교환원)

[2] 메이커 – (제조일자 / 제조업체)

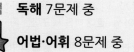 시간　끝난 시간 ☐시 ☐분
1회분 푸는 데 걸린 시간 ☐분

 채점　독해 7문제 중 ☐개
어법·어휘 8문제 중 ☐개

← 스스로 붙임딱지
문제를 다 풀고
맨 뒷장에 있는
붙임딱지를
붙여보세요.

8주 40회
해설편 021쪽

함흥차사의 유래

　심부름을 보낸 사람이 돌아오지 않고 소식도 없을 때 '함흥차사(咸興差使)'라는 말을 많이 씁니다. 함흥차사라는 낱말을 뜯어보면 함흥은 현재 함경남도에 있는 지역이고, 차사는 임금이 중요한 일을 처리하기 위해 뽑은 임시 벼슬을 말합니다. 낱말로만 본다면 함흥차사는 '임금이 처리해야 할 일이 있어 함흥에 보낸 사람'입니다. '함흥차사'라는 말에는 조선을 건국한 태조 이성계와 그의 아들인 태종 이방원에 관한 이야기가 숨어 있습니다.

　태종 이방원은 태조 이성계의 첫째 부인인 신의왕후의 다섯 번째 아들이었습니다. 이성계의 아들들 중에서 조선 건국에 공이 가장 컸기 때문에 이방원은 건국 후에 세자는 자신의 차지라고 생각했을 겁니다. 하지만 세자는 이성계의 둘째 부인인 신덕왕후의 열한 살 난 둘째 아들인 방석이었습니다. 이에 이방원은 형제들과 함께 '왕자의 난'을 일으켜 반대파를 숙청하고 둘째 형을 세자에 올립니다. 그리고 훗날 자신은 조선의 세 번째 왕인 태종이 됩니다.

　왕위를 두고 형제들끼리 죽이는 비극적인 모습을 본 태조는 고향인 함흥으로 가서 은둔생활을 합니다. 형제들을 죽인 태종을 원망하고 분노했기 때문입니다. 하지만 태종은 왕위에 오른 뒤 아버지 태조로부터 왕위의 정당성을 인정받기 위해 아버지를 궁으로 모셔 오려고 했습니다. 또 태조가 도성 밖에 계속 머물 경우 태종에 반대하는 세력들이 왕권을 위협할 가능성이 있었기 때문입니다. 그래서 태종은 아버지를 달래기 위해 함흥으로 신하를 보내지만 태조는 환궁을 거부하고 함흥에 계속 머무릅니다.

　태종을 용서하지 않고 미워했던 태조는 차사들을 활로 쏴 죽였습니다. 이렇게 태조가 활로 차사를 죽이자 아무도 가려 하지 않았습니다. 이때 박순이 지원하여 태조에게 갔습니다. 부자간의 정을 이야기하며 태조를 설득했고, 태조는 돌아가지는 않았지만 박순을 죽이지 않고 보내 줬습니다. 하지만 주위에서 죽이라 하자 태조가 '강을 건넜다면 쫓지 말라'라고 명합니다. 박순이 이미 강을 건너갔을 것이라 생각하고 내린 명령이지만 몸이 아파 강을 건너기 전 하루 쉰 박순은 결국 죽고 말았습니다.

　실제로 태조는 차사를 활로 쏴 죽이지 않았다고 합니다. 하지만 '왕자의 난'을 일으켜 형제의 피를 묻혔던 태종에 대해 오랫동안 미움을 가졌던 태조와 연결하면 그럴듯한 이야기가 만들어집니다. 이 이야기가 이어져 내려오면서 '함흥차사'는 심부름을 가서 오지 않거나 연락이 없을 때 쓰는 말이 되었습니다. 우리 주변의 속담이나 고사성어는 이렇듯 역사적 사건에서 유래된 것이 많습니다.

세자 임금의 자리를 물려받을 임금의 아들 世대 이을 세 子아들 자　**난** 난리 亂어지러울 난　**은둔** 세상을 피해 숨어 지냄 隱숨을 은 遁달아날 둔　**정당성** 세상이 돌아가는 원리에 맞아 옳음 正바를 정 當마땅할 당 性성질 성

뿌리깊은 초등국어 독해력

낱말풀이 놀이

놀이를 하면서 그동안 공부했던 낱말을 복습해 보세요.

놀이 준비하기

뒤쪽에 있는 카드는 **점선에 따라 자른 후**
문제가 있는 면을 위로 하여 쌓아 두세요.

자른 카드는
**낱말풀이 카드
두는 곳**에
쌓아 두세요.

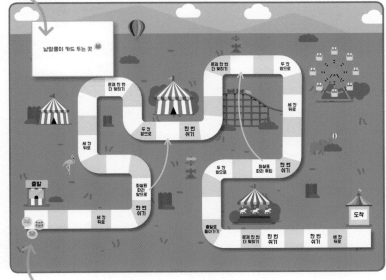

놀이 방법 설명서 뒤쪽에
놀이판이 있습니다.

카드가 있는 쪽의 첫 번째 칸에
놀이용 말이 있습니다.
사람 수대로 잘라 **출발 칸**에 두세요.

※칼이나 가위를 쓸 때는 꼭 부모님과 함께 하세요.

놀이하는 방법

❶ 가위바위보 등을 하여 순서를 정하세요.

❷ 순서대로 가장 위에 있는 카드의 문제를 보고 맞히세요.

❸ 처음 문제를 본 친구가 문제를 풀지 못하면 다음 순서로 넘어갑니다.

❹ 문제를 풀었다면 카드에 적힌 숫자만큼 놀이말을 움직이세요.

❺ 만약 모든 친구가 문제를 풀지 못했다면 그 카드를 맨 밑에 넣으세요.

❻ 가장 먼저 도착한 친구가 승리하는 놀이입니다.

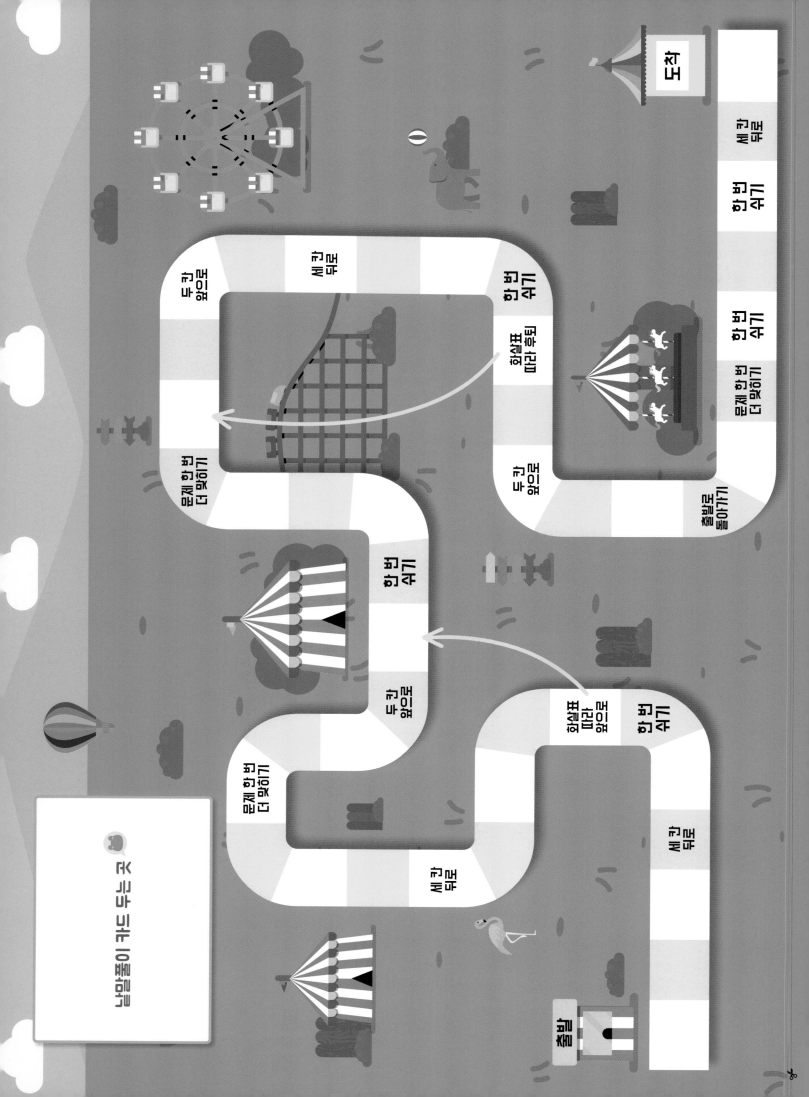

도착

세 칸 뒤로

한 번 쉬기

한 번 쉬기

문제 한 번 더 맞히기

출발로 돌아가기

두 칸 앞으로

세 칸 뒤로

한 번 쉬기

화살표 따라 앞으로

두 칸 앞으로

문제 한 번 더 맞히기

한 번 쉬기

두 칸 앞으로

문제 한 번 더 맞히기

세 칸 뒤로

화살표 따라 앞으로

한 번 쉬기

세 칸 뒤로

나만의 카드 두는 곳

출발

하루 15분 국어 독해력의 기틀을 다지는

뿌리깊은
초등국어
독해력
정답과 해설

6단계

초등 5 · 6학년
대상

MOTHERTONGUE
마더텅출판사
since 1999.4.1.

이 책에 실린 작품

회차	제목	지은이	나온 곳	쪽수
4	웃는 기와	이봉직	한국문학예술저작권협회	22쪽
14	동해 바다	신경림	한국문학예술저작권협회	66쪽
15	방망이 깎던 노인	윤오영	한국문학예술저작권협회	70쪽
30	춘향전	조현설	한국문학예술저작권협회	136쪽
34, 35	두 형제 (독해 학습을 위해 원문의 내용을 요약·정리하여 수록되었음을 양해 바랍니다.)	그림 형제 지음, 마더텅 편집부 각색	구텐베르크 프로젝트에서 원문 참조	154, 158쪽
39	풀벌레들의 작은 귀를 생각함	김기택	한국문학예술저작권협회	176쪽
40	사춘기라서 그래?	이명랑	한국문학예술저작권협회	180쪽

이 책에 실린 작품이 책에 쓰인 사진 출처

회차	제목	출처	쪽수
4	웃는 기와	국립경주박물관	22쪽
6	카시니호	https://www.nasa.gov/	32쪽
6	나사 로고	https://commons.wikimedia.org/	34쪽
11	너와집	https://commons.wikimedia.org/	54쪽
11	굴피집	https://commons.wikimedia.org/	55쪽
12	슈바이처	https://commons.wikimedia.org/	58쪽
18	이삭줍기	https://en.wikipedia.org/	84쪽
18	만종	https://en.wikipedia.org/	86쪽
19	김소월	https://commons.wikimedia.org/	90쪽
23	김만덕	http://www.kculture.or.kr/	106쪽
25	동백나무	http://www.pexels.com	116쪽
25	클로버	http://www.freeimages.com	116쪽
25	개사철쑥	http://pixabay.com	116쪽
25	데이지	http://www.pexels.com	116쪽
25	코스모스	http://www.pexels.com	116쪽
25	민트	http://www.freeimages.com	116쪽
25	매발톱꽃	http://www.flickr.com	116쪽
25	비누풀	http://pixabay.com	116쪽
31	로자 파크스	https://commons.wikimedia.org/	142쪽
31	마틴 루터 킹	https://en.wikipedia.org/	143쪽
33	독립신문	https://commons.wikimedia.org/	150쪽
37	호작도	호암미술관	168쪽

마더텅 학습 교재 이벤트에 참여해 주세요. 참여해 주신 모든 분께 선물을 드립니다.

🎁 이벤트 1 1분 간단 교재 사용 후기 이벤트

마더텅은 고객님의 소중한 의견을 반영하여 보다 좋은 책을 만들고자 합니다.
교재 구매 후, 〈교재 사용 후기 이벤트〉에 참여해 주신 모든 분께는 감사의 마음을 담아 모바일 문화상품권 1천 원권 을
보내 드립니다. 지금 바로 QR 코드를 스캔해 소중한 의견을 보내 주세요!

🎁 이벤트 2 학습계획표 이벤트

STEP 1 책을 다 풀고 SNS 또는 수험생 커뮤니티에 작성한 학습계획표 사진을 업로드

필수 태그 #마더텅 #초등국어 #뿌리깊은 #독해력 #학습계획표 #공스타그램
SNS/수험생 커뮤니티 페이스북, 인스타그램, 블로그, 네이버/다음 카페 등

▶ **STEP 2** 왼쪽 QR 코드를 스캔하여 작성한 게시물의 URL 인증

참여해 주신 모든 분께는 감사의 마음을 담아 ㏄ 모바일 편의점 상품권 1천 원권 및 Ⓑ 북포인트 2천 점 을 드립니다.

🎁 이벤트 3 블로그/SNS 이벤트

STEP 1 자신의 블로그/SNS 중 하나에 마더텅 교재에 대한 사용 후기를 작성

필수 태그 #마더텅 #초등국어 #뿌리깊은 #독해력 #교재리뷰 #공스타그램
필수 내용 마더텅 교재 장점, 교재 사진

▶ **STEP 2** 왼쪽 QR 코드를 스캔하여 작성한 게시물의 URL 인증

참여해 주신 모든 분께는 감사의 마음을 담아 ㏄ 모바일 편의점 상품권 2천 원권 및 Ⓑ 북포인트 3천 점 을 드립니다.
매달 우수 후기자를 선정하여 모바일 문화상품권 2만 원권 과 Ⓑ 북포인트 1만 점 을 드립니다.

하루 15분 국어 독해력의 기틀을 다지는

뿌리깊은
초등국어
독해력
정답과 해설

6단계

5·6학년
대상

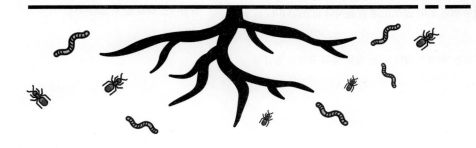

1 스팸메일　　2 ③　　3 ①
4 스팸, 부정적, 제2차 세계 대전, 광고성 메일
5 풍자
6 ④
7 스팸을 구호 물품으로 받았기 때문입니다.

어법·어휘편

[1단계]
(1) 불특정 다수 - ② 특별히 정해지지 않은 …
(2) 구호물품 - ③ 재해, 재난으로 어려움에 …
(3) 풍자 - ⑥ 현실의 문제점을 빗대어 표현하며 …
(4) 유래 - ⑤ 사물이나 어떤 것이 생겨난 과정 …
(5) 포함 - ② 함께 들어가 있거나 함께 넣음

[2단계]
(1) 일상생활　　(2) 관련　　(3) 부정적
(4) 까닭　　　 (5) 반복

[3단계]
(1) 원치 않지만　(2) 이렇습니다　(3) 비꼬려고

1. 이 글은 광고성 메일을 '스팸메일'이라고 부르게 된 것에 대한 이야기입니다.

2. '스팸'은 원래는 통조림으로 된 햄의 이름이었습니다.

3. 스팸은 원래는 광고와는 전혀 무관한, 햄 통조림의 이름이었습니다.

4. 글을 읽고 각 문단별로 가장 중심이 되는 내용을 찾아 문장으로 정리해 봅시다. 그 문장을 연결하면 글 전체를 요약할 수 있게 됩니다.

5. 풍자를 하는 이유는 여러 가지가 있습니다. 단순히 상대방이나 대상을 웃음거리로 만들어 보려는 의도보다는 힘든 현실을 비꼬아 나타내면서 고통이나 시름을 잠시라도 잊어 보고자 문학과 같은 예술에서 풍자를 사용합니다.

6. 스팸메시지는 누군가가 자신의 이익을 목적으로 읽는 사람에게 원하지 않는 정보를 일방적으로 발송하는 것을 말합니다. ④의 내용은 받는 사람에게 중요한 정보를 발송하는 메시지입니다.

7. 제2차 세계대전 당시에는 영국이 살기가 어려웠습니다. 그래서 미국은 영국을 여러 가지 방식으로 도와주었습니다. 그 중 긴급구호물품에 '스팸'이라는 햄이 들어 있었고, 흔한 음식이 되었습니다.

어법·어휘편 해설

[3단계] '원치 않다.'는 '원하지 않다.'라는 말을 줄여 표현한 말입니다.

1 ②
2 ③
3 ③
4 사소, 예절, 순서, 규범, 반복, 비교, 스스로
5 ①
6 이덕무, 사소하지만 꼭 지켜야 할 예절
7 ③

어법·어휘편

[1단계]
(1) 사소하다 - ⑥ 보잘것없이 작거나 적다.
(2) 제시하다 - ⑥ 어떠한 생각을 말이나 글로 …
(3) 확신하다 - ③ 굳게 믿다.

[2단계]
(1) 제시　　(2) 확신　　(3) 사소

[3단계]
(1) 균열　　(2) 귀감

1. 이 글은 '사소절'이라는 책을 소개하며 그 책 속의 중요한 내용인 독서의 방법과 독서의 자세에 대해 알려 주기 위하여 쓴 글입니다.

2. 독서의 방법, 자세, 순서와 예절이 언급되어 있으나 독서의 역사와 관련된 부분은 나와 있지 않습니다.

3. 사소절에서는 책의 내용에 대한 다른 관점들을 함께 비교하면서 읽는 것이 좋다고 하였습니다. 자신이 생각한 내용을 옳다고 굳게 믿고 독서하는 것은 이와 반대되는 생각입니다.

4. 글의 전체적인 흐름을 눈에 보기 쉽게 정리한 표입니다. 이 글은 사소절이라는 책에 대한 소개를 시작으로 책의 주요 내용인 독서의 방법, 독서의 자세에 대해 설명하였습니다.

5. 이 글에서의 '삼다'는 '무엇을 무엇이 되게 하거나 여기다.'라는 뜻입니다.

6. 해설 생략

7. 보기의 글은 다산 정약용이 쓴 '다산시문집'의 '오학론2'입니다. 두 번째 방법인 심문(審問)으로 곧 자세히 따져 묻는다는 것이 잘못된 내용이 있는지 생각하며 분별한다는 것과 공통됩니다.

어법·어휘편 해설

[3단계] 우리나라의 많은 낱말이 한자어로 이루어져 있습니다. 한자어는 뜻글자이기 때문에 한 개의 글자에도 여러 가지 뜻을 가지고 있을 수 있습니다. 한자어가 글의 문맥에 따라서 다른 뜻으로 활용된다는 것을 알 수 있습니다.

1 ②
2 1년간 우주환경을 관측하는 임무를 수행한다.
3 ①
4 누가: 한국항공우주연구원, 왜: 관측
5 ①
6 고압 탱크 관련 문제, 페어링 분리가 이루어지지 않아서
7 ③

어법·어휘편

[1단계]
(1) 비상 - ㉠ 높이 날아오름
(2) 자체 - ㉡ 외부적 영향 없이 내부적이거나 독립적임
(3) 확보 - ㉢ 확실히 보증하거나 가지고 있음

[2단계]
(1) 자체   (2) 확보   (3) 비상

[3단계]
(1) 수성   (2) 금성   (3) 화성   (4) 토성

1. 이 글은 나로 과학 위성을 성공적으로 발사하기까지의 과정에 대한 정보를 전달하기 위하여 쓴 기사문입니다.

2. 나로호는 과학기술위성으로서 1년간 우주환경을 관측하는 임무를 수행한다는 내용이 문단 (가)에 나와 있습니다.

3. 나로호의 1단 액체엔진은 러시아에서 2단 상단 로켓은 국내에서 개발되었다는 내용이 문단 (다)에 나와 있습니다.

4. 이 글은 기사문으로 육하원칙(누가, 언제, 어디에서, 무엇을, 어떻게, 왜)에 맞추어 쓴 글입니다. 글의 내용을 살펴보면 육하원칙이 분명히 나타나 있음을 알 수 있습니다.

5. 문단 (나)는 나로호가 발사되고부터 궤도에 성공적으로 진입하기까지의 과정을 시간의 흐름에 따라 설명하였습니다.

6. 문단 (다)에서 나로호의 앞선 발사가 실패한 이유가 무엇인지 설명하였습니다.

7. 기사문을 보면 앞뒤의 내용을 미루어 여러 가지 정보를 짐작할 수 있습니다. (나)와 (다)의 문단은 나로호가 두 번의 실패 끝에 성공적으로 궤도에 진입하게 된 과정을 설명하고 있습니다.

어법·어휘편 해설

[1, 2단계] '비상'은 높이 날아오른다는 뜻으로 '비행'과 비슷한 뜻을 가진 낱말입니다.

1 웃는 기와
2 3, 15
3 ⑤
4 ④
5 ⑤
6 ②
7 누군가에게 한 번 웃어 주면 천년을 가는 그런 웃음을 남기고 싶어서

어법·어휘편

[1단계]
(1) ③   (2) ①   (3) ①   (4) ③

[2단계]
(1) 실실   (2) 하하하   (3) 까르르
(4) 피식   (5) 빙그레

1. 이 작품은 현재 국립경주박물관에 전시되어 있는 신라시대의 '웃는 기와'의 모습을 보고 쓴 시입니다. 기와에 새겨져있는 미소를 보고 지은이도 웃는 얼굴로 남에게 오랫동안 기억될 수 있는 삶을 살고 싶은 생각이 잘 표현되어 있습니다.

2. 시는 연과 행으로 이루어져 있습니다. 행은 시의 한 줄을 말하며 연은 몇 개의 행으로 이루어져 있습니다. 연은 이야기 글에서 문단과 비슷한 모습입니다. 이 시는 세 개의 연과 열다섯 개의 행으로 구성되어 있습니다.

3. 시인은 웃는 기와의 웃는 표정을 보고 인상이 깊어 자신도 그 모습을 한번 따라해 보았습니다. 따라해 보았다는 것은 자신도 그런 표정을 가지고 싶다는 것으로 생각할 수 있습니다.

4. ㉠은 의인법이 사용되었습니다. 의인법은 사람이 아닌 동물이나 사물을 사람인 것처럼 나타내는 시의 표현법입니다.

5. ㉡은 비유법이 사용되었습니다. 비유법은 표현하려는 대상을 다른 대상에 빗대어 나타내는 방법입니다. 웃는 기와의 모습을 나뭇잎 뒤에 숨은 초승달과 빗대어 표현하였습니다.

6. 시인은 웃는 기와를 보고 역사적인 생각이 들기보다는 평온한 미소를 보고 인상이 깊었습니다. 그래서 본받고 싶은 마음에 웃는 기와처럼 한번 웃어 보았습니다.

7. ㉢의 까닭은 바로 앞서 나타나 있듯이 '한 번 웃으면 천년을 가는 그런 웃음을 남기고 싶어서'입니다.

어법·어휘편 해설

[2단계] [보기]와 같은 소리나 모양을 흉내 내는 말을 많이 쓰면 감각적인 시를 쓸 수 있습니다.

1 점순이
2 ①
3 ⑤
4 ①
5 ④
6 ③
7 ③

어법·어휘편

[1단계]
(1) 몸집 - ㉡ 몸의 부피
(2) 선혈 - ㉠ 생생한 피
(3) 수작 - ㉢ 남의 말이나 행동, 계획을 낮잡아 이르는 말

[2단계]
(1) 수작   (2) 몸집   (3) 선혈

[3단계]
(1) 수캉아지   (2) 수퇘지   (3) 수평아리

---

1. 이 글은 '나'와 '점순이' 사이에 있었던 일과 감정을 잘 그린 소설입니다.

2. 이 글의 '나'는 순박하고 어리숙한 인물로 점순이가 자신에게 관심이 있는지도 잘 모른 채 점순이의 장난에 잔뜩 화를 내고 있는 인물입니다.

3. ⓔ의 '아물다'라는 낱말은 '부스럼이나 상처가 다 나았다.'라는 뜻입니다.

4. 이 소설은 시골을 공간적 배경으로 하였습니다. 그래서 사투리가 많이 사용되었습니다. 등장인물인 '나'가 겪은 경험을 직접 말하는 것처럼 소설이 적혀 있어서 '나'의 속마음이 자세히 나타나 있습니다.

5. 점순이는 부끄럼이 없고 조숙한 여자아이입니다. 점순이가 감자를 건넨 이유는 '나'에게 관심이 있기 때문이었습니다.

6. 점순이는 '나'의 관심을 끌기 위하여 닭싸움을 시켰을 것입니다. 하지만 '나'는 그것도 모르고 점순이를 미워하고 있었습니다.

7. 이 소설이 재미있는 것은 순박하고 아무것도 모르는 '나'에게 자신의 방법대로 감정을 표현하는 점순이의 감정이 서로 대비되어 그려져 있기 때문입니다. 점순이는 '나'의 약점을 이용하여 골탕 먹이는 것이 아니었습니다.

어법·어휘편 해설

[1, 2단계] '수작'은 계교, 계략 등과 비슷한 의미를 가진 낱말입니다. '허튼 수작에 넘어가 버렸다.'와 같이 활용됩니다.

---

1 카시니, 임무
2 (1) O (2) X (3) X (4) O
3 ②
4 ㉠ → ㉢ → ㉡ → ㉣
5 ③
6 토성의 위성과 충돌할 확률이 높았습니다. 그럴 경우 외계 생명체가 존재할 가능성이 있는 위성이 파괴될 수도 있었기 때문에
7 ④

어법·어휘편

[1단계]
(1) 임무 - ㉢ 맡은 일
(2) 위성 - ㉡ 행성의 끌어당기는 힘에 의하여 …
(3) 희생 - ㉠ 어떤 목적을 위하여 목숨, 재산, …

[2단계]
(1) 위성   (2) 임무   (3) 희생

[3단계]
(1) 추측   (2) 전송

---

1. 이 글은 1997년에 토성을 관찰하는 임무를 가지고 지구를 출발한 카시니호의 연료가 부족해지기 시작하면서 토성의 위성과의 충돌을 피하기 위하여 카시니호를 파괴시키기로 한 마지막 임무에 대해 설명한 글입니다.

2. 카시니호는 1997년에 지구를 출발하여 7년 만인 2004년에 토성에 도착하였습니다.

3. 카시니호는 2017년 4월이 되어 연료가 부족해지면서 토성의 위성과의 충돌을 피하기 위하여 토성의 중력을 통해 파괴시키기로 결정되었습니다.

4. 이 글은 카시니호가 지구를 출발하여 토성의 대기에서 부서지기까지의 과정을 시간의 순서대로 설명하였습니다.

5. '뜻이 높고 고상한'의 뜻을 가진 낱말은 '숭고한'입니다.

6. 세 번째 문단에서 내용을 확인할 수 있습니다.

7. 생명체가 존재하기 위하여 필수적으로 필요한 것이 바로 물입니다. 지구에서 여러 가지 행성을 탐사하였지만 현재 물이 있는 행성을 찾을 수 없었는데 카시니호를 통하여 토성의 위성에 물이 있다는 가능성을 발견한 것입니다. 물이 있다는 것은 생명체가 존재할지도 모른다는 가설을 세울 수 있는 중요한 정보입니다.

어법·어휘편 해설

[3단계] '추측'은 미루어 생각하여 헤아린다는 뜻입니다. 짐작, 어림, 추리, 추산, 예측, 추정 등과 비슷한 뜻을 가지고 있습니다.

1 ⑤
2 ③
3 ②, ③
4 의식주
5 문화, 다양한, 자연환경, 편견
6 어떤 문화만이 좋다는 편견에서 벗어나 다양성을 인정하는 것을 말합니다.
7 ②

어법·어휘편

[1단계]
(1) 공유 - ㉠ 두 사람 이상이 한 물건을 공동으로 소유함
(2) 요인 - ㉢ 사물이나 사건이 성립되는 까닭
(3) 절대적 - ㉡ 비교하거나 상대될 만한 것이 없는

[2단계]
(1) 절대적　　(2) 공유　　(3) 요인

[3단계]
(1) 고유한　　(2) 다양한　　(3) 비판

1. 이 글은 서로 다른 문화를 상대주의적인 관점에서 받아들여야 한다는 것을 주장하는 글입니다.

2. 글쓴이는 각 문화 요인도 나름대로의 존재 이유가 있다고 주장했습니다.

3. ‘문화’라는 것은 개인이나 집단이 가지고 있는 생각과 행동방식을 말합니다. 의식주, 언어, 풍습, 종교, 학문, 예술 등을 모두 포함하고 있습니다. 이 글에서는 서로 다른 문화를 개성으로 존중하자고 주장하고 있습니다.

4. ‘옷과 음식과 집을 통틀어 이르는 말’은 ‘의식주’입니다.

5. 글의 중심 내용을 요약하였습니다. 각 문단별 중심 내용을 연결하면 글의 요약이 됩니다. 특히 이 글은 주장하는 글이며, 글쓴이는 글의 마지막 문단에 하고 싶은 말을 정리하여 나타냈습니다.

6. 이 글의 마지막에 글쓴이가 제시한 문화를 바라보는 바람직한 관점인 문화 상대주의가 소개되어 있습니다. 마지막 문단을 보고 정리하여 문화 상대주의를 정의하면 됩니다.

7. 몽골과 독일의 서로 다른 집의 모습을 보고 두 나라의 문화를 이해하려는 관점이 필요합니다.

어법·어휘편 해설

[1, 2단계] ‘절대적’은 ‘상대적’과 반대되는 뜻을 가진 낱말입니다.

---

1 세계, 음식 문화
2 ④
3 ④
4 ②
5 자연환경, 종교, 물고기
6 음식에 맛을 더할 뿐만 아니라 나쁜 냄새를 없애거나 살균 작용을 하기 때문입니다.
7 ③

어법·어휘편

[1단계]
(1) 주식 - ㉠ 밥이나 빵과 같이 끼니에 주로 먹는 음식
(2) 향신료 - ㉢ 음식에 맵거나 향기로운 맛을 더하는 조미료
(3) 살균 - ㉡ 세균 등의 미생물을 죽임

[2단계]
(1) 살균　　(2) 향신료　　(3) 주식

[3단계]
(1) 불결　　(2) 풍족　　(3) 독특

1. 이 글은 세계에 다양한 음식 문화가 있음을 이야기하며 그 이유를 자연환경과 종교에서 설명하였습니다. 그리고 음식이 다른 것에 따라서 식사 예절 또한 다르다며 세계의 사람들은 살아가는 환경에 맞추어 각각의 독특한 음식 문화를 발전시켜 왔음을 설명하였습니다.

2. 이슬람교를 믿는 사람들은 경전의 내용에 따라서 돼지고기를 먹지 않는다고 하였습니다.

3. 추운 나라인 북유럽은 따뜻한 물에 사는 문어나 오징어를 많이 볼 수 없기 때문에 많이 먹을 수 없을 것입니다.

4. ‘왜냐하면’은 뒤에서 말한 일이 앞에서 말한 일의 원인이나 이유일 때 쓰입니다.

5. 이 글의 내용을 요약한 글입니다. 이 글의 각 문단에서 가장 중요한 문장은 문단의 앞부분에 제시되어 있습니다. 문단별로 중요한 내용을 연결하여 요약문을 완성하였습니다.

6. 세 번째 문단을 참고하면 태국이나 스페인 등의 더운 나라에서 향신료를 많이 사용하는 이유가 나와 있습니다.

7. 마지막 문단을 참고하면, 미국에서는 식사 중에 코를 풀어도 결례가 아니라고 하였습니다.

어법·어휘편 해설

[1, 2단계] ‘살균’은 세균과 같은 미생물을 죽인다는 뜻입니다. ‘항균’은 세균과 같은 미생물에 저항한다는 뜻으로 비슷하게 사용되지만 다른 뜻을 가지고 있습니다.

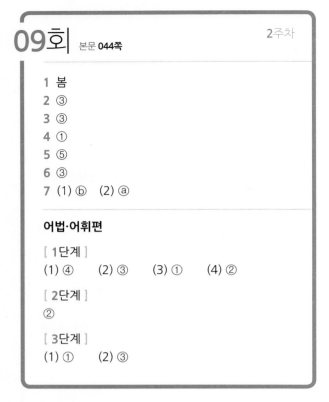

1 봄
2 ③
3 ③
4 ①
5 ⑤
6 ③
7 (1) ⓑ (2) ⓐ

어법·어휘편

[1단계]
(1) ④ (2) ③ (3) ① (4) ②

[2단계]
②

[3단계]
(1) ① (2) ③

1. 시의 제목을 봐도 알 수 있듯이, 이 시에서 노래하는 계절은 '봄'입니다.

2. 말하는 이는 고양이의 털, 눈, 입술, 수염을 차례차례 관찰하며 고양이의 모습에서 포근하면서도 생기 있는 봄을 닮았다고 생각하고 있습니다.

3. ⓒ은 따뜻한 봄날에 온갖 생명이 움트는 봄의 생명력을 감각적으로 표현한 것입니다. 그 모습을 '미친 봄의 불길'로 표현했기에 '차가운' 이미지와는 거리가 멉니다.

4. 이 시의 ㉮는 봄을 고양이에 비유하는 부분입니다. 참고로 비유법 중 '~같이', '~처럼'이라는 표현을 사용하는 직유법이 사용되었습니다. 보기 중 비유법이 사용된 것은 ①번뿐입니다.

5. 이 시는 봄의 느낌을 고양이에 비유하여 섬세하게 나타낸 작품으로 따뜻하고 생기 넘치는 봄의 느낌을 살려 낭송해야 합니다.

6. 두 시 모두 다양한 감각을 활용하여 봄을 묘사하고 있습니다. [보기]의 시에서 봄이 산 너머에서부터 넘어오는 것처럼 보이기 때문에 '누가 살길래'라고 표현한 것으로, 특정한 대상을 그리워하고 있는 것인지는 알 수 없습니다. 또한 전반적으로 봄을 반가워하며 밝고 즐겁게 표현하고 있으므로 정규의 말은 알맞지 않습니다.

7. '너머'는 위치를, '넘어'는 행동을 뜻한다고 생각하면 보다 쉽습니다. 도둑은 담장을 '넘어'가는 행동을 하고 있으며, 담쟁이 넝쿨은 담장 '너머'에 뻗쳐 있습니다.

어법·어휘편 해설

[1단계] '정성 어린'은 '정성'이라는 기운이 배어 있거나 은근히 드러나 있다는 뜻이므로 ④, '김이 어리고'는 연기, 안개, 구름 따위가 모여 나타났다는 뜻이므로 ③, '눈물이 어리고'는 ①, '빛이 어리고'는 ②가 가장 적절합니다.

[2단계] '다물은'은 '입술이나 그처럼 두 쪽으로 마주 보는 물건을 꼭 맞댄'이라는 뜻이기 때문에 '닫은'이 가장 답으로 적절합니다.

[3단계] '같이'는 [가치], '불길이'는 [불끼리]라고 발음해야 합니다.

1 ② **2** ③ **3** ⑤ **4** ②
5 여우 사냥꾼들이 목요일마다 마을 사람들과 춤을 추느라 여우 사냥을 하지 않아 여우가 마음 놓고 쉴 수 있기 때문입니다.
6 위협, 사냥꾼, 필요한, 닭 **7** ④

어법·어휘편

[1단계]
(1) 행성 - ⓒ 항성 주위를 도는 천체
(2) 곁눈 - ㉠ 눈동자만 옆으로 굴려서 보는 눈
(3) 이튿날 - ⓒ 다음날

[2단계]
(1) ㄷ (2) ㄴ (3) ㄱ

[3단계]
(위에서부터) 가지가지, 골고루, 이야기, 밤새

1. 여우는 어린 왕자에게 자신을 길들여 달라고 요구할 정도로 큰 관심을 갖고 있습니다. 무서워한다고 정리한 ②번이 잘못된 설명입니다.

2. 여우는 자신이 닭을 사냥하고 사람들이 여우를 사냥하는 것은 지겨운 것이라고 하고 있습니다. 이는 길들여지면 일어나게 될 일과 관계가 없으므로 정답은 ③번입니다.

3. 이 이야기는 어린 왕자가 질문하고 여우가 대답하는 대화를 통해서 '길들여지는 것'에 대한 여우의 생각을 설명하고 있으므로 정답은 ⑤번입니다.

4. 마지막 단락에서 여우는 '의식이란, 어떤 날은 다른 날들과 다르게 만드는 일이야.'라고 말하고 있으므로 정답은 ②번입니다.

5. 여우에게 목요일이 좋은 날인 이유는, 여우 사냥꾼들이 목요일마다 마을 사람들과 춤을 추느라 여우 사냥을 하지 않아 여우가 마음 놓고 쉴 수 있기 때문입니다.

6. 여우는 어린 왕자가 살던 행성에 '위협'이 되는 '사냥꾼'이 없다는 말에 그 행성이 완전한 곳이라는 흥미를 갖지만, 자신에게 '필요한' 존재인 '닭' 또한 없다는 이야기에 실망하며 "세상에 완전한 건 없군."이라고 말했습니다.

7. 여우는 '길들이는 것'은 관계를 맺음으로 인해 세상에서 하나뿐인 존재가 되는 것이라고 설명하고 있습니다. 그러나 많은 사람들이 쓰고 있는 최신형 스마트폰은 누구나 쓸 수 있는 존재이므로 관계 맺음을 통해 생긴 유일한 존재는 아닙니다. 따라서 정답은 ④번입니다.

어법·어휘편 해설

[1단계] '행성'은 '항성의 주위를 도는 천체'를 말합니다. '곁눈'은 '눈동자만 굴려서 보는 눈'이라는 뜻이며, '이튿날'은 '다음날'을 뜻합니다.

[2단계] (1) 기념일에 맞는 행사를 치른다는 의미의 ㄷ이 정답입니다. (2) 환경 보호에 대한 생각이 높아지고 있다는 의미이므로 ㄴ이 정답입니다. (3)은 옷과 음식이 풍족한 다음에 예절을 차리게 된다는 의미의 속담이므로 ㄱ이 정답입니다.

[3단계] 준말은 '단어 일부분이 줄어든 말'입니다. '갖가지'는 '이런저런 여러 가지'라는 의미가 있는 '가지가지'의 준말입니다. '고루고루'는 '두루두루 빼놓지 않고 모두'라는 의미로 준말은 '골고루'입니다. '얘기'는 '줄거리가 있는 말이나 글'이라는 의미로 '이야기'의 준말입니다. '밤사이'는 '밤이 지나는 동안'이라는 의미로 준말은 '밤새'입니다.

11회 본문 054쪽

1 한옥
2 ①
3 참나무 껍질
4 ②
5 기와, 기간, 초가, 너와, 틈, 틈, 난방
6 한 해에 한 번씩 새 초가로 갈아 주어야
7 ②

어법·어휘편

[1단계]
(1) 병풍 - ⓒ 바람을 막거나 무엇을 가리거나 …
(2) 가옥 - ⓛ 사람이 사는 집
(3) 취약 - ㉠ 무르고 약함

[2단계]
(1) 병풍   (2) 가옥   (3) 취약

[3단계]
(1) ④   (2) ②   (3) ①   (4) ③

1. 이 글은 우리 조상들이 주변 환경과 어울리게 짓고 살았던 한옥의 종류를 소개한 글입니다.

2. 두 번째 문단에서는 기와로 지붕을 이은 기와집에 대해 소개하고 있습니다. 기와는 상당히 비쌌기 때문에 일반 농민들이 기와로 집을 짓고 살기는 어려웠고 양반들만 기와로 지은 집에 살 수 있었다고 합니다.

3. 다섯 번째 문단에서는 굴피집을 소개하고 있습니다. 굴피란 참나무 껍질을 말합니다.

4. '왜냐하면'은 뒷 문장이 앞 문장의 원인이 될 때 두 문장을 이어 주는 말입니다.

5. 이 글은 한옥의 종류인 기와집, 초가집, 너와집, 굴피집이 가지고 있는 특성과 장단점을 자세히 설명하였습니다.

6. 초가집의 단점은 한 해에 한 번씩 초가를 갈아 주어야 한다는 점이었습니다.

7. 이 글은 한옥의 대표적인 네 가지 종류가 각각 어떤 특징을 가지고 있는지 자세히 설명하였습니다.

어법·어휘편 해설

[1, 2단계] '취약'은 무르고 약하다는 뜻입니다. '연약'과 비슷한 뜻을 가지고 있고, '강인'과 반대되는 뜻을 가지고 있습니다.

12회 본문 058쪽

1 슈바이처
2 의학
3 ④
4 의학 박사, 가봉, 노벨 평화상
5 ①
6 ③
7 ⑤

어법·어휘편

[1단계]
(1) 고귀한 - ⓛ 훌륭하고 귀중한
(2) 포로 - ㉠ 사로잡은 적
(3) 수상 - ⓒ 상을 받음

[2단계]
(1) 포로   (2) 수상   (3) 고귀한

[3단계]
(1) 차별   (2) 마치   (3) 박애

1. 이 글은 슈바이처가 박애를 온몸으로 실천한 생을 시간의 흐름에 따라 이야기한 글입니다.

2. 두 번째 문단을 통하여 슈바이처는 가난과 질병에 허덕이고 있는 아프리카 원주민을 돕기로 결심하고 의학 공부를 시작하였다는 것을 알 수 있습니다.

3. 슈바이처는 유럽 사람들이 아프리카 사람들을 괴롭히고 자원을 빼앗은 일에 대해 반성을 하자는 내용으로 유럽 곳곳을 돌아다니며 강연을 하였습니다.

4. 이 글은 시간의 흐름에 따라 슈바이처가 한 일과 업적을 설명하였습니다.

5. '허덕이다'는 자신이 처한 상황을 이겨내기가 힘에 부쳐 쩔쩔매거나 괴로워하는 것을 말합니다.

6. 앞 문장을 보면 랑바레네 원주민들은 슈바이처가 병을 치료하는 것을 마술같다고 생각하였다 합니다. 이를 볼 때, '오강가'는 '마법사'라는 뜻일 것입니다.

7. 테레사 수녀는 수녀가 되어 인도로 파견되어 수녀원 밖에서 가난에 허덕이는 사람들을 돌보았습니다.

어법·어휘편 해설

[1, 2단계] '고귀한'은 훌륭하고 귀중하다는 뜻으로 고귀한 성품, 고귀한 신분 등과 같이 사용됩니다.

13회 본문 062쪽

1 전기 자전거 주행 방법
2 ②
3 심을, 움직일
4 ㄴ, ㄱ, ㄹ, ㄷ
5 ④
6 자전거에서 내려 안전한 곳에 세우고, 계기판 전원 스위치를 눌러 전원을 끕니다.
7 ②

어법·어휘편

[1단계]
(1) 장착 - ⓒ 의복, 기구, 장비 등에 장치를 부착함
(2) 주행 - ⓛ 주로 동력으로 움직이는 자동차나 열차 등이 달림
(3) 가동 - ⓝ 사람이나 기계가 움직여 일함

[2단계]
(1) 가동   (2) 장착   (3) 주행

[3단계]
(1) ②   (2) ①   (3) ③

1. 이 글은 전기 자전거를 어떻게 하면 주행할 수 있는지 방법을 차례대로 설명한 실용문(설명서)입니다.

2. 5-1의 단계를 참고하였을 때, 전기 자전거의 주행이 끝나면 자전거에서 내려 안전한 곳에 세우고, 계기판 전원 스위치를 눌러 전원을 꺼야 한다고 되어 있습니다.

3. 해설 생략

4. 설명서의 1단계부터 2-3단계의 내용을 읽고 정리하면 빈칸을 채울 수 있습니다.

5. 2-3단계를 보면, 크랭크가 45도 이상 회전해야 모터가 가동된다고 설명하고 있습니다. 페달을 밟으면 크랭크가 작동한다는 것으로 보아 [보기]의 그림은 크랭크라는 것을 알 수 있습니다.

6. 5-1단계에서는 주행이 끝났을 때, 그리고 5-2단계에서는 장기간동안 주차 시에 어떻게 해야 하는지 설명되어 있습니다. 이 설명을 기본으로 정리하시기 바랍니다.

7. 이 글은 전기 자전거를 사용하기 위한 방법을 설명한 글입니다.

어법·어휘편 해설

[1단계] '가동'은 사람이나 기계가 움직여 일하는 것을 말하고, 자전거나 자동차 등과 같은 것이 움직이는 것을 '주행'이라고 합니다.

14회 본문 066쪽

1 동해 바다(동해, 바다, 후포도 정답)
2 ⑤
3 돌, 바다
4 일기
5 ③
6 ②
7 ②

어법·어휘편

[1단계]
(1) ②   (2) ③   (3) ③   (4) ①
(5) ②   (6) ①

[2단계]
(1) (가)   (2) (다)   (3) (나)   (4) (라)

1. 말하는 이는 후포라는 바닷가에서 바다를 바라보며 마음을 표현하고 있습니다.

2. 이 시는 삶을 살아가면서 남에게 너그럽게 대하며 스스로에게는 엄격하게 사는 것이 좋겠다는 교훈을 포함하고 있습니다. 그 교훈을 바다에 빗대어 표현하였습니다. 과거의 추억이라기보다는 현재를 살아가는 사람들에게 남기는 교훈의 메시지라고 볼 수 있습니다.

3. 세상이 어지러워질수록 남에게는 엄격하고 내게는 너그러워진다며 '돌처럼 잘아지고 굳어진다'고 하였습니다. 그리고 '널따란 바다처럼 너그러워지고 싶다'는 것을 보아 돌과 바다를 대조하면서 바람직한 삶의 자세에 대한 소망을 표현하였습니다.

4. 이 시에서의 동해 바다는 나 자신을 되돌아 볼 수 있게 해 주는 존재입니다. [보기]에서는 일기를 읽어 보면 다짐을 다시 되뇌일 수 있다고 하였습니다.

5. 이 시에서는 '동해 바다'를, [보기]에서는 '하늘'을 사람처럼 표현했습니다.

6. 이 시의 주제는 '다른 사람에게는 너그럽고, 자기 자신에게는 엄격하자'입니다. 따라서 ②번이 적절합니다.

7. 이 시는 삶을 살아가는 데 있어서 필요한 교훈을 주는 시입니다. 자신의 삶을 돌아보고 반성할 수 있게 해 주는 것입니다.

어법·어휘편 해설

[1, 2단계] 예시나 설명을 잘 읽으면 충분히 풀 수 있는 문제들입니다. 어려웠을 경우 기본적인 어휘 학습을 많이 해 두시면 좋겠습니다.

15회 본문 070쪽

1 방망이
2 동대문
3 ©
4 ④
5 ③
6 도자기
7 (예시 답안) 어떠한 일에 전념하거나 한 가지 기술에 특출한 사람이다, 자기가 하고 있는 일에 전념하거나, 한 가지 기술을 터득하여 그 일에 몰두하는 철저한 직업 정신을 가지고 있는 사람이다.

어법·어휘편

[1단계]
(1) 늑장 - © 느릿느릿 꾸물거리는 태도
(2) 숫제 - © 아예 전적으로
(3) 심혈 - ㉠ 최대의 힘을 이르는 말

[2단계]
(1) 숫제   (2) 늑장   (3) 심혈

[3단계]
(1) 주시   (2) 좌시   (3) 멸시

---

1. 이 수필은 방망이를 깎는 노인과 있었던 일을 통해서 장인정신에 대해 생각해본 경험을 담은 글입니다. 중심 소재는 방망이입니다.

2. 글쓴이는 동대문 맞은쪽 길가에 앉아 있는 방망이 깎는 노인을 만났습니다.

3. 노인의 태도에 화가 났지만 집에 돌아와 아내가 방망이를 보고는 굉장히 만족을 하자 화가 풀리게 되었습니다.

4. 글쓴이는 노인에 대해서 불쾌한 감정을 가지며 속으로 원망했던 것에 대해서 미안한 마음을 가지게 되었습니다.

5. ㉠의 '풀리다.'는 어떤 감정 따위가 누그러진다는 뜻입니다.

6. [보기]에서 할아버지는 도자기를 잘 만드신다고 합니다. 방망이 깎는 노인처럼 사소한 것 하나도 허투루 하지 않고 꼼꼼하게 정성을 쏟으신다는 점에서 비슷합니다.

7. 방망이 깎는 노인은 자신의 일에 대해 장인정신을 가지고 있는 사람이었습니다. 장인정신은 자기가 하고 있는 일에 전념하거나, 한가지 기술을 터득하여 그 일에 몰두하는 철저한 직업정신을 뜻합니다.

어법·어휘편 해설

[1, 2단계] '숫제'는 '아예 전적으로'라는 뜻으로 '나는 숫제 모르는 척을 하였다.'와 같이 사용됩니다.

16회 본문 076쪽

1 ③
2 1회 제공량
3 ①
4 1회, 총, 퍼센트 영양소, 영양
5 열량
6 자신에게 적합한 식품을 선택할 수 있습니다. 제품 간의 영양소를 비교하여 건강한 식품을 고를 수도 있습니다.
7 ③

어법·어휘편

[1단계]
(1) 해로운 - © 해가 되는 점이 있는
(2) 적합한 - ㉠ 일이나 조건 따위에 꼭 알맞은
(3) 식생활 - © 먹는 일이나 먹는 음식에 관한 …

[2단계]
(1) 해로운   (2) 식생활   (3) 적합한

[3단계]
(1) 素(본바탕 소)   (2) 値(값 치)
(3) 率(헤아릴 량)

---

1. 이 글은 영양 성분 표시를 보는 방법에 대해 설명하고 있는 글입니다.

2. 두 번째 문단을 참고하면, 한 번에 먹게 되는 양을 '1회 제공량'이라 합니다.

3. 총 제공량은 본 식품에 담겨 있는 음식이 얼마만큼인지를 나타내는 낱말입니다. 한 번에 먹게 되는 양은 1회 제공량입니다.

4. 이 글은 식품을 선택할 때 확인해야 하는 세 가지 종류에 대해 자세히 설명한 글입니다. 두 번째 문단부터 네 번째 문단까지 1회 제공량, 총 제공량, 영양소 기준치와 영양 성분에 대해서 자세히 설명하고 있습니다.

5. 네 번째 문단을 참고하면 열에너지의 양을 열량이라고 합니다.

6. 마지막 문단에서는 영양 성분 표시를 통해서 얻을 수 있는 이로운 점을 두 가지 설명하였습니다.

7. 155kcal는 과자의 1회 제공량의 열량입니다. 과자 한봉지를 다 먹으면 2회 제공량을 다 먹는 것이므로 310kcal를 섭취하는 것과 같습니다.

어법·어휘편 해설

[1, 2단계] '적합한'은 일이나 조건 따위에 알맞다는 뜻으로 비슷한 뜻을 가진 낱말은 '상응한, 알맞은, 마땅한, 적당한, 적절한' 등이 있습니다.

1 ②
2 (1) ㉠ - ⓑ 세계 밀치기
(2) ㉡ - ⓒ 모욕적인 말
(3) ㉢ - ⓐ 글 또는 사진 등을 인터넷 …
3 ⑤   4 ②
5 수치심   6 ④
7 사이버 공간에서 다른 학생의 허락 없이 사생활을 공개하는 행동도 당하는 사람을 괴롭게 할 수 있는 사이버 폭력이자 학교 폭력이므로 지수의 행동 역시 학교 폭력에 해당합니다.

어법·어휘편

[1단계]
(1) 유념 - ㉢ 잊거나 소홀히 하지 않도록 …
(2) 당사자 - ㉠ 어떤 일이나 사건에 직접 …
(3) 일방적 - ㉡ 어느 한쪽으로 치우친 것

[2단계]
(1) 유념   (2) 일방적   (3) 당사자

[3단계]
(1) ②   (2) ①   (3) ①   (4) ②

---

1 ③
2 굶주린 이들의 숫자에 비해 남아 있는 곡식의 양은 턱없이 부족했기 때문에 엄격한 관리가 필요했습니다.
3 ④
4 궁핍
5 밀레, 프랑스, 들판, 이삭, 궁핍
6 ③
7 ③

어법·어휘편

[1단계]
(1) 특권 - ㉡ 특별한 권리
(2) 공존 - ㉠ 두 가지 이상의 사물이나 현상이 함께 존재함
(3) 처지 - ㉢ 처하여 있는 사정이나 형편

[2단계]
(1) 특권   (2) 공존   (3) 처지

[3단계]
(1) 한가득   (2) 베풀자   (3) 늘

---

1. 이 글은 학교 폭력의 종류에 대해서 설명하고, 각 종류별로 어떤 행동이 학교 폭력에 해당되는지 설명하고 있습니다.

2. 빈칸 ㉠에는 신체 폭력에 해당하는 것이 들어가야 하므로 'ⓑ 세계 밀치기'가 들어가야 하며, 빈칸 ㉡에는 언어폭력에 해당하는 것이 들어가야 하므로 'ⓒ 모욕적인 말'이, 빈칸 ㉢에는 사이버 폭력이 들어가야 하므로 'ⓐ 글 또는 사진 등…'이 들어가야 합니다.

3. 빌린다는 말을 하고 빌렸으므로 학교 폭력이라고 보기가 어렵습니다. 말을 하지 않고 가져가거나 거부의 의사를 밝혔지만 무시하고 빌려 가는 것은 학교 폭력에 해당됩니다.

4. 친구에게 윽박지르거나 욕을 하는 것은 언어 폭력에 해당됩니다.

5. 본문의 낱말 중 부끄러움을 느끼는 마음을 뜻하는 낱말은 '수치심'입니다.

6. (라)문단을 읽어보면, 손에 꼭 쥔 물건을 억지로 가져오는 건 학교 폭력에 해당됩니다.

7. [보기]의 내용은 사이버 폭력에 해당되는 내용입니다. (다)문단에 [보기]의 내용이 사이버 폭력이 해당되는지 알 수 있는 방법이 나와 있습니다.

어법·어휘편 해설

[1, 2단계] '유념'은 잊거나 소홀히 하지 않도록 마음속에 깊이 간직하여 생각함'이란 뜻입니다. 따라서 선생님 말씀을 '유념'해야 한다고 빈칸을 완성해야 자연스럽습니다.

[3단계] (2),(3)의 문장에서의 '일어나다'는 첫 번째 뜻으로 쓰였고, (1),(4)의 문장에서의 '일어나다'는 '어떤 일이 생기다'라는 두 번째 뜻으로 쓰였습니다.

1. 이 글은 밀레의 〈이삭 줍는 여인들〉에 숨어 있는 이야기를 담은 설명문입니다. 같은 그림도 다양한 관점에서 볼 때 다르게 보일 수 있다는 것을 알려 줍니다.

2. 두 번째 문단을 참고하면, 보안관은 추수가 끝난 들판의 이삭을 줍는 것도 엄격하게 감독하기 때문이라고 하였습니다.

3. 추수가 끝나고 난 뒤에 들판에 있는 남은 밀 이삭은 가난한 사람들에게 주워 가도록 허락하였다고 하였습니다.

4. 해설 생략

5. 중심내용이 드러나도록 요약한 요약문입니다. 글을 읽을 때 중요한 부분을 표시하면서 읽으면 정리하며 요약하기 쉽습니다.

6. ㉠가난한 사람들, ㉡굶주린 이들, ㉣농민은 모두 19세기 프랑스에서 가난하게 살던 사람들을 일컫는 말입니다. ㉢보안관은 이들이 이삭을 줍는 것을 감시하는 사람으로 가난한 사람들과는 대비되는 존재입니다.

7. 두 그림 모두 가난했던 농민들이 가지고 있던 삶의 애환이나 슬픔을 담고 있습니다. 얼핏 보면 만족스럽고 행복하며 여유로운 풍경처럼 보이지만 여러 가지 관점에서 살펴보면 다른 이야기가 숨어 있을 수 있습니다.

어법·어휘편 해설

[1, 2단계] '처지'는 처하여 있는 사정이나 형편이라는 뜻으로 '상황, 사정, 경우, 환경' 등과 비슷한 뜻을 가지고 있습니다.

1 ②
2 ⑤
3 ③
4 ③
5 ④
6 ③
7 ③

어법·어휘편

[1단계]
(1) ②   (2) ①   (3) ③   (4) ③
(5) ①   (6) ②

[2단계]
(1) ⓒ 완전히   (2) ㉠ 그럭저럭   (3) ⓔ 얼마쯤

1. 정지용의 〈호수〉는 보고 싶은 마음을 호수로 비유한 유명한 시입니다. 그리운 사람이 곁에 없어서 보고 싶은 마음이 호수만큼 넓고 깊다고 표현하였습니다.

2. 이 시에서 말하는 이는 보고 싶은 마음을 감추고 싶어 합니다. 수치스럽거나 부끄러워서 그런 것이 아니라, 그리움이 너무 커서 마음의 진정이 되지 않으니 차라리 나 자신도 모르도록 감춰 버리고 싶다는 의미로 해석할 수 있습니다.

3. 얼굴과 마음은 서로 대조되는 대상입니다. 얼굴은 마음에 비하여 한없이 작다는 의미입니다.

4. 김소월의 〈못 잊어〉는 떠난 사람을 그리워하며 쓴 시입니다.

5. 이 시는 비슷한 시어를 반복하여 사용하는 것을 통하여 운율을 살리고 있습니다. 하지만 세 번째 행은 다른 문장으로 시작하고 있습니다.

6. 두 편의 시 모두 어떤 대상에 대한 사무치는 그리움을 표현한 시입니다.

7. (가)시의 말하는 이가 눈을 감은 것은 그리워하는 이를 원망하거나 미워하는 마음이 담겨 있는 것은 아닙니다.

어법·어휘편 해설

[1단계] 문제의 '세월'이라는 낱말 대신에 제시된 세월의 다양한 뜻을 넣어서 읽었을 때 가장 자연스러운 것을 찾으면 해당되는 뜻이라 볼 수 있습니다.

1 조선, 청
2 용골대
3 ①
4 ④
5 ②
6 ③
7 ⑤

어법·어휘편

[1단계]
(1) 군신 - ⓒ 임금과 신하
(2) 화친 - ㉠ 나라와 나라 사이에 다툼 없이 의좋게 지냄
(3) 박멸 - ⓛ 모조리 잡아 없애 버림

[2단계]
(1) 박멸   (2) 화친   (3) 군신

[3단계]
실제, 상상

1. 이 글은 병자호란을 배경으로 한 소설로 병자호란은 조선과 청나라 간의 전쟁이었습니다.

2. 이 소설에서 청나라 장군은 용골대입니다. 참고로 용골대는 실제 역사에도 존재하는 청나라 장군입니다.

3. 수많은 군사들이 이리저리 왔다 갔다 하며 정신없는 모습은 '헐레벌떡'이 가장 어울립니다.

4. 용골대는 박씨에게 항복하여 왕대비를 데려가지 못했습니다.

5. 이 소설에는 사투리가 사용되지 않았습니다.

6. 박씨는 자신의 도술을 보여 주며 용골대에게 경고하고 있습니다.

7. [보기]를 통해 박씨전은 전쟁에 패한 아픔을 조금이나마 위로하기 위한 소설임을 알 수 있습니다.

어법·어휘편 해설

[1, 2단계] '군신'은 임금과 신하, '화친'은 나라와 나라 사이에 다툼 없이 의좋게 지냄, '박멸'은 모조리 잡아 없애 버린다는 뜻입니다.

[3단계] 병자호란은 '실제' 사건이며 박씨전은 그 병자호란에 대한 작가의 '상상'이 추가된 소설입니다.

21회 본문 098쪽

1 ②
2 ④
3 ⑤
4 청구권
5 존엄
6 평등권, 정치적, 경제적, 사회적, 문화적
7 ③

어법·어휘편

[1단계]
(1) 보장 - ⓒ 어떤 일이 어려움 없이 이루어…
(2) 구속 - ⓒ 행동이나 의사의 자유를 막음
(3) 개입 - ㉠ 자신과 직접적인 관계가 없는 일에 끼어듦

[2단계]
(1) 구속   (2) 개입   (3) 보장

[3단계]
(1) 부당한   (2) 동등한   (3) 으뜸인

---

1. 이 글은 법 중에서 가장 으뜸인 법인 '헌법'이 무엇인지, 그리고 헌법을 통해 보장받을 수 있는 국민의 권리인 자유권, 평등권, 사회권, 참정권, 청구권의 의미에 대해 설명하는 설명문입니다.

2. 세 번째 문단에서 설명하고 있는 평등권에 대해서는 의미만 설명하고 있습니다.

3. 자유권은 국가 권력의 간섭을 받지 않고 자유롭게 생활할 수 있는 권리를 말합니다.

4. 가장 마지막 문단에서 청구권에 대해 설명하였습니다. 청구권은 다른 기본권을 보장해 줄 수 있는 권리입니다.

5. '존엄'은 인물이나 지위가 감히 범할 수 없을 정도로 높고 엄숙하다는 뜻입니다. '인간의 존엄성'은 인간이라는 점만으로도 누구도 범할 수 없을 정도의 높은 가치를 가지고 있다는 뜻입니다.

6. 성별에 의하여 차별받지 않을 권리는 평등권입니다. 우리가 다문화 가족이거나 남자 혹은 여자라는 이유로, 또 장애를 가지고 있다는 등의 이유로 차별받지 않도록 보호해 주는 권리입니다.

7. 자유권과 관련된 내용은 '종교의 자유'에 해당하는 ③번입니다. ①번은 평등권, ②번은 사회권, ④번은 참정권, ⑤번은 청구권입니다.

어법·어휘편 해설

[1단계] '구속'은 행동이나 의사의 자유를 막는다는 뜻입니다. 또, 다른 뜻으로 법원이나 판사가 피의자나 피고인을 강제로 일정한 장소에 잡아 가두는 것도 구속이라고 합니다. 다양한 뜻을 가지고 있는 낱말입니다.

22회 본문 102쪽

1 낭중지추, 유래
2 (1) O   (2) O   (3) X   (4) X
3 ④
4 (1) 주머니 속의 송곳, (2) 재능이 뛰어난 사람은 숨어 있어도 다른 사람의 눈에 저절로 드러난다.
5 낭중지추, 송곳, 재주, 주머니, 송곳, 낭중지추
6 (예시 답안) 눈에 띄지도 않을 정도로 존재감이 없었기 때문에
7 ⑤

어법·어휘편

[1단계]
(1) 일삼는 - ⓒ 좋지 아니한 일 따위를 계속하여 …
(2) 막중한 - ㉠ 더할 수 없이 중요하고 큰
(3) 재치 - ⓒ 익숙한 솜씨나 말씨

[2단계]
(1) 일삼던   (2) 재치   (3) 막중한

[3단계]
(1) ①   (2) ②   (3) ②   (4) ①

---

1. 이 글은 '낭중지추(囊中之錐)'라는 사자성어의 뜻과 그런 뜻을 가지게 된 유래를 재미있는 이야기로 설명해 주는 글입니다.

2. 조승은 처음에는 모수를 알아보지 못하였습니다. 왜냐하면 그는 그동안 워낙 존재감이 없었기 때문입니다.

3. '발휘하다'는 가지고 있었던 능력을 어떠한 기회에 나타낸다는 의미를 가지고 있습니다. '발달하다'는 몸이나 정서, 지능이 성장하거나 성숙하게 된다는 뜻입니다.

4. 낭중지추의 한자를 그대로 해석하면 원래 뜻인 '주머니 속의 송곳'이라는 뜻입니다. 그러나 이 사자성어의 유래를 통하여 알게 된 뜻은 '숨어 있어도 눈에 띄는 재능이 뛰어난 사람'이라는 뜻입니다.

5. 해설 생략

6. 조승이 처음에 모수를 믿지 못한 이유는 한 번도 눈에 띈 적이 없었기 때문에 능력이 없다고 생각하였기 때문입니다.

7. '낭중지추'는 어떤 상황에 있어도 눈에 띄기 마련이라는 뜻입니다. 노래를 잘하기 때문에 다른 가수들과 있어도 눈에 띌 것이라는 말은 이 사자성어와 잘 맞습니다. 비슷한 사자성어로는 '군계일학(群鷄一鶴)', '현두각(見頭角)' 등이 있습니다.

어법·어휘편 해설

[1, 2단계] '일삼는'은 도박, 싸움 등의 좋지 않은 일을 줄곧 한다고 할 때 쓰는 낱말입니다.

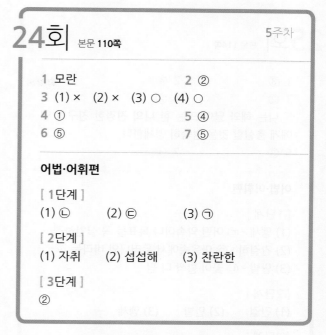

1 상인
2 ③
3 ①
4 임금님을 뵙고 금강산을 보고 싶다.
5 신분, 용기, 이익, 기부, 나눔
6 객주 생활을 할 때 사람들은 김만덕이 여성이라는 이유로 무시했다.
7 ④

어법·어휘편

[1단계]
(1) 중개 - ⓒ 제삼자로서 두 당사자 사이에 서서 일을 주선함
(2) 풍랑 - ⓛ 바람과 물결을 아울러 이르는 말
(3) 포구 - ㉠ 배가 드나드는 곳

[2단계]
(1) 포구   (2) 풍랑   (3) 중개

[3단계]
(1) 등   (2) 총

1. 이 글은 조선 시대 거상 김만덕의 전기문입니다. 김만덕의 직업은 물건을 사고파는 상인이었습니다.

2. 김만덕은 동생을 시켜서 해남, 강진, 영암으로 가서 전 재산으로 쌀을 샀습니다. 왜냐하면 제주 백성들이 흉년으로 굶주리고 있는 것을 보고만 있을 수 없었기 때문입니다.

3. 이어지는 내용이 제주 백성들을 위하여 아낌이 없었다는 것이고 '~하였지만'으로 연결되어 있으므로 아낌이 없었다는 뜻의 반대되는 낱말이 빈칸에 들어가야 합니다.

4. 김만덕은 정조 임금에게 금강산이 보고 싶다고 말하였습니다.

5. 이 글의 전체적인 내용을 요약한 요약문입니다. 그리고 [보기]의 낱말들은 이 글을 요약하는데 필요한 중요한 낱말들입니다.

6. 조선 시대에는 여성에 대한 사회적 차별이 심했습니다. 여성은 사회에서 실력을 발휘하기가 어려운 사회였던 것입니다. 김만덕이 당했던 사회적 차별은 네 번째 문단에서 찾아 볼 수 있습니다.

7. 흉년이 심하여 제주 백성들이 굶주리고 있었습니다. 흉년이 계속되고 제주 백성들의 절반이 죽었다고 기록되어 있습니다. 여성은 사회 활동 전반에서 차별 대우를 받았습니다. 하지만 장사를 하는 것이 법으로 금지가 되어 있던 것은 아니었습니다.

어법·어휘편 해설

[3단계] '풍랑'은 바람과 물결을 아울러 이르는 낱말이며, 주로 혼란과 시련을 뜻하는 낱말로 많이 쓰입니다.

---

1 모란   2 ②
3 (1) × (2) × (3) ○ (4) ○
4 ①   5 ④
6 ⑤   7 ⑤

어법·어휘편

[1단계]
(1) ⓛ   (2) ⓒ   (3) ㉠

[2단계]
(1) 자취   (2) 섭섭해   (3) 찬란한

[3단계]
②

1. 이 시는 '모란'을 중심 글감으로 하여 모란이 지는 순간부터 모란이 다시 피기를 기다리는 순간까지의 슬픔과 기다림에 대해 노래한 시입니다.

2. 이 시의 말하는 이는 모란이 피는 봄을 기다리고 있습니다.

3. (1) 이 시는 하나의 연으로 이루어져 있습니다. (2) 이 시에는 색깔을 나타내는 표현이 사용되지 않았습니다. (3) 이 시에는 모란을 통해 봄을 기다리는 마음과 봄을 보내는 서러움이 드러나 있습니다. (4) 이 시는 처음의 두 행과 마지막의 두 행에서 같은 내용(봄을 기다리겠다고 말하는 것)을 반복하여 강조하고 있습니다.

4. '봄을 여읜 설움', '뻗쳐오르던 내 보람 서운케 무너졌느니', '섭섭해 우웁내다' 등의 표현을 보아 이 시의 3~10행에서는 슬픔과 상실감을 나타내고 있다는 것을 알 수 있습니다.

5. 모란은 봄에 피는 꽃입니다. 코스모스는 가을에 피는 꽃입니다. '모란'과 '봄', '코스모스'와 '가을'은 꽃과 그 꽃이 피는 계절이라는 관계에 있습니다. 정답은 ④번입니다.

6. 역설법은 서로 어울릴 수 없는 말을 함께 사용하여 진실을 드러내는 표현 방법입니다. 이 시에서 '봄'이란 모란이 피는 기쁨과 모란이 지는 슬픔을 동시에 느낄 수 있는 계절입니다. 이러한 진실을 표현하기 위해 어울리지 않는 단어인 '찬란한'과 '슬픔'을 함께 써서 나타낸 ⑤번 '찬란한 슬픔의 봄'이 정답입니다.

7. 이 시의 말하는 이는 모란이 자취도 없이 다 떨어져 버렸지만 다시 모란이 필 때까지 기다리겠다는 태도를 보여 주고 있습니다. 친구가 먼 곳으로 떠났지만 다시 만날 날을 기다리고 있는 ⑤번이 정답입니다.

어법·어휘편 해설

[1단계] (1) '자취'는 '어떤 것이 남기고 간 표시 또는 흔적'이라는 뜻입니다. (2) '섭섭해'는 '없어지는 것이 안타깝고 아까워'라는 뜻입니다. (3) '찬란한'은 '아름답고 밝은'이라는 뜻입니다.

[2단계] (1) 범인이 감쪽같이 자신이 남긴 흔적을 감추어 버렸다는 뜻의 문장이므로 '자취'를 써야 합니다. (2) 동생은 자주 가던 식당이 사라지자 식당이 없어지는 것을 안타깝고 아까워했다는 뜻이므로 '섭섭해'를 써야 합니다. (3) 상자 안에는 보석이 아름답고 밝은 빛을 발하고 있었다는 뜻이므로 '찬란한'을 써야 합니다.

[3단계] 친구가 나와의 약속을 잊어버린 상황이 아쉽다는 뜻이므로 빈칸에는 '서운하다'가 들어가야 합니다. 정답은 ②번입니다.

1 ③　　　　　　　　2 ④
3 ②　　　　　　　　4 ②
5 나는 해와 달이 뜨는 한 나의 진정한 친구인 앤에게 충실할 것을 엄숙히 맹세한다.
6 ③　　　　　　　　7 ④

어법·어휘편

[1단계]
(1) 맹세 - ⓒ 어떤 약속이나 목표를 꼭 실천하겠…
(2) 간절히 - ㉠ 마음속에서 우러나와 바라는 …
(3) 만발 - ⓛ 꽃이 활짝 다 핌

[2단계]
(1) 간절　　(2) 만발　　(3) 맹세

[3단계]
(1) 친절　　(2) 적절　　(3) 간절

---

1. 'ⓒ친구'는 앤을, 나머지는 모두 다이애나를 가리키는 말입니다.

2. 이야기의 마지막 부분에서 앤과 다이애나는 앤이 집으로 돌아가는 길에 '내일 오후를 함께 보내기로 약속' 했습니다.

3. 이 이야기는 앤과 다이애나의 첫 만남을 다루고 있으므로 비현실적인 일들을 다루고 있다는 설명은 맞지 않습니다.

4. ⓐ의 '보내게'는 '시간이나 세월을 지나가게'라는 의미입니다. ②의 '보냈다'는 영화를 보며 시간을 지나가게 했다는 의미이므로 ⓐ와 의미가 가장 비슷한 것은 ②번입니다.

5. (가)는 다이애나가 앤에게 하는 맹세입니다. 앤이 '이 문장에 내 이름을 넣어서 말하면 돼.'라고 했으므로 맹세의 문장에 다이애나의 이름 대신 '앤'을 넣어서 말하면 됩니다.

6. 식물도감을 참고하여 이 글에 등장한 식물들의 개화기를 찾아보면 매발톱꽃(6~7월), 비누풀(7~8월), 개사철쑥(7~9월), 민트(7~9월), 클로버(6~7월)입니다. 다이애나 가족의 정원에 이 식물들이 모두 꽃을 피우고 있으므로 이 이야기의 배경은 여름입니다.

7. 다이애나는 '네가 여기서 살게 되어 정말 기뻐.'라고 말하며 앤과 친구가 된 것을 기뻐하고 있습니다. 따라서 ⓔ에서 실망스러운 표정을 짓는다는 연출은 적절하지 않으며, 미소를 짓는 것이 자연스럽습니다.

어법·어휘편 해설

[1단계] '맹세'는 '어떤 약속이나 목표를 꼭 실천하겠다고 다짐함'을 말합니다. '간절히'는 '마음속에서 우러나와 바라는 정도가 매우 절실하게'라는 뜻이며, '만발'은 '꽃이 활짝 다 핌'을 뜻합니다.

[2단계] (1) 그 친구를 다시 만나기를 바라는 마음이 절실하다는 뜻의 '간절'이 들어가야 합니다. (2) 꽃이 활짝 핀 모양은 '만발'입니다. (3) 다시는 거짓말을 하지 않겠다고 다짐하는 것이므로 '맹세'가 들어가야 합니다.

[3단계] (1) '대하는 태도가 정겹게' 손님을 맞이하는 것은 '친절'하게입니다. (2) 공간과 인원수에 알맞게 의자를 두는 것이므로 '적절'하게 배치하는 것입니다. (3) 합격 결과가 좋기를 절실하게 바라며 기도하는 것은 '간절'한 것입니다.

---

1 힘
2 ②
3 (1) O　(2) X　(3) O　(4) X
4 지구, 자기력, 전기, 접촉면, 탄성력
5 두 물체가 있어야 하고 서로 영향을 주고받는다.
6 ⑤
7 ①

어법·어휘편

[1단계]
(1) 접촉 - ⓔ 서로 맞닿음
(2) 마찰 - ㉠ 두 물체가 서로 닿아 비벼짐
(3) 탄성 - ⓒ 본디 모양으로 되돌아가려는 성질
(4) 작용 - ⓛ 어떤 현상을 일으키거나 영향을 미침

[2단계]
(1) 평소　　(2) 작용　　(3) 방해　　(4) 눈치

[3단계]
(1) 알아봄으로써　　　(2) 붙어 있지
(3) 밟으면　　　　　　(4) 늘였다가

---

1. 이 글은 과학에서 말하는 힘이란 무엇인지를 설명하는 설명문입니다. 힘의 종류를 알기 쉽게 설명하였으며 여러 가지 힘의 종류의 특성을 통하여 힘이란 한 물체와 다른 물체 사이에서 밀거나 끌어당기는 상호작용임을 설명하였습니다.

2. 이 글은 과학에서 말하는 힘에 대한 사실을 전달하는 설명문입니다.

3. 중력은 지구와 지구 위의 물체 사이에 작용하는 힘인데, 맞붙어 있지 않아도 작용을 합니다. 하늘에 날아가는 새나 비행기에게도 중력이 작용합니다.

4. 이 글 전체의 구조도입니다. 첫 번째, 두 번째 문단에서는 이 글에서 어떤 것을 설명할지 주제를 소개하였습니다. 그리고 세 번째부터 여섯 번째까지의 문단에서는 각각 중력, 자기력과 전기력, 마찰력, 탄성력에 대해서 설명하였습니다. 제일 마지막 문단은 이러한 힘의 종류들의 특성을 통하여 과학에서 말하는 힘이란 무엇인지 정리하였습니다.

5. 중력과 자기력, 전기력 및 마찰력의 공통점은 두 물체 사이에서의 상호작용이라는 점입니다.

6. ①~④의 '힘'은 과학에서 말하는 상호작용이라는 의미의 힘이 아닌 '기운을 내거나 빠지다'라는 의미로 쓰인 낱말입니다.

7. 네 번째 문단을 참고하면 두 개의 자석사이에 발생하는 힘인 자기력에 대해 알 수 있습니다. 이 글의 설명에서 자석의 N극과 S극은 달라붙는다고 하였으니, [보기]의 달라붙는 부분인 ㉡과 ⓒ은 서로 다른 극일 것입니다.

어법·어휘편 해설

[3단계] '~함으로서'는 어떤 지위나 신분에 관한 것을 말할 때 사용합니다. 예를 들면 '우리반 반장으로서 말하였다.'입니다.

27회 본문 124쪽

1 열이 이동하는 방법   2 ②
3 ⑤   4 ㉠: 플라스틱 ㉡: 천
5 ②   6 ③
7 (1): ㉡, ㉤ (2): ㉢, ㉥ (3): ㉠, ㉣

어법·어휘편

[1단계]
(1) 구성 - ㉢   (2) 확산 - ㉡   (3) 순환 - ㉠

[2단계]
(1) 순환   (2) 확산   (3) 구성

[3단계]
(1) ③   (2) ①   (3) ②

1. 이 글은 열의 이동 방법에 관해 설명하고 있습니다.

2. 두 번째 문단을 보면 알루미늄과 철은 금속 물질, 플라스틱과 천은 비금속 물질이라는 것을 알 수 있습니다.

3. ㉮ 앞 문장에서는 금속 물질은 열이 잘 전도된다고 설명하고 있지만, ㉮ 뒤의 문장에서는 비금속 물질은 열이 잘 전도되지 않는다는 반대되는 이야기를 하고 있으므로 뒤에 오는 말이 앞의 내용과 반대됨을 나타내는 말인 '반면에'가 들어가는 것이 자연스럽습니다.

4. 냄비 손잡이나 주방 장갑은 열이 잘 전도되지 않아야 하기 때문에 비금속 물질인 '플라스틱'과 '천'으로 만듭니다.

5. 세 번째 문단에서 '바닥 부분에서 가열된 뜨거운 물의 분자는 위로 올라가고, 위에 있던 차가운 물의 분자는 아래로 내려간다'라는 문장을 찾아볼 수 있습니다.

6. 세 번째 문단에서 액체나 기체와 같이 고체보다 비교적 분자의 구성이 자유로운 물질에서 '대류'가 일어난다고 설명하고 있습니다.

7. 전도는 물체를 이루는 분자가 열을 받을 때 충돌하여 열이 이동하는 방식이며, 주로 고체에서 일어납니다. 대류는 열을 받은 액체나 기체 상태의 분자가 직접 이동하며 열이 전달되는 방법입니다. 복사란 열이 직접 전달되는 방법이며 모든 물체는 복사열을 내보내기 때문에 적외선 카메라로 물체의 온도를 눈으로 확인할 수 있습니다.

어법·어휘편 해설

[1단계] '구성'은 '여러 필요한 사람이나 몇 가지의 부분 혹은 요소를 모아서 하나로 만드는 일, 또는 그렇게 해서 하나로 만들어진 것'을 의미하고, '확산'은 '흩어져 널리 퍼짐'이라는 뜻입니다. '순환'은 '어떤 행동이나 현상이 하나의 과정을 지나 다시 처음 자리로 돌아오는 것을 되풀이함'을 말합니다.

[2단계] (1) 혈액이 몸속에서 도는 과정을 '혈액 순환'이라고 합니다. (2) 겨울에 감기가 빠르게 퍼진다는 뜻이므로 '확산'을 쓰는 것이 가장 적절합니다. (3) 밴드부는 악기를 다룰 수 있는 아이들이 모여 만들어진 것이기 때문에 '구성'이 가장 적절합니다.

[3단계] (1) 자신이 만족하기 위해 행동하는 것을 '욕심을 채우다'라고 합니다. (2) 학생들이 빈자리를 채우는 행동을 보아 '일정한 공간에 사람을 가득하게 하다'라는 뜻임을 알 수 있습니다. (3) 이 문장에서 '채우다'는 '정한 수량이 다 되다'라는 의미를 나타냅니다.

28회 본문 128쪽

1 동포
2 인의, 자비, 사랑
3 ②
4 ①
5 ①, ⑤
6 우리나라가 일본의 지배에서 벗어나 독립하기를 소망하는 마음을 강조하는 것이다.
7 ⑤

어법·어휘편

[1단계]
(1) 자주 - ㉠ 남의 보호나 간섭을 받지 아니하고 …
(2) 근래 - ㉡ 가까운 요즈음
(3) 의뢰 - ㉢ 남에게 부탁함

[2단계]
(1) 근래   (2) 자주   (3) 의뢰

[3단계]
(1) 곧   (2) 결코

1. 이 글은 백범 김구 선생이 쓴 글입니다. 우리나라가 일본으로부터 독립을 하기를 소망하며 쓴 유명한 글입니다. 이 글은 두 번째 문단의 시작 부분에서 볼 수 있듯이 우리나라 동포들에게 쓴 글입니다.

2. 여섯 번째 문단을 참고하면 인류가 현재에 불행한 근본 이유는 인의, 자비, 사랑이 부족하기 때문이라 하였습니다.

3. 가장 마지막 문단을 보면, 김구 선생은 우리나라가 독립이 되고 그것이 세계의 평화로 연결되기를 소망하는데 그것은 우리 민족의 힘으로, 특히나 교육의 힘으로 이루어 질 것임을 강조하였습니다.

4. 김구 선생이 이 글에서 강조하고 있는 것은 우리나라의 자주독립입니다.

5. 김구 선생은 듣는 이가 쉽게 이해하고 또 원하는 말을 강조하여 전달하기 위하여 '소원'이라는 말을 반복하였습니다. 또 과거, 현재, 미래라는 시간을 활용하여, 예전부터 가져온 생각이 미래에도 절대 변치 않을 것임을 분명히 하며 자신의 의지가 매우 굳음을 강조하였습니다.

6. 김구 선생은 우리나라의 자주독립을 위하여 모두가 힘을 합쳐야 한다고 강조하였습니다. 가끔 일본에 충성을 다하여 친일로 돌아서는 이들을 강하게 비판하는 말이기도 합니다.

7. 이 두 개의 글 모두 연설문입니다. ⑤는 설명문의 특징입니다.

어법·어휘편 해설

[3단계] '결코'는 '어떠한 이유에도 절대로'라는 뜻으로 뒷부분에 '아니다', '없다', '못하다'와 같은 부정적인 문장과 함께 사용됩니다.

정답과 해설 **15**

29회 본문 132쪽

1 청포도
2 푸른, 흰
3 ⑤
4 ⑤
5 ④
6 광복
7 ⑤

어법·어휘편

[1단계]
(1) 맥락 - ⓒ 서로 이어져있는 관계나 연관
(2) 청포 - ⓒ 푸른 빛깔의 옷
(3) 광복 - ⑦ 일본으로부터 빼앗긴 나라를 되찾음

[2단계]
(1) 맥락   (2) 광복   (3) 청포

[3단계]
사투리, 틀리게

1. 제목부터 봐도 알 수 있듯이 이 시는 '청포도'를 소재로 한 시입니다.

2. ⑦에서는 '푸른'색과 '흰'색이 서로 대비되고 있습니다.

3. 이 시에서는 걱정스런 말투나 슬퍼하는 마음은 찾아볼 수 없습니다.

4. 이 시는 손님이 오기를 바라는 자신의 소망과 느낌을 표현한 시입니다.

5. 대화에서 말하는 부분은 5연의 '두 손은 함뿍 적셔도 좋으련'입니다.

6. [보기]에 따르면 '손님'은 '광복'을 의미합니다.

7. [보기]에서 '손님'과 같은 의미를 지닌 시어는 '초인'입니다. [보기]의 말하는 이 역시 '초인'을 애타게 기다리기 때문입니다.

어법·어휘편 해설

[1, 2단계] '맥락'은 서로 이어져 있는 관계나 연관, '청포'는 푸른 빛깔의 옷, '광복'은 일본으로부터 빼앗긴 나라를 되찾는다는 뜻을 갖고 있습니다.

[3단계] '함빡'은 북한 사투리입니다. 또한 문학에서 표준어가 아닌 방언을 사용하거나 문법적으로 틀린 표현을 사용하도록 하는 것을 '시적 허용'이라고 합니다.

30회 본문 136쪽

1 남원
2 ②
3 ③
4 ②
5 ⑤
6 ①
7 ③

어법·어휘편

[1단계]
(1) 걸인 - ⓒ 거지
(2) 풍류 - ⓒ 멋스럽고 풍치가 있는 일. 또는 그렇게 노는 일
(3) 가락 - ⑦ 소리의 높낮이가 길이나 리듬과 …

[2단계]
(1) 가락   (2) 걸인   (3) 풍류

[3단계]
③

1. 이 글은 고전문학인 '춘향전'의 결말 부분입니다. 이 부분은 남원의 관아를 배경으로 전개된 이야기입니다.

2. 모두 암행어사가 되어 돌아온 이몽룡을 가리키는 낱말입니다. ⓑ는 변 사또와 함께 풍류를 즐기고 있던 운봉이라는 사람을 일컫는 낱말입니다.

3. 이몽룡이 쓴 시는 본인이 암행어사임을 암시하고 있었습니다. 운봉 수령은 이 시를 보고 걸인 행세를 한 이가 암행어사임을 금세 알아차렸으나 변 사또는 그것도 모르고 술에 취해 있었습니다. 이를 보아 변 사또는 어리석은 인물임을 알 수 있습니다.

4. 춘향은 처음에는 어사또를 알아보지 못하였다가 고개를 들고 자세히 보고는 비로소 알게 되었습니다. 어사또가 변 사또를 사또의 자리에서 박탈하라고 명했습니다.

5. 이 글은 소설이지만 시와 같이 중간 중간 비유를 사용하는 부분이 있습니다. 예를 들면 '마패를 햇빛같이 번쩍 들어'와 같은 부분입니다. 그리고 이몽룡의 시도 비유가 탁월한 작품입니다. 이 소설은 선과 악의 대립에서 선이 이기는 내용이기 때문에 서로 갈등하던 인물이 화해하는 과정은 나타나 있지 않습니다.

6. 이몽룡이 쓴 시는 변 사또의 악행을 드러내고 곧 변 사또를 처벌하고 춘향과 재회를 할 수 있을 것이라는 암시를 하는 중요한 부분입니다.

7. ⑦은 백성들의 고생과 원망을 무시하고 자신의 이익만 챙긴 변 사또를 비꼬아 시로 표현한 것이며, [보기]는 그것을 직접적으로 자세히 설명하였습니다.

31회 본문 142쪽

1 흑인(의), 인권
2 피부색, 차별, 버스 안 타기 운동, 인권, 불법
3 ③   4 ③   5 ⑤   6 ②
7 흑인의 수가 백인의 수보다 훨씬 많았기 때문에 흑인들이 버스를 타지 않자 버스 회사의 사정이 어려워졌다.

어법·어휘편

[1단계]
(1) 분만 - ㉢ 아이를 낳음
(2) 재봉 - ㉠ 옷감 따위를 바느질하는 일
(3) 제정 - ㉡ 제도나 법률 따위를 만들어서 정함

[2단계]
(1) 제정   (2) 재봉   (3) 분만

[3단계]
④

---

1. 이 글은 과거 미국에서 차별받던 흑인들의 모습을 예를 들어 설명하고 버스에서 차별대우가 있었던 일을 계기로 흑인들이 인권운동을 하는 모습을 보여 준 설명문입니다.

2. 전체의 내용을 요약한 글입니다. 글을 읽을 때 중요한 부분에 밑줄을 그으면서 읽으면 글을 요약하기 쉽습니다. 이 글의 주요 내용인 흑인들의 인권침해의 예와 버스에서의 차별대우를 계기로 흑인의 인권운동을 벌였다는 것에 대한 중요한 낱말을 찾아 쓰면 됩니다.

3. 흑인들만 '버스 안 타기 운동'에 참여하였습니다. 1956년 법원으로부터 인종 차별이 불법이라는 판정이 나왔지만 마틴 루터 킹 목사는 이후에도 흑인들의 인권을 위하여 발 벗고 나섰고 노벨 평화상을 수상하기도 했습니다.

4. 오합지졸은 규칙이 없이 무질서한 사람들이라는 뜻이고 유유상종은 비슷한 사람들끼리 어울린다는 뜻입니다.

5. 흑인의 인권운동에 마틴 루터 킹 목사가 발 벗고 나섰다고 하였지만 이 글은 마틴 루터 킹의 일생을 그린 전기문은 아닙니다.

6. 인격에 따라 평가받는다고 한 것은 인격에 따라서 차별을 해도 된다는 것이 아닙니다. 피부색은 인격처럼 사람 개개인이 가지고 있고 바꿀 수 있으며 우수함과 그렇지 않음을 판단할 수 있는 것이 아니라는 점을 강조하기 위함입니다.

7. ㉠의 뒤따르는 문장에서 버스 안 타기 운동에 대한 상세한 설명을 하였습니다.

어법·어휘편 해설

[3단계] 문제의 [보기]는 낱말이 관용적으로 쓰이면서 그 의미가 본래의 뜻과 다른 새로운 뜻으로 쓰이는 것을 말하고 있습니다. 하지만 '④ 얼굴을 익히다'에서 '익히다'는 '여러 번 겪어서 설지 않다'는 본래의 뜻으로 쓰였습니다.

32회 본문 146쪽

1 ⑤
2 동물, 습성, 환경
3 (1) 갈증에서 벗어날 자유 (2) 불편함을 느끼지 않을 자유 (3) 본능에 따라 행동할 수 있는 자유 (4) 고통과 질병에서 벗어날 자유 (5) 공포로부터 벗어날 자유
4 ②
5 ④
6 ⑤
7 배변자리와 잠자리를 구분하는 돼지의 청결한 습성대로 살 수 있도록 돼지에게 충분한 공간을 마련하여 사육해야 합니다.

어법·어휘편

[1단계]
(1) 위협 - ㉡ 힘으로 으르고 협박함
(2) 습성 - ㉢ 버릇처럼 몸에 밴 성질
(3) 규정 - ㉠ 지키기로 정한 규칙이나 법

[2단계]
(1) 습성   (2) 위협   (3) 규정

[3단계]
(1) ①   (2) ②   (3) ②   (4) ①

---

1. 이 글은 공장식 축산의 문제점에 대해서 해결할 수 있는 방법으로 '동물 복지'를 제시하고 그것에 대해 설명하였습니다.

2. 두 번째 문단에 나오는 동물 복지의 정의를 이용하여 빈칸을 채울 수 있습니다.

3. 유럽의 국가들은 동물 복지를 특히 중요하게 생각하고 있다고 합니다. 네 번째 문단에서 영국에서는 1979년에 동물의 다섯 가지 자유를 지정했다는 것을 확인할 수 있습니다.

4. 제시된 문장은 닭이 스스로 진드기나 해충을 떼어낼 수 있는 능력을 발휘할 수 있도록 환경을 만들어 준다는 이야기로 동물이 원래 가진 습성대로 살 수 있도록 하는 예입니다. 그러므로 ㉡에 들어가면 앞 문장과 자연스럽게 연결될 수 있습니다.

5. 해설 생략

6. 동물 복지는 사람과 동물이 같은 권리를 누려야 한다는 '동물권'과는 다른 개념이라고 하였습니다. 동물 복지는 동물을 경제적으로 이용하는 것을 바탕에 두고 있다 하였습니다. ⑤의 강아지를 위한 따뜻한 옷은 강아지를 경제적으로 활용할 목적에서 한 행동이 아니기 때문이므로 동물권을 보장한다고 볼 수 있습니다.

7. 배변자리와 잠자리를 구별하는 것이 돼지의 습성이라면, 동물 복지를 위하여 그럴 수 있는 최소한의 공간을 마련해 주어야 할 것입니다. 오른쪽에서 볼 수 있는 돼지사육의 공간은 굉장히 비좁아 보입니다.

33회 본문 150쪽

1 ②
2 (1) 배우기가 쉬우니 좋은 글이다
   (2) 신분에 상관없이 모두 알아보기가 쉽다.
3 ③
4 (다), (가), (라), (마), (나)
5 ③
6 (예시 답안) 남녀노소 누구나 볼 수 있고, 새 깨달음과 새 학문을 얻을 수 있다.
7 ④

어법·어휘편

[1단계]
(1) 소홀히 - ⓒ 중요하게 여기지 않고 흔하게
(2) 도리어 - ㉠ 예상이나 기대 또는 일반적인 …
(3) 물정 - ⓒ 세상의 이러저러한 사정이나 상태

[2단계]
(1) 소홀히   (2) 물정   (3) 도리어

[3단계]
(1) ③   (2) ②

---

1. 이 글은 독립신문이 한문은 안 쓰고 한글로만 쓰는 이유에 대해 설명하였습니다. 이를 위하여 한글이 얼마나 우수한지도 같이 설명하였습니다.

2. 두 번째 문단에 한글이 한문보다 나은 점을 두 가지로 설명하였습니다.

3. 이 글에서는 조선 사람은 한글을 먼저 배워야 한다고 하였습니다.

4. 각 문단별로 가장 중요한 문장을 찾아서 줄을 그어 보면 각 문단의 중심 생각을 알 수 있습니다.

5. '더디다'는 어떤 움직임이나 일을 하는데 걸리는 시간이 오래 걸린다는 뜻입니다.

6. 가장 마지막 문단에 독립신문을 읽게 하고 싶은 독자의 대상을 제시하였습니다. 독립신문은 빈부와 귀천을 막론하고 남녀노소 누구나 읽을 수 있는 새로운 정보를 가진 신문이라 하였습니다.

7. 한문은 굉장히 많은 공부를 해야 익힐 수 있는 문자였습니다. 그래서 공부를 위한 시간이나 비용이 부족한 사람들은 익히기가 힘들었습니다. 그러다 보니 자연스럽게 언어를 아는 것은 높은 계급을 가지고 있는 돈이 많은 사람만 할 수 있는 것이었습니다. 하지만 이 글을 읽고 천민이나 가난한 사람들은 배우기 쉽고 알기 쉬운 한글을 공부하는 것이 좋겠다는 생각이 들었을 것입니다.

34회 본문 154쪽

1 ④   2 ⑤   3 ⑤
4 (1) 도시를 위해 공주님이 용과 억지로 결혼하는 것에 대한 슬픔을 표현하기 위해서
   (2) 일 년 전 공주님이 용과 결혼하려던 날 용을 물리치고 공주를 구한 장군과 공주의 결혼을 축하하기 위해서
5 청혼   6 ④   7 ②

어법·어휘편

[1단계]
(1) ⓒ   (2) ㉠   (3) ⓒ

[2단계]
(1) 제단   (2) 괴성   (3) 포상

[3단계]
(1) ②에 ○표   (2) ③에 ○표

---

1. 사냥꾼은 동물들과 힘을 합쳐 용을 물리치고 공주를 구해 주었고, 공주는 사냥꾼에게 자신의 남편이 되어 달라고 했습니다. 장군은 용을 물리친 공을 가로채기 위해 사냥꾼을 칼로 찌르고 공주를 위협해서 억지로 결혼하려고 했습니다. 공주는 장군의 협박에 하는 수 없이 장군이 용을 물리쳤다고 말했습니다.

2. 늑대는 곰과 함께 산에 붙은 불이 거세지지 않도록 발로 밟아 꺼트렸습니다. 용의 혀를 자른 것은 사냥꾼입니다.

3. ⓒ는 장군을 가리키는 말입니다.

4. 셋째 줄~일곱째 줄에서 '도시 바깥의 산에 사는 용이 공주와 결혼시켜 주지 않으면 도시를 공격하겠다고 말해 공주가 어쩔 수 없이 결혼하는 것을 슬퍼하기 위해' 검은 깃발을 걸었다고 했습니다. 또 마지막 부분을 보면 '일 년 전 공주님이 용과 결혼하려던 날, 용을 물리친 장군과 공주의 결혼식을 기뻐하기 위해서' 도시에 붉은 깃발을 걸었음을 알 수 있습니다.

5. '결혼해 주기를 부탁함'이란 뜻의 낱말은 '청혼'입니다. 이 글의 마지막 행에 쓰였습니다.

6. 사냥꾼은 활이 아닌 칼로 용의 머리를 베었습니다.

7. 장군은 용을 물리친 사냥꾼의 공을 가로채 왕국을 차지하기 위해 사냥꾼을 칼로 찌르고 공주를 억지로 데리고 와서 협박했습니다. 공주는 장군이 정말 자신을 해칠 수도 있다고 생각해서 하는 수 없이 장군이 시킨 대로 말했습니다.

어법·어휘편 해설

[1단계] (1) '포상'은 '한 일을 칭찬하고 앞으로 더 잘하기를 바라며 상을 줌'이라는 뜻입니다. (2) '괴성'은 '매우 이상한 소리'라는 뜻입니다. (3) '제단'이란 '기독교에서 예배나 미사를 드리는 단'을 말합니다.

[2단계] (1) 사람들이 모여서 절을 하는 곳이므로 '제단'이 적절합니다. (2) 어떤 사람이 이상한 소리를 지르며 달려와서 놀란 것이므로 '괴성'이 적절합니다. (3) 올림픽에서 금메달을 딴 것을 칭찬하는 의미로 받은 것이므로 '포상'이 적절합니다.

[3단계] (1) 긴장한 감정을 누그러뜨렸다는 의미이므로 ②번의 뜻으로 쓰였습니다. (2) 자신의 선택에 운명을 담보로 삼았다는 의미이므로 ③번의 의미로 쓰였습니다.

1 ②　　2 ㄱ: 장군 ㄴ: 공주　　3 ⑤

4 실제로 용을 물리친 사람이 나타나는 것을 기다리기 위해서

5 ③

6 (1) ×　(2) ×　(3) ○　(4) ○

7 (맨 위부터) 공주, 용, 동물, 물리치고, 구한, 사냥꾼, 증거, 손수건

어법·어휘편

[1단계]

(1) ㉠　　　(2) ㉢　　　(3) ㉡

[2단계]

사정

[3단계]

(1) ㉠　　　(2) ㉣　　　(3) ㉢

---

1. 이 글에서는 시간의 흐름에 따라 이야기가 진행되고 있습니다.

2. 사냥꾼은 여관 주인의 말을 듣고 장군이 용을 물리친 자신의 공을 가로채기 위해 자신을 칼로 찌르고 공주를 협박하여 거짓말을 하게 만들었다는 것을 알게 되었습니다.

3. '자초지종'이란 '처음부터 끝까지의 모든 과정'이라는 뜻이므로 적절하게 쓰인 것은 ⑤번입니다.

4. 공주는 장군의 협박으로 장군이 용을 물리쳤다고 거짓말을 했지만, 실제로 용을 물리친 사람이 나타나는 것을 기다리기 위해서 일 년 뒤에 결혼식을 올리겠다고 했습니다.

5. 장군은 사냥꾼을 칼로 찌르고 공주를 협박한 나쁜 행동에 대해 벌을 받았고, 사냥꾼은 도시를 위협한 용을 물리친 용감한 행동에 대해 포상을 받았습니다.

6. 사냥꾼은 국왕에게 공주가 준 황금 열쇠와 산호 목걸이, 공주의 이름이 수놓인 손수건을 보여 주며 그동안의 일을 모두 말했습니다. 공주는 사냥꾼이 나타나 기뻐했습니다. 국왕은 장군이 사냥꾼을 칼로 찌르고 공주를 협박해 거짓말을 한 것에 대해 큰 벌을 내렸습니다. 장군은 죽은 줄 알았던 사냥꾼이 나타나 크게 당황하였으며 결국 진실이 드러나 벌을 받게 되었습니다.

7. 공주는 용을 물리치는 것을 도운 동물들에게 황금 열쇠와 산호 목걸이를 주었습니다. 또 공주는 용을 물리치고 자신을 구한 사람에게 공주의 이름이 수놓인 손수건을 주었습니다. 사냥꾼은 자신이 용을 물리친 것을 증명하기 위해 용의 혀 7개를 잘라서 공주가 준 손수건에 보관했습니다.

어법·어휘편 해설

[1단계] (1) '샛길'은 '사이에 난 길'이라는 뜻입니다. (2) '성대한'은 '행사의 규모 등이 매우 크고 훌륭한'이라는 뜻입니다. (3) '진귀한'은 '보기 드물게 귀하고 중요한'이라는 뜻입니다.

[2단계] '사정'이란 '일의 형편이나 여유'라는 뜻입니다.

[3단계] (1) 앞사람과의 사이를 넓히라는 뜻이므로 ㉠의 의미로 쓰였습니다. (2) 잔치를 계획하여 펼친다는 뜻이므로 ㉣의 의미로 쓰였습니다. (3) 자루를 열리게 한다는 뜻이므로 ㉢의 의미로 쓰였습니다.

---

1 변화, 원인

2 ①

3 (1) 심리적인 원인, (2) 사회적인 원인, (3) 언어적인 원인, (4) 역사적인 원인

4 ⑤

5 ④

6 언어의 기본적인 기능인 의사소통을 방해하는 원인이 될 수 있다.

7 ③

어법·어휘편

[1단계]

(1) 부정 - ㉢ 그렇지 않다고 단정하거나 옳지 않다고 반대함

(2) 인식 - ㉠ 사물을 분별하고 판단하여 앎

(3) 교류 - ㉡ 문화나 사상 따위가 서로 통함

[2단계]

(1) 부정　　(2) 교류　　(3) 인식

[3단계]

(1) O　　(2) X　　(3) X

---

1. 이 글은 언어가 변화하는 네 가지 원인을 자세히 설명하였습니다. 그리고 마지막에는 언어가 변화하는 것에 대한 장단점을 설명하여 바람직한 방향을 간단히 덧붙여 제시하였습니다.

2. 현재의 김치는 처음에 '팀채'라고 불렸다 하였습니다.

3. 최근 유행하는 유행어와 관련된 변화 원인은 사회적인 원인입니다.

4. 여섯째 문단은 언어 변화에 대한 장점과 단점을 간략하게 제시하며 사회의 필요에 의해 바람직하게 변화하는 것이 좋겠다고 덧붙인 문단입니다. 따라서 여섯째 문단의 중심 내용은 '언어 변화의 바람직한 방향' 이라고 정리할 수 있습니다.

5. '마구'는 '계획성 없이 아무렇게나 함부로'라는 뜻입니다.

6. 가장 마지막 문단에서 언어 변화의 장점과 단점을 간략하게 설명하였습니다. 기본적인 의사소통을 방해한다는 것의 예를 들면, 사회적 원인에 의한 무분별한 유행어는 세대 간의 소통을 어렵게 할 수 있습니다.

7. 언어는 약속이기는 하지만 본문에서 제시한 네 가지의 원인에 의하여 바뀌기도 합니다.

어법·어휘편 해설

[3단계] 네티즌을 누리꾼이라고 바꿔 부르기로 한 것은 무분별한 외래어의 사용을 막고 한글을 더 많이 사용하기 위한 운동의 일환이었습니다. 그리고 귀여운 자식을 '개똥이'라 부른 것은 미신에 의한 것이었습니다. 이들은 심리적 원인에서 비롯된 '금기어'는 아닙니다.

37회 | 본문 168쪽

1 ①
2 ④
3 풍자
4 ①
5 (다), (나), (라), (가)
6 (예시 답안) 서민을 대표하는 까치에게 쩔쩔매는 모습으로 표현되어 신분 사회에서 겪고 있는 양반과 서민 간의 갈등 문제를 재미있고 풍자적으로 나타낸 것이다.
7 ②

어법·어휘편

[1단계]
(1) 실용성 - ⓒ 실제적인 쓸모가 있는 성질이나 …
(2) 정서 - ⓒ 사람의 마음에 일어나는 여러 …
(3) 내재 - ㉠ 어떤 현상이나 성질 등이 그 안에 들어가 있음

[2단계]
(1) 실용성　　(2) 내재　　(3) 정서

[3단계]
(1) 기법　　(2) 화풍

1. 이 글은 민화가 그려진 이유, 그려진 방식, 그리고 주된 소재였던 호랑이에 대한 이야기를 자세히 설명한 설명문입니다. '화풍'이란 그림을 그리는 방식이나 양식을 뜻합니다.

2. 민화는 그 당시 창의적인 작품으로서 그려진 것이 아니라 특별한 기법도 없이 서민들의 애환을 담은 서민적인 가벼운 작품이었습니다. 최근 들어 그 가치를 인정받아 새롭게 평가받고 있는 것입니다.

3. 신분질서가 엄격했던 조선 시대에는 서민들에게 서럽고 억울한 일들이 많았을 것입니다. 어떻게 현실을 바꿀 수 없으니 그림이나 음악, 소설 등을 통해서 비웃으며 마음속의 위안을 얻었습니다. 이를 '풍자'라고 합니다.

4. 호랑이에게 잡아먹힌 인간은 살아날 수도 있고 그 자리에서 그냥 죽임을 당하는 두 가지의 경우가 있다고 합니다.

5. 이 글은 네 개의 문단으로 이루어져 있고 각 문단은 각각의 중심 내용을 가지고 있습니다.

6. 실제의 삶에서는 탐관오리와 같은 권력이 있는 사람들이 힘없는 서민들에게 함부로 대하였습니다. 그래서 '호작도'에서는 호랑이를 바보스럽게, 까치를 당당하게 그려 풍자적으로 표현하였고, 서민들은 이 작품을 보면서 마음속에 위안을 얻었을 것입니다.

7. 서민들은 그림에 감정을 솔직하게 표현하기에는 실제 삶에서의 권력을 무시할 수 없었을 것입니다. 그래서 실제 하고자 하는 말을 숨겨서 풍자적으로 표현할 수밖에 없었을 것입니다.

38회 | 본문 172쪽

1 ①
2 ③
3 주식, 회사, 주주, 자본, 주주총회
4 ⑤
5 ③
6 ③
7 (예시 답안) 돌다리도 두들겨 보고 건너라

어법·어휘편

[1단계]
(1) 행사 - ⓒ 힘이나 권리의 내용을 실현함
(2) 자본 - ㉠ 장사나 사업을 시작하는 데 기본이 되는 돈
(3) 조달 - ⓒ 자금이나 물자 따위를 대어 줌

[2단계]
(1) 조달　　(2) 자본　　(3) 행사

[3단계]
(1) 발행　　(2) 감사　　(3) 창출

1. 이 글은 주식회사의 특징에 대해서 설명하였습니다. 정확한 설명을 위하여 유한회사의 운영과 비교 및 대조하였으며, 주식 구매에 대한 유의사항을 덧붙였습니다.

2. 주주는 회사 운영에 필요한 자본을 제공하여 회사의 중대한 결정에는 의견을 제시할 수 있으나, 회사의 실질적인 업무에는 참여할 수 없습니다.

3. 주식회사와 주주에 대한 의미입니다. 두 번째 문단의 내용을 정리하였습니다.

4. 네 번째 문단을 참고하면, 투자자는 회사가 문을 닫더라도 회사가 가진 빚에 대해서는 책임지지 않는다고 하였습니다. 다만 투자한 돈을 포기해야 한다고 하였습니다.

5. 문장의 앞선 구절에서 '회사라는 말은 우리에게 친근하고 익숙한데,'라고 하여 뒤에 오는 내용은 앞의 내용과 대비되는 내용임을 알 수 있습니다. 그래서 익숙하다는 말의 반대인 낯설다는 표현이 적절하겠습니다.

6. 설명문에서는 어려운 내용을 읽는 사람에게 쉽게 이해시키기 위하여 다양한 방법을 활용합니다. 그 대표적인 방법이 예를 들어 설명하는 것입니다. ③에서 벌레를 잡아먹는 식물을 설명하기 위하여 벌레잡이풀을 예로 들었습니다.

7. '돌다리도 두들겨 보고 건너라'라는 속담은 매우 튼튼한 돌다리와 같이 분명하고 확실한 것도 시행하기에 앞서서 한 번만 더 확인해 보라는 뜻으로 신중한 행동을 권유하는 뜻입니다. 비슷한 뜻을 가진 속담으로는 '아는 길도 물어보고 가라'가 있습니다.

39회 | 본문 176쪽

1 풀벌레 소리
2 ⑤
3 ①
4 발꿈치처럼 두껍
5 ①
6 ④
7 풀벌레, 울음소리, 텔레비전, 브라운관, 별빛, 풀벌레, 밤공기

어법·어휘편

[1단계]
(1) 피란   (2) 혼란   (3) 문란
(4) 혼란   (5) 문란   (6) 피란

[2단계]
, / . / . / .

1. 이 시는 풀벌레들의 소리를 중심 소재로 텔레비전과 같은 문명에 익숙한 삶에서 벗어나 자연친화적인 삶을 살아 보자는 메시지를 담고 있습니다.

2. 이 시에 등장하는 까맣고 좁은 통로들은 풀벌레들의 작은 귀에 소리가 드나드는 통로를 말하는 것입니다.

3. ⓐ는 누구나 들을 수 있는 큰소리를 뜻합니다. 나머지는 쉽게 듣지 못할 아주 작은 소리들을 뜻합니다.

4. 우리의 귀를 풀벌레들의 아주 작은 귀와 대조되도록 표현하기 위하여 발뒤꿈치처럼 두꺼운 귀라고 표현하였습니다.

5. 이 시에는 전체적으로 풀벌레들의 소리를 중심 소재로 하고 있지만 소리를 흉내 내는 표현을 사용하고 있지는 않습니다. 풀벌레들의 작은 귓속 통로를 까맣다고 표현하였습니다. 그리고 전달되지 못한 소리들이 하루살이들처럼 전등에 부딪쳤다가 바닥에 새카맣게 떨어졌다는 시각적 표현을 하였습니다.

6. ⓔ의 시어인 하루살이는 직접적으로 설명하고 싶은 대상이 아닙니다. 내가 듣지 못하고 돌아간 울음소리를 표현하기 위하여 빗대어 표현한 대상입니다.

7. 이 시는 어느 가을밤, 화자가 텔레비전을 끄자 들려온 '풀벌레'들의 '울음소리'를 소재로 쓴 시입니다. 화자는 그동안 텔레비전의 브라운관이 뿜어내는 현란한 빛에 빠져서 느끼지 못했던 어둠 속 별빛이나 풀벌레 소리와 같이 작고 사소한 것들에 관심을 기울입니다. 그리고는 크게 밤공기를 들이쉬며 그동안 잊고 살았던 자연의 평온함을 느끼고 있습니다.

어법·어휘편 해설

[2단계] 의도적으로 문장부호를 생략한 이유는 시의 특성상 운율감 있게 읽기 위해서입니다. 첫 번째 행의 '텔레비전을 끄자'는 청유하는 말이 아닌 '텔레비전을 끄면'이라는 뜻이므로 쉼표를 쓰는 것이 적절합니다.

40회 | 본문 180쪽

1 ①
2 ④
3 ①
4 ②
5 아무 말 없이 고민을 들어줄 상대가 필요하기 때문이다.
6 ③
7 오락가락

어법·어휘편

[1단계]
(1) 모녀 - ⓒ 어머니와 딸을 아울러 이르는 말
(2) 매대 - ⓐ 상점에서 물건을 놓고 파는 자리
(3) 소질 - ⓑ 타고난 능력이나 기질

[2단계]
(1) 매대   (2) 모녀   (3) 소질

[3단계]
(1) 교환권   (2) 제조업체

1. 이 글은 엄마의 일기를 읽은 주인공이 엄마와 소통하는 내용을 담은 소설입니다.

2. 주인공은 수영복을 사 주는 엄마에게 고마운 마음이 들었지만 수영복 매장에서 저렴한 수영복이 놓여 있는 매대로 바로 걸어가는 엄마에게 화가나 소리를 지르고 말았습니다.

3. 주인공은 엄마의 일기를 읽어 보고는 엄마도 속으로 힘들고 외롭다는 사실을 알고 놀랐습니다. 하지만 엄마는 주인공의 이야기를 천천히 잘 들어주는 것이 아니라 해결하기 위한 이야기를 대답해 주곤 했습니다.

4. '갈팡질팡'은 어떻게 할지 정하지 못하고 이러지도 저러지도 못하고 있는 모습을 뜻하는 낱말입니다.

5. 주인공은 말을 하고 있지만 빈 의자만이 묵묵히 자신의 이야기를 들어줄 뿐이었습니다. 내가 늘 엄마에게 들어주기를 바라던 것처럼 엄마도 어쩌면 듣기만 해 줄 사람이 필요할지도 모른다고 느꼈고 그것이 일기장일 것이라고 생각하였습니다.

6. 엄마의 일기를 다 읽고는 엄마의 이야기를 가만히 들어만 주고 싶다는 생각이 들었기 때문에 만든 쿠폰입니다.

7. '오락가락'은 계속해서 한곳에 있지 못하고 왔다 갔다 하는 모양을 나타내는 낱말입니다. 사춘기인 주인공의 엄마에 대한 마음이 이랬다가 저랬다가 하는 것을 나타내는 낱말입니다.

어법·어휘편 해설

[3단계] '메이커'는 어디에서 만든 물건인지를 나타내는 말입니다. '제조업체' 또는 '만든이'라고 바꿀 수 있을 것입니다.

유형별 분석표 독서(비문학)

유형별 분석표 사용법
- 회차가 마칠 때마다 해당 회차의 틀린 문제 번호에 표시를 해 주세요.
- 회차가 진행될수록 학생이 어떤 유형의 문제를 어려워하는지 한눈에 알 수 있습니다.
- 뒷면에 있는 [유형별 해설]을 보고 부족한 부분을 채워나가게 지도해 주세요.

주	회차	중심생각	세부내용	구조알기	어휘·표현	내용적용	추론
1	1	1. ☐	2. ☐ 3. ☐	4. ☐	5. ☐	7. ☐	6. ☐
	2	1. ☐	2. ☐ 3. ☐	4. ☐	5. ☐	6. ☐	7. ☐
	3	1. ☐	2. ☐ 3. ☐	4. ☐	5. ☐	6. ☐	7. ☐
2	6	1. ☐	2. ☐ 3. ☐	4. ☐	5. ☐	6. ☐	7. ☐
	7	1. ☐	2. ☐ 3. ☐	5. ☐	4. ☐	6. ☐	7. ☐
	8	1. ☐	2. ☐ 3. ☐	5. ☐	4. ☐	6. ☐	7. ☐
3	11	1. ☐	2. ☐ 3. ☐	5. ☐	4. ☐	6. ☐	7. ☐
	12	1. ☐	2. ☐ 3. ☐	4. ☐	5. ☐	6. ☐	7. ☐
	13	1. ☐	2. ☐ 5. ☐	4. ☐	3. ☐	6. ☐	7. ☐
4	16	1. ☐	2. ☐ 3. ☐	4. ☐	5. ☐	6. ☐	7. ☐
	17	1. ☐	2. ☐ 3. ☐	4. ☐	5. ☐	6. ☐	7. ☐
	18	1. ☐	2. ☐ 3. ☐	5. ☐	4. ☐	6. ☐	7. ☐
5	21	1. ☐	2. ☐ 3. ☐ 4. ☐		5. ☐	6. ☐	7. ☐
	22	1. ☐	2. ☐ 4. ☐	5. ☐	3. ☐	6. ☐	7. ☐
	23		1. ☐ 2. ☐ 4. ☐	5. ☐	3. ☐	6. ☐	7. ☐
6	26	1. ☐ 2. ☐	3. ☐	4. ☐		5. ☐ 6. ☐	7. ☐
	27	1. ☐	2. ☐ 4. ☐		3. ☐	5. ☐ 6. ☐	7. ☐
	28		1. ☐ 2. ☐ 3. ☐ 4. ☐		5. ☐	6. ☐	7. ☐
7	31	1. ☐ 5. ☐	3. ☐	2. ☐	4. ☐	6. ☐	7. ☐
	32	1. ☐	2. ☐ 3. ☐	4. ☐	5. ☐	6. ☐	7. ☐
	33	1. ☐	2. ☐ 3. ☐	4. ☐	5. ☐	6. ☐	7. ☐
8	36	1. ☐	2. ☐ 3. ☐	4. ☐	5. ☐	6. ☐	7. ☐
	37	1. ☐	2. ☐ 4. ☐	5. ☐	3. ☐	6. ☐	7. ☐
	38	1. ☐	2. ☐ 4. ☐	3. ☐	5. ☐	6. ☐	7. ☐

유형별 분석표 문학

주	회차	중심생각	요소	세부내용	어휘·표현	작품이해	추론·적용
1	4	1.□	2.□	3.□	4.□ 5.□	7.□	6.□
	5	1.□	2.□	5.□	3.□	4.□ 7.□	6.□
2	9	1.□	2.□	3.□	4.□ 7.□	5.□	6.□
	10		1.□	2.□ 4.□ 5.□		3.□ 7.□	7.□
3	14	1.□		2.□	5.□	3.□ 6.□	4.□ 7.□
	15	1.□	2.□	4.□	5.□	3.□ 7.□	6.□
4	19	6.□		1.□ 4.□	3.□	2.□ 5.□	7.□
	20	1.□	2.□	4.□	3.□ 5.□		6.□ 7.□
5	24	1.□		2.□	6.□	3.□ 4.□	5.□ 7.□
	25		1.□	2.□	4.□	3.□ 5.□	6.□ 7.□
6	29	1.□	2.□	6.□		3.□ 5.□	4.□ 7.□
	30		1.□ 2.□ 3.□	4.□		5.□ 6.□	7.□
7	34		1.□ 3.□	2.□	5.□	7.□	4.□ 6.□
	35			7.□	3.□ 5.□	1.□ 2.□ 6.□	4.□
8	39	1.□		2.□	3.□ 5.□ 6.□	4.□	7.□
	40		3.□	1.□ 2.□	4.□ 7.□	5.□	6.□

유형별 길잡이 독서(비문학)

중심생각	비문학 지문에서는 대체로 중심생각을 직접 드러냅니다. 글의 맨 처음 또는 맨 마지막에 나오는 경우가 많습니다. 중심생각을 찾는 것은 글을 읽는 까닭이자 독해의 기본입니다. 만약 학생이 중심생각을 잘 찾아내지 못한다면 글을 읽는 데에 온전히 집중하지 못하고 있을 가능성이 높습니다. 이 글이 어떤 이야기를 하는지 관심을 기울여서 읽도록 지도해야 합니다.
세부내용	중심생각을 찾기 위해서는 글을 능동적으로 읽어야 한다면 세부내용을 찾기 위해서는 글을 수동적으로 읽어야 합니다. 학생이 주관에만 매여 글을 읽게 하지 마시고, 글에서 주어진 내용을 그대로 읽도록 해야 합니다. 문제를 먼저 읽고 찾아야 할 내용을 숙지한 다음 지문을 읽는 것도 세부내용을 잘 찾는 방법 중 하나입니다.
구조알기	글의 구조를 묻는 문제는 독해 문제를 처음 접하는 학생들이 특히 어려워하는 문제 유형입니다. 평소 글을 읽을 때, 글 전체의 중심내용뿐 아니라 단락마다 중심내용을 찾는 습관을 기르면 구조를 묻는 문제의 답을 잘 찾을 수 있습니다. 또한 글 전체가 어떤 흐름으로 전개되고 있는지 관심을 갖고 글을 읽으면 글의 구조를 파악하는 데 도움이 될 것입니다.
어휘·표현	글을 읽을 때, 문장 하나, 그리고 낱말 하나도 모르는 것 없이 꼼꼼히 읽는 버릇을 들이는 것이 중요합니다. 학생이 모르는 어려운 낱말을 찾는 문제는 글 속에서 그 낱말을 따로 설명하는 부분을 찾는 요령만 있으면 의외로 쉽게 맞힐 수 있습니다.
내용적용	내용 적용 문제는 무엇보다 문제가 요구하는 바를 정확히 읽어내는 것이 중요합니다. 또한 비슷비슷한 선택지에서 가장 가까운 표현을 찾아낼 줄도 알아야 합니다. 이를 위해서는 정확한 답이 보이지 않을 때, 선택지끼리 비교하는 연습을 평소에 하면 도움이 될 수 있습니다.
추론	추론 문제 또한 내용 적용 문제처럼 무엇보다 문제가 요구하는 바를 정확히 읽어낼 줄 알아야 합니다. 추론 문제는 그 주제에 대해 잘 알고 있으면 푸는 데 아주 도움이 됩니다. 따라서 평소 배경지식을 많이 쌓아두면 추론 문제에 쉽게 접근할 수 있을 것입니다.

유형별 길잡이 문학

중심생각	문학 문제는 중심생각뿐 아니라 모든 유형의 문제를 풀 때, 글쓴이의 생각이 무엇인지 계속 궁금해하면서 읽어야 합니다. 독해 문제를 풀 때뿐 아니라 다른 문학 작품을 읽을 때, 학생이 끊임없이 주제와 제목에 대해 호기심을 갖는다면 보다 쉽게 작품을 파악할 수 있을 것입니다.
요소	작품의 요소를 파악하는 문제는 그리 어려운 유형의 문제는 아닙니다. 작품 자체에 드러난 인물과 사건, 배경, 정서 등을 묻는 문제입니다. 만약 요소 유형의 문제를 학생이 많이 틀린다면 작품을 꼼꼼히 읽지 않기 때문입니다. 글을 꼼꼼히 읽는 습관을 들이도록 해야 합니다.
세부내용	비문학에서 세부내용을 찾는 문제는 사실이나 개념, 또는 정의에 대한 것을 묻지만 문학 지문에서는 사건의 내용, 일어난 사실 간의 관계, 눈에 보이는 인물의 행동에 대해 묻습니다. 때문에 작품이 그리고 있는 상황을 정확히 머릿속에 그리고 있다면 세부내용 또한 찾기 수월할 것입니다.
어휘·표현	문학에서 어휘와 표현을 묻는 문제는 인물의 심경을 담은 낱말을 글 속에서 찾거나, 아니면 그에 적절한 어휘를 고르는 문제가 대부분입니다. 성격이나 마음의 상태를 표현하는 어휘를 많이 알고 있으면 이 유형의 문제를 푸는 데 유리합니다. 이와 관련된 기본적인 어휘는 미리 공부해둘 필요도 있습니다. 비슷한 말과 반대되는 말을 많이 공부해두는 것도 큰 도움이 됩니다.
작품이해	작품이해 유형 문제는 학교 단원평가에서도 자주 출제되는 문제입니다. 작품을 미리 알고 그 주제와 내용을 이해하고 있다면 보다 쉽게 풀 수 있는 문제이지만, 처음 보는 작품을 읽고 풀면 쉽지 않을 수 있습니다. 이런 경우, 전에 읽었던 작품들 중 유사한 주제를 담고 있는 작품을 떠올리는 것이 문제 접근에 도움이 될 수 있습니다.
추론·적용	문학의 추론 문제에서는 〈보기〉를 제시하고 〈보기〉의 내용과 지문의 유사점 등을 찾아내는 문제가 많습니다. 이런 문제를 풀기 위해서는 지문의 주제나 내용을 하나로 정리할 줄 알아야 하고, 또한 문제 속 〈보기〉의 주제를 단순하게 정리하여 서로 비교할 줄 알아야 합니다. 무엇보다 문제 출제의 의도를 파악하는 것이 중요합니다.

뿌리깊은 국어 독해 시리즈

뿌리깊은 초등국어 독해력	뿌리깊은 초등국어 독해력 어휘편	뿌리깊은 초등국어 독해력 한자	뿌리깊은 초등국어 독해력 한국사
하루 15분으로 국어 독해력의 기틀을 다지는 초등국어 독해 기본 교재	국어 독해로 초등국어에서 반드시 익혀야 할 속담·관용어·한자성어를 공부하는 어휘력 교재	하루 10분으로 한자 급수 시험을 준비하고 초등국어 독해력에 필요한 어휘력의 기초를 세우는 교재	하루 15분의 국어 독해 공부로 초등 한국사의 기틀을 다지는 새로운 방식의 한국사 교재
• 각 단계 40회 구성 • 매회 어법·어휘편 수록 • 독해에 도움 되는 읽을거리 8회 • 배경지식 더하기·유형별 분석표 • 지문듣기 음성 서비스 제공 (시작~3단계)	• 각 단계 40회 구성 • 매회 어법·어휘편 수록 • 초등 어휘력에 도움 되는 주말부록 8회 • 지문듣기 음성 서비스 제공 (1~3단계)	• 각 단계 50회 구성 • 수록된 한자를 활용한 교과 단어 • 한자 획순 따라 쓰기 수록 • 한자 복습에 도움이 되는 다양한 주간활동	• 각 단계 40회 구성 • 매회 어법·어휘편 수록 • 한국사능력검정시험 대비 정리 노트 8회 • 지문듣기 음성 서비스 제공 • 한국사 연표와 암기 카드

시작단계 / 예비 초등

독해력 시작단계
• 한글 읽기를 할 수 있는 어린이를 위한 국어 독해 교재
• 예비 초등학생이 읽기에 알맞은 동요, 동시, 동화 및 짧은 지식 글 수록

1단계 / 초등 1·2학년

 독해력 1단계
• 처음 초등국어 독해 공부를 시작하는 학생을 위한 재밌고 다양한 지문 수록

 어휘편 1단계
• 어휘의 뜻과 쓰임을 쉽게 공부할 수 있는 이솝 우화와 전래 동화 수록
• 맞춤법 공부를 위한 받아쓰기 수록

 한자 1단계
• 한자능력검정시험 (한국어문회) 8급 한자 50개

 한국사 1단계 (선사 시대~삼국 시대)
• 한국사를 쉽고 재미있게 이해할 수 있는 다양한 유형의 지문 수록
• 당시 시대를 보여 주는 문학 작품 수록

2단계

 독해력 2단계
• 교과 과정과 연계한 다양한 유형의 지문 수록
• 교과서 수록 작품 중심으로 선정한 지문 수록

 어휘편 2단계
• 어휘의 쓰임과 예문을 효과적으로 공부할 수 있는 다양한 이야기 수록
• 맞춤법 공부를 위한 받아쓰기 수록

 한자 2단계
• 한자능력검정시험 (한국어문회) 7급 2 한자 50개

 한국사 2단계 (남북국 시대)
• 한국사능력시험 문제 유형 수록
• 초등 교과 어휘를 공부할 수 있는 어법·어휘편 수록

3단계 / 초등 3·4학년

 독해력 3단계
• 초대장부터 안내문까지 다양한 유형의 지문 수록
• 교과서 중심으로 엄선한 시와 소설 수록

 어휘편 3단계
• 어휘의 뜻과 쓰임을 다양하게 알아볼 수 있는 여러 가지 종류의 글 수록
• 어휘와 역사를 한 번에 공부할 수 있는 지문 수록

 한자 3단계
• 한자능력검정시험 (한국어문회) 7급 한자 50개

 한국사 3단계 (고려 시대)
• 신문 기사, TV드라마 줄거리, 광고 등 한국사 내용을 바탕으로 한 다양한 유형의 지문 수록

4단계

 독해력 4단계
• 교과 과정과 연계한 다양한 유형의 지문 수록
• 독해에 도움 되는 한자어 수록

 어휘편 4단계
• 공부하고자 하는 어휘가 쓰인 실제 문학 작품 수록
• 이야기부터 설명문까지 다양한 종류의 글 수록

 한자 4단계
• 한자능력검정시험 (한국어문회) 6급 한자를 세 권 분량으로 나눈 첫 번째 단계 50개 한자 수록

 한국사 4단계 (조선 전기)(~임진왜란)
• 교과서 내용뿐 아니라 조선 전기의 한국사를 이해하는 데 알아 두면 좋은 다양한 역사 이야기 수록

5단계 / 초등 5·6학년

 독해력 5단계
• 깊이와 시사성을 갖춘 지문 추가 수록
• 초등학생이 읽을 만한 인문 고전 작품 수록

 어휘편 5단계
• 어휘의 다양한 쓰임새를 공부할 수 있는 다양한 소재의 글 수록
• 교과 과정과 연계된 내용 수록

 한자 5단계
• 한자능력검정시험 (한국어문회) 6급 한자를 세 권 분량으로 나눈 두 번째 단계 50개 한자 수록

 한국사 5단계 (조선 후기)(~강화도 조약)
• 한국사능력시험 문제 유형 수록
• 당시 시대를 보여 주는 문학 작품 수록

6단계

 독해력 6단계
• 조금 더 심화된 내용의 지문 수록
• 수능에 출제된 작품 수록

어휘편 6단계
• 공부하고자 하는 어휘가 실제로 쓰인 문학 작품 수록
• 소설에서 시조까지 다양한 장르의 글 수록

한자 6단계
• 한자능력검정시험 (한국어문회) 6급 한자를 세 권 분량으로 나눈 세 번째 단계 50개 한자 수록

 한국사 6단계 (대한 제국~대한민국)
• 한국사를 쉽고 재미있게 이해할 수 있는 다양한 유형의 지문 수록
• 초등 교과 어휘를 공부할 수 있는 어법·어휘편 수록

중학 / 예비 중학~예비 고1

 **1단계** (예비 중학~중1)

 2단계 (중2~중3)

 3단계 (중3~예비 고1)

뿌리깊은 중학국어 독해력
• 각 단계 30회 구성
• 독서 + 문학 + 어휘 학습을 한 권으로 완성
• 최신 경향을 반영한 수능 신유형 문제 수록
• 교과서 안팎의 다양한 글감 수록
• 수능 문학 갈래를 총망라한 다양한 작품 수록

※단계별로 권장 학년이 있지만 학생에 따라 느끼는 난이도는 다를 수 있습니다. 학생의 독해 실력에 맞는 단계를 공부하는 것이 좋습니다.
※<뿌리깊은 초등국어 한자>는 해당 학년을 참고하시기보다는 학생의 실력에 맞는 단계를 선택해 주세요. ※<뿌리깊은 초등국어 독해력 한국사>의 단계는 독해력 난이도가 아닌 시대 순서를 바탕으로 구성되었습니다.

뿌리 깊은 나무는 바람에 움직이지 않아
꽃이 좋고 열매도 열립니다.

– 〈용비어천가〉 제2장 –

〈뿌리깊은 초등국어 독해력〉은 국어 독해를 처음 시작하는 초등학생이 뿌리 깊은 나무와 같은
국어 독해력의 기틀을 다질 수 있도록 도움을 주는 교재입니다.
또한 국어 성적뿐만 아니라 다른 과목의 성적에서도 좋은 결실을 거둘 것입니다.
국어 독해는 모든 공부의 시작입니다.

뿌리깊은 초등국어 독해력 시리즈

시 작 단 계	→	1 단 계	→	2 단 계	→	3 단 계	→	4 단 계	→	5 단 계	→	6 단 계
예비 초등(7세)~ 초등1학년		초등 1~2학년		초등 1~2학년		초등 3~4학년		초등 3~4학년		초등 5~6학년		초등 5~6학년

 1. 체계적인 독해력 학습 〈뿌리깊은 초등국어 독해력〉은 모두 6단계로 이루어져 있습니다. 초등학생의 학년과 수준에 바탕을 두어 단계를 나누었습니다. 또한 일주일에 다섯 종류의 글을 공부할 수 있도록 묶었습니다. 이 책으로 초등국어 독해 공부를 짜임새 있게 할 수 있습니다.

 2. 넓고 다양한 배경지식 국어 독해력은 무엇보다 배경지식입니다. 배경지식을 갖고 읽는 글과 아닌 글에 대한 독해력은 그야말로 하늘과 땅 차이입니다. 이 책은 그러한 배경지식을 쌓기 위해 초등학생 수준에 맞는 다양한 소재와 장르의 글을 지문으로 실었습니다.

 3. 초등 어휘와 어법 완성 영어를 처음 공부할 때, 학생들이 가장 어려워하는 부분이 바로 어휘와 문법입니다. 국어도 다르지 않습니다. 특히 초등국어 독해에서 어휘와 어법이 제대로 잡혀있지 않으면 글을 읽는 것 자체를 힘겨워 합니다. 때문에 이 책에서는 어법·어휘만을 따로 복습할 수 있는 장을 두었습니다.

 4. 자기주도 학습 이 책은 학생 스스로 계획을 세우고 자신의 학습 결과를 평가할 수 있도록 꾸며져 있습니다. 학습결과를 재밌게 기록할 수 있는 학습평가 붙임딱지가 들어있습니다. 또한 공부한 날이 쌓여갈수록 학생 독해력의 어떤 점이 부족한지 알게 해주는 '문제 유형별 분석표'도 들어있습니다.

 5. 통합교과 사고력 국어 독해는 모든 학습의 시작입니다. 국어 독해력은 국어뿐만 아니라 다른 모든 과목의 교과서를 읽는 데도 필요한 능력입니다. 이 책은 국어 시험에서 나올 법한 유형의 문제뿐 아니라 다른 과목시험에서 나올만한 내용이나 문제도 실었습니다.

 **6. 독해력 기본 완성** 이 책은 하나의 글을 읽어나가는 데 꼭 짚어줘야 할 점들을 각각의 문제로 구성했습니다. 1번부터 7번까지 짜임새 있게 이루어진 문제들을 풀다보면 글의 내용을 빠짐없이 독해하도록 각 회차를 구성했습니다.

MOTHERTONGUE
마더텅출판사
since 1999.4.1.

낱말풀이 놀이용 말

조선 후기에는 당시 사회를
☐☐ 하는 작품이 많았다.

실마리 현실의 문제점을 빗대어 표현하며 비웃는 것

10칸

그의 모범적인 행동은 많은
이들의 ☐☐ 이 되었다.

실마리 거울로 삼아 본받을만한 보범

6칸

저 높이 ☐☐ 하는
새들을 보라!

실마리 높이 날아오름

3칸

나의 ☐☐ 는
이곳을 지키는 것이란다.

실마리 맡은 일(=역할)

3칸

한국, 중국, 일본은 서로
비슷한 문화를 ☐☐ 하고
있다.

실마리 둘 이상이 무언가를 공동으로 소유함

5칸

이 제품은 열에 ☐☐ 하기
때문에 조심해야 합니다.

실마리 무르고 약함

4칸

전쟁으로 인해 수많은 사람들이
잡혀 ☐☐ 가 되었습니다.

실마리 사로잡은 적

3칸

그 예술가는 최고의 도자기를
만들기 위해 ☐☐ 을
기울이고 있었다.

실마리 최대의 힘을 이르는 말

6칸

막 뛰어온 그의 얼굴은 약간
☐☐ 되어 있었다.

실마리 흥분이나 부끄러움으로 얼굴이 붉어짐

7칸

☐☐ 은 많은 이들이
우러러보는 훌륭한 사람입니다.

실마리 덕과 지혜가 뛰어나 세상 사람들이 우러러보는 사람

3칸

산모는 지금 ☐☐ 실에
계십니다.

실마리 아이를 낳음

7칸

다른 마땅한 ☐☐ 은
없을까요?

실마리 이미 세운 계획이나 방법을 대신할만한 계획

4칸

이 책에서 나는 이
☐☐ 이 마음에 들어.

실마리 한 토막의 말이나 글

2칸

도서관에서 과제에 필요한
☐☐ 들을 살펴봅시다.

실마리 옛날 제도나 문화를 아는 데 증거가 되는 자료나 기록

7칸

그는 자연 속에서 느꼈던
☐☐ 를 시로 읊었다.

실마리 사람의 마음에 일어나는 여러 가지 감정

7칸

길이 끊기는 바람에 물품
☐☐ 이 어려워졌다.

실마리 자금이나 물자 따위를 대어 줌

10칸

너는 피아노에 정말
☐☐ 이 있구나.

실마리 타고난 능력이나 기질

4칸

귀감 龜 鑑 거북 **귀**　거울 **감**	**풍자** 諷 刺 욀 **풍**　취소 **자**	
공유 共 有 함께 **공**　있을 **유**	**임무** 任 務 맡길 **임**　일 **무**	**비상** 飛 上 날 **비**　위 **상**
심혈 心 血 마음 **심**　피 **혈**	**포로** 捕 虜 사로잡을 **포**　포로 **로**	**취약** 脆 弱 무를 **취**　약할 **약**
분만 分 娩 나눌 **분**　해산할 **만**	**성인** 聖 人 성스러울 **성**　사람 **인**	**상기** 上 氣 위 **상**　기운 **기**
문헌 文 獻 글월 **문**　바칠 **헌**	**구절** 句 節 글귀 **구**　마디 **절**	**대안** 代 案 대신할 **대**　책상 **안**
소질 素 質 흴 **소**　바탕 **질**	**조달** 調 達 고를 **조**　통달할 **달**	**정서** 情 緒 뜻 **정**　실마리 **서**

1 주차 학습계획표

한 주 간의 계획을 먼저 세워보세요. 매일 학습을 마친 후 맞은 문제의 개수를 쓰세요!

회차	영역	학습 내용	학습계획일	맞은 문제수
01 회	속담	**길고 짧은 것은 대어 보아야 안다** 정말로 해 봐야만 알 수 있는 상황이 있습니다. 그럴 때 '**길고 짧은 것은 대어 보아야 안다**'라는 표현을 사용합니다. 즉, 이 말은 '**일이 어떻게 될지는 직접 해 봐야만 안다**'는 뜻입니다.	☐ 월 ☐ 일	독 해 6문제 중 ☐ 개 맞춤법· 받아쓰기 9문제 중 ☐ 개
02 회	관용어	**진땀을 빼다** 진땀은 우리가 몹시 애를 쓸 때 나오는 끈끈한 땀입니다. 이런 진땀이 몸에서 쏙 빠질 정도의 일이라면 무척 어려운 일일 것입니다. 이처럼 '**진땀을 빼다**'라는 말은 '**어려운 일을 겪어서 진땀이 나도록 몹시 애를 쓴다**'는 뜻입니다.	☐ 월 ☐ 일	독 해 6문제 중 ☐ 개 맞춤법· 받아쓰기 9문제 중 ☐ 개
03 회	사자성어	**자화자찬(自畵自讚)** 자신에 대해 잘난 체하며 자랑하는 사람을 본 적이 있을 것입니다. 그런 사람을 두고 '**자화자찬(自畵自讚)**'한다고 합니다. 즉, 이 말은 '**스스로 자신에 대해 감탄하고 칭찬하다**'라는 뜻입니다.	☐ 월 ☐ 일	독 해 6문제 중 ☐ 개 맞춤법· 받아쓰기 9문제 중 ☐ 개
04 회	속담	**호랑이에게 물려 가도 정신만 차리면 산다** 자신에게 정말 위험한 상황이 닥친다면 당황하면서 걱정이 앞서게 됩니다. 하지만 그럴수록 차분하게 생각하고 행동하면 빠져나올 방법을 찾을 수 있습니다. '**호랑이에게 물려 가도 정신만 차리면 산다**'라는 말은 '**위급한 상황에서도 정신만 차리고 잘 대처하면 위기를 빠져나올 수 있다**'는 뜻입니다.	☐ 월 ☐ 일	독 해 6문제 중 ☐ 개 맞춤법· 받아쓰기 9문제 중 ☐ 개
05 회	관용어	**귀에 못이 박히다** 누군가에게 계속 똑같은 말을 반복해서 듣게 되면 정말 지겨울 것입니다. 이런 상황에서 '**귀에 못이 박히다**'라는 말을 합니다. 이 말은 귀에 못이 박힐 정도로 '**같은 말을 오랫동안 여러 번 들었다**'는 뜻입니다.	☐ 월 ☐ 일	독 해 6문제 중 ☐ 개 맞춤법· 받아쓰기 9문제 중 ☐ 개

길고 짧은 것은 대어 보아야 안다*

정말로 해 봐야만 알 수 있는 상황이 있습니다. 그럴 때 '길고 짧은 것은 대어 보아야 안다'라는 표현을 사용합니다. 즉, 이 말은 '일이 어떻게 될지는 직접 해 봐야만 안다'는 뜻입니다.

공부한 날 ☐ 월 ☐ 일 시작 시간 ☐ 시 ☐ 분

>>> QR코드를 찍으면 지문 읽기를 들을 수 있어요

1단계 01회 본문

어느 여름날, 엉금엉금 기어가던 거북이에게 토끼가 말을 걸었습니다.

"거북아, 넌 그렇게 느릿느릿 기어서 언제 집에 갈래?"

"네가 얼마나 빠른지는 모르겠지만 나는 내가 느리다고 생각하지 않아."

"정말로? 달리기 **경주**①를 해서 나에게 이긴다면 네가 느리지 않다는 걸 **인정**②할게."

"**길고 짧은 것은 대어 보아야 안다***고 했어. 누가 빠른지는 경주를 해 보면 알겠지."

잠시 뒤 토끼와 거북이가 달리기 경주를 시작했습니다. 거북이는 온 힘을 다해 열심히 기어갔지만, 토끼를 따라잡을 수가 없었습니다.

"후유, 뛰었더니 덥네. 거북이가 오려면 **한참**③ 걸릴 테니 좀 쉬었다 가야겠다."

토끼는 자리에 털썩 주저앉았습니다. 그러다가 그만 깜빡 잠이 들고 말았습니다.

그동안 거북이는 포기하지 않고 꾸준히 기어갔습니다. 이윽고 거북이는 거의 **결승점**④에 다다랐습니다. 그제야 잠에서 깬 토끼는 열심히 달렸지만 거북이는 이미 결승점을 **통과**⑤한 뒤였습니다.

– 이솝 우화 (초등 국어 1-2 '10. 인물의 말과 행동을 상상해요.')

🧻 어려운 낱말 풀이 | ① **경주** 정해진 곳까지 달려 누가 가장 빠른지 겨루는 것 競겨룰 경 走달릴 주 ② **인정** 어떤 점을 분명히 그렇다고 여기는 것 認알 인 定정할 정 ③ **한참** 시간이 상당히 지나는 동안 ④ **결승점** 달리기 등에서 마지막 승부가 되는 곳 決결단할 결 勝이길 승 點점 점 ⑤ **통과** 어떤 곳이나 때를 지나쳐 감 通통할 통 過지날 과

1 달리기 경주에서 승리한 동물은 누구인지 ○표를 해 보세요.

[   ]

[   ]

2 토끼는 왜 경주에서 졌는지 빈칸을 채워 보세요.

달리기 경주를 하는 도중 쉬다가 ☐ 이 들었기 때문입니다.

3 다음은 어떤 표정이나 모습을 흉내 낸 그림입니다. 그림에 어울리는 낱말을 [보기]에서 골라 써 보세요.

[보 기]	털썩	후유	깜빡

☐☐

☐☐

☐☐

4 이야기에서 '길고 짧은 것은 대어 보아야 안다'라는 말은 누가 했는지 찾아 ○표를 해 보세요.

토끼	거북이

5 다음은 '길고 짧은 것은 대어 보아야 안다.'라는 속담의 뜻에 대한 설명입니다. 빈칸에 들어갈 말을 [보기]에서 찾아 써 보세요.

[보기]	결과	실력	직접

달리기 ☐☐ 안을 따지면 누가 보아도 토끼가 거북이보다 빠를 것이라고

생각합니다. 하지만 ☐☐ 는 거북이의 승리였습니다. '길고 짧은 것은

대어 보아야 안다'라는 속담은 이처럼 '일이 어떻게 될지는 ☐☐ 해

보기 전까지는 오른다'라는 뜻으로 쓰입니다.

6 '길고 짧은 것은 대어 보아야 안다.'라는 속담을 말해 주면 좋을 것 같은 친구의 이름을 빈칸에 써 보세요.

민영: 내일 우리나라와 경기하는 축구팀이 작년 우승팀이라는데 어떡하지?	희진: 아침부터 너무 바빠서 온종일 굶었더니 배가 고픈데 어떡하지?

☐☐ 아, 길고 짧은 것은 대어 보아야 알 수 있다고 하잖아?

01회 맞춤법·받아쓰기

해설편 001쪽

1단계

다음 뜻에 알맞은 낱말을 골라 빈칸에 옮겨 써 보세요.

[1] 어떤 점을 분명히 그렇다고 여기는 것

① 인정   ② 시작

[2] 다른 것과 견주다.

① 대다.   ② 앉다.

.

[3] 어떤 곳이나 때를 지나쳐 감

① 포기   ② 통과

2단계

불러 주는 말을 잘 듣고 빈칸을 알맞게 채워 보세요.

1단계 01회 받아쓰기2
QR코드를 찍으면
받아쓰기 음성이
나옵니다.

[1] 시간이 ☐☐ 걸렸다.

[2] 뛰었더니 ☐☐ .

[3] ☐☐ 잠이 들었다.

3단계

불러 주는 말을 잘 듣고 띄어쓰기에 유의하여 받아써 보세요.

1단계 01회 받아쓰기
QR코드를 찍으면
받아쓰기 음성이
나옵니다.

[1] | 달 | 리 | 기 | V | | | | | | | | | | | |
|---|---|---|---|---|---|---|---|---|---|---|---|---|---|---|

[2] | | 고 | V | | 은 | V | | | | | | | | | |
|---|---|---|---|---|---|---|---|---|---|---|---|---|---|---|

[3] | | | | V | | | | | | | | | | | |
|---|---|---|---|---|---|---|---|---|---|---|---|---|---|---|

시간 끝난 시간 ☐시 ☐분

1회분 푸는 데 걸린 시간 ☐분

채점 독해 6문제 중 ☐개

맞춤법·받아쓰기 9문제 중 ☐개

진땀을 빼다*

진땀은 우리가 몹시 애를 쓸 때 나오는 끈끈한 땀입니다. 이런 진땀이 몸에서 쏙 빠질 정도의 일이라면 무척 어려운 일일 것입니다. 이처럼 '진땀을 빼다'라는 말은 '어려운 일을 겪어서 진땀이 나도록 몹시 애를 쓴다'는 뜻입니다.

공부한 날 [ ]월 [ ]일 시작 시간 [ ]시 [ ]분

>>> QR코드를 찍으면
지문 읽기를 들을 수 있어요

1단계 02회 본문

먼 옛날, 쥐들과 새들이 서로 사이가 좋지 않았던 때가 있었습니다. 그래서 쥐들과 새들은 매일 싸움을 벌였습니다.

쥐들이 싸움에서 이기고 있을 때, 박쥐가 찾아왔습니다.

"나는 코와 이빨이 있고, 땅에서는 네발로 기어 다녀. 그러니 나는 쥐가 아니겠어?"

쥐들은 박쥐를 쥐의 편으로 받아 주었습니다.

그런데 며칠 후의 싸움에서는 새들이 이기기 시작했습니다. 그러자 박쥐는 새들을 찾아갔습니다.

"자, 이 날개를 봐. 하늘을 날아다니는 내가 새가 아니라면 무엇이겠어?"

새들은 박쥐를 새의 편으로 받아 주었습니다.

그 뒤로 박쥐는 쥐들이 이기고 있으면 쥐들의 편에, 반대로 새들이 이기고 있으면 새들의 편에 붙었습니다. 그런데 박쥐의 이런 행동은 금방 **들통이 났습니다**.① 화가 난 새들과 쥐들이 박쥐를 불러 **꾸짖었습니다**.②

"너는 늘 이기는 편에만 붙는구나!"

"너는 이제 어느 편도 될 수 없어!"

박쥐는 **변명**③을 하느라 **진땀을 뺐습니다**.* 하지만 이미 쥐와 새 모두는 박쥐를 미워했습니다. 그 이후로 박쥐는 쥐와 새의 눈을 피해 어두운 동굴에 숨어서 살아야 했습니다.

– 이솝 우화

어려운 낱말 풀이

① **들통이 났습니다** 들켰습니다

② **꾸짖었습니다** 잘못한 일을 알아듣도록 말했습니다

③ **변명** 어떤 잘못이나 실수에 대해 이유를 붙여 말함 辨분명히 할 변 明밝을 명

1 박쥐는 왜 쥐와 새 사이에서 이리 붙었다 저리 붙었다 했는지 골라 보세요. ……… [   ]

① 이기는 편에 서고 싶어서

② 쥐와 새의 싸움을 말리고 싶어서

③ 한쪽만 편들기는 공평하지 않아서

2 다음은 박쥐의 말입니다. 쥐와 새 중 누구에게 하는 말인지 골라 ○표를 해 보세요.

자, 내 날개를 봐.
너희도 날개를 가지고 있지?
게다가 나는 너희처럼 하늘을 날 수 있으니,
우리는 분명 같은 편이야!

[   ]

[   ]

3 다음 빈칸에 공통으로 들어갈 낱말은 무엇인지 이야기에서 찾아 써 보세요.

• 우리 [   ] 이겨라!

• 우리 반 아이들은 축구 시합을 하기 위해 [   ]을 갈랐다.

• 박쥐는 쥐들이 이기고 있으면 쥐의 [   ]에 붙었다.

→ [   ]

4 다음 문장의 밑줄 친 부분과 뜻이 비슷한 말을 골라 보세요. ───────── [   ]

> 박쥐는 쥐와 새에게 변명하느라 **진땀을 뺐습니다.**

① 박수를 치며 크게 웃었습니다.

② 아무런 노력도 하지 않았습니다.

③ 난처한 상황을 벗어나기 위해 고생을 해야 했습니다.

5 '진땀을 빼다'와 어울리는 상황을 골라 보세요. ───────── [   ]

6 이 이야기에 등장하며 아래의 특징을 가진 동물은 무엇인지 써 보세요.

> 1) 날개가 있습니다.
>
> 2) 코와 이빨도 있습니다.
>
> 3) 땅에서는 네 다리로 기어 다닙니다.
>
> 4) 이리저리 옮겨 다니며 이기는 편에 붙는 사람을 두고 이 동물을 닮았다고 합니다.

02회 맞춤법·받아쓰기

1 단계

다음 뜻에 알맞은 낱말을 골라 빈칸에 옮겨 써 보세요.

[1] 이를 낮춰서 부르는 말

　① 날개　　② 이빨

[2] 몸을 움직여 동작을 하거나 어떤 일을 함

　① 행동　　② 시작

[3] 비밀이나 잘못된 일 따위가 드러남

　① 들통　　② 반대

2 단계

1단계 02회 받아쓰기2
QR코드를 찍으면
받아쓰기 음성이
나옵니다.

불러 주는 말을 잘 듣고 빈칸을 알맞게 채워 보세요.

[1] 사이가 　　　 　　　 않다.

[2] 싸움을 　　　 　　　 　　　 .

[3] 잘못을 　　　 　　　 　　　 .

3 단계

1단계 02회 받아쓰기
QR코드를 찍으면
받아쓰기 음성이
나옵니다.

불러 주는 말을 잘 듣고 띄어쓰기에 유의하여 받아써 보세요.

[1] | 박 | 쥐 | 의 | ∨ | | | | | | | | |

[2] | | 을 | ∨ | | 다 | . | | | | | |

[3] | | | | ∨ | | | | | . | | |

사자성어 어떤 일에 대한 교훈이나 일어난 까닭을 한자 네 자로 표현한 말

자화자찬(自 畫 自 讚)*
스스로 자 그림 화 스스로 자 칭찬할 찬

자신에 대해 잘난 체하며 자랑하는 사람을 본 적이 있을 것입니다. 그런 사람을 두고 '자화자찬(自畫自讚)'한다고 합니다. 즉, 이 말은 '스스로 자신에 대해 감탄하고 칭찬하다'라는 뜻입니다.

공부한 날 [ ]월 [ ]일 시작 시간 [ ]시 [ ]분

>>> QR코드를 찍으면
지문 읽기를 들을 수 있어요

1단계 03회 본문

옛날 그리스에 **나르키소스**①라는 사람이 살았습니다. 더운 어느 날 숲속에서 사냥을 하던 나르키소스는 연못에서 물을 마시게 되었습니다. 그러다가 나르키소스는 연못에 **비친**② 자신의 모습을 보았습니다.

"이렇게 아름다울 수가!"

나르키소스는 연못에 비친 자신의 모습을 보고 **자화자찬***을 했습니다. 해가 지고 달이 떠도 나르키소스는 연못에 비친 자신의 모습을 보느라 시간 가는 줄 몰랐습니다.

"이렇게 아름다운 나의 모습을 두고 떠날 수 없어."

나르키소스는 연못을 떠나지 않고 다음 날도, 그 다음 날도 자신의 모습을 보고 스스로 **칭찬**③했습니다. 나르키소스는 연못에 비친 자신의 모습을 더 가까이에서 보고 싶어서 연못으로 몸을 더욱 기울였습니다. 그러다가 그만 연못에 빠져 버리고 말았습니다. **안타깝게도**④ 나르키소스는 다시 물 밖으로 나오지 못했습니다.

나르키소스는 더 이상 연못에 비친 자신의 아름다운 모습을 볼 수 없게 되었습니다. 나르키소스가 있던 자리에는 하얀 **수선화**⑤가 피어났습니다.

– 그리스 로마 신화

🧻 어려운 낱말 풀이

① **나르키소스** 그리스 신화에 나오는 사람 중 하나. '나르시스'라고도 불린다.
② **비친** 어떤 모습이나 그림자가 나타난   ③ **칭찬** 착하고 좋은 사람이나 일을 두고 훌륭하다고 기뻐하면서 말로 나타내는 것 稱일컬을 칭 讚기릴 찬   ④ **안타깝게도** 마음 대로 되지 않거나 보기에 딱하여 속이 타고 답답하게도   ⑤ **수선화** 이른 봄에 피는 꽃. 잎은 가늘고 꽃잎은 희거나 노랗다. 水물 수 仙신선 선 花꽃 화

수선화

1 나르키소스는 어디에 비친 자신의 모습을 보았는지 써 보세요.

☐☐ 에 비친 자신의 모습을 보았습니다.

2 자기 자신의 모습을 본 나르키소스는 어떻게 말했는지 골라 〇표를 해 보세요.

"오, 나의 모습이 이렇게나 아름답구나."	"다른 사람들의 모습과 크게 다르지 않구나."
[ ]	[ ]

3 이 이야기의 내용에 맞도록 알맞은 낱말에 〇표를 해 보세요.

나르키소스는 연못에 비친 { 자신의 / 다른 사람의 } 모습을 매일 보면서

{ 칭찬 / 무시 } 했습니다. 자신의 모습을 더욱 가까이에서 보려던 나르키소스는

결국 물에 빠졌고, 그 자리에는 { 하얀 수선화 / 빨간 장미 } 가 피어났습니다.

4 다음 중 어울리는 말끼리 선으로 이어 보세요.

목이	•	•	보다
모습을	•	•	마르다

5 다음 만화의 상황을 보고 빈칸에 들어갈 알맞은 말을 골라 ○표를 해 보세요.

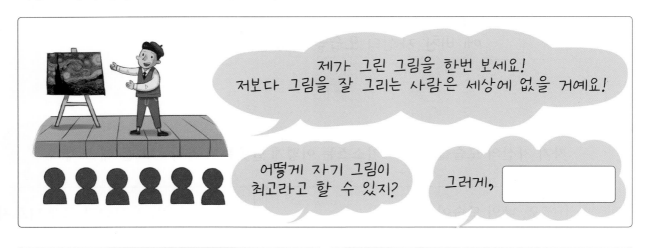

저 화가, 자화자찬이 너무 심하군.	화가 난 모습이 보기 좋지 않아.

[   ]   [   ]

6 다음은 '자화자찬'의 한자와 뜻입니다. 한자의 뜻을 보고 빈칸에 들어갈 알맞은 말을 써 보세요.

自	畫	自	讚
뜻 / 음	뜻 / 음	뜻 / 음	뜻 / 음
스스로 / 자	그림 / 화	스스로 / 자	칭찬할 / 찬

'자화자찬'은 '자기 자신의 ㄱ ㄹ 을 자기 자신이 ㅊ ㅊ 한다'

라는 뜻입니다. 나르키소스처럼 자기 자신을 칭찬하는 경우에 '자화자찬'

이라는 말을 쓸 수 있습니다.

03회 맞춤법·받아쓰기

해설편 002쪽

1 단계 다음 뜻에 알맞은 낱말을 골라 빈칸에 옮겨 써 보세요.

[1] 어떤 모습이나 그림자 따위가 나타나다.

① 마시다.　　② 비치다.

[2] 산이나 들의 짐승을 잡는 일

① 사냥　　② 모습

[3] 어떤 방향으로 향하게 하다.

① 기울이다.　　② 감탄하다.

2 단계 불러 주는 말을 잘 듣고 빈칸을 알맞게 채워 보세요.

1단계 03회 받아쓰기2
QR코드를 찍으면 받아쓰기 음성이 나옵니다.

[1] 정말 ☐☐☐☐.

[2] 해가 지고 달이 ☐☐.

[3] ☐☐☐ 빠져 버렸다.

3 단계 불러 주는 말을 잘 듣고 띄어쓰기에 유의하여 받아써 보세요.

1단계 03회 받아쓰기
QR코드를 찍으면 받아쓰기 음성이 나옵니다.

[1] | 이 | 렇 | 게 | ∨ | 아 | | | | ∨ | 수 | | ! | | | |

[2] | 스 | | | ∨ | 칭 | | | | | | | . | | | |

[3] | | | ∨ | | | | | ∨ | | | | | | . |

시간 끝난 시간 ☐시 ☐분

1회분 푸는 데 걸린 시간 ☐분

채점 독해 6문제 중 ☐개

맞춤법·받아쓰기 9문제 중 ☐개

04회 호랑이에게 물려 가도 정신만 차리면 산다*

자신에게 정말 위험한 상황이 닥친다면 당황하면서 걱정이 앞서게 됩니다. 하지만 그럴수록 차분하게 생각하고 행동하면 빠져나올 방법을 찾을 수 있습니다. '호랑이에게 물려 가도 정신만 차리면 산다'라는 말은 '위급한 상황에서도 정신만 차리고 잘 대처하면 위기를 빠져나올 수 있다'는 뜻입니다.

공부한 날 ☐ 월 ☐ 일 시작 시간 ☐ 시 ☐ 분

>>> QR코드를 찍으면 지문 읽기를 들을 수 있어요

1단계 04회 본문

옛날에 **꾀**① 많은 나무꾼이 살았습니다. 어느 날 나무꾼이 나무를 하다 깜빡 잠든 사이, 호랑이에게 물려 가고 말았습니다.

'**호랑이에게 물려 가도 정신만 차리면 산다***고 했어, **침착해야 해.**②'

나무꾼은 무서웠지만 침착하게 꾀를 짜내었습니다.

"아이고! 형님, 이제야 **아우**③를 만나러 오시다니요!"

나무꾼의 말에 호랑이는 **어리둥절해졌습니다.**④ 나무꾼은 말을 이어 갔습니다.

"어린 시절 저에게는 형님이 한 분 계셨습니다. 그런데 형님께서 산에 올라간 뒤로 소식을 알 수 없게 되었습니다. 그러던 어느 날 어머님의 꿈에 형님이 나타나 이제 호랑이가 되었으니 그만 자신을 잊으라 했다지 뭡니까."

"그것이 정말이냐?"

"정말이고 말고요! 너무 오래된 일이라 형님께서도 잊으신 듯합니다. 흑흑……."

나무꾼의 꾀에 **감쪽같이**⑤ 속아 넘어간 호랑이는 눈물을 흘리며 나무꾼을 풀어주었습니다. 그 후 호랑이는 **종종**⑥ 나무꾼의 집 앞에 사냥감을 두고 갔습니다. 그리고 나무꾼의 어머니가 돌아가셨을 때도 슬피 울었습니다.

– 우리나라 전래 동화 (초등 국어 1-1 '8. 소리 내어 또박또박 읽어요.')

1 다음 중 나무꾼이 형님이라고 부른 동물은 무엇인지 골라 보세요. ─────────── [   ]

①    ②    ③

2 다음 중 나무꾼의 꾀에 넘어간 뒤 호랑이가 한 행동으로 맞는 것에 ○표, 아닌 것에 ×표를 해 보세요.

나무꾼의 집에 사냥감을 종종 놓아주었다.	나무꾼의 어머니가 죽자 슬피 울었다.	나무꾼을 잡아먹었다.
[ ]	[ ]	[ ]

3 다음 낱말과 <u>반대</u>되는 뜻을 가진 낱말을 선으로 이어 보세요.

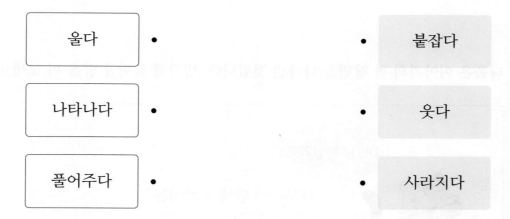

울다	•	•	붙잡다
나타나다	•	•	웃다
풀어주다	•	•	사라지다

어려운 낱말 풀이 ① **꾀** 일을 해결할 만한 좋은 생각 ② **침착해야 해** 당황하지 말고 잘 생각해야 해 沈잠길 침 着붙을 착 - ③ **아우** 동생 ④ **어리둥절해졌습니다** 무슨 일인지 잘 몰라서 당황했습니다. ⑤ **감쪽같이** 알아채지 못할 만큼 완전하게 ⑥ **종종** 가끔 種씨 종 種씨 종

4 다음은 '호랑이에게 물려 가도 정신만 차리면 산다'의 뜻입니다. 소리내어 읽어보며 알맞은 표현에 ○표를 해 보세요.

호랑이에게 물려 가는 것처럼 { 위급한 / 편안한 } 상황에서도 당황하지 않고

침착하게 행동하면 위기를 { 벗어날 / 안들 } 수 있다는 뜻입니다.

5 다음 일기를 읽고 빈칸에 들어갈 수 있는 말을 골라 보세요. ─────── [　　　]

11월 15일 날씨: 맑음

오늘은 갑자기 지진이 발생해서 깜짝 놀랐다. 땅이 흔들리니까 무척 겁이 났지만 [　　　　　　　]는 말을 떠올리며 침착하게 식탁 밑으로 피했다. 식탁 밑으로 숨은 덕분에 전구나 꽃병이 떨어져도 아무도 다치지 않을 수 있었다.

① 호랑이도 제 말 하면 온다
② 호랑이에게 물려 가도 정신만 차리면 산다

6 다음은 이야기의 한 장면을 나타낸 것입니다. 빈칸에 들어갈 말을 써 보세요.

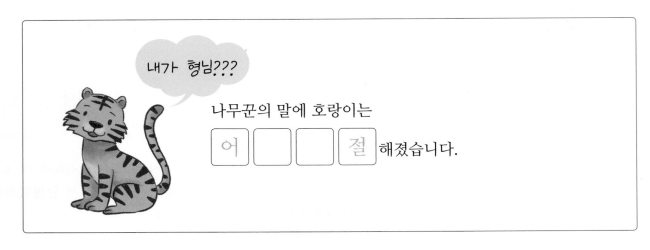

내가 형님???

나무꾼의 말에 호랑이는
[어][　][　][절]해졌습니다.

04회 맞춤법·받아쓰기

해설편 002쪽

1단계

다음 뜻에 알맞은 낱말을 골라 빈칸에 옮겨 써 보세요.

[1] 사냥해서 잡으려고 하는 것, 혹은 잡은 것

① 사냥꾼 ② 사냥감

[2] 차분하고 들뜸이 없다.

① 침착하다. ② 당황하다.

[3] 기억을 떠올리지 못하다.

① 잊다. ② 울다.

2단계

1단계 04회 받아쓰기2
QR코드를 찍으면 받아쓰기 음성이 나옵니다.

불러 주는 말을 잘 듣고 빈칸을 알맞게 채워 보세요.

[1] 형님이 한 분

[2] 　　　 잘하는 친구

[3] 거짓말에 　　　 버렸다.

3단계

1단계 04회 받아쓰기
QR코드를 찍으면 받아쓰기 음성이 나옵니다.

불러 주는 말을 잘 듣고 띄어쓰기에 유의하여 받아써 보세요.

[1] | 호 | 랑 | 이 | V | | | | | | | | | | | | |

[2] | 꾀 | | V | | 은 | V | | | | | | | | | | |

[3] | | | V | | | | ? | | | | | | | | | |

시간 끝난 시간 　시 　분 1회분 푸는 데 걸린 시간 　분

채점 독해 6문제 중 　개 맞춤법·받아쓰기 9문제 중 　개

귀에 못이 박히다*

누군가에게 계속 똑같은 말을 반복해서 듣게 되면 정말 지겨울 것입니다. 이런 상황에서 '귀에 못이 박히다'라는 말을 합니다. 이 말은 귀에 못이 박힐 정도로 '같은 말을 오랫동안 여러 번 들었다'는 뜻입니다.

공부한 날 [ ]월 [ ]일 시작 시간 [ ]시 [ ]분

>>> QR코드를 찍으면 지문 읽기를 들을 수 있어요

1단계 05회 본문

옛날 어느 마을에 **게으름뱅이**① 소년이 있었습니다. 소년은 무척 게을러서 일도, 공부도 하지 않고 놀기만 했습니다. 마을 사람들이 매일 그렇게 살면 소가 될 것이라고 말해도 소년은 **시큰둥할**② 뿐이었습니다.

"소가 되면 얼마나 좋아? **평생**③ 풀이나 뜯으며 **느긋하게**④ 살 수 있을 텐데."

그러던 어느 날, 소년은 깜빡 잠이 들었습니다. 그런데 잠에서 깨어 보니 놀랍게도 소년은 소가 되어 있었습니다. **소원**⑤이 이루어진 소년은 기뻐했습니다.

그런데 웬 노인이 나타나 소가 된 소년에게 **매질**⑥을 하기 시작했습니다.

"이제 일할 시간인데 언제까지 풀만 뜯고 있을 거야?"

소년은 매일 밭을 갈고 무거운 짐을 날라야 했습니다. 소년은 그제야 후회의 눈물을 흘리며 생각했습니다.

'사람들이 게으르게 살지 말라고 **귀에 못이 박히도록*** 말했는데, 그 말을 듣지 않아 내가 벌을 받는구나!'

그 순간 소년은 깜짝 놀라 눈을 떴습니다. 알고 보니 소가 되는 꿈을 꾼 것이었습니다. 마음을 **고쳐먹은**⑦ 소년은 그 이후로 열심히 일하며 부지런히 살았습니다.

– 우리나라 전래 동화

📜 어려운 낱말 풀이 | ① **게으름뱅이** 게으른 사람을 낮추어 이르는 말 ② **시큰둥할** 못마땅하여 별 반응이 없을 ③ **평생** 태어나서 죽을 때까지 平평평할 평 生날 생 ④ **느긋하게** 서두르지 않고 여유가 있게 ⑤ **소원** 바라고 원하는 것 所바 소 願원할 원 ⑥ **매질** 매로 때리는 일 ⑦ **고쳐먹은** 좋은 방향으로 마음가짐을 바꾸거나 달리 생각한

1 이 이야기에 나온 소의 모습을 선으로 알맞게 이어 보세요.

꿈에서 소년이 소가
되고 난 후의 모습   •

소년이 처음에 부러워
했던 소의 모습   •

2 다음 중 소년이 소로 변한 뒤에 한 일에 <u>모두</u> ○표를 해 보세요. (답 2개)

| 낮잠 자기 | 밭 갈기 | 게으름 피우기 |

| 온종일 놀기 | 짐 나르기 |

3 다음 중 게으름뱅이 소년이 귀에 못이 박히도록 들었던 말은 무엇인지 골라 보세요.

"너 그렇게 게으르게 살면 소가 된다!"   "노는 게 제일이야! 마음껏 놀아라!"

[   ]   [   ]

4 다음 글을 읽고, '귀에 못이 박히다'의 뜻이 무엇인지 골라 보세요. ·············· [   ]

> '못'은 무언가를 오랫동안 반복해서 생기는 굳은살이고, '박히다'는 굳은살 따위가
> 생겨났다는 뜻입니다. 즉, '못이 박히다'는 무언가를 오랫동안 반복해서 굳은살이
> 생겼다는 뜻입니다.

① 시끄러운 소리를 들어 귀가 아프다는 뜻

② 같은 말을 오랫동안 여러 번 들었다는 뜻

③ 귀가 딱딱해져 아무것도 들리지 않는다는 뜻

5 '귀에 못이 박히다'와 어울리는 동시를 찾아 제목을 써 보세요.

봄	이제 그만
똑똑똑 새싹이 땅 문을 두드리네요. 드디어 기다리던 봄이 왔나 봐요.	"일어나세요!" "어서 일어나야 해요!" "지금 안 일어나면 학교에 늦어요!" 내가 맞춘 알람 시계지만 이제 그만했으면……
한글 놀이	동생
기역 기역 기역은 어떤 글자를 만들까? 가족 구슬 기차 이런 글자를 만들지.	내가 깔깔깔 박수치면 저도 따라서 깔깔깔 내가 쫄쫄쫄 걸어가면 저도 따라서 쫄쫄쫄

_____

6 다음 중 '시큰둥하다'와 어울리는 표정을 골라 보세요. ·············· [   ]

①    ②    ③

05회 맞춤법·받아쓰기

해설편 003쪽

1단계

다음 뜻에 알맞은 낱말을 골라 빈칸에 옮겨 써 보세요.

[1] 밭에 씨앗을 심어 가꾸다

① 뜯다.　　　② 갈다.

[2] 일을 미루지 않고 꾸준하게 열심히

① 놀랍게도　　② 부지런히

[3] 바라고 원함

① 소원　　　② 후회

2단계

1단계 05회 받아쓰기2
QR코드를 찍으면
받아쓰기 음성이
나옵니다.

불러 주는 말을 잘 듣고 빈칸을 알맞게 채워 보세요.

[1] 무거운 짐을 □□□.

[2] 귀에 못이 □□□□

[3] 마음을 □□□□.

3단계

1단계 05회 받아쓰기
QR코드를 찍으면
받아쓰기 음성이
나옵니다.

불러 주는 말을 잘 듣고 띄어쓰기에 유의하여 받아써 보세요.

[1]

| 시 | 큰 | 둥 | 한 | V | | | | | | | | | | | |

[2]

| | 가 | V | 된 | V | | | | | | | | | | | |

[3]

| | | V | | | | | V | | | V | | | . |

시간 끝난 시간 □시 □분　　1회분 푸는 데 걸린 시간 □분

채점 독해 6문제 중 □개　　맞춤법·받아쓰기 9문제 중 □개

호랑이가 나오는 속담들

옛날에는 호랑이가 자주 나타났다고 합니다. 옛날 사람들에게 호랑이는 피하고만 싶은 무서운 동물이었습니다. 그래서 사람들의 입에 호랑이에 관한 말들이 자주 오르내렸습니다. 그러다 보니 살면서 겪는 무섭거나 피하고만 싶었던 일을 호랑이에 비유하곤 했습니다. 그 중에 자주 쓰이는 말들이 속담으로 지금까지 전해집니다.

[호랑이도 제 말 하면 온다]

호랑이는 산속 깊은 곳에 살고 있습니다. 그런데 그런 호랑이조차도 자기에 대해 이야기하면 그 이야기를 용케 듣고 찾아온다는 소리입니다. 옛날 사람들은 어느 곳에서나 그 자리에 없다고 다른 사람을 흉보아서는 안 된다고 말하고 싶을 때, "호랑이도 제 말 하면 온다. 말조심하게."라고 말하곤 했습니다.

[하룻강아지 호랑이 무서운 줄 모른다]

하룻강아지는 태어난 지 얼마 안 되는 아주 어린 강아지를 뜻합니다. 그래서 하룻강아지는 세상에서 호랑이가 얼마나 무서운지 들은 적이 없었을 것입니다. 무서운 줄 모르니 만약 호랑이가 나타나도 하룻강아지는 겁 없이 호랑이에게 덤볐겠지요? 옛날 사람들은 자기보다 덩치가 크거나 신분이 높은 사람에게 함부로 덤비는 어린 사람이 얼마나 철이 없는지 말하고 싶을 때 이 속담을 썼습니다.

[호랑이 굴에 가야 호랑이 새끼를 잡는다]

호랑이의 가죽은 다른 어떤 동물들의 가죽보다도 좋은 가죽이었습니다. 호랑이를 잡은 사냥꾼은 큰돈을 벌 수 있었습니다. 하지만 호랑이는 아주 크고 무서운 동물입니다. 호랑이를 잡기 위해서는 호랑이가 살고 있는 굴에 찾아갈 수 있는 대담한 용기가 필요했습니다. 옛날 사람들은 뜻하는 바를 이루려면 그만큼 어렵고 힘든 노력을 해야 한다고 말하고 싶을 때, "호랑이 굴에 가야 호랑이 새끼를 잡는다"라고 말하곤 했습니다.

[이빨 빠진 호랑이]

아무리 무서운 호랑이라도 이빨이 없다면 어떨까요? 상대를 공격할 수 있는 이빨이 없는 호랑이는 상대를 무섭게 만들기 어려울 것입니다. 이빨이 없으니 먹을 것도 제대로 먹지 못해 허약하기도 할 것입니다. 옛날 사람들은 옛날에는 힘과 권력을 갖고 있어서 두려워해야 했던 사람이 그 힘과 권력을 잃어 두렵지 않게 되었을 때, 그런 사람을 두고 "이빨 빠진 호랑이"라고 말하곤 했습니다.

2주차

주간학습계획표

한 주 간의 계획을 먼저 세워보세요. 매일 학습을 마친 후 맞힌 문제의 개수를 쓰세요!

회차	영역	학습 내용	학습계획일	맞은 문제수
06회	사자성어	**박장대소(拍掌大笑)** 정말 크게 웃을 일이 있을 때는 몸도 함께 움직이며 웃게 됩니다. 이처럼 '**박장대소(拍掌大笑)**'라는 말은 '**손뼉을 치면서 매우 크게 웃음**'이라는 뜻을 가지고 있습니다.	월 일	독해 6문제 중 ⬜개 맞춤법·받아쓰기 9문제 중 ⬜개
07회	속담	**방귀 뀐 놈이 성낸다** 잘못한 사람이 도리어 화를 내면 정말 당황스러울 것입니다. 이와 같은 상황을 '**방귀 뀐 놈이 성낸다**'라고 합니다. 즉, 이 말은 '**잘못을 했음에도 불구하고 오히려 화를 냄**'이라는 뜻입니다.	월 일	독해 6문제 중 ⬜개 맞춤법·받아쓰기 9문제 중 ⬜개
08회	관용어	**귀를 기울이다** 무언가를 듣기 위해 열심히 집중하게 된다면 소리가 나는 방향으로 귀가 기울여지게 됩니다. 이처럼 '**귀를 기울이다**'라는 말은 '**다른 사람이 하는 말에 관심을 가지고 열심히 듣는다**'는 뜻입니다.	월 일	독해 6문제 중 ⬜개 맞춤법·받아쓰기 9문제 중 ⬜개
09회	고사성어	**어부지리(漁夫之利)** 어떤 두 사람이 싸우고 있을 때, 엉뚱한 사람이 이득을 챙기는 경우도 있습니다. '**어부지리(漁夫之利)**'라는 사자성어는 '**두 사람이 싸우는 사이에 엉뚱한 사람이 애쓰지 않고 가로챈 이득**'이라는 뜻으로 쓰입니다.	월 일	독해 6문제 중 ⬜개 맞춤법·받아쓰기 9문제 중 ⬜개
10회	속담	**우물 안 개구리** 좁은 공간에 갇혀 있으면 넓은 세상을 알지 못합니다. '**우물 안 개구리**'는 이처럼 '**자신이 아는 것이 전부라고 생각하는 사람**'이라는 뜻으로 쓰입니다.	월 일	독해 6문제 중 ⬜개 맞춤법·받아쓰기 9문제 중 ⬜개

박장대소(拍 掌 大 笑)*

칠 박   손바닥 장   클 대   웃음 소

정말 크게 웃을 일이 있을 때는 몸도 함께 움직이며 웃게 됩니다. 이처럼 '박장대소(拍掌大笑)'라는 말은
'손뼉을 치면서 매우 크게 웃음'이라는 뜻을 가지고 있습니다.

공부한 날 [ ]월 [ ]일 시작 시간 [ ]시 [ ]분

>>> QR코드를 찍으면
지문 읽기를 들을 수 있어요

1단계 06회 14쇄

   한 **비단** 장수가 **망주석**에 기대어 잠깐 낮잠을 잘 때 비단을 몽땅 도둑맞았습니다.
비단 장수는 **지혜로운 원님**에게 찾아가 도둑을 잡아달라고 부탁했습니다. 그러자
마을 사람들이 **재판**을 보기 위해 몰려들었습니다.

   비단 장수의 이야기를 들은 원님은 망주석을 뽑아 와 망주석에게 물어보았습니다.

   "비단을 도둑질한 자는 누구냐? 너는 보지 않았느냐?"

   마을 사람들은 웃음을 참기 어려웠습니다. 원님이
망주석을 매로 때리기 시작하자, **결국** 마을 사람들은
박장대소를 터뜨렸습니다.

   "푸하하하! 지혜로운 원님이라더니, 돌덩이를 가지고
난리를 치는구나! 하하하!"

   원님은 웃은 사람에게 모두 비단 한 필씩을 사 오라고 명령을 내렸습니다. 마을
사람들은 어쩔 수 없이 모두 비단 한 필씩을 사 와 원님께 드렸습니다. 그런데 모두
비단 장수가 도둑맞은 비단이었습니다. 마을 사람들은 모두 옆 마을 장사꾼에게
비단을 샀다고 했습니다. 원님은 옆 마을 장사꾼을 불러서 물었습니다.

   "네가 판 이 비단들은 어디서 난 것이냐?"

   "그 비단들은 제가 저 멀리 있는 마을에서 사 온 것입니다요. 왜 그러십니까?"

   "그 비단에는 무슨 무늬가 있느냐? 네가 사 온 것이라면 그 정도는 알겠지."

   사실 옆 마을 장사꾼은 훔친 비단들을 얼른 팔아넘기고 도망칠 생각이었습니다.
그래서 비단 무늬 같은 것은 **자세히** 보지도 않았기 때문에 아무 대답도 할 수
없었습니다.

   원님은 옆 마을 장사꾼을 혼을 내고 벌을 주었습니다. 사람들은 도둑을 잡은
원님의 지혜에 매우 놀랐습니다.

   - 우리나라 전래 동화

1 이 이야기에서 일이 먼저 일어난 순서대로 번호를 써 보세요.

원님이 비단 도둑을 잡았습니다.	원님이 망주석을 뽑아 재판했습니다.	비단 장수가 비단을 도둑맞았습니다.
[ ]	[ ]	[ ]

2 다음은 원님이 옆 마을 장사꾼에게 한 말입니다. [보기]를 보고 빈칸에 알맞은 낱말을 채워 보세요.

> [보 기]   비단   재판

나는 갑자기 ☐☐ 이 많이 생긴 사람을 알아보기 위해 일부러 망주석을

데려와 ☐☐ 을 한 것이다. 너는 훔친 ☐☐ 을 우리 마을 사람들에게

팔았지. 이 나쁜 도둑 같으니, 감옥에 갇혀 죄를 뉘우쳐라!

3 [보기]의 말을 한 사람은 어떤 마음이었을지 골라 ○표를 해 보세요.

> [보 기]   "돌덩이를 가지고 난리를 치는구나! 하하하!"

우스움
[   ]

궁금함
[   ]

슬픔
[   ]

어려운 낱말 풀이 | ① **비단** 가볍고 빛깔이 우아하며 촉감이 부드러운 옷감 緋비단 비 緞비단 단 ② **장수** 물건을 파는 사람 ③ **망주석** 무덤 앞에 세우는 돌기둥 望바랄 망 柱기둥 주 石돌 석 ④ **지혜로운** 현명한 智지혜 지 慧슬기로울 혜 - ⑤ **원님** 마을을 다스리는 높은 사람 員사람 원 - ⑥ **재판** 사건을 법에 따라 판단하는 일 裁마를 재 判판단할 판 ⑦ **결국** 일이 마무리되는 마당이나 일의 결과가 그렇게 돌아가게 結맺을 결 局판 국 ⑧ **자세히** 작은 데까지 꼼꼼하게 仔자세할 자 細가늘 세 -

4 원님이 망주석을 매로 때리기 시작했을 때, 마을 사람들은 어떻게 웃었을지 골라 ○표를 해 보세요.

흐뭇한 표정을 지으며 조용하게

[   ]

손뼉을 치면서 매우 크게

[   ]

5 다음은 '박장대소'의 한자와 뜻입니다. 한자와 뜻을 알맞게 이어 보세요.

사자성어의 한자

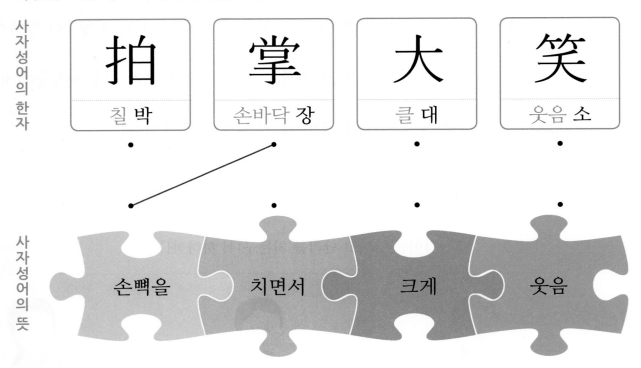

사자성어의 뜻

拍	掌	大	笑
칠 박	손바닥 장	클 대	웃음 소

손뼉을   치면서   크게   웃음

6 다음 중 '박장대소'와 비슷한 표현이 쓰인 말을 골라 ○표를 해 보세요.

형석이의 장난에 우리 반은 **웃음바다가 되었습니다.**

[   ]

윤선이는 김이 모락모락 나는 피자를 보며 **침을 꿀꺽 삼켰습니다.**

[   ]

1
단계

다음 뜻에 알맞은 낱말을 골라 빈칸에 옮겨 써 보세요.

[1] 낮에 자는 잠

　　① 늦잠　　　② 낮잠

[2] 윗사람이 아랫사람에게 무엇을 하게 함

　　① 명령　　　② 복종

[3] 양쪽 곁

　　① 앞　　　② 옆

2
단계

불러 주는 말을 잘 듣고 빈칸을 알맞게 채워 보세요.

1단계 06회 받아쓰기2
QR코드를 찍으면
받아쓰기 음성이
나옵니다.

[1] 무슨 ☐☐ 가 있느냐?

[2] 재치에 ☐☐☐☐.

[3] ☐☐☐ 를 때렸다.

3
단계

불러 주는 말을 잘 듣고 띄어쓰기에 유의하여 받아써 보세요.

1단계 06회 받아쓰기
QR코드를 찍으면
받아쓰기 음성이
나옵니다.

[1] | 망 | 주 | 석 | ∨ | | | | | | | | | | | | |

[2] | 몽 | | ∨ | | | | 은 | ∨ | | | | | | | | |

[3] | | | | | ∨ | | | | ∨ | | | | | | | |

시간　끝난 시간 ☐시 ☐분　채점　독해 6문제 중 ☐개

1회분 푸는 데 걸린 시간 ☐분　맞춤법·받아쓰기 9문제 중 ☐개

07회 방귀 뀐 놈이 성낸다*

잘못한 사람이 도리어 화를 내면 정말 당황스러울 것입니다. 이와 같은 상황을 '방귀 뀐 놈이 성낸다'라고 합니다. 즉, 이 말은 '잘못을 했음에도 불구하고 오히려 화를 냄'이라는 뜻입니다.

공부한 날 ☐ 월 ☐ 일   시작 시간 ☐ 시 ☐ 분

>>> QR코드를 찍으면
지문 읽기를 들을 수 있어요

1단계 07회 본문

옛날, 어느 마을에 혹부리 영감이 살았습니다. 어느 날 혹부리 영감은 나물을 구하러 산으로 갔습니다. 그런데 **날이 저물어**① 길을 잃고 말았습니다. 혹부리 영감은 **머물**② 곳을 찾다가 어느 빈집에 들어갔습니다. 그런데 빈집에서 이상한 소리가 들려왔고 혹부리 영감은 무서워서 노래를 불렀습니다. 그때 갑자기 도깨비들이 나타났습니다.

"너의 아름다운 노래는 어디에서 나오는 거지?"

"이 혹이 내 노래 주머니랍니다."

혹부리 영감은 꾀를 내어 도깨비에게 말했습니다. 도깨비들은 영감의 혹을 떼어 가는 대신 **금은보화**③를 주었습니다.

이웃에 사는 욕심쟁이 혹부리 영감이 이 **소식**④을 들었습니다. 자기도 욕심이 생겨 착한 혹부리 영감이 갔던 빈집을 찾아가 목이 터져라 노래를 불렀습니다. 잠시 뒤 도깨비들이 나타났습니다. 욕심쟁이 혹부리 영감은 깜짝 놀라는 척하며 도깨비에게 말했습니다.

"아이구 깜짝이야! 누구신데 이렇게 사람을 놀라게 하시오?"

"아니, **방귀 뀐 놈이 성낸다고.** 시끄럽게 노래를 부른 사람이 누군데 우리더러 그러느냐?"

욕심쟁이 혹부리 영감은 도깨비들이 묻지도 않았는데 자신의 혹에서 아름다운 노래가 나온다고 말했습니다. 그러자 도깨비들은 화가 나서 도깨비들이 가지고 있던 혹까지 욕심쟁이 혹부리 영감에게 붙여버렸습니다. 결국 욕심쟁이 혹부리 영감은 금은보화는커녕 혹만 하나 더 붙여서 집으로 돌아왔습니다.

– 우리나라 전래 동화

1 도깨비들이 혹부리 영감의 혹을 떼어 간 까닭은 무엇인지 빈칸을 채워 보세요.

도깨비들은 ☐☐ 를 잘 부르고 싶어서 혹을 떼어 갔습니다.

---

2 [보기]의 밑줄 친 낱말과 바꿔 쓸 수 있는 낱말을 골라 보세요. ────── [　　　]

> [보기]　호랑이는 여우가 자신의 먹이를 훔쳐 먹자 불같이 <u>성냈다</u>.

① 웃었다　　② 울었다　　③ 화냈다　　④ 놀랐다　　⑤ 졸렸다

---

3 도깨비에게 갔다 온 후 인물들의 모습이 어떻게 바뀌었는지 알맞게 이어 보세요.

노래 잘하는 혹부리 영감	•	•	

욕심쟁이 혹부리 영감	•	•	

어려운 낱말 풀이 ┃ ① **날이 저물어** 하루해가 져서 어두워져서　② **머물 곳** 하룻밤 동안 지낼 곳　③ **금은보화** 금과 은 같은 귀중한 물건 金금 금 銀은 은 寶보배 보 貨보배 화　④ **소식** 멀리 떨어져 있는 사람의 일을 알리는 말이나 글 消사라질 소 息숨쉴 식

4 욕심 많은 혹부리 영감이 도깨비들을 찾아간 까닭은 무엇인지 골라 보세요. ····· [   ]

① 혹을 뗀 후에 금은보화를 받기 위해서

② 노래를 더 잘 부를 수 있는 방법을 배우기 위해서

5 다음은 속담 '방귀 뀐 놈이 성낸다'를 쓸 수 있는 상황에 대한 설명입니다. 알맞은 말을 골라
○표를 해 보세요.

사람들이 있는 곳에서 함부로 방귀를 뀌는 일은 다른 사람들을 불편하게 만드는

행동이기에 { 사과를 / 칭찬을 } 해야 합니다. 하지만 { 노력 / 잘못 } 을 했는데 오히려

{ 돈을 / 화를 } 내는 사람이 있다면 '방귀 뀐 놈이 성낸다'라는 속담을 쓸 수

있습니다.

6 다음 중 '방귀 뀐 놈이 성낸다'는 말을 해주고 싶은 친구를 찾아 ○표를 해 보세요.

자기가 숙제를 안 해 놓고 왜 숙제를 하라고 안 했냐며 오히려 친구에게 화를 내는 **찬웅**	길을 물어보는 할머니께 친절하게 길을 알려 드리고 칭찬을 받은 **가은**
[ ]	[ ]

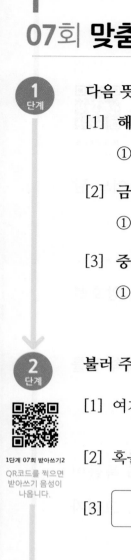

1단계

다음 뜻에 알맞은 낱말을 골라 빈칸에 옮겨 써 보세요.

[1] 해가 져서 어두워지다.
　① 저물다.　② 부르다.

			.

[2] 금과 은 같은 귀중한 물건
　① 금은보화　② 욕심쟁이

[3] 중간에 멈추거나 잠깐 어떤 곳에서 지내다.
　① 머무르다.　② 나타나다.

			.

2단계

1단계 07회 받아쓰기2
QR코드를 찍으면 받아쓰기 음성이 나옵니다.

불러 주는 말을 잘 듣고 빈칸을 알맞게 채워 보세요.

[1] 여기저기 [　][　] 이 났다.

[2] 혹을 [　][　][　][　] 대신

[3] [　] 를 내다.

3단계

1단계 07회 받아쓰기
QR코드를 찍으면 받아쓰기 음성이 나옵니다.

불러 주는 말을 잘 듣고 띄어쓰기에 유의하여 받아써 보세요.

[1]

혹	부	리	∨									

[2]

			는	∨		∨	실					

[3]

		∨		∨		∨				.		

시간 　끝난 시간 [　]시 [　]분
1회분 푸는 데 걸린 시간 [　]분

채점 　독해 6문제 중 [　]개
맞춤법·받아쓰기 9문제 중 [　]개

08회 귀를 기울이다*

무언가를 듣기 위해 열심히 집중하게 된다면 소리가 나는 방향으로 귀가 기울여지게 됩니다. 이처럼 '귀를 기울이다'라는 말은 '다른 사람이 하는 말에 관심을 가지고 열심히 듣는다'는 뜻입니다.

공부한 날 [　] 월 [　] 일   시작 시간 [　] 시 [　] 분

>>> QR코드를 찍으면
지문 읽기를 들을 수 있어요

1단계 08회 본문

먼 옛날에 '알리바바'라는 가난하지만 마음씨 착한 청년이 살았습니다. 어느 날 알리바바는 숲속에서 **수상한**① 사람들이 이야기를 하는 모습을 보았습니다.

알리바바는 이야기를 듣기 위해 가만히 **귀를 기울였습니다.***

"오늘도 많이 훔쳤군. 보물들은 이 마법 동굴에 숨겨 두면 안전하지. **암호**②를 모르면 그 누구도 들어갈 수 없으니까 말이야."

알고 보니 그 사람들은 나쁜 도둑들이었습니다. 알리바바는 놀랐지만, 계속 **귀를 기울였습니다.***

"암호는 '열려라 참깨!'야. 잊지 마."

알리바바는 도둑들이 떠날 때까지 기다렸습니다. 그리고 한밤중에 도둑들이 모두 나오는 걸 확인한 뒤, 동굴 앞에서 "열려라 참깨!"라고 말했습니다. 그러자 동굴 문이 열리며 잔뜩 쌓인 보물들이 **드러났습니다.**③

알리바바는 도둑들의 보물을 가지고 돌아와 주인을 찾아 주었습니다. 그러나 주인이 나타나지 않는 보물이 더 많았기 때문에 알리바바는 그 보물을 가지고 부자가 될 수 있었습니다.

– 다른 나라 전래 동화

 **어려운 낱말 풀이**

① **수상한** 하는 짓이나 차림새가 이상하고 의심스러운 殊다를 수 常떳떳할 상
② **암호** 비밀을 지키기 위해 정해 놓고 주고받는 신호 暗어두울 암 號부를 호
③ **드러났습니다** 가려져 있던 것이 보이게 되었습니다

1 도둑들이 보물을 숨긴 곳은 어디인지 골라 보세요. ──────────────── [　　　]

① 　② 　③

2 이 이야기에서 마법 동굴을 여는 비밀 암호는 무엇인지 써 보세요.

→ ▢ ▢ ▢ ▢ ▢ !

3 알리바바는 도둑들이 훔친 보물을 어떻게 했는지 골라 보세요. ─────────── [　　　]

① 모두 자기가 가져서 부자가 되었다.

② 가지고 있다가 도둑에게 다시 빼앗겼다.

③ 가지고 돌아와 주인을 찾아 주었다.

4 다음 [물음]을 잘 읽고 알맞은 답을 해 보세요.

> [물음] **'귀를 기울이다'**라는 말은 다른 사람이 하는 말에 관심을 가지고 열심히 듣는다는 뜻입니다. 그렇다면, 알리바바가 **귀를 기울여서** 듣게 된 것으로 알맞은 말은 무엇인지 골라 ○표를 해 보세요.

"보물들은 이 마법 동굴에 숨겨 두면 안전하지."

[   ]

"이 보물들은 주인에게 돌려줘야겠어."

[   ]

5 다음 중 '귀를 기울이다'와 어울리는 그림을 골라 ○표를 해 보세요.

[   ]

[   ]

6 다음 중 '드러나다'와 뜻이 <u>반대</u>되는 말을 골라 보세요. ──────────── [   ]

① 나오다　　　　　② 사라지다　　　　　③ 나타나다

1단계

다음 뜻에 알맞은 낱말을 골라 빈칸에 옮겨 써 보세요.

[1] 정성이나 노력 따위를 한곳에 모으다.

① 들어가다.　② 기울이다.

[2] 하는 짓이나 차림새가 이상하고 의심스러운

① 수상한　② 안전한

[3] 원래 있던 곳으로 다시 오다.

① 드러나다.　② 돌아오다.

2단계

1단계 08회 받아쓰기2
QR코드를 찍으면
받아쓰기 음성이
나옵니다.

불러 주는 말을 잘 듣고 빈칸을 알맞게 채워 보세요.

[1] 　　　 없는 물건

[2] 　　 훔쳤군.

[3] 이 마법 　　　 숨겨 두면

3단계

1단계 08회 받아쓰기
QR코드를 찍으면
받아쓰기 음성이
나옵니다.

불러 주는 말을 잘 듣고 띄어쓰기에 유의하여 받아써 보세요.

[1] | 열 | 려 | 라 | ∨ | | | ! | | | | | | | | |

[2] | | | ∨ | | 인 | ∨ | | | 들 | | | | | | |

[3] | | | | | | ∨ | | | | | | | | | |

시간　끝난 시간 □ 시 □ 분
1회분 푸는 데 걸린 시간 □ 분

채점　독해 6문제 중 □ 개
맞춤법·받아쓰기 9문제 중 □ 개

어부지리(漁 夫 之 利)*
고기잡을 어 지아비 부 ~의 지 이익 리

어떤 두 사람이 싸우고 있을 때, 엉뚱한 사람이 이득을 챙기는 경우도 있습니다. '어부지리(漁父之利)'라는 사자성어는 '두 사람이 싸우는 사이에 엉뚱한 사람이 애쓰지 않고 가로챈 이득'이라는 뜻으로 쓰입니다.

공부한 날 [ ]월 [ ]일 시작 시간 [ ]시 [ ]분

>>> QR코드를 찍으면
지문 읽기를 들을 수 있어요

1단계 09회 본문

어느 맑은 날, 조개가 껍데기를 벌리고 시원한 바닷바람을 **쐬고**① 있었습니다.

그때 하늘을 날던 새가 바닷가에서 바람을 쐬고 있는 조개를 보았습니다.

'조개가 스스로 껍데기를 열고 있다니! 조갯살을 쪼아 먹기 쉽겠는걸?'

새는 재빨리 날아와 조갯살을 쪼아 먹으려 했습니다. 깜짝 놀란 조개는 껍데기를 꽉 닫았습니다. 그러자 새의 부리가 껍데기 사이에 꽉 **끼었습니다**②.

조개는 새가 도망가지 못하게 새의 부리를 더욱 꽉 물었습니다. 조개가 힘을 줄수록 새도 부리를 **빼내기** 위해 힘을 주었습니다.

이튿날③이 되었습니다. 조개와 새는 여전히 서로를 붙잡고 있었습니다.

마침 바닷가를 지나가던 **어부**④가 그 모습을 보았습니다.

"아니, 아무 힘도 들이지 않고 조개와 새를 잡을 수 있겠군!"

조개를 먹으려던 새와 새를 놓아주지 않으려던 조개는 지나가던 어부에게 잡히고 말았습니다. 조개와 새가 싸우는 사이에 싸움과 상관이 없는 어부만 **이득**⑤을 본 것이었습니다.

"이런 **어부지리***가 있나? 아무 힘도 들이지 않고 조개와 새를 모두 잡는 이득을 봤구나!"

어부는 신이 나서 조개와 새를 모두 잡아갔습니다.

– 유래

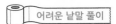 **어려운 낱말 풀이** | ① **쐬고** 얼굴이나 몸에 바람이나 연기, 햇빛 따위를 직접 받고 ② **끼었습니다** 무언가에 걸려 빠지기 힘들었습니다 ③ **이튿날** 어떤 일이 있은 그다음의 날 ④ **어부** 물고기를 잡는 사람 漁고기잡을 어 夫지아비 부 ⑤ **이득** 이로움을 얻는 것 利이로울 이 得얻을 득

1 이 이야기에서 나오지 <u>않은</u> 동물을 골라 보세요. ──────────── [   ]

① 　　② 　　③

2 두 동물이 싸우는 것을 본 어부는 무슨 생각을 했는지 알맞은 것을 골라 보세요.

> '아니, 저렇게 심하게 다투다니.
> 얼른 가서 말려야지.'

> '이런 이득이 있나! 아무 힘도
> 들이지 않고 둘 다 잡을 수 있겠네.'

[   ]　　　　　　　　　　　　　　[   ]

3 이야기에서 일어난 일의 순서대로 번호를 써 보세요.

| 어부가 서로 싸우고 있는 조개와 새를 보았습니다. | 조개가 시원한 바닷바람을 쐬고 있었습니다. | 새가 날아와 조개를 먹으려고 했습니다. |

[   ]　　　　　　　　[   ]　　　　　　　　[   ]

4 밑줄 친 곳에 들어갈 선생님의 말로 알맞은 것을 골라 보세요. ─────────── [   ]

> 선생님: '어부지리'라는 사자성어는 두 사람이 싸우는 사이에 엉뚱한 사람이
> ＿＿＿＿＿＿＿＿＿＿＿＿＿＿＿쓰입니다.

① 오히려 피해를 받을 때

② 힘을 들이지 않고 이득을 얻을 때

③ 그 사이에 껴서 함께 싸울 때

5 다음 주형이의 일기를 읽고, 주형이가 어부지리로 얻은 것은 무엇인지 써 보세요.

5월   20일   날씨: 비

오늘 치킨을 먹었다. 그런데 쌍둥이 동생들이 서로 닭다리를 먹겠다고 싸웠다. 나는
싸우지 말고 사이좋게 나눠 먹으라고 했는데 동생들이 내 말을 안 들었다. 화가 난
엄마는 싸움을 말리는 나한테 닭다리를 먹으라고 하셨다. 동생들한테는 미안했지만
기분이 좋았다.

➜ ☐ ☐ ☐

6 다음 낱말 뜻과 낱말에 알맞게 선으로 이어 보세요.

어떤 일이 있은 그다음의 날	•		•	이득
이로움을 얻는 것	•		•	이튿날
아주 오래된 지난날	•		•	옛날

09회 | 맞춤법·받아쓰기

1단계

다음 뜻에 알맞은 낱말을 골라 빈칸에 옮겨 써 보세요.

[1] 뾰족한 끝으로 쳐서 찍다.

　① 물다.　　② 쪼다.

[2] 새의 주둥이

　① 뿌리　　② 부리

[3] 이로움을 얻는 것

　① 이득　　② 손해

2단계

불러 주는 말을 잘 듣고 빈칸을 알맞게 채워 보세요.

1단계 09회 받아쓰기2
QR코드를 찍으면
받아쓰기 음성이
나옵니다.

[1] 바람을 　　 .

[2] 바지가 꽉 　　 .

[3] 있는 　　 덤볐다.

3단계

불러 주는 말을 잘 듣고 띄어쓰기에 유의하여 받아써 보세요.

1단계 09회 받아쓰기
QR코드를 찍으면
받아쓰기 음성이
나옵니다.

[1]

어	느	∨			∨										

[2]

		이	∨				다	.							

[3]

		∨			∨			∨							

시간　끝난 시간 　시 　분

1회분 푸는 데 걸린 시간 　분

채점　독해 6문제 중 　개

맞춤법·받아쓰기 9문제 중 　개

10회 우물 안 개구리*

좁은 공간에 갇혀 있으면 넓은 세상을 알지 못합니다. '우물 안 개구리'는 이처럼 '자신이 아는 것이 전부라고 생각하는 사람'이라는 뜻으로 쓰입니다.

공부한 날 [ ] 월 [ ] 일   시작 시간 [ ] 시 [ ] 분

>>> QR코드를 찍으면
지문 읽기를 들을 수 있어요

1단계 10회 본문

개구리 한 마리가 **우물**① 안에 살았습니다. 그 개구리는 단 한 번도 우물 밖을 나가 본 적이 없었습니다.

하루는 거북이 한 마리가 지나가다가 우물 안을 보았습니다. 거북이는 우물 안에 개구리가 있는 것을 보고 깜짝 놀랐습니다. 거북이가 개구리에게 **말을 건넸습니다**②.

"개구리님, 좁은 우물 안에서만 지내는 게 답답하지 않나요?"

"무슨 말씀이세요? 세상에서 이 우물만큼 넓은 데가 어디 있나요?"

"이 우물이 넓다니요? 제가 사는 바다와 **비교**③하면 이 우물은 모래알처럼 작답니다."

"에이, 거짓말하지 마세요. 그렇게 큰 것이 세상에 있을 리가 없지요."

"못 믿으시겠다면 한번 나와 보세요. 그렇게 **우물 안 개구리***로 남는다면 세상이 얼마나 넓은지 모르고 살게 될 거예요."

하지만 개구리는 거북이의 말을 믿을 수 없었기 때문에 우물 밖으로 나가려고 하지 않았습니다. 거북이는 어쩔 수 없다는 듯 **고개를 저으며**④ 우물을 떠났습니다.

– 유래

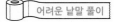 어려운 낱말 풀이

① **우물** 옛날 사람들이 땅속의 맑은 물을 얻기 위해 만든 깊은 구덩이

② **말을 건넸습니다** 말을 걸었습니다

③ **비교** 둘 이상의 대상을 대어 보아 서로 간의 같은 점과 다른 점을 알아보는 일 比견줄 비 較견줄 교

④ **고개를 저으며** 고개를 양옆으로 흔들며

1 거북이와 개구리는 서로 생각이 달랐습니다. 거북이와 개구리는 각각 어떤 생각을 했는지 알맞게 선으로 이어 보세요.

• • '우물이 세상의
전부야.'

• • '더 넓은 세상인
바다로 가야 해.'

2 개구리가 우물 안을 무척 넓게 생각한 까닭을 찾아 ○표를 해 보세요.

우물 밖 세상에 한 번도 나가 보지 않아서	우물 안에 먹을 것이 많아서	우물 안의 물이 맑아서
[ ]	[ ]	[ ]

3 사진 속에 있는 것의 이름과 쓰임새를 써 보세요.

이름: ☐☐

쓰임새: 옛날 사람들이 땅속에서 맑은 ☐ 을 얻기 위해 만든 깊은 구덩이

4 '우물 안 개구리'라는 말의 뜻으로 알맞은 것을 골라 보세요. ────────── [   ]

① 서로가 잘났다고 다투는 것

② 어떤 일에 온 힘을 다하는 것

③ 자신이 경험하고 배운 것이 전부라고 생각하는 것

5 다음 친구들의 말을 보고, [보기]의 빈칸에 들어가기에 알맞은 친구 이름을 찾아 써 보세요.

> [보 기] □□ 아, 너는 우물 안 개구리에서 벗어났구나.

> **지현**: 나는 치킨이 제일 맛있는 음식이라고 생각했는데, 뷔페에 갔다 오고 맛있는 음식이 정말 많다는 걸 알게 되었어.

> **아영**: 어제 야구를 했는데 공이 담을 넘어갔지 뭐야. 그래서 더 이상 야구를 하지 못했어.

6 밑줄 친 낱말과 뜻이 **반대**인 낱말을 생각해 빈칸에 써 보세요.

[1] ⎧ 개구리는 우물 **안**에 살고 있었다.
⎩ 개구리는 우물 □ 에 나가 본 적이 없었다.

[2] ⎧ 바다에 비해 우물은 너무 **좁다**.
⎩ 우물에 비해 바다는 훨씬 □□.

10회 맞춤법·받아쓰기

해설편 005쪽

1단계 다음 뜻에 알맞은 낱말을 골라 빈칸에 옮겨 써 보세요.

[1] 생겨나거나 일어나지 않다.

　　① 보다.　　　② 없다.

　　□□ .

[2] 남에게 말을 붙이다.

　　① 나가다.　　② 건네다.

　　□□□ .

[3] 짐승이나 물고기, 벌레 따위를 세는 단위

　　① 그루　　　② 마리

　　□□

2단계 불러 주는 말을 잘 듣고 빈칸을 알맞게 채워 보세요.

[1] 우물은 □□□□ .

[2] □□ 나가 보다.

[3] □□ 수 없다.

3단계 불러 주는 말을 잘 듣고 띄어쓰기에 유의하여 받아써 보세요.

[1]

우	물	∨		∨	개							

[2]

		은	∨		다	.						

[3]

				∨			∨					

시간	끝난 시간 □시 □분	채점	독해 6문제 중 □개
	1회분 푸는 데 걸린 시간 □분		맞춤법·받아쓰기 9문제 중 □개

드러내다(공개) / 들어내다(반출)

어린이날을 맞은 동물원은 아이들로 가득 찼습니다.

잠시 후 사육사가 나와서 커다란 북극곰을 소개하기 시작했습니다.

사육사: 어린이 여러분! 저기를 보세요. 드디어 북극곰이 모습을

{ ① 들어냈어요! }
{ ② 드러냈어요! }

수진: 엄마, 우리도 빨리 가요. 북극곰이래요.

엄마: 그래, 어서 보러 가자.

'드러내다'와 '들어내다'는 비슷한 말처럼 보이지만 그 뜻은 전혀 다릅니다. '드러내다'는 '보이지 않던 것을 보이다'라는 뜻이고, '들어내다'는 '밖으로 옮기다'라는 뜻입니다. 다시 말해 '드러내다'는 안 보이던 것을 보여 준다는 것이고, '들어내다'는 어떤 대상을 이동시킨다는 것입니다. 예를 들어 드러내다는 '장갑 속의 상처를 드러내다', '숨겨진 진실을 드러내다' 등으로 쓸 수 있고, 들어내다는 '이삿짐을 들어내다', '정원에서 바위를 들어내다' 등으로 쓸 수 있습니다.

{
드러내다: **보이지 않던 것을 보이다.**

　　　　　'장갑 속의 상처를 드러내다', '숨겨진 진실을 드러내다' 등.

들어내다: **밖으로 옮기다.**

　　　　　'이삿짐을 들어내다', '정원에서 바위를 들어내다' 등.
}

✎ **바르게 고쳐 보세요.**　　　　　　　　　　　　　　　　　　　정답: 005쪽

사육사:　어린이 여러분! 저기를 보세요. 드디어 북극곰이 모습을

　　　　　→ 어린이 여러분! 저기를 보세요. 드디어 북극곰이 모습을 [　][　] 냈어요!

3주차

회차	영역	학습 내용	학습계획일	맞은 문제수
11회	관용어 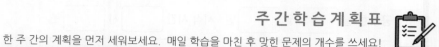	**간이 크다** 무섭고 긴장되는 상황에서도 아무렇지 않은 듯 대담하게 행동하는 사람이 있습니다. 그런 사람을 보고 '**간이 크다**'라는 표현을 씁니다. 즉, 이 말은 '**겁이 없고 용감하다**'는 뜻입니다.	월 □ 일 □	독 해 6문제 중 □개 맞춤법·받아쓰기 9문제 중 □개
12회	사자성어	**다사다난(多事多難)** '**다사다난(多事多難)**'이라는 말은 '많다'를 뜻하는 한자 다(多)와 일을 뜻하는 한자인 사(事), 그리고 어려움을 뜻하는 한자인 난(難)이 합쳐진 사자성어입니다. 즉, '**여러 가지 일도 많고 어려움도 많다**'는 뜻입니다.	월 □ 일 □	독 해 6문제 중 □개 맞춤법·받아쓰기 9문제 중 □개
13회	속담	**지렁이도 밟으면 꿈틀한다** 지렁이는 매우 작고 약한 동물입니다. 그런데 이런 지렁이도 밟히면 몸을 꿈틀거립니다. 이처럼 '**지렁이도 밟으면 꿈틀한다**'는 말은 '**아무리 하찮아 보이는 것일지라도 너무 무시하고 업신여기면 화를 낸다**'는 뜻입니다.	월 □ 일 □	독 해 6문제 중 □개 맞춤법·받아쓰기 9문제 중 □개
14회	관용어	**눈을 씻고 보다** 어떤 것을 열심히 찾을 때 '**눈을 씻고 보다**'라는 표현을 씁니다. 즉, 이 말은 '**정신을 차리고 집중해서 보다**'라는 뜻을 가지고 있습니다.	월 □ 일 □	독 해 6문제 중 □개 맞춤법·받아쓰기 9문제 중 □개
15회	사자성어	**십중팔구(十中八九)** 어떤 일이 그러할 가능성이 높을 때 '**십중팔구(十中八九)**'라는 표현을 씁니다. 즉, 이 말은 '**열 번 중에 여덟 번 혹은 아홉 번은 그러하다**'라는 뜻입니다.	월 □ 일 □	독 해 6문제 중 □개 맞춤법·받아쓰기 9문제 중 □개

무섭고 긴장되는 상황에서도 아무렇지 않은 듯 대담하게 행동하는 사람이 있습니다. 그런 사람을 보고 '간이 크다'라는 표현을 씁니다. 즉, 이 말은 '겁이 없고 용감하다'는 뜻입니다.

>>> QR코드를 찍으면
지문 읽기를 들을 수 있어요

1단계 11회 본문

공부한 날 ☐ 월 ☐ 일 시작 시간 ☐ 시 ☐ 분

바다를 다스리던 **용왕님**①이 큰 병에 걸렸습니다. 의사는 용왕님을 **치료**②할 약은 토끼의 간뿐이라고 말했습니다. 자라는 용왕님을 위해 토끼를 찾기로 했습니다.

육지에서 **가까스로**③ 토끼를 찾은 자라가 말했습니다.

"토끼님, 용왕님께서 당신을 **초대**④하셨습니다. 함께 **용궁**⑤으로 가 **잔치**⑥를 즐기시지 않으시겠습니까?"

호기심이 많았던 토끼는 자라를 따라 용궁으로 향했습니다. 자라는 약속대로 잔치를 벌여 토끼에게 맛있는 음식을 잔뜩 먹게 해 주었습니다. 배부른 토끼는 잠깐 잠이 들었습니다. 깨어 보니 토끼는 용왕님 앞에 있었습니다.

"미안하구나, 토끼야. 나의 병을 고치려면 너의 간이 필요하다고 해서 어쩔 수 없었단다."

용왕님 말을 듣고 토끼는 **금세**⑦ **꾀**⑧를 하나 내었습니다.

"그럼 진작 말씀하셨어야죠. 제 간을 **노리는**⑨ 자들이 하도 많아 저는 늘 간을 집에 두고 다닌답니다."

"거짓말 말거라! 어떻게 살아있는 동물이 간을 마음대로 넣었다 **뺐다** 한단 말이냐?"

"그렇다면 제 배를 **갈라 보시지요**⑩."

결국 용왕님은 자라를 시켜 토끼를 육지로 데려다 주도록 하였습니다. 토끼는 육지에 도착하자마자 펄쩍펄쩍 뛰어 도망쳐 버렸고, 자라는 토끼를 쫓았지만 끝내 놓쳐 버리고 말았습니다.

'그 상황에서 어떻게 그리 **침착**⑪하게 꾀를 내었을까. 정말 **간이 큰***토끼다!'

자라는 속으로 놀라며 용궁으로 돌아가는 수밖에 없었습니다.

– 우리나라 전래 동화 (초등 국어 1-1 '7. 생각을 나타내요.')

1 용왕님의 큰 병을 고칠 수 있는 약은 어느 동물의 간이었는지 골라 보세요. ······ [   ]

① ② ③

2 토끼가 자라를 따라가서 도착한 곳은 어디였는지 이 이야기에서 찾아 써 보세요.

→ ☐ ☐

3 다음 그림에서 '육지'와 '바다'는 각각 어디인지 써 보세요.

📜 어려운 낱말 풀이 ┃ ① **용왕님** 바다를 다스리는 사람 龍용 용 王임금 왕 - ② **치료** 병이나 상처를 잘 다스려 낫게 함 治다스릴 치 療병 고칠 료 ③ **가까스로** 겨우겨우 ④ **초대** 어떤 모임에 참가해 줄 것을 부탁함 招부를 초 待기다릴 대 ⑤ **용궁** 용왕님이 사는 궁궐 龍용 용 宮궁궐 궁 ⑥ **잔치** 기쁜 일이 있을 때에 음식을 차려 놓고 여러 사람이 모여 즐기는 일 ⑦ **금세** 지금 바로 ⑧ **꾀** 문제를 해결하기 위한 좋은 생각 ⑨ **노리는** 갖고 싶어 하는 ⑩ **갈라 보시지요** 쪼개거나 나누어 따로따로 되게 해 보시지요 ⑪ **침착** 행동이 들뜨지 아니하고 차분함 沈가라앉을 침 着붙을 착

4 다음 중 '간이 크다'의 뜻으로 알맞은 것에 ○표를 해 보세요.

겁이 없고 용감하다.	겁이나 걱정, 조심성이 많고 용감하지 못하다.

　　　　[　　　]　　　　　　　　　　　　[　　　]

5 다음 대화를 보고, 빈칸에 들어갈 알맞은 말을 써 보세요.

재욱: 우와, 그 강아지 귀엽다. 강아지 나이가 어떻게 돼?

유진: 벌써 두 살 됐어. 그러니까 이게 다 큰 거지.

재욱: 다 큰 건데도 그렇게 작아?

유진: 응, 그런데도 겁이 없어서 큰 개를 보고서도 기죽지 않고 멍멍 짖어.

재욱: 그거 참 　□　이 큰 강아지네.

6 다음은 '기쁜 일이 있을 때에 음식을 차려 놓고 여러 사람이 모여 즐기는 일'을 그린 것입니다. 이 낱말은 무엇인지 써 보세요.

→ ㅈ ㅊ

11회 맞춤법·받아쓰기

1단계

다음 뜻에 알맞은 낱말을 골라 빈칸에 옮겨 써 보세요.

[1] 병이나 상처를 잘 다스려 낫게 함

    ① 치료   ② 필요

[2] 매우, 몹시

    ① 하도   ② 진작

[3] 결국, 기어이

    ① 끝내   ② 금세

2단계

1단계 11회 받아쓰기2

QR코드를 찍으면
받아쓰기 음성이
나옵니다.

불러 주는 말을 잘 듣고 빈칸을 알맞게 채워 보세요.

[1] ☐☐☐ 없었다.

[2] 잠에서 ☐☐.

[3] ☐☐☐☐ 할게.

3단계

1단계 11회 받아쓰기

QR코드를 찍으면
받아쓰기 음성이
나옵니다.

불러 주는 말을 잘 듣고 띄어쓰기에 유의하여 받아써 보세요.

[1] | 간 | 이 | ∨ | | | . | | | | | | | | |

[2] | | | 심 | ∨ | | 은 | ∨ | | | | | | | |

[3] | | | | ∨ | | | ∨ | | | | | | | |

시간 ⏰ 끝난 시간 ☐시 ☐분
1회분 푸는 데 걸린 시간 ☐분

채점 📄 독해 6문제 중 ☐개
맞춤법·받아쓰기 9문제 중 ☐개

12회

다사다난(多 事 多 難)*
많을 다   일 사   많을 다   어려울 난

'다사다난(多事多難)'이라는 말은 '많다'를 뜻하는 한자 다(多)와 일을 뜻하는 한자인 사(事), 그리고 어려움을 뜻하는 한자인 난(難)이 합쳐진 사자성어입니다. 즉, '여러 가지 일도 많고 어려움도 많다'는 뜻입니다.

공부한 날 ☐ 월 ☐ 일 시작 시간 ☐ 시 ☐ 분

>>> QR코드를 찍으면
지문 읽기를 들을 수 있어요
1단계 12회 본문

깊은 산골짜기에 사는 시골쥐는 오랜 친구인 서울쥐의 초대를 받았습니다. 도시를 한 번도 가 본 적이 없었던 시골쥐는 두근거리는 마음으로 서울로 향했습니다. 그런데 서울에 도착하자마자 시골쥐는 깜짝 놀랐습니다. 달리는 차에 치일 뻔했기 때문이었습니다.

"시골쥐야, 괜찮니? 도시에서는 조심해야 해. 내 곁에 꼭 붙어 있어."

그때, 시골쥐는 불쾌한 냄새를 맡았습니다. 처음 맡아보는 **매캐한**^① 냄새였습니다. 시골쥐는 눈이 쓰리고 코도 매워 자꾸 기침을 했습니다. 서울쥐는 그게 **매연**^② 때문이라고 말해 주었습니다.

그렇게 많은 일을 겪으며 시골쥐는 서울쥐의 집에 도착했습니다. 이제 **안심**^③하고 시골쥐가 주저앉은 순간, 서울쥐가 소리쳤습니다.

"시골쥐야, 고양이야! 조심해!"

시골쥐는 깜짝 놀라 집고양이에게서 도망쳤습니다.

'도시에서의 삶은 정말 **다사다난***하구나! 나는 아무래도 시골이 더 좋은 것 같아.'

그 후, 도시 여행을 마친 시골쥐는 고향에 돌아가 행복하게 살았습니다.

– 이솝 우화

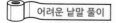 **어려운 낱말 풀이**

① **매캐한** 냄새 따위가 맵고 싸한
② **매연** 공장이나 자동차 등이 내뿜는 연료를 태운 연기 煤그을음 매 煙연기 연
③ **안심** 모든 걱정을 떨쳐 버리고 편안해진 마음 安편안할 안 心마음 심

50

1 낱말과 어울리는 그림을 선으로 이어 보세요.

| 도시 | • |
| 시골 | • |

2 다음은 시골쥐가 도시에서 만난 것들을 그림으로 나타낸 것입니다. 일어난 순서대로 번호를 써 보세요.

[   ]   [   ]   [   ]

3 시골쥐가 어떤 일을 겪고 한 생각입니다. 무슨 일을 겪었는지 골라 보세요. ┈┈ [   ]

감짝이야! 저건 뭐지?
무언가 씽씽 달리는 게 위험해 보여.

① 달리는 차에 치일 뻔했다.

② 매연 때문에 눈과 코가 매워 기침을 했다.

③ 고양이에게 붙잡힐 뻔했다.

4 다음은 '다사다난'을 이루는 한자의 뜻을 풀이한 것입니다. '다사다난'의 뜻을 골라 보세요.

[   ]

多		事		多		難	
뜻	음	뜻	음	뜻	음	뜻	음
많을	다	일	사	많을	다	어려울	난

① 여러 가지 일과 어려움이 많다.

② 여러 가지 스승과 난초가 많다.

5 다음은 도시로 향하는 길에서 시골쥐와 서울쥐가 나눈 대화입니다. 다음 중 '다사다난'을 바르게 사용한 대답을 골라 보세요.

> **시골쥐:** 서울쥐야, 도시에 사는 것은 어떠니?

> **서울쥐:** 매일 아무 일도 일어나지 않아서 너무 **다사다난**해. 가끔은 지루할 정도야.

[   ]

> **서울쥐:** 가끔은 위험한 일도 생기고 어려움도 많아서 **다사다난**해. 하지만 난 내가 사는 곳이 좋아.

[   ]

6 [보기]의 글자를 써서 빈칸을 채워 보세요.

[보 기]　　　　　　　유　　불

[1] 매연에서는 [   ]쾌한 냄새가 났다.

[2] 우성이는 늘 [   ]쾌해서 인기가 많다.

12회 | 맞춤법·받아쓰기

1단계 다음 뜻에 알맞은 낱말을 골라 빈칸에 옮겨 써 보세요.

[1] 다른 고장이나 나라에 가는 일

① 초대 　　② 여행

[2] 말썽이나 문제가 없어서 좋다.

① 치이다. 　　② 괜찮다.

[3] 코로 냄새를 느끼다.

① 받다. 　　② 맡다.

2단계 불러 주는 말을 잘 듣고 빈칸을 알맞게 채워 보세요.

1단계 12회 받아쓰기2
QR코드를 찍으면
받아쓰기 음성이
나옵니다.

[1] 많은 일을 　　　　　.

[2] 바닥에 　　　　.

[3] 시골이 더 　　.

3단계 불러 주는 말을 잘 듣고 띄어쓰기에 유의하여 받아써 보세요.

1단계 12회 받아쓰기
QR코드를 찍으면
받아쓰기 음성이
나옵니다.

[1] | 시 | 골 | 쥐 | 와 | ∨ | | | | | | | |

[2] | | | 한 | ∨ | | | | | | | | |

[3] | | | ∨ | | | | | | | | | |

시간 끝난 시간 　시 　분　　1회분 푸는 데 걸린 시간 　분

채점 독해 6문제 중 　개　　맞춤법·받아쓰기 9문제 중 　개

13회 지렁이도 밟으면 꿈틀한다*

지렁이는 매우 작고 약한 동물입니다. 그런데 이런 지렁이도 밟히면 몸을 꿈틀거립니다. 이처럼 '지렁이도 밟으면 꿈틀한다'는 말은 '아무리 하찮아 보이는 것일지라도 너무 무시하고 업신여기면 화를 낸다'는 뜻입니다.

공부한 날 ☐ 월 ☐ 일 시작 시간 ☐ 시 ☐ 분

>>> QR코드를 찍으면 지문 읽기를 들을 수 있어요
1단계 13회 본문

하늘을 날던 벌이 돌 위에 앉아 잠시 쉬고 있었습니다. 그런데 갑자기 돌이 움직이기 시작했습니다. 벌은 깜짝 놀라 날아올랐습니다.

"깜짝 놀랐네. 어떻게 돌이 움직이는 거지?"

하늘에서 보니, 벌이 앉아 있던 곳은 돌이 아니라 소의 뿔이었습니다.

벌은 소의 뿔에 마음대로 앉아 있던 것이 미안했습니다.

"소야, 미안해. 너의 뿔이 돌인 줄 알고 잠깐 앉아 있었어."

소는 **퉁명스럽게**① 대답했습니다.

"앉아 있는 줄도 몰랐네. 너처럼 몸집도 작고 **하찮은**② 벌레가 내 뿔에 앉은 걸 어떻게 알겠니?"

그 말을 들은 벌은 화가 나서 소의 등을 쏘았습니다.

"그렇게 나를 **무시**③하다니. **지렁이도 밟으면 꿈틀한다**고!"

소는 벌이 쏠 때마다 몸이 따가워 데굴데굴 굴러야 했습니다. 벌이 자꾸만 쏘자 소는 울먹이며 말했습니다.

"벌아, 정말 미안해. 다시는 무시하지 않을게."

그 말을 들은 벌은 더 이상 쏘지 않고 저 멀리 날아갔습니다.

– 이솝 우화

🧻 **어려운 낱말 풀이**

① **퉁명스럽게** 말씨나 행동이 화가 난 것처럼 무뚝뚝하게
② **하찮은** 중요하지 않은
③ **무시** 남을 깔보고 하찮게 여기는 것 無없을 무 視볼 시

1 벌이 앉은 곳은 원래 무엇이었는지 골라 ○표를 해 보세요.

[   ]

[   ]

2 소는 벌이 사과하자 뭐라고 말했는지 알맞게 이어 보세요.

아니야, 괜찮아. 나의 뿔은 돌처럼 단단해서 바람이 불어도 끄떡없어.

소야, 미안해. 너의 뿔이 돌인 줄 알고 잠깐 앉아있었어.

너처럼 몸집도 작고 하찮은 벌레가 내 뿔에 앉은 걸 어떻게 알겠니?

3 아래의 밑줄 친 낱말과 바꿔 쓸 수 있는 말은 무엇인지 골라 보세요. ---------- [   ]

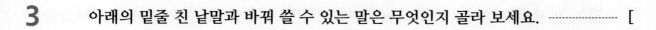

• 소는 벌이 자꾸 쏘아서 몸이 **따가웠습니다**.

① 아팠습니다   ② 차가웠습니다

③ 가려웠습니다   ④ 흔들렸습니다

4 아래의 빈칸에 알맞은 흉내 내는 말을 [보기]에서 찾아 써 보세요.

[보 기]　　　　　　　데굴데굴　　　　　　　꿈틀꿈틀

- 벌레가 ☐☐☐☐ 기어갑니다.
- 공이 ☐☐☐☐ 굴러갑니다.

5 이 이야기 속에 나오는 속담의 뜻이 무엇인지 알맞은 말을 골라 보세요.

'지렁이도 밟으면 꿈틀한다'는 속담은 아무리 { 작고 하찮은 / 크고 강한 } 것이라도

{ 무시 / 칭찬 } 하면 안 된다는 뜻입니다.

6 다음 글을 읽고 수지가 민아에게 할 수 있는 말을 골라 보세요. ⸻⸻⸻ [　　　　]

수지는 학교를 마치고 집에 가는 길에 민아가 동생을 놀리고 무시하는 모습을 보았습니다. 동생은 민아보다 아직 작고 어렸습니다. 수지는 민아에게 동생이 아직 어리고 작아도 무시하지 말라고 말했습니다.

① "민아야, 개똥도 약에 쓰려면 없다고 했어. 동생을 괴롭히면 안 돼."
② "민아야, 지렁이도 밟으면 꿈틀한다고 했어. 동생을 괴롭히면 안 돼."

1단계

다음 뜻에 알맞은 낱말을 골라 빈칸에 옮겨 써 보세요.

[1] 뜻밖에 불쑥
　① 갑자기　　② 자꾸만

[2] 남을 깔보고 하찮게 여기는 것
　① 무시　　② 대답

[3] 울상이 되어 자꾸 울음이 터져 나오려고 하다.
　① 미안하다.　② 울먹이다.

2단계

불러 주는 말을 잘 듣고 빈칸을 알맞게 채워 보세요.

[1] 내 　　　　 앉은 것

[2] 　　　　　 돌이 움직여?

[3] 잔디를 　　　 마세요.

1단계 13회 받아쓰기2
QR코드를 찍으면
받아쓰기 음성이
나옵니다.

3단계

불러 주는 말을 잘 듣고 띄어쓰기에 유의하여 받아써 보세요.

1단계 13회 받아쓰기
QR코드를 찍으면
받아쓰기 음성이
나옵니다.

[1]
몸	집	이	∨		∨										

[2]
				운	∨		답								

[3]
	∨					∨									

시간　끝난 시간 [　]시 [　]분　　채점　독해 6문제 중 [　]개
1회분 푸는 데 걸린 시간 [　]분　　맞춤법·받아쓰기 9문제 중 [　]개

14회 눈을 씻고 보다*

어떤 것을 열심히 찾을 때 '눈을 씻고 보다'라는 표현을 씁니다. 즉, 이 말은 '정신을 차리고 집중해서 보다'라는 뜻을 가지고 있습니다.

공부한 날 [ ]월 [ ]일 시작 시간 [ ]시 [ ]분

>>> QR코드를 찍으면
지문 읽기를 들을 수 있어요

1단계 14회 2쇄

굶주린① 사자가 숲속을 거닐고② 있었습니다. 그런데 작은 나무 아래에서 부스럭하는 소리가 났습니다. 사자가 다가가 보니 토끼 한 마리가 풀을 뜯고 있었습니다.

'옳지③, 저 토끼를 잡아먹으면 되겠다.'

사자가 토끼 바로 옆까지 갔을 때, 다른 쪽에서 더 큰 소리가 났습니다. 사자가 고개를 돌렸더니 거기에는 사슴이 있었습니다.

'토끼보다 더 큰 사슴이라니, 이렇게 좋을 수가! 사슴을 잡아먹어야지.'

사자는 사슴을 향해 살금살금 다가갔습니다. 그런데 사자가 그만 커다란 나뭇가지를 밟고 말았습니다. '뽀각'하는 소리가 크게 나자 사슴은 재빠르게④ 저 멀리 달아났습니다. 달아나는 사슴을 본 사자는 어쩔 수 없이 토끼를 잡아먹으려 했습니다. 그런데 눈을 씻고 봐도* 토끼는 이미 사라지고 없었습니다.

"둘 다 놓치고 말았구나! 욕심을 부리지⑤ 말 걸 그랬어."

사자는 욕심 부린 것을 후회하고 빈손으로 돌아갈 수밖에 없었습니다.

– 이솝 우화

 어려운 낱말 풀이 | ① 굶주린 배가 고픈 ② 거닐고 가까운 거리를 이리저리 한가로이 걷고 ③ 옳지 그렇지 ④ 재빠르게 아주 빠르게 ⑤ 욕심을 부리지 욕심이 드러나는 행동을 하지 慾욕심 욕 心마음 심 -

1 이 이야기에서 사자가 본 첫 번째 동물과 두 번째 동물은 무엇인지 알맞게 이어 보세요.

첫 번째 동물 •

두 번째 동물 •

3주
14
회

해설편 007쪽

2 사자가 사슴을 놓친 까닭은 무엇인지 써 보세요.

사자가 ☐☐☐☐ 를 밟아 '뽀각'하는 큰 소리가 났습니다.

사슴은 그 소리를 듣고 재빠르게 도망쳤습니다.

3 다음 그림을 보고, 빈칸에 알맞은 말을 골라 보세요. ----------------------- [   ]

 → →

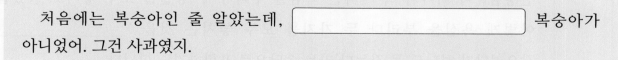
처음에는 복숭아인 줄 알았는데, [   ] 복숭아가
아니었어. 그건 사과였지.

① 눈을 씻고 보았더니   ② 주먹을 꼭 쥐었더니   ③ 눈을 질끈 감았더니

4 [보기]에서 밑줄 친 부분과 뜻이 같은 문장을 골라 보세요. ------------------------------ [   ]

> [보기] 사자는 **눈을 씻고 보아도** 토끼를 찾을 수 없었습니다.

① 사자는 **정신을 차리고 집중해서 보아도** 토끼를 찾을 수 없었습니다.

② 사자는 **대충 슬쩍 보아도** 토끼를 찾을 수 없었습니다.

③ 사자는 **멀리서 한눈에 보아도** 토끼를 찾을 수 없었습니다.

5 다음 글의 밑줄 친 부분과 바꿔 쓸 수 있는 말을 선으로 이어 보세요.

책상 위에서 구슬을 올려놓고 놀다가 구슬 하나가 그만 바닥에 떨어졌다. 구슬을 찾으려고 **눈을 비비고 보았는데도** 보이질 않았다. 도대체 어디로 굴러간 걸까?

•

눈을 씻고
보았는데도

•

눈코 뜰 사이
없는데도

6 다음 선생님의 말을 보고, 밑줄 친 곳에 들어갈 말로 가장 알맞은 것을 골라 보세요.

-- [   ]

선생님: 이 이야기 속 사자는 욕심을 부리다 두 동물을 모두 놓치고 말았습니다. 이렇게 욕심을 부리다 두 가지를 모두 놓치는 것을 '_____를 잡으려다가 하나도 못 잡는다'라는 속담으로 표현하기도 합니다.

① 미꾸라지 한 마리   ② 두 마리 토끼   ③ 곰 세 마리

14회 맞춤법·받아쓰기

해설편 007쪽

1
단계

다음 뜻에 알맞은 낱말을 골라 빈칸에 옮겨 써 보세요.

[1] 먹을 것이 없어 배가 고픈

① 커다란　　② 굶주린

[2] 가까운 거리를 이리저리 한가로이 걷다.

① 거닐다.　　② 부리다.

[3] 어떤 것을 향해 가까이 가다.

① 사라지다.　② 다가가다.

2
단계

불러 주는 말을 잘 듣고 빈칸을 알맞게 채워 보세요.

[1] ☐☐☐ 말입니다.

[2] 돌아갈 ☐☐☐ 없겠어.

[3] 둘 다 ☐☐☐.

1단계 14회 받아쓰기2
QR코드를 찍으면 받아쓰기 음성이 나옵니다.

3
단계

불러 주는 말을 잘 듣고 띄어쓰기에 유의하여 받아써 보세요.

[1]

배	고	픈	∨											

[2]

		게	∨			난	∨							

[3]

		∨			∨		.							

1단계 14회 받아쓰기
QR코드를 찍으면 받아쓰기 음성이 나옵니다.

시간　끝난 시간 ☐시 ☐분
1회분 푸는 데 걸린 시간 ☐분

채점　독해 6문제 중 ☐개
맞춤법·받아쓰기 9문제 중 ☐개

사자성어   어떤 일에 대한 교훈이나 일어난 까닭을 한자 네 자로 표현한 말

십중팔구(十 中 八 九)*
열 십   가운데 중   여덟 팔   아홉 구

어떤 일이 그러할 가능성이 높을 때 '십중팔구(十中八九)'라는 표현을 씁니다. 즉, 이 말은 '열 번 중에 여덟 번 혹은 아홉 번은 그러하다'라는 뜻입니다.

>>> QR코드를 찍으면
지문 읽기를 들을 수 있어요
1단계 15회 본문

공부한 날 [ ]월 [ ]일   시작 시간 [ ]시 [ ]분

　　옛날에 **양치기**① 소년이 살았습니다. 소년은 심심할 때마다 늑대가 나타났다고 거짓말을 했습니다. 사람들이 늑대를 잡으러 우르르 나오는 모습이 재밌었기 때문입니다. 사람들은 거짓말에 속을 때마다 소년에게 다시는 거짓말을 하지 말라고 하며 돌아갔습니다.

　　그러던 어느 날, 진짜로 늑대가 나타났습니다. 소년은 깜짝 놀라 마을 사람들에게 소리쳤습니다.

　　"늑대가 나타났어요! 이번엔 진짜로 나타났어요!"

　　그러나 사람들은 믿지 않았습니다.

　　"저 소년이 하는 열 번의 말 중 여덟 번은 거짓말이라면서요?"

　　"아니에요, 아홉 번은 거짓말이라던데요?"

　　"저 소년의 말은 **십중팔구*** 거짓말이군요!"

　　결국 늑대들은 양을 **모조리**② 잡아먹었고, 소년은 마을에서 쫓겨나게 되었습니다.

　　– 이솝 우화

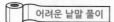 **어려운 낱말 풀이** | ① **양치기** 놓아 기르는 양 떼를 돌보는 사람 ¥양 양 -
② **모조리** 하나도 빠짐없이 모두

1 양치기 소년은 심심할 때마다 무엇을 했는지 써 보세요.

늑대가 나타났다고 ☐☐☐ 을 했습니다.

2 늑대가 진짜로 나타났을 때, 사람들은 왜 믿지 않았는지 골라 보세요. --------------- [   ]

① 이미 늑대를 잡았기 때문에

② 양치기 소년이 잘못 봤다고 생각했기 때문에

③ 양치기 소년의 말은 거의 다 거짓말이었기 때문에

3 다음은 '십중팔구'의 한자와 뜻을 쓴 것입니다. 한자의 뜻을 보고 빈칸에 들어갈 알맞은 말을 써 보세요.

十		中		八		九	
뜻	음	뜻	음	뜻	음	뜻	음
열	십	가운데	중	여덟	팔	아홉	구

'십중팔구'는 '열 번 가운데 ☐☐ 번, ☐☐ 번'이라는 뜻입니다.

'거의 대부분이거나 틀림없는 것'이라는 뜻을 가지고 있습니다.

4 다음 밑줄 친 부분 중 '십중팔구'와 바꾸어 쓸 수 있는 것을 찾아 ○표를 해 보세요.

"모든 일은 처음 할 때는 **열에 아홉**은 실수를 할 수밖에 없어. 그러니까 기죽지 마."

[   ]

"동전을 던져서 앞면이 나올지, 뒷면이 나올지는 **반반**이지. 그러니까 공평한 거야."

[   ]

5 선생님의 말을 바르게 이해한 학생에 ○표를 해 보세요.

선생님: 양치기 소년이 하는 말의 십중팔구가 거짓말이었죠?
그래서 '양치기 소년'이라는 말은 거짓말쟁이를 나타내는 말로 쓰이기도 합니다.

준희: 어제 본 드라마에 도둑을 잡으러 가는 마을 사람들의 모습이 나왔어. 마을 사람들은 **양치기 소년**이라 할 수 있어.

[   ]

서희: 내가 본 드라마에는 거짓말을 계속 하다가 크게 혼난 사람이 나왔어. 그 사람은 **양치기 소년**이야.

[   ]

6 '양치기 소년' 이야기를 설명하려 할 때 들어가기에 알맞은 말을 골라 ○표를 해 보세요.

양치기 소년처럼 { 거짓말을 / 옳은 말을 } 하다 보면 언젠가 아무도 그 사람을 믿지

않게 되어, 정말 도움이 { 필요할 / 필요 없을 } 때 도움을 받을 수 없다는 가르침을

얻을 수 있습니다.

15회 맞춤법·받아쓰기

1단계 다음 뜻에 알맞은 낱말을 골라 빈칸에 옮겨 써 보세요.

[1] 하는 일이 없어 지루하고 재미가 없다.

① 심심하다.　② 나타나다.

[2] 남의 거짓이나 꾀에 넘어가다.

① 살다.　② 속다.

[3] 내쫓음을 당하다.

① 소리치다.　② 쫓겨나다.

2단계 불러 주는 말을 잘 듣고 빈칸을 알맞게 채워 보세요.

1단계 15회 받아쓰기2
QR코드를 찍으면
받아쓰기 음성이
나옵니다.

[1] ☐☐ 놀라

[2] 열 번 중 ☐☐ 번

[3] ☐☐☐ 잡아먹었다.

3단계 불러 주는 말을 잘 듣고 띄어쓰기에 유의하여 받아써 보세요.

1단계 15회 받아쓰기
QR코드를 찍으면
받아쓰기 음성이
나옵니다.

[1] | 양 | 치 | 기 | V | | | | | | | | | | | | | | |

[2] | | | 가 | V | | | | | 다 | ! | | | | | | | | |

[3] | | | | | V | | | | | | | | | | | | |

시간 끝난 시간 ☐시 ☐분　1회분 푸는 데 걸린 시간 ☐분

채점 독해 6문제 중 ☐개　맞춤법·받아쓰기 9문제 중 ☐개

동화에서 유래한 표현

널리 알려진 동화로부터 생겨난 표현이 있습니다. 동화와 함께 이해해 볼까요?

[미운 오리 새끼]

다른 오리들과 다르게 생긴 알에서 태어난 오리가 있었습니다. 그 오리는 남들과 다른 외모 때문에 괴롭힘을 당하고 어미 오리에게서도 버림을 받았습니다. 혼자 남은 오리는 어디에서도 적응하지 못하고 떠돌이 생활을 하며 자신이 미운 오리 새끼라고 굳게 믿었습니다. 하지만 겨울이 지나고 봄이 오자, 오리는 자신이 다른 오리들과 다르다는 것을 알게 되었습니다. 사실 그 오리는 미운 오리 새끼가 아니라 아름다운 백조였던 것입니다. 이 이야기처럼 '무리에 어울리지 못하는 사람'을 비유해 미운 오리 새끼라고 하기도 합니다.

↑ 새끼 오리

例 지금은 너 자신이 **미운 오리 새끼**처럼 느껴지겠지만 조금만 참으면 빛나게 될 거야.
→ 무리에 어울리지 못하고 동떨어진 사람

↑ 새끼 백조

[황금알을 낳는 거위]

한 농부가 거위를 기르고 있었습니다. 어느 날 그 거위가 알을 낳았는데, 평범한 알이 아니라 황금으로 된 알이었습니다. 거위가 매일 한 개씩 황금알을 낳았기 때문에 농부는 금방 부자가 되었습니다. 하지만 며칠이 지나자 농부에게는 욕심이 생겼습니다. 매일 한 개의 황금알이 부족하다고 느껴졌던 것입니다. 농부는 거위의 배 속이 황금알로 가득 차 있을 거라고 생각했습니다. 그래서 거위를 잡아 배를 갈랐습니다. 하지만 거위의 배 속에는 아무것도 없었고, 농부는 황금알을 낳는 거위를 죽게 한 자신의 욕심을 뒤늦게 후회했습니다. 이 이야기에서 알 수 있는 것처럼, '황금알을 낳는 거위를 죽이지 말라'는 표현은 '눈앞의 이익에 헛된 욕심을 부리다가 미래의 더 큰 이익을 포기하지 말라'는 뜻으로 쓰입니다.

例 **황금알을 낳는 거위의 배를 가르는 것**처럼 어리석은 욕심을 부리지 말자.
→ 지금 가진 것에 만족하지 못하고 욕심을 부리는 행동

4주차

한 주 간의 계획을 먼저 세워보세요. 매일 학습을 마친 후 맞힌 문제의 개수를 쓰세요!

회차	영역	학습 내용	학습계획일	맞은 문제수
16회	속담	**공든 탑은 무너지지 않는다** 오랜 시간 아주 열심히 이뤄낸 일은 웬만해서는 쉽게 좌절되지 않습니다. 이런 상황을 두고 **'공든 탑은 무너지지 않는다'**라는 표현을 씁니다. 즉, 이 말은 **'많은 노력과 정성이 들어가면 실패하지 않는다'**는 뜻을 가지고 있습니다.	월 일	독 해 6문제 중 ☐ 개 맞춤법·받아쓰기 9문제 중 ☐ 개
17회	관용어	**그림의 떡** 배가 고플 때 정말 먹음직스러운 떡 그림을 본다면 어떨까요? 그 떡을 정말 먹고 싶을 것입니다. 그런데 그 떡은 그림 속에만 있기 때문에 가지거나 먹을 수 없습니다. 이처럼 **'그림의 떡'**은 **'아무리 마음에 들어도 가지거나 쓸 수 없는 경우'**를 말합니다.	월 일	독 해 6문제 중 ☐ 개 맞춤법·받아쓰기 9문제 중 ☐ 개
18회	사자성어	**견원지간(犬猿之間)** 먼 옛날에는 개와 원숭이의 사이가 무척 나쁘다고 생각했습니다. **'견원지간(犬猿之間)'**은 '개와 원숭이의 관계'라는 뜻으로, **'무척 사이가 나쁜 관계'**를 말합니다.	월 일	독 해 6문제 중 ☐ 개 맞춤법·받아쓰기 9문제 중 ☐ 개
19회	속담	**남의 떡이 더 커 보인다** 같은 물건인데도 다른 친구의 물건이 더 좋아 보일 때가 있습니다. 그런 상황에서 **'남의 떡이 더 커 보인다'**고 말합니다. 즉, **'다른 사람의 것이 더 좋아 보여 탐이 나는 상황'**을 뜻합니다.	월 일	독 해 6문제 중 ☐ 개 맞춤법·받아쓰기 9문제 중 ☐ 개
20회	관용어	**손에 잡힐 듯하다** 무언가가 눈앞에 있는 것처럼 가깝고 또렷하게 보일 때가 있습니다. 이처럼 **'손에 잡힐 듯하다'**는 **'손으로 바로 잡을 수 있는 것 같은 상황'**을 뜻합니다.	월 일	독 해 6문제 중 ☐ 개 맞춤법·받아쓰기 9문제 중 ☐ 개

속 담 옛날부터 전해오는 지혜를 간단하고 깔끔하게 표현한 짧은 글

공든 탑은 무너지지 않는다*

오랜 시간 아주 열심히 이뤄낸 일은 웬만해서는 쉽게 좌절되지 않습니다. 이런 상황을 두고 '공든 탑은 무너지지 않는다'라는 표현을 씁니다. 즉, 이 말은 '**많은 노력과 정성이 들어가면 실패하지 않는다**'는 뜻을 가지고 있습니다.

공부한 날 [ ]월 [ ]일   시작 시간 [ ]시 [ ]분

>>> QR코드를 찍으면
지문 읽기를 들을 수 있어요

1단계 16회 본문

옛날에 아기 돼지 삼 형제가 살았습니다. 삼 형제는 각자 스스로 집을 지었습니다.

첫째는 **지푸라기**로 **대충** 집을 지었습니다. 둘째는 나무로 집을 지었습니다. 셋째는 벽돌로 집을 지었습니다. 그래서 셋째가 시간이 가장 많이 걸렸습니다. 하지만 아기 돼지들의 집 중 가장 튼튼했습니다.

그러던 어느 날, 첫째의 집에 늑대가 찾아왔습니다.

"마침 배고픈데 잘됐다. 너를 잡아먹으면 되겠구나!"

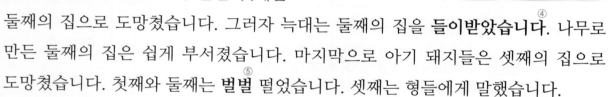

늑대는 '후' 하고 **입김**을 불었습니다. 그러자 지푸라기로 만든 첫째의 집은 날아가 버렸습니다. 깜짝 놀란 첫째는 둘째의 집으로 도망쳤습니다. 그러자 늑대는 둘째의 집을 **들이받았습니다**. 나무로 만든 둘째의 집은 쉽게 부서졌습니다. 마지막으로 아기 돼지들은 셋째의 집으로 도망쳤습니다. 첫째와 둘째는 **벌벌** 떨었습니다. 셋째는 형들에게 말했습니다.

"걱정하지 마. 내 집은 **위험**하지 않아. 나는 누구보다 오랜 시간 동안 열심히 집을 **지었어**. **공든** 탑은 무너지지 **않는대**.* 내 집은 **안전**할 거야."

그 말처럼 셋째의 집은 튼튼했습니다. 늑대가 아무리 들이받아도 끄떡없었습니다. 늑대는 결국 **지쳐** 돌아갔습니다.

그 후 첫째와 둘째는 셋째처럼 튼튼한 집을 지었다고 합니다.

– 다른 나라 전래 동화

어려운 낱말 풀이 ① **지푸라기** 짚의 낱개. 또는, 부서진 짚의 부스러기 ② **대충** 시간과 노력을 들이지 않고 ③ **입김** 입에서 나오는 더운 공기 ④ **들이받았습니다** 머리를 들이대어 받았습니다 ⑤ **벌벌** 추위, 두려움, 흥분 따위로 몸이나 몸의 일부분을 크게 자꾸 떠는 모양 ⑥ **위험** 나쁜 일이 생길 수 있는 상태 危위태할 위 險험할 험 ⑦ **지었어** 만들었어 ⑧ **공든** 어떤 일을 이루는 데 많은 노력과 정성이 든 功공 공 - ⑨ **안전** 위험이 생기거나 사고가 날 염려가 없음 安편안할 안 全온전할 전 ⑩ **지쳐** 힘든 일을 하거나 어떤 일에 시달려서 기운이 빠져

1 이 이야기에 나오지 <u>않는</u> 동물을 찾아 ◯표를 해 보세요.

[   ]

[   ]

[   ]

2 첫째, 둘째, 셋째 돼지가 지은 집을 찾아 알맞게 선으로 이어 보세요.

첫째 •

둘째 •

셋째 •

3 셋째가 "공든 탑은 무너지지 않는데."라고 말한 까닭으로 알맞은 것에 ◯표를 해 보세요.

나는 집을 지을 때 편안한 마음으로 쉬어 가면서 적당히 지었어. 그러니까 공든 탑은 무너지지 않아!

[   ]

나는 집을 지을 때 절대로 대충 짓지 않고 오랜 시간 동안 정성과 노력으로 지었어. 그러니까 공든 탑은 무너지지 않아!

[   ]

4 다음 중 '공든 탑은 무너지지 않는다'라는 표현이 어울리는 친구에 ○표를 해 보세요.

> 1년간 열심히 합창 연습을 해서
> 합창 대회에서 1등을 한 친구들

[   ]

> 시험 전날에만 급하게 공부해서
> 시험을 잘 못 본 친구

[   ]

5 다음 중 공든 탑은 무엇인지 설명을 읽으며 알맞은 말에 ○표를 해 보세요.

[1]   [2]

공든 탑이란 탑을 쌓는 데 { 적은 / 많은 } 노력과 정성을 들여 쌓은 탑을 말합니다.

따라서 두 개의 탑 중 그러한 노력과 정성을 들여 쌓은 탑은 { [1]번 / [2]번 } 탑

입니다.

6 다음 문장에 어울리는 말에 ○표를 해 보세요.

> • 물놀이 전에 준비 운동을 하지 않으면 { 위험하다. / 안전하다. }
>
> • 횡단보도에서 신호등을 잘 지켜서 건너면 { 위험하다. / 안전하다. }

1단계

다음 뜻에 알맞은 낱말을 골라 빈칸에 옮겨 써 보세요.

[1] 머리를 들이대어 받다.

　① 끄떡없다.　② 들이받다.

[2] 몸을 자꾸 크게 떠는 모양

　① 벌벌　　　② 깜짝

[3] 입에서 나오는 더운 김

　① 입김　　　② 안전

4주
16회

해설편
0
0
8쪽

2단계

불러 주는 말을 잘 듣고 빈칸을 알맞게 채워 보세요.

[1] ☐ ☐ 만들다.

[2] 쉽게 ☐ ☐ 지다.

[3] ☐ ☐ 하지 않아.

1단계 16회 받아쓰기2
QR코드를 찍으면
받아쓰기 음성이
나옵니다.

3단계

불러 주는 말을 잘 듣고 띄어쓰기에 유의하여 받아써 보세요.

[1]

아	기	∨			∨			∨					

[2]

				로	∨		은	∨					

[3]

			∨			∨			∨			

1단계 16회 받아쓰기
QR코드를 찍으면
받아쓰기 음성이
나옵니다.

시간　**끝난 시간** ☐시 ☐분

1회분 푸는 데 걸린 시간 ☐분

채점　**독해 6문제 중** ☐개

맞춤법·받아쓰기 9문제 중 ☐개

스스로붙임딱지

그림의 떡*

배가 고플 때 정말 먹음직스러운 떡 그림을 본다면 어떨까요? 그 떡을 정말 먹고 싶을 것입니다. 그런데 그 떡은 그림 속에만 있기 때문에 가지거나 먹을 수 없습니다. 이처럼 '그림의 떡'은 '아무리 마음에 들어도 가지거나 쓸 수 없는 경우'를 말합니다.

공부한 날 ☐ 월 ☐ 일 시작 시간 ☐ 시 ☐ 분

>>> QR코드를 찍으면
지문 읽기를 들을 수 있어요

1단계 17회 본문

　　여우가 두루미를 점심 식사에 **초대**①했습니다.

　　여우는 **평평한**② 접시에 수프를 담아 주었습니다. 그런데 두루미는 부리가 길어 수프를 먹기 어려웠습니다. 두루미에게 수프는 **그림의 떡***이었습니다. 음식을 거의 먹지 못한 두루미에게 여우가 물었습니다.

　　"음식이 맛이 없니? 거의 먹지 않았네."

　　"아니야, 음식은 맛있어. 저녁에는 우리 집에 와. 저녁을 만들어 줄게."

　　저녁이 되어 여우가 두루미의 집에 왔습니다. 두루미는 입구가 긴 병 속에 **빵**을 담아 주었습니다. 부리가 긴 두루미는 병 속의 음식을 잘 집어 먹었지만 여우는 먹기가 힘들었습니다. 이번에는 반대로, 여우에게 **빵**은 **그림의 떡***이었습니다. 그때 여우는 점심 때 한 **실수**③에 대해 알게 되었습니다.

　　"두루미야, 점심 때 내가 평평한 접시에 수프를 줘서 거의 먹지 못했구나. 내가 **생각이 짧았어**④. 미안해."

　　그 말을 들은 두루미는 빵을 평평한 접시에 담아주었고, 둘은 사이좋게 저녁을 먹었습니다.

－ 이솝 우화

(초등 국어 1-1 '4. 글자를 만들어요.')

어려운 낱말 풀이 ① **초대** 아는 사람들을 불러서 대접하는 일 招부를 초 待기다릴 대　② **평평한** 바닥이 높낮이가 없이 고른 平평평할 평 平평평할 평 -　③ **실수** 조심하지 않아 잘못하는 것 失잃을 실 手손 수　④ **생각이 짧았어** 깊게 생각하지 못했어

1 이 이야기에서 점심 식사와 저녁 식사에 초대한 동물과 초대 받은 동물은 각각 누구인지 써 보세요.

	초대한 동물	초대 받은 동물
점심	여우	
저녁		

2 여우와 두루미는 처음에 서로에게 어떤 그릇에 음식을 담아 주었는지 선으로 이어 보세요.

·

·

·

·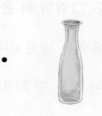

3 다음 빈칸에 공통으로 들어갈 말을 골라 보세요. ---------------------------------- [   ]

· 내 동생의 다리는 나보다 ☐☐.

· 똑같은 실수를 자주 하는 것을 보니 그 사람은 생각이 ☐☐.

· 놀이동산에서 놀 때 느껴지는 시간은 정말 ☐☐.

① 먹다   ② 두다   ③ 잡다   ④ 커다   ⑤ 짧다

4 다음의 글을 읽고 '그림의 떡'은 무슨 뜻인지 골라 보세요. ----------------------- [   ]

> 두루미에게 여우가 준 스프는 **그림의 떡**이었습니다. 왜냐하면 먹고 싶어도 그릇이 평평해서 먹기 힘들었기 때문입니다.
>
> 여우에게는 병 속에 들어 있는 빵이 **그림의 떡**이었습니다. 그 까닭은 빵이 입구가 긴 병에 들어 있어서 먹기가 힘들었기 때문입니다.

① 가장 싫어하는 것

② 쉽게 꺼내먹을 수 있는 것

③ 아무리 마음에 들어도 가질 수 없는 것

5 다음 중 '그림의 떡'을 알맞게 쓴 문장을 골라 ○표를 해 보세요.

[1] 정윤이는 발표 순서가 다가오자 **그림의 떡**을 꿀꺽 삼켰다. ----------------- [   ]

[2] 돈이 없는 민호에게 분식집의 떡볶이는 **그림의 떡**이었다. --------------- [   ]

[3] 힘이 센 호동이에게 의자를 들어올리는 것은 **그림의 떡**이었다. ------------- [   ]

6 이 이야기를 읽고 느낀 점을 바르게 말한 친구에 ○표를 해 보세요.

> **준희**: 상대방의 입장을 생각할 줄 알아야 한다고 느꼈어요.

> **순규**: 내가 가진 것에 대해 잘난 체를 하면 안되겠다고 생각했어요.

[   ]   [   ]

1
단계

다음 뜻에 알맞은 낱말을 골라 빈칸에 옮겨 써 보세요.

[1] 조심하지 않아 잘못하는 것

① 실수　　　② 초대

[2] 전부에서 조금 모자라게

① 정말　　　② 거의

[3] 길이가 길지 않다.

① 집다.　　② 짧다.

2
단계

불러 주는 말을 잘 듣고 빈칸을 알맞게 채워 보세요.

[1] ☐☐☐ 떡

[2] 음식을 먹지 ☐☐.

[3] ☐☐☐☐ 친구

1단계 17회 받아쓰기2
QR코드를 찍으면
받아쓰기 음성이
나옵니다.

3
단계

불러 주는 말을 잘 듣고 띄어쓰기에 유의하여 받아써 보세요.

[1] | 여 | 우 | 의 | ∨ | | | | | | | | | |

[2] | | | 의 | ∨ | 리 | | | | | | | |

[3] | | | | ∨ | | | | | | | | |

1단계 17회 받아쓰기
QR코드를 찍으면
받아쓰기 음성이
나옵니다.

시간
끝난 시간 ☐시 ☐분
1회분 푸는 데 걸린 시간 ☐분

채점
독해 6문제 중 ☐개
맞춤법·받아쓰기 9문제 중 ☐개

4
주
17
회

해설편
009
쪽

사자성어 어떤 일에 대한 교훈이나 일어난 까닭을 한자 네 자로 표현한 말

견원지간(犬 猿 之 間)*
개 견　원숭이 원　~의 지　사이 간

먼 옛날에는 개와 원숭이의 사이가 무척 나쁘다고 생각했습니다. '견원지간(犬猿之間)'은 '개와 원숭이의 관계'라는 뜻으로, '무척 사이가 나쁜 관계'를 말합니다.

공부한 날 ☐ 월 ☐ 일　시작 시간 ☐ 시 ☐ 분

>>> QR코드를 찍으면 지문 읽기를 들을 수 있어요
1단계 18회 본문

　어느 날 배고픈 원숭이가 떡**장수**①의 떡을 하나 훔치게 되었습니다. 원숭이는 **곧바로**② 나무 위에 올라가 떡을 먹으려고 했는데, 떡장수의 개가 화가 나서 원숭이를 쫓아왔습니다.

　"그 떡 다시 돌려줘!"

　개가 짖는 소리에 깜짝 놀란 원숭이는 떡을 떨어트리고 말았습니다. 개는 곧바로 그 떡을 물고 **바위틈**③ 속으로 도망쳐 버렸습니다. 원숭이가 아무리 팔을 뻗어도 떡을 다시 빼앗을 수는 없었습니다.

　"그래, 언제까지 버티나 보자!"

　화가 난 원숭이는 그렇게 말하며 엉덩이로 바위틈 앞을 막아 버렸습니다. 개는 **한참**④을 기다렸지만, 원숭이가 물러날 **기미**⑤는 보이지 않았습니다. 참다못한 개는 떡을 내려놓고 원숭이의 엉덩이를 **콱**⑥ 물어 버렸습니다.

　"아얏!"

　그때 원숭이의 엉덩이 털이 모두 벗겨졌고, 그래서 아직까지 원숭이의 엉덩이는 빨갛다고 합니다. 그 후 개와 원숭이는 사이가 아주 나빠져 **견원지간***이 되고 말았습니다.

　– 우리나라 전래 동화

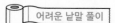 어려운 낱말 풀이 │ ① 장수 무언가를 파는 사람. 예를 들어 '떡장수'는 떡을 파는 사람이다.
② 곧바로 바로 즉시　③ 바위틈 바위 사이에 난 작은 공간　④ 한참 오랜 시간이 지나는 동안
⑤ 기미 어떤 일이 일어날 듯한 느낌 幾몇 기 微작을 미　⑥ 콱 세게 무는 모양

1 떡장수의 개는 왜 원숭이를 쫓아왔는지 써 보세요.

원숭이가 떡장수의 [   ]을 훔쳤기 때문입니다.

2 이 이야기로 미루어 보아, 다음 중 원숭이의 엉덩이는 무엇인지 ○표를 해 보세요.

[   ]

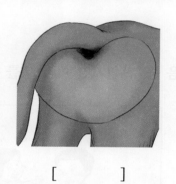

[   ]

3 다음 그림에서 '바위틈'은 어디인지 번호를 골라 보세요. ─────────── [   ]

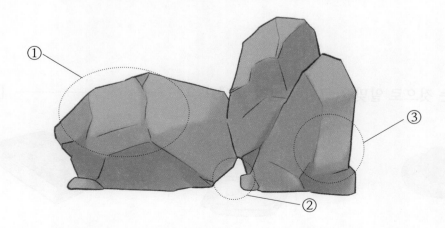

4 '견원지간'은 어느 동물과 어느 동물의 사이를 말하는 것인지 두 동물에 <u>모두</u> ○표를 해

보세요.

[   ]   [   ]   [   ]

5 다음 중 '견원지간'이라 부를 수 있는 관계에 ○표를 해 보세요.

| 만날 때마다 서로 다투는 철수와 영희 | 늘 함께 다니는 사이좋은 소연이와 민수 |

[   ]   [   ]

6 '떡장수'가 파는 것으로 알맞은 그림을 골라 보세요. ----------------------------- [   ]

①   ②   ③

18회 맞춤법·받아쓰기

1단계 다음 뜻에 알맞은 낱말을 골라 빈칸에 옮겨 써 보세요.

[1] 남의 물건을 슬쩍 가져다가 자기 것으로 하다.

① 버티다.　　② 훔치다.

[2] 오랜 시간이 지나는 동안

① 한참　　② 바로

[3] 덮이거나 씌워진 것이 떼어지거나 떨어지다.

① 나빠지다.　　② 벗겨지다.

2단계 불러 주는 말을 잘 듣고 빈칸을 알맞게 채워 보세요.

1단계 18회 받아쓰기2
QR코드를 찍으면
받아쓰기 음성이
나옵니다.

[1] 팔을 　　　　가져갔습니다.

[2] 　　　　　집에 가라.

[3] 굴 　　　막아 버렸습니다.

3단계 불러 주는 말을 잘 듣고 띄어쓰기에 유의하여 받아 써 보세요.

1단계 18회 받아쓰기
QR코드를 찍으면
받아쓰기 음성이
나옵니다.

[1]

떡	장	수	의	∨										

[2]

	날	∨												

[3]

		∨				∨				.	

🕐 시간　끝난 시간 　시　 분
　　　1회분 푸는 데 걸린 시간 　분

채점　**독해** 6문제 중 　개
　　　맞춤법·받아쓰기 9문제 중 　개

19회 남의 떡이 더 커 보인다*

같은 물건인데도 다른 친구의 물건이 더 좋아 보일 때가 있습니다. 그런 상황에서 '남의 떡이 더 커 보인다'고 말합니다. 즉, **'다른 사람의 것이 더 좋아 보여 탐이 나는 상황'**을 뜻합니다.

공부한 날 ☐ 월 ☐ 일 시작 시간 ☐ 시 ☐ 분

>>> QR코드를 찍으면
지문 읽기를 들을 수 있어요

1단계 19회 본문

 어느 날 강 서방과 이 서방이 **떡장수**^①에게 떡을 사고 있었습니다. 강 서방과 이 서방은 툭하면 서로 **티격태격**^②했습니다.

 강 서방과 이 서방이 떡을 달라고 하자 떡장수는 똑같은 떡을 하나씩 나눠 주었습니다. 떡을 받은 강 서방은 떡을 **요리조리**^③ 돌려 보더니 말했습니다.

 "아무래도 내 떡이 더 작아 보이는데……. 이 서방보다 큰 떡으로 바꿔 주시오."

 떡장수는 다른 떡으로 바꿔 주었습니다. 그런데 이번에는 이 서방이 큰 소리로 **따졌습니다**^④.

 "이렇게 되면 내 떡이 더 작아 보이는데? 나도 바꿔 주시오."

 강 서방과 이 서방은 서로 자기의 떡이 더 작아 보인다며 더 큰 떡으로 바꿔 달라고 싸웠습니다. 참다못한 떡장수는 둘의 떡을 뺏으며 말했습니다.

 "똑같은 떡인데 왜 난리요? 쯧쯧, **남의 떡이 더 커 보인다더니**[*] 서로 욕심을 부리는구먼!"

 그 말을 들은 강 서방과 이 서방은 부끄러워 얼굴이 빨개지고 말았습니다.

– 우리나라 전래 동화

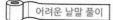
어려운 낱말 풀이

 ① **떡장수** 떡을 파는 사람
 ② **티격태격** 서로 자기가 옳다고 다투는 모양
 ③ **요리조리** 일정한 방향 없이 요쪽 조쪽으로
 ④ **따졌습니다** 다른 사람에게 원하는 것을 얻기 위해 캐물었습니다

1 강 서방이 처음에 떡장수에게 떡을 받았을 때 어떤 마음이 들었을지 찾아 ○표를 해 보세요.

> '내 떡보다 이 서방의 떡이 더 커
> 보이잖아? 바꿔 달라고 해야지.'

[   ]

> '정말 맛있어 보이는군. 이 서방도
> 맛있게 먹었으면 좋겠다.'

[   ]

2 떡장수가 처음에 두 사람에게 준 떡의 모습으로 알맞은 것을 골라 보세요.

강 서방 떡

이 서방 떡

[   ]

강 서방 떡

이 서방 떡

[   ]

3 다음 빈칸에 공통으로 들어갈 낱말을 이야기에서 찾아 써 보세요.

> • ⬜⬜는 장사하는 사람을 말합니다.
>
> • 소금⬜⬜, 떡⬜⬜, 비단⬜⬜처럼 쓸 수 있습니다.

→ ⬜⬜

4 다음은 강 서방과 이 서방이 싸우는 것을 지켜보던 마을 사람들의 이야기입니다. 밑줄 친 곳에 들어갈 알맞은 속담을 써 보세요.

> **갑순이:** 똑같은 떡인데 서로의 것이 더 커 보인다고 싸우는 것 좀 봐.
>
> **갑돌이:** 그러게. 내 것보다 남의 것이 더 좋다고 생각하나 봐.
>
> **갑순이:** 저런 것을 보고 _____고 하는 거지.

➡ ☐ ☐ ☐ 이 더 ☐ ☐ ☐ 다

5 다음 상황 중 '남의 떡이 더 커 보인다'라는 말을 해주면 좋을 친구에 ○표를 해 보세요.

[1] 다른 친구의 물건과 자신의 물건을 비교하고 질투하는 **영우** ·························· [   ]

[2] 친구와 물건을 사이좋게 나누는 **지연** ·· [   ]

6 다음 문장이 자연스럽도록 빈칸에 알맞은 낱말을 [보기]에서 찾아 써 보세요.

> [보 기]   요리조리   티격태격

[1] 도둑은 경찰이 있는 길을 ☐ ☐ ☐ ☐ 잘 피해 갔다.

[2] 쌍둥이 형제는 틈만 나면 ☐ ☐ ☐ ☐ 싸웠다.

1 단계

다음 뜻에 알맞은 낱말을 골라 빈칸에 옮겨 써 보세요.

[1] 장사를 하는 사람
① 서방　　② 장수

[2] 떠들썩하게 일을 벌이는 것
① 난리　　② 소리

[3] 빨갛게 되다.
① 빨개지다.　② 부끄럽다.

2 단계

1단계 19회 받아쓰기2
QR코드를 찍으면
받아쓰기 음성이
나옵니다.

불러 주는 말을 잘 듣고 빈칸을 알맞게 채워 보세요.

[1] ☐☐☐☐ 돌려 보았다.

[2] ☐☐☐ 것을 돌려줘라.

[3] 하나씩 ☐☐ 주세요.

3 단계

1단계 19회 받아쓰기
QR코드를 찍으면
받아쓰기 음성이
나옵니다.

불러 주는 말을 잘 듣고 띄어쓰기에 유의하여 받아써 보세요.

[1] | 툭 | 하 | 면 | V | | | | V | | | | | | | | |

[2] | 큰 | V | | | 로 | V | 바 | 꿔 | V | | | | 오 | . | | |

[3] | | | V | | | | | | | | | | . | | |

시간　끝난 시간 ☐시 ☐분　채점　독해 6문제 중 ☐개
1회분 푸는 데 걸린 시간 ☐분　맞춤법·받아쓰기 9문제 중 ☐개

20회 손에 잡힐 듯하다*

무언가가 눈앞에 있는 것처럼 가깝고 또렷하게 보일 때가 있습니다. 이처럼 '손에 잡힐 듯하다'는 '손으로 바로 잡을 수 있는 것 같은 상황'을 뜻합니다.

공부한 날 ☐ 월 ☐ 일 시작 시간 ☐ 시 ☐ 분

>>> QR코드를 찍으면
지문 읽기를 들을 수 있어요

1단계 20회 본문

　　어느 마을에 욕심 많은 강아지가 살고 있었습니다. 하루는 그 강아지가 길을 가다 커다란 고기를 발견했습니다. 욕심 많은 강아지는 그 고기를 **독차지**①하고 싶은 마음에 고깃덩어리를 입에 물고 도망쳤습니다.

　　그런데 욕심 많은 강아지가 냇가의 다리를 건널 때였습니다. 강아지가 고개를 내밀어 **냇물**②을 보니 큰 고기를 물고 있는 강아지가 보였습니다. 욕심 많은 강아지는

냇물에 비친 강아지의 고기도 탐이 났습니다. **손에 잡힐 듯*** 보이는 냇물 속 강아지를 **위협**③하기 위해 강아지는 크게 짖었습니다.

　　"멍멍! 멍멍!"

　　그 순간 욕심 많은 강아지가 물고 있던 고기가 냇물에 떨어졌습니다. 그리고 냇물 속의 강아지가 물고 있던 고기도 함께 사라져 버렸습니다. 냇물 속 강아지는 사실 욕심 많은 강아지 자신이었습니다. 그제야 그 사실을 깨달은 욕심 많은 강아지는 크게 후회했지만, 결국 빈손으로 집에 돌아가는 수밖에 없었습니다.

　　– 이솝 우화 (초등 국어 2-1 '7. 친구들에게 알려요.')

어려운 낱말 풀이 ① **독차지** 혼자 모두 가짐 獨홀로 독 -
② **냇물** 강보다 조금 작은 물길에서 흐르는 물
③ **위협** 힘으로 으르고 협박함 威두려울 위 脅으를 협

1 욕심 많은 강아지가 고기를 물고 도망친 까닭은 무엇인지 골라 보세요. ·············· [   ]

① 고기를 독차지하고 싶은 마음에

② 집에 있는 고깃덩어리와 같이 먹기 위해

③ 고기를 다른 강아지들과 나누어 먹기 위해

2 다음 중 욕심 많은 강아지가 고기를 떨어트린 곳에 ○표를 해 보세요.

[   ]

[   ]

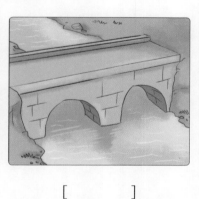
[   ]

3 다음 글을 읽고 '손에 잡힐 듯하다'와 어울리는 그림을 골라 보세요. ·············· [   ]

> '손에 잡힐 듯하다'는 손에 잡힐 듯 가깝게 보인다는 뜻입니다. 가까운 곳에 있는 물건은 더 또렷하게 보이므로, 무척 또렷하게 보인다는 뜻으로도 쓰입니다.

①

②

4 다음 대화에서 밑줄 친 부분과 바꿔 쓸 수 있는 말을 빈칸에 써 보세요.

> **태산:** 산에서 보는 밤하늘은 다르네. 별이 쏟아질 것 같아.
>
> **재중:** 그렇지? 이렇게 별이 **선명하게** 보이는 곳은 이곳밖에 없는 것 같아.

→ ☐ ☐ ☐ ☐ 듯

5 [보기]의 밑줄 친 곳에 들어갈 말과 수호가 가져온 피자의 양으로 알맞은 것끼리 선으로 이어 보세요.

> [보 기] 수호가 피자를 _____.

독차지했다 •   •

꽤 가져왔다 •   •

조금 가져왔다 •   •

6 다음 빈칸에 똑같이 들어갈 글자를 써 보세요.

> • 빈 ☐ : 아무것도 가진 것이 없는 상태
>
> • 일 ☐ : 일하는 사람, 혹은 일하는 솜씨
>
> • ☐ 에 잡힐 듯하다: 무언가가 무척 가깝게 혹은 또렷하게 보이다.

→ ☐

1
단계

다음 뜻에 알맞은 낱말을 골라 빈칸에 옮겨 써 보세요.

[1] 물을 건너갈 수 있도록 만든 것

① 다리　　② 고기

[2] 이전의 잘못을 깨치고 뉘우침

① 후회　　② 사실

[3] 힘으로 으르고 협박함

① 위험　　② 위협

4
주
20
회

해설편 010쪽

2
단계

불러 주는 말을 잘 듣고 빈칸을 알맞게 채워 보세요.

1단계 20회 받아쓰기2
QR코드를 찍으면
받아쓰기 음성이
나옵니다.

[1] ☐☐ 에 비친 고기

[2] 사실을 ☐☐☐☐ .

[3] 고기가 ☐☐ 나다.

3
단계

불러 주는 말을 잘 듣고 띄어쓰기에 유의하여 받아써 보세요.

1단계 20회 받아쓰기
QR코드를 찍으면
받아쓰기 음성이
나옵니다.

[1] | 욕 | 심 | V | | 은 | V | 강 | | | | | | | |

[2] | | | 를 | V | | | | 하 | | . | | | | |

[3] | | | V | | | V | | | | . | | | | |

시간　끝난 시간 ☐ 시 ☐ 분　채점　독해 6문제 중　☐ 개

1회분 푸는 데 걸린 시간 ☐ 분　맞춤법·받아쓰기 9문제 중　☐ 개

✏️ 다음은 지난 한 주 동안 배웠던 표현들을 표현한 그림입니다. 알맞은 표현을 빈칸에 써 보세요.

답 _____

답 _____

답 _____

회차	영역	학습 내용	학습계획일	맞은 문제수
21회	사자성어	**감지덕지(感之德之)** 정말 배가 고플 때 누군가가 찬밥을 줬다고 생각해 보세요. 비록 찬밥이지만 정말 맛있게 먹을 것 같지 않나요? 이처럼 '**감지덕지(感之德之)**'는 '**분에 넘치는 듯싶어 매우 고맙게 여기는 모양**'이라는 뜻입니다.	월 일	독해 6문제 중 ___개 / 맞춤법·받아쓰기 9문제 중 ___개
22회	속담	**도둑이 제 발 저리다** 혹시 발이 저려 본 기억이 있나요? 발이 계속 저리면 식은땀이 나기도 하고 불안해집니다. '**도둑이 제 발 저리다**'라는 말처럼 도둑이 발이 저려 식은땀이 나거나 불안해하는 모습을 상상해 보세요. 이처럼 이 말은 '**자신의 잘못이 들킬까 봐 조마조마하다**'라는 뜻입니다.	월 일	독해 6문제 중 ___개 / 맞춤법·받아쓰기 9문제 중 ___개
23회	관용어	**식은 죽 먹기** 식어서 뜨겁지 않은 죽은 힘을 들이지 않아도 아주 쉽게 먹을 수 있습니다. 이처럼 '**아주 쉬운 일**'을 표현할 때 '**식은 죽 먹기**'라는 말을 사용합니다.	월 일	독해 6문제 중 ___개 / 맞춤법·받아쓰기 9문제 중 ___개
24회	사자성어	**애지중지(愛之重之)** '애지중지(愛之重之)'라는 말은 사랑을 뜻하는 애(愛)와 중요함을 뜻하는 중(重)이 합쳐진 말입니다. 즉 '**매우 사랑하고 중요하게 여긴다**'는 뜻입니다.	월 일	독해 6문제 중 ___개 / 맞춤법·받아쓰기 9문제 중 ___개
25회	속담	**일찍 일어나는 새가 벌레를 잡는다** 만약 일찍 오는 순서대로 좋은 상품을 준다고 하면 어떻게 될까요? 상품을 받기 위해서 새벽부터 준비하여 줄을 서는 사람들이 있을 것입니다. 이처럼 '**일찍 일어나는 새가 벌레를 잡는다**'라는 말은 '**부지런한 사람일수록 원하는 것을 얻는다**'는 뜻입니다.	월 일	독해 6문제 중 ___개 / 맞춤법·받아쓰기 9문제 중 ___개

21회

감지덕지(感 之 德 之)*
느낄 감 ~의 지 덕 덕 ~의 지

정말 배가 고플 때 누군가가 찬밥을 줬다고 생각해 보세요. 비록 찬밥이지만 정말 맛있게 먹을 것 같지 않나요? 이처럼 '감지덕지(感之德之)'는 '분에 넘치는 듯싶어 매우 고맙게 여기는 모양'이라는 뜻입니다.

공부한 날 ☐ 월 ☐ 일 시작 시간 ☐ 시 ☐ 분

>>> QR코드를 찍으면
지문 읽기를 들을 수 있어요

1단계 21회 본문

　　사자 한 마리가 숲속에 살고 있었습니다. 그 사자는 **한때**[①] 숲속의 왕으로, 다른 동물들을 **부하**[②]로 삼아 괴롭히곤 했습니다. 하지만 오랜 시간이 지난 후 사자는 늙고 병들어서 힘이 약해지고 말았습니다.

　　"이제 사자가 병들고 힘이 없으니 더 이상 무서워하지 않아도 되겠어. 깔깔."

　　사자의 "어흥!" 소리에 깜짝 놀라던 조그마한 동물들도 이제는 사자를 **무시**[③]하고 **깔보았습니다**[④].

　　사자의 병은 더욱더 깊어져 이빨까지 빠지게 되어 사냥도 못하게 되었습니다. 이제 사자는 다른 동물들에게 도와달라고 부탁을 할 수밖에 없었습니다.

　　"내가 이제 혼자 아무것도 할 수가 없어. 나를 도와주면 안 될까?"

　　그러나 아무도 사자의 말을 들어주지 않았습니다. 어떤 동물들은 **도리어**[⑤] 화를 내며 말했습니다.

　　"우리가 그동안 너한테 얼마나 괴롭힘을 당해 왔는데! 화를 내는 정도로 끝내는 것만으로도 **감지덕지**라고 생각해!"

　　사자는 결국 눈물을 흘리며 그동안 동물들을 괴롭혔던 것을 크게 후회했습니다.

　　– 이솝 우화

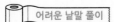 어려운 낱말 풀이 │ ① **한때** 어느 한 시기 ② **부하** 직책상 자기보다 더 낮은 자리에 있는 사람 部때 부 下아래 하 ③ **무시** 눈여겨 보지 않음 無없을 무 視볼 시 ④ **깔보았습니다** 얕잡아 보았습니다
⑤ **도리어** 예상과는 다르게

1 이 이야기의 주인공은 누구인지 골라 보세요. ────────────── [   ]

①

②

③

2 사자가 동물들에게 도와달라고 한 까닭은 무엇인지 골라 보세요. ──────── [   ]

① 늙고 병들어 힘이 약해져서

② 다른 사자가 자신을 괴롭혀서

③ 겨울이 찾아와 먹을 것이 없어져서

3 다음 낱말에 알맞은 뜻을 찾아 선으로 이어 보세요.

| 숲 | • | | • | 어떤 일을 해달라고 청하거나 맡김 |

| 깔보다 | • | | • | 얕잡아 보다 |

| 부탁 | • | | • | 나무들이 무성하게 우거지거나 꽉 들어찬 것 |

4 다음은 '감지덕지'라는 사자성어의 한자입니다. 한자의 뜻을 보고 '감지덕지'의 뜻을 빈칸을 채워 완성해 보세요.

感		之		德		之	
뜻	음	뜻	음	뜻	음	뜻	음
고맙게 여길	감	~의	지	덕	덕	~의	지

'감지덕지'는 ' ㄱ ㅁ 게 여기고, ㄷ 스럽게 생각한다.'라는 뜻입니다.

5 다음 대화에서 '감지덕지'라는 표현을 올바르게 사용한 친구는 누구인지 써 보세요.

> 지효: 배가 고팠는데 빵이라도 있으니 **감지덕지**야!
>
> 나희: 늦잠을 잤더니 **감지덕지**로 지각을 했어.

→ ☐ ☐

6 이 이야기를 읽고 느낀 점을 바르게 말한 친구를 골라 ○표를 해 보세요.

> 우진: 만약 사자가 동물들에게 친절하게 대했었다면 이런 일은 없었을 텐데.

> 민아: 다른 동물들은 참 나쁘다. 아무리 사자가 건강한 게 질투 나더라도 사자에게 화를 내면 안 되는데.

[   ]   [   ]

1
단계

다음 뜻에 알맞은 낱말을 골라 빈칸에 옮겨 써 보세요.

[1] 자기보다 더 낮은 자리에 있는 사람

① 장군 　　② 부하

[2] 예상과는 다르게

① 더욱더 　　② 도리어

[3] 하는 일이 잘되도록 힘을 보태다.

① 돕다. 　　② 삼다.

2
단계

1단계 21회 받아쓰기2
QR코드를 찍으면
받아쓰기 음성이
나옵니다.

불러 주는 말을 잘 듣고 빈칸을 알맞게 채워 보세요.

[1] ☐☐☐ 을 당하다.

[2] ☐☐☐ 부족하다.

[3] 이제는 ☐☐☐ 해.

3
단계

1단계 21회 받아쓰기
QR코드를 찍으면
받아쓰기 음성이
나옵니다.

불러 주는 말을 잘 듣고 띄어쓰기에 유의하여 받아써 보세요.

[1] | 숲 | 속 | 의 | ∨ | | | | | | | | | | | | | | | |

[2] | | 고 | ∨ | | | 진 | ∨ | | | | | | | | | | |

[3] | | | | ∨ | | | ∨ | | | | | | | | | . | |

시간 　끝난 시간 ☐ 시 ☐ 분

1회분 푸는 데 걸린 시간 ☐ 분

채점 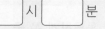　독해 6문제 중 ☐ 개

맞춤법·받아쓰기 9문제 중 ☐ 개

도둑이 제 발 저리다*

혹시 발이 저려 본 기억이 있나요? 발이 계속 저리면 식은땀이 나기도 하고 불안해집니다. '도둑이 제 발 저리다'라는 말처럼 도둑이 발이 저려 식은땀이 나거나 불안해하는 모습을 상상해 보세요. 이처럼 이 말은 '자신의 잘못이 들킬까 봐 조마조마하다'라는 뜻입니다.

공부한 날 ▢ 월 ▢ 일 시작 시간 ▢ 시 ▢ 분

>>> QR코드를 찍으면
지문 읽기를 들을 수 있어요

1단계 22회 본문

옛날 어느 마을에 어머니와 **오누이**^①가 살고 있었습니다. 그런데 어머니가 잠시 일을 나간 사이, 호랑이 한 마리가 오누이의 어머니처럼 꾸며 입고 오누이의 집으로 향했습니다.

"얘들아, 엄마가 왔으니 어서 문을 열어 주겠니?"

"우리 엄마 목소리가 아닌 것 같은데?"

깜짝 놀란 호랑이는 **도둑이 제 발 저리**[*]듯 말했습니다.

"나는 절대 너희 어머니처럼 꾸며 입은 호랑이가 아니란다. 그러니 문을 열렴."

"그렇다면 어디 손을 내밀어 봐요."

복슬복슬한 털로 뒤덮인 호랑이의 손을 본 오누이는 도망치기 시작했습니다. 오누이는 뒷마당의 나무 위로 올라갔습니다. 호랑이도 도끼를 쾅쾅 찍으며 오누이를 쫓아 나무에 올랐습니다.

"하느님, 저희를 살려 주세요. 튼튼한 **동아줄**^②을 내려 주세요."

오누이가 간절히 빌자 하늘에서 튼튼한 동아줄이 내려왔습니다. 오누이는 그 동아줄을 타고 **무사히**^③ 하늘로 올라갈 수 있었습니다. 그렇게 하늘로 간 오누이 중 오빠는 달, 동생은 해가 되어 행복하게 살았습니다.

– 우리나라 전래 동화

어려운 낱말 풀이 ┃ ① **오누이** 오빠와 여동생을 이르는 말 ② **동아줄** 굵고 튼튼하게 꼰 줄 ③ **무사히** 아무 일 없이 無없을 무 事일 사 -

1 이 이야기에서 오누이가 문을 열어 주지 <u>않은</u> 까닭은 무엇인지 골라 보세요. ··· [　　　]

① 호랑이를 약 올리려고

② 동아줄을 기다리느라고

③ 호랑이의 목소리가 어머니의 목소리와 달라서

2 이 이야기에서 문틈으로 들어온 손은 어떤 손이었을지 골라 보세요.

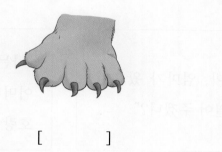

[　　　]

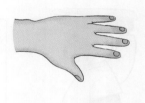

[　　　]

3 다음은 이 이야기를 그림으로 나타낸 것입니다. 알맞은 순서대로 번호를 써 보세요.

[　　　]

[　　　]

[　　　]

4 다음은 '도둑이 제 발 저리다'의 뜻입니다. [보기]에서 알맞은 낱말을 찾아 빈칸을 채워 보세요.

[보기]　　　　　　　　마음　　　도둑　　　잘못

'☐☐이 제 발 저리다'는 '☐☐이 있으면 ☐☐이 조마조마해져 행동으로 드러난다'라는 뜻입니다.

5 이 이야기 속 호랑이가 '도둑이 제 발 저린' 것처럼 말한 부분에 ○표를 해 보세요.

"얘들아, 엄마가 왔으니 문을 열어 주겠니?"

[　　　]

"나는 절대 너희 어머니처럼 꾸며 입은 호랑이가 아니란다."

[　　　]

6 다음은 남자아이인 민수입니다. 민수와 오누이가 될 수 있는 사람을 골라 선으로 이어 보세요.

우리는 오누이에요.

?

민수보다 두 살 많은 남자아이 **경현**

민수보다 세 살 어린 여자아이 **지현**

해설편 011쪽

1 단계

다음 뜻에 알맞은 낱말을 골라 빈칸에 옮겨 써 보세요.

[1] 모양이 나게 매만져 차리거나 손질하다.

① 내밀다.　② 꾸미다.

[2] 빈 데가 없이 온통 덮이다.

① 뒤덮이다.　② 내려오다.

[3] 나무를 찍거나 장작을 패는 도구

① 지게　② 도끼

2 단계

1단계 22회 받아쓰기2
QR코드를 찍으면
받아쓰기 음성이
나옵니다.

불러 주는 말을 잘 듣고 빈칸을 알맞게 채워 보세요.

[1] ☐☐☐ , 어서 와.

[2] 문을 ☐☐ 주겠니?

[3] ☐☐☐ 동아줄

3 단계

1단계 22회 받아쓰기
QR코드를 찍으면
받아쓰기 음성이
나옵니다.

불러 주는 말을 잘 듣고 띄어쓰기에 유의하여 받아써 보세요.

[1]

| 도 | 둑 | 이 | ∨ | 제 | ∨ | | ∨ | | | | | | . | |

[2]

| | 와 | ∨ | | 이 | ∨ | | ∨ | 오 | | | | | | |

[3]

| [3] | | | ∨ | | | ∨ | | | . | |

시간

끝난 시간 ☐시 ☐분

1회분 푸는 데 걸린 시간 ☐분

채점

독해 6문제 중 ☐개

맞춤법·받아쓰기 9문제 중 ☐개

23회 식은 죽 먹기*

식어서 뜨겁지 않은 죽은 힘을 들이지 않아도 아주 쉽게 먹을 수 있습니다. 이처럼 '아주 쉬운 일'을 표현할 때 '식은 죽 먹기'라는 말을 사용합니다.

공부한 날 ☐ 월 ☐ 일   시작 시간 ☐ 시 ☐ 분

>>> QR코드를 찍으면 지문 읽기를 들을 수 있어요

1단계 23회 본문

어느 날 당나귀가 소금 **자루**①를 지고 **징검다리**②를 건너고 있었습니다. 그날따라 햇볕이 따가워 지치고 힘들었던 당나귀는 그만 발이 미끄러져 물에 빠지고 말았습니다.

"아이고, 내 소금! 강물에 다 녹겠네!"

주인이 **허겁지겁**③ 당나귀를 강물에서 꺼내 주었지만, 이미 소금은 강물에 많이 녹아 버렸습니다.

'어? 짐이 왜 이렇게 가볍지? 이 정도 무게의 짐을 옮기는 것은 **식은 죽 먹기**지!'

다음 날, 당나귀는 일부러 발을 **헛디뎌**④ 강물에 빠졌습니다.

그러나 그날의 짐은 소금이 아니라 솜이었습니다. 솜은 소금처럼 물에 녹지 않고 오히려 **물을 머금**⑤는 물건이었습니다. 그래서 솜은 더욱더 무거워졌습니다. 무거운 솜을 낑낑거리며 옮기는 당나귀를 보며 주인이 말했습니다.

"어이구, 오늘 옮기는 건 소금이 아니라 솜인데. 솜이 물을 먹었으니 엄청나게 무겁겠구나!"

그제야 당나귀는 크게 **후회**⑥했지만 이미 때는 늦었습니다.

– 이솝 우화

어려운 낱말 풀이   ① **자루** 물건을 담는 데 쓰는 크고 긴 주머니   ② **징검다리** 개울에 돌을 띄엄띄엄 놓아 만든 다리   ③ **허겁지겁** 몹시 다급하여 정신없이 서두르는 모양   ④ **헛디뎌** 발을 잘못 디뎌 ⑤ **물을 머금**는 물을 빨아들여 품는   ⑥ **후회** 자기가 한 말이나 행동의 잘못을 깨닫고 뉘우치는 것   後뒤 후 悔뉘우칠 회

1 당나귀가 처음에 물에 빠진 뒤 어떤 생각을 했을지 바르게 선으로 이어 보세요.

'어? 왜 이렇게 짐이
가볍지?' •

• '앞으로 매일 강물에
빠져야겠다.'

• '오늘은 운이 좋았지만
다음엔 어떻게 될지
몰라. 주의해야지.'

2 다음은 강물에 빠진 뒤 당나귀의 생각입니다. 당나귀가 짊어지고 있던 짐은 무엇인지 골라 ○표를 해 보세요.

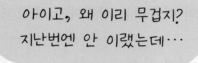

아이고, 왜 이리 무겁지?
지난번엔 안 이랬는데…

①

[   ]

②

[   ]

3 다음에서 설명하는 낱말은 무엇인지 써 보세요.

 개울이나 웅덩이에 돌이나 흙, 나무토막 등을 띄엄띄엄 놓아
건너갈 수 있도록 한 다리입니다.

→

4 다음 글을 참고하여 '식은 죽 먹기'의 뜻을 바르게 설명하기 위한 알맞은 낱말을 찾아 ○표를 해 보세요.

> 식은 죽은 뜨겁지도 않고, 부드러워서 먹기가 무척 편합니다. 그렇기 때문에 '**식은 죽 먹기**'라는 말이 생겨났습니다.

'식은 죽 먹기'는 식은 죽을 먹는 것처럼 { 간단하고 / 복잡하고 } { 쉬운 / 어려운 }

일이라는 뜻이구나.

5 다음 중 '식은 죽 먹기'와 어울리는 상황에 ○표를 해 보세요.

수학을 잘하는 미진이가 동생의 수학 숙제를 도와주는 일	컴퓨터를 잘하는 성아가 엄마가 읽던 어려운 영어책을 읽는 일
[ ]	[ ]

6 다음 그림과 어울리는 낱말은 무엇인지 골라 보세요. ┈┈┈┈┈┈┈┈ [   ]

① 허겁지겁하다   ② 낑낑거리다   ③ 미끄러지다

1단계 다음 뜻에 알맞은 낱말을 골라 빈칸에 옮겨 써 보세요.

[1] 물을 빨아들여 품다.

① 빠지다.　② 머금다.

[2] 발을 잘못 디디다.

① 건너가다.　② 헛디디다.

[3] 몹시 다급하여 정신없이 서두르는 모양

① 낑낑대며　② 허겁지겁

2단계 불러 주는 말을 잘 듣고 빈칸을 알맞게 채워 보세요.

[1] ☐☐이 따갑다.

[2] 짐을 이쪽으로 ☐☐ 주세요.

[3] 당나귀는 ☐☐했다.

3단계 불러 주는 말을 잘 듣고 띄어쓰기에 유의하여 받아써 보세요.

[1] | 미 | 끄 | 러 | 지 | 고 | ∨ | | | | | | | | | . | | | |

[2] | | | 에 | ∨ | 다 | ∨ | | | | 네 | ! | |

[3] | | | | ∨ | | ∨ | | | | ∨ | | | ? |

시간 끝난 시간 ☐시 ☐분
1회분 푸는 데 걸린 시간 ☐분

채점  독해 6문제 중 ☐개
맞춤법·받아쓰기 9문제 중 ☐개

24회

애지중지(愛 之 重 之)*
사랑 애　~의 지　귀할 중　~의 지

'애지중지(愛之重之)'라는 말은 사랑을 뜻하는 애(愛)와 중요함을 뜻하는 중(重)이 합쳐진 말입니다. 즉, '매우 사랑하고 중요하게 여긴다'는 뜻입니다.

공부한 날 　월　 일　시작 시간　시　분

>>> QR코드를 찍으면
지문 읽기를 들을 수 있어요

1단계 24회 본문

　어느 마을에 **구두쇠**가 살고 있었습니다. 그 구두쇠는 어느 동굴에 금덩이를 묻어 놓고 매일매일 꺼내 보며 금덩이를 **애지중지**했습니다.

　그런데 어느 날 그렇게 아끼던 금덩이가 사라져 버렸습니다. 구두쇠를 따라온 도둑이 금덩이를 훔쳐간 것입니다.

　구두쇠는 금덩이가 없어진 것을 알고 펑펑 울었습니다. **마침** 그 옆을 지나던 이웃 사람이 왜 그렇게 슬프게 우는지 물었습니다.

　"왜 그렇게 슬프게 울고 계세요?"

　"제가 **애지중지**하던 금덩이를 여기에 묻어 두었는데 누군가 훔쳐 갔습니다."

　그러자 이웃은 돌멩이를 하나 쥐여 주며 구두쇠에게 이렇게 말했습니다.

　"어차피 당신은 금덩이를 가지고 있었을 때도 여기 묻어 두기만 하지 않았습니까? 이제 돌멩이를 대신 동굴에 묻어 놓고 금덩이라고 생각하세요. 금덩이를 묻어 놓고 쓰지 않으면 돌멩이와 **별반** 다를 바 없잖아요?"

　그 말을 들은 구두쇠는 자신이 어리석었음을 깨닫고 크게 **뉘우쳤습니다.**

　- 우리나라 전래 동화

어려운 낱말 풀이 　① **구두쇠** 돈을 너무 아끼는 사람　② **마침** 어떤 경우에 알맞게　③ **별반** 따로 별다르게 別나눌 별 般일반 반　④ **뉘우쳤습니다** 잘못을 깨달았습니다

1 구두쇠가 금덩이를 어디에 묻어 두었는지 써 보세요.

자기만 아는 [ ][ ]에 묻어 두었습니다.

2 지나가던 이웃이 구두쇠에게 금덩이 대신 묻어 두라고 한 것은 무엇인지 ○표를 해 보세요.

[　　]

[　　]

3 이웃이 다른 것을 묻어 두라고 말한 까닭은 무엇인지 골라 보세요. ──────── [　　　]

① 나중에 되팔면 더 비싸질 거라 생각해서

② 쓰지 않을 금덩이는 돌멩이와 같다고 생각해서

③ 다른 것을 묻어 두면 금덩이를 도둑맞을 일이 없어서

4 다음 밑줄 친 낱말과 바꿔 쓸 수 있는 말은 무엇인지 골라 보세요. ----------------- [   ]

> • 잘못을 크게 <u>뉘우쳤습니다</u>.

① 뽐냈습니다.

② 반성했습니다.

③ 가르쳤습니다.

5 이 이야기에 나오는 '애지중지'의 뜻은 무엇일지 알맞은 단어를 골라 보세요.

애우 { 사랑하고 슬프고 } { 소중히 여기는 눈물 흘리는 } 오양이라는 뜻입니다.

6 다음 이야기에서 연규가 애지중지하는 것은 무엇인지 골라 ○표를 해 보세요.

> 연규는 햄스터를 아끼고 사랑하는 마음으로 키우고 있습니다. 연규는 햄스터가 외로울까 봐 햄스터 우리에 인형을 넣어 주기로 했습니다. 연규는 마트에 가서 고양이 모양 인형을 샀습니다.

[   ]   [   ]

1단계

다음 뜻에 알맞은 낱말을 골라 빈칸에 옮겨 써 보세요.

[1] 어떤 경우에 알맞게

　① 별반　　　② 마침

[2] 물건을 흙 따위에 넣어 보이지 않게 하다.

　① 쥐다.　　② 묻다.

[3] 무언가가 사라지다.

　① 없어지다.　② 어리석다.

해설편 0 1 2 쪽

2단계

1단계 24회 받아쓰기2
QR코드를 찍으면
받아쓰기 음성이
나옵니다.

불러 주는 말을 잘 듣고 빈칸을 알맞게 채워 보세요.

[1] 별다를 [　] 없다.

[2] [　][　][　] 금덩이

[3] 누군가 [　][　] 갔습니다.

3단계

1단계 24회 받아쓰기
QR코드를 찍으면
받아쓰기 음성이
나옵니다.

불러 주는 말을 잘 듣고 띄어쓰기에 유의하여 받아써 보세요.

[1] | | | | 하 | 다 | . | | | | | | | |

[2] | | | 의 | ∨ | | 이 | | | | | | |

[3] | | ∨ | | | 이 | ∨ | | ∨ | | | | |

시간 끝난 시간 [　]시 [　]분　1회분 푸는 데 걸린 시간 [　]분

채점 독해 6문제 중 [　]개　맞춤법·받아쓰기 9문제 중 [　]개

25회 일찍 일어나는 새가 벌레를 잡는다*

만약 일찍 오는 순서대로 좋은 상품을 준다고 하면 어떻게 될까요? 상품을 받기 위해서 새벽부터 준비하는 사람들이 많을 겁니다. 이처럼 '일찍 일어나는 새가 벌레를 잡는다'라는 말은 '부지런한 사람일수록 원하는 것을 얻는다'는 뜻입니다.

공부한 날 ☐월 ☐일 시작 시간 ☐시 ☐분

>>> QR코드를 찍으면 지문 읽기를 들을 수 있어요
1단계 25회 본문

　　종달새는 우리나라 여러 **지역**①에서 살고 있어 주변에서 쉽게 볼 수 있는 새입니다. 이런 종달새에게 한 가지 비밀이 있습니다.

　　종달새는 아침 일찍 일어납니다. 우리 조상들은 종달새가 지저귀는 소리를 듣고 아침이라는 것을 알았습니다. 이른 아침부터 일어나 먹이를 잡는 종달새를 우리 **조상**②들은 부지런한 새라고 부르며 무척 아꼈습니다.

　　종달새는 일찍 일어나기 때문에 먹이를 사냥할 때 **유리합니다**③. 벌레를 잡을 때 다른 새들의 방해를 받지 않고 사냥을 할 수 있기 때문입니다. 땅을 돌아다니며 벌레를 잡는 종달새는 아침 일찍 일어나는 덕분에 벌레를 혼자 먹을 수 있습니다.

　　'일찍 일어나는 새가 벌레를 잡는다*'라는 말이 있습니다. 그 말처럼, 종달새는 이른 아침부터 활동하기 때문에 먹이를 먹을 때 다른 **경쟁자**④들을 피해 더 많은 먹이를 먹을 수 있습니다.

↑ 종달새의 모습

어려운 낱말 풀이

① **지역** 일정한 범위의 땅 地땅 지 域지경 역　　② **조상** 같은 겨레의 옛 사람들 祖할아버지 조 上위 상
③ **유리합니다** 이익이 있습니다 有있을 유 利이로울 리 -
④ **경쟁자** 무언가를 두고 다투는 상대 競겨룰 경 爭다툴 쟁 者사람 자

1 이 글에서 소개하는 새의 이름은 무엇인지 써 보세요.

→ ☐ ☐ ☐

2 이 글에 나오는 새에 대한 설명으로 알맞은 것에 ○표, 틀린 것에 ×표를 해 보세요.

[1] 아침에 일찍 일어납니다. ──────────────────────────────── [   ]

[2] 벌레를 잡아먹습니다. ──────────────────────────────── [   ]

[3] 우리 조상님들이 싫어했습니다. ──────────────────────── [   ]

3 다음은 '일찍 일어나는 새가 벌레를 잡는다'는 속담에 대한 설명입니다. 빈칸에 알맞은 말을 [보기]에서 찾아 써 보세요.

[보기]	벌레	부지런	이득

이 글에 나온 종달새처럼 일찍 일어나는 새는 ☐☐☐☐ 를 더 쉽게 잡을 수

있습니다. 이처럼 '일찍 일어나는 새가 벌레를 잡는다'는 속담은 ☐☐☐☐ 한

사람이 더 많은 ☐☐☐☐ 을 챙긴다는 뜻입니다.

4 이 글에서 말하는 종달새가 일찍 일어나서 좋은 점은 무엇인지 골라 보세요. ···· [   ]

① 상쾌한 아침 공기를 맡을 수 있습니다.

② 시원한 아침 이슬을 마실 수 있습니다.

③ 다른 새들의 방해를 받지 않고 벌레를 잡을 수 있습니다.

5 두 친구 중 '일찍 일어나는 새가 벌레를 잡는다'는 이야기를 해주기에 알맞은 친구는 누구인지 이름을 써 보세요.

> 미정이와 진철이는 다음 달에 있을 달리기 시합을 준비하고 있습니다. 두 친구는 학교에서 만나 대화를 나눴습니다.
>
> **진철**: 아침 일찍 일어나서 달리기 연습을 하는 건 너무 귀찮아. 아침에는 그냥 더 자고 싶어.
>
> **미정**: 그래도 부지런하게 아침 연습을 하면 좋은 결과가 있을 거야. 나는 요즘 아침 연습을 열심히 하고 있어.

☐☐ 아, 일찍 일어나는 새가 벌레를 잡는 법이야.

6 다음 중 '유리하다'와 <u>반대</u>되는 말은 무엇인지 골라 보세요. ---------------- [   ]

① 이롭다

② 불리하다

③ 뛰어나다

1단계

다음 뜻에 알맞은 낱말을 골라 빈칸에 옮겨 써 보세요.

[1] 이익이 있다.

① 경쟁하다.　② 유리하다.

.

[2] 몸을 움직여 행동하다.

① 사냥하다.　② 활동하다.

.

[3] 일정한 범위의 땅

① 주변　　　② 지역

2단계

1단계 25회 받아쓰기2
QR코드를 찍으면
받아쓰기 음성이
나옵니다.

불러 주는 말을 잘 듣고 빈칸을 알맞게 채워 보세요.

[1] ☐ ☐ 아꼈다.

[2] 빨리 일어난 ☐ ☐ ☐

[3] ☐ ☐ ☐ ☐ 새

3단계

1단계 25회 받아쓰기
QR코드를 찍으면
받아쓰기 음성이
나옵니다.

불러 주는 말을 잘 듣고 띄어쓰기에 유의하여 받아써 보세요.

[1]
| 일 | 찍 | ∨ | | | | | ∨ | | | | | | | |

[2]
| | | 를 | ∨ | | 지 | ∨ | | 고 | | | | | | |

[3]
| | | ∨ | | | | ∨ | | | | ∨ | | | | |

죽과 관련된 표현

'죽'은 밥과 다른 재료를 오래 끓여서 무르고 걸쭉하게 만든 음식입니다.
만드는 시간도 오래 걸리고 정성이 필요하기 때문에 죽을 만드는 것은
매우 귀찮고 까다로운 일입니다.
우리말 표현 중에는 죽과 관련된 말들이 자주 등장합니다.

[죽을 쑤다]

'쑤다'라는 낱말은 '곡식의 알이나 가루를 물에 끓여 익히다'라는 뜻입니다. 따라서 죽을 쑨다는 것은 곧 죽을 만든다는 뜻입니다. 하지만 '죽을 쑤다'가 관용구처럼 쓰였을 때는 '어떤 일을 망치거나 실패하다'라는 뜻입니다. 밥을 지나치게 오래 끓이면 묽어지면서 죽과 비슷하게 되곤 합니다. 죽을 먹기 위해서 시작했다면 상관없겠지만, 밥을 먹으려고 했다가 망친 것이라면 매우 속상하겠지요? 죽은 맛있는 음식이지만 이처럼 관용 표현으로 사용될 때에는 실패를 의미하기도 합니다.

예 공부를 열심히 하지 않아서 50점을 맞다니, 이번 시험은 정말 **죽을 쒔다**.
　　　　　　　　　　　　　　　　　　　　　　　↳ 망쳤다

[죽 쑤어 개 준다]

죽은 만들기 까다롭고 정성이 드는 음식입니다. 그런데 열심히 만든 음식을 원래 주려던 사람에게 주지 못하고, 꼭 죽을 먹지 않아도 되는 개에게 주었다면 어떤 기분이 들까요? 이 속담은 '애써 한 일을 남에게 빼앗기거나 엉뚱한 사람에게 이로운 일을 한 셈이 되었을 때'를 의미합니다.

예 친구를 주려고 만든 음식을 다른 사람이 다 먹어 버렸어. **죽 쑤어 개 준** 꼴이네.
　　　　　　　　　　　　　　　　　　　↳ 엉뚱한 사람에게 이로운 일을 한

[변덕이 죽 끓듯 하다]

'변덕'은 '이랬다저랬다 하며 쉽게 마음이 변하는 것'을 뜻하는 낱말입니다. 죽을 끓일 때 잘 들여다보면 한참 동안 잔잔하던 죽이 갑자기 부글거리다가 가라앉고, 또 금세 부글거리는 모습을 볼 수 있습니다. 이렇게 죽이 끓는 모습을 보고 꼭 변덕이 심한 사람 같다고 해서, 이 표현은 '말이나 행동이 이랬다저랬다 하며 몹시 변덕스럽다'는 뜻으로 쓰입니다.

예 희원이는 **변덕이 죽 끓듯 하는** 성격이라서 마음이 쉽게 바뀐다.
　　　　　↳ 변덕스러운

회차	영역	학습 내용	학습계획일	맞은 문제수
26회	관용어	**다리를 뻗고 자다** 걱정거리가 많으면 잠도 잘 오지 않을 뿐더러 다리를 쭉 뻗고 편하게 누워 있지 못하게 됩니다. 따라서 **'다리를 뻗고 자다'**라는 말은 **'걱정거리가 사라져 마음 놓고 편히 자다'**라는 뜻입니다.	월 일	독해 6문제 중 □ 개 맞춤법·받아쓰기 9문제 중 □ 개
27회	사자성어	**구사일생(九死一生)** '구사일생(九死一生)'이라는 말은 '아홉'을 뜻하는 한자 구(九)와 '죽음'을 뜻하는 한자 사(死), '하나'를 뜻하는 한자 일(一), 그리고 '삶'을 뜻하는 한자인 생(生)이 합쳐진 사자성어입니다. 즉, **'여러 번의 죽을 고비를 넘기고 겨우 살아남'**이라는 뜻입니다.	월 일	독해 6문제 중 □ 개 맞춤법·받아쓰기 9문제 중 □ 개
28회	속담	**구르는 돌에는 이끼가 끼지 않는다** 계속 굴러가는 돌은 돌이 굴러가면서 이끼를 씻어내기 때문에 이끼가 낄 시간이 없습니다. 이처럼 **'구르는 돌에는 이끼가 끼지 않는다'**라는 말은 **'노력하는 사람은 뒤처지지 않고 계속해서 발전한다'**는 말입니다.	월 일	독해 6문제 중 □ 개 맞춤법·받아쓰기 9문제 중 □ 개
29회	관용어	**귀가 가렵다** 사람들이 자신에 대해 어딘가에서 얘기하고 있다고 생각해 보세요. 귀가 근질거리는 것 같지 않나요? 이처럼 **'귀가 가렵다'**라는 말은 **'다른 사람이 자기 얘기를 하는 것처럼 느끼다'**라는 뜻입니다.	월 일	독해 6문제 중 □ 개 맞춤법·받아쓰기 9문제 중 □ 개
30회	사자성어	**좌충우돌(左衝右突)** '좌충우돌(左衝右突)'이라는 말은 '왼쪽'을 뜻하는 한자 좌(左)와 '찌르다'를 뜻하는 한자 충(衝), '오른쪽'을 뜻하는 한자 우(右), 그리고 '부딪치다'를 뜻하는 한자인 돌(突)이 합쳐진 사자성어입니다. 즉, **'이리저리 마구 찌르고 부딪침'**이라는 뜻입니다.	월 일	독해 6문제 중 □ 개 맞춤법·받아쓰기 9문제 중 □ 개

26회 다리를 뻗고 자다*

걱정거리가 많으면 잠도 잘 오지 않을 뿐더러 다리를 쭉 뻗고 편하게 누워 있지 못하게 됩니다. 따라서 '다리를 뻗고 자다'라는 말은 '걱정거리가 사라져 마음 놓고 편히 자다'라는 뜻입니다.

공부한 날 ☐ 월 ☐ 일 시작 시간 ☐ 시 ☐ 분

>>> QR코드를 찍으면
지문 읽기를 들을 수 있어요
1단계 26회 본문

옛날에 강감찬이라고 하는 뛰어난 장군이 있었습니다. 어느 날 강감찬 장군이 한 마을을 돌아보는데, 마을 사람들이 모두 겁에 질려 있는 것을 보게 되었습니다. 강감찬 장군이 까닭을 묻자 마을 사람 중 하나가 말했습니다.

"호랑이 한 마리가 마을로 오는 **길목**①을 지키고 있는데, 바둑을 둬서 지는 사람을 잡아먹는다지 뭡니까."

강감찬 장군은 곧바로 호랑이가 나타난다는 길목으로 향했습니다. 그곳에서 **아니나 다를까**② 호랑이 한 마리가 나타났습니다.

"어흥! 나와 바둑을 두지 않으면 널 잡아먹겠다."

그렇게 강감찬 장군과 호랑이는 바둑을 두게 되었습니다. 그러나 호랑이가 아무리 **애를 써도**③ 강감찬 장군을 이길 수는 없었습니다. 바둑에서 이긴 강감찬 장군은 칼을 빼 들고 호랑이에게 호통을 쳤습니다.

↑ 낙성대 공원에 있는 강감찬 장군의 동상. 강감찬 장군은 고려시대에 활약한 장군입니다. 귀주에서 중국의 요나라를 크게 물리친 전쟁인 귀주대첩을 지휘한 업적으로 널리 알려져 있습니다.

"네 이놈, 나는 강감찬 장군이다! 이제 내가 이겼으니 이곳에서 사라지거라!"

강감찬 장군이 뛰어난 인물임을 깨달은 호랑이는 벌벌 떨었습니다. 호랑이는 강감찬 장군에게 다시는 사람 앞에 나타나지 않겠다는 약속을 하고 **허겁지겁**④ 도망쳐 버렸습니다.

그 **소식**⑤을 들은 마을 사람들은 그제야 **다리를 뻗고 잘*** 수 있었습니다.

📜 어려운 낱말 풀이 ┃ ① **길목** 길의 중요한 통로가 되는 곳 ② **아니나 다를까** 짐작한 대로 ③ **애를 써도** 마음과 힘을 다해도 ④ **허겁지겁** 급한 마음으로 허둥거리는 모습 ⑤ **소식** 멀리 떨어져 있는 사람에게 상황을 알리는 말 消사라질 소 息쉴 식

1 다음 중 강감찬 장군과 호랑이가 무엇으로 승부를 벌였는지 골라 ○표를 해 보세요.

바둑	장기	체스

[   ]   [   ]   [   ]

2 강감찬 장군이 호통을 치자 호랑이는 어떻게 반응했는지 선으로 이어 보세요.

하찮은 인간 주제에 감히
내게 덤비다니, 우습구나!
어서 덤벼 보아라!

•

나는 강감찬 장군이다!
소원이라는 바둑도 두었으니
이제 내 칼을 받아라!

•

•

바둑을 둘 때부터 비범한
인물인 줄 알았습니다.
다시는 나타나지 않을 테니
살려 주세요!

3 [보기]의 낱말로 밑줄 친 부분을 바꿔 써 보세요.

[보 기]   허겁지겁   까닭

[1] 강감찬 장군이 **이유**를 물었습니다.

→ [   ]

[2] 호랑이는 **헐레벌떡** 도망쳐 버렸습니다.

→ [   ]

4 다음 '다리를 뻗고 자다'의 뜻이 알맞도록 낱말에 ○표를 해 보세요.

'**다리를 뻗고 자다**'는 걱정 없이 마음을 놓고 { 편하게 / 불편하게 } 잔다는 뜻입니다.

주로 어떠한 문제가 { 해결 / 발생 } 되었을 때 '이제 다리를 뻗고 잘 수 있겠다'처럼 쓰입니다.

5 다음 그림 중 '다리를 뻗고 자다'라는 표현을 쓸 수 있는 상황에 ○표를 해 보세요.

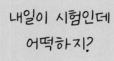

내일이 시험인데 어떡하지?

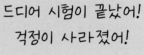

드디어 시험이 끝났어! 걱정이 사라졌어!

[   ]

[   ]

6 다음의 열쇠를 보고 십자말풀이를 풀어 보세요.

	[1] 호	
[2] 먹		

가로 열쇠

[1] 크게 소리쳐 꾸짖음.

[2] 동물이 살기 위해 먹는 것.

세로 열쇠

[1] '범'이라고도 하는 사납고 무서운 맹수

1단계 다음 뜻에 알맞은 낱말을 골라 빈칸에 옮겨 써 보세요.

[1] 길의 중요한 통로가 되는 곳

① 마을   ② 길목

[2] 어떤 일에 몸과 마음을 다하여 힘쓰다.

① 애쓰다.   ② 이기다.

[3] 생각하고 궁리하다 알게 되는 것

① 깨달음   ② 나타남

6주
26회

해설편
013쪽

2단계 불러 주는 말을 잘 듣고 빈칸을 알맞게 채워 보세요.

1단계 26회 받아쓰기2
QR코드를 찍으면
받아쓰기 음성이
나옵니다.

[1] ☐ ☐ 을 치다.

[2] ☐ ☐ ☐ 도망치다.

[3] 여기서 ☐ ☐ ☐ ☐ !

3단계 불러 주는 말을 잘 듣고 띄어쓰기에 유의하여 받아써 보세요.

1단계 26회 받아쓰기
QR코드를 찍으면
받아쓰기 음성이
나옵니다.

[1] | 뛰 | 어 | 난 | ∨ | | | | | | | | | | | | | |

[2] | | 에 | ∨ | | 린 | ∨ | | | | | | | | | | | |

[3] | | | | ∨ | | | | ∨ | | . | | | | | | | |

시간   끝난 시간 ☐ 시 ☐ 분   채점   **독해** 6문제 중   ☐ 개

1회분 푸는 데 걸린 시간 ☐ 분   **맞춤법·받아쓰기** 9문제 중   ☐ 개

27회

구사일생(九 死 一 生)*
아홉 구 죽을 사 하나 일 살 생

'구사일생(九死一生)'이라는 말은 '아홉'을 뜻하는 한자 구(九)와 '죽음'을 뜻하는 한자 사(死), '하나'를 뜻하는 한자 일(一), 그리고 '삶'을 뜻하는 한자인 생(生)이 합쳐진 사자성어입니다. 즉, '여러 번의 죽을 고비를 넘기고 겨우 살아남'이라는 뜻입니다.

공부한 날 [ ]월 [ ]일 시작 시간 [ ]시 [ ]분

>>> QR코드를 찍으면
지문 읽기를 들을 수 있어요

1단계 27회 본문

옛날에 주먹이라는 아이가 살았습니다. 그 아이는 이름처럼 주먹만큼 작았습니다.

어느 날 주먹이는 아버지와 함께 낚시를 하러 갔습니다. 아버지는 낚시를 하고 주먹이는 들풀에 누웠습니다.

그러다 황소가 들풀에 누워 있는 주먹이를 보지 못하고 주먹이를 그만 먹어 버렸습니다. 주먹이는 이제 죽었다고 생각했습니다. 그런데 **별안간**① **사방**②이 밝아졌습니다. 쇠똥에 섞여 밖으로 나온 것이었습니다.

그런데 쇠똥이 데굴데굴 굴러 강물에 풍덩 빠졌습니다. 그러자 물고기 한 마리가 나타나 주먹이를 꿀꺽 삼켜 버렸습니다. 주먹이는 이번에는 정말 죽었다고 생각했습니다. 그런데 갑자기 물고기의 몸이 하늘로 붕 떠오르더니 바닥에 던져져 파닥파닥거렸습니다. 주먹이가 귀를 기울여 보니 아버지의 목소리가 들렸습니다.

"어이구, 이렇게 큰 물고기를 다 낚았네?"

아버지의 목소리를 들은 주먹이는 온 힘을 다해 소리쳤습니다.

"살려주세요, 아버지! 저 주먹이가 배 속에 있어요!"

주먹이의 외침을 들은 아버지는 물고기에서 주먹이를 꺼내 주었습니다. 주먹이는 죽을 뻔한 **고비**③를 여러 번 넘기고 **구사일생***으로 목숨을 구할 수 있었습니다.

– 우리나라 설화

어려운 낱말 풀이 ① **별안간** 눈 깜짝할 사이에 갑자기 瞥깜짝할 별 眼눈 안 間사이 간 ② **사방** 동, 서, 남, 북의 네 방향 四넷 사 方본뜰 방 ③ **고비** 어떤 일이 가장 어렵거나 위험한 때

1 주먹이는 아버지와 무엇을 하러 갔었는지 써 보세요.

→ ☐ ☐

2 이 이야기에서 주먹이를 위기에 빠뜨린 동물을 <u>모두</u> 골라 ○표를 해 보세요. (답 2개)

| 호랑이 | 물고기 | 개 | 황소 |

[　　] 　　 [　　] 　　 [　　] 　　 [　　]

3 다음은 '구사일생'의 한자와 뜻입니다. 한자와 뜻을 알맞게 이어 보세요.

사자성어의 한자

| 九 | 死 | 一 | 生 |
| 아홉 구 | 죽을 사 | 하나 일 | 살 생 |

사자성어의 뜻

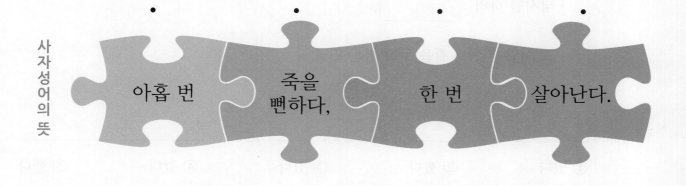

아홉 번 　 죽을 뻔하다, 　 한 번 　 살아난다.

4 '구사일생'이라는 사자성어의 뜻으로 알맞은 것을 골라 보세요. ┈┈┈┈┈┈┈┈┈ [   ]

① 아주 찾기 힘들 정도로 작다.

② 한 번의 일로 두 가지 이익을 얻다.

③ 여러 번 죽을 고비를 넘기고 목숨을 구하다.

5 다음 동화책의 내용은 무엇일지 알맞은 것을 골라 ○표를 해 보세요.

길을 가다 늑대를 만났지만, 꾀를 발휘해 겨우 목숨을 구한 토끼 이야기

[   ]

길을 가던 사슴과 경주를 해 승리한 토끼의 이야기

[   ]

6 다음 빈칸에 공통으로 들어갈 말을 골라 보세요. ┈┈┈┈┈┈┈┈┈┈┈┈ [   ]

• 낚시를 하러 ☐☐.

• 그 사람은 쉬운 길을 두고 힘든 길을 ☐☐.

• 시간이 정말 빠르게 ☐☐.

① 있다   ② 껐다   ③ 켰다   ④ 갔다   ⑤ 했다

1 단계 다음 뜻에 알맞은 낱말을 골라 빈칸에 옮겨 써 보세요.

[1] 동, 서, 남, 북의 네 방향

① 사방　　② 낚시

[2] 서로 더불어

① 꿀꺽　　② 함께

[3] 눈 깜짝할 사이에 갑자기

① 그러다　　② 별안간

해
설
편
0
1
4
쪽

2 단계 불러 주는 말을 잘 듣고 빈칸을 알맞게 채워 보세요.

1단계 27회 받아쓰기2
QR코드를 찍으면
받아쓰기 음성이
나옵니다.

[1] 물을 좀 ☐☐☐ .

[2] ☐☐ 춥다.

[3] 바닥에 ☐☐☐☐ .

3 단계 불러 주는 말을 잘 듣고 띄어쓰기에 유의하여 받아써 보세요.

1단계 27회 받아쓰기
QR코드를 찍으면
받아쓰기 음성이
나옵니다.

[1] | 주 | | | | ∨ | | | | | | | | | |

[2] | | ∨ | | | | 를 | ∨ | | . | |

[3] | | | ∨ | | ∨ | | | | | |

시간 　끝난 시간 ☐시 ☐분

1회분 푸는 데 걸린 시간 ☐분

채점 　독해 6문제 중 ☐개

맞춤법·받아쓰기 9문제 중 ☐개

구르는 돌에는 이끼가 끼지 않는다*

계속 굴러가는 돌은 돌이 굴러가면서 이끼를 씻어내기 때문에 이끼가 낄 시간이 없을 것입니다. 이처럼 '구르는 돌에는 이끼가 끼지 않는다'라는 말은 '노력하는 사람은 뒤처지지 않고 계속해서 발전한다'는 말입니다.

공부한 날 [ ] 월 [ ] 일 시작 시간 [ ] 시 [ ] 분

>>> QR코드를 찍으면
지문 읽기를 들을 수 있어요

1단계 28회 본문

옛날 어느 산에 산신령이 살았습니다. 산신령은 연못 주변에 나무가 **빼곡하게**①
자라 있는 것이 늘 마음에 들지 않았습니다. 그래서 두 나무꾼에게 돌도끼 한
자루씩을 주며 말했습니다.

"이 도끼로 열흘 동안 나무 백 그루를 **베어**② 오면 소원을 하나 들어주마."

나무꾼 중 하나는 **곧장**③ 달려가 나무를
베기 시작했습니다. 하루에 열 그루씩
부지런히 벨 생각이었습니다. 한편 나머지
나무꾼 하나는 돌도끼를 베개 삼아 낮잠을
자기 시작했습니다. 마지막 날 한꺼번에
백 그루를 벨 생각이었습니다.

그리고 열흘째가 되던 날, 매일 열 그루씩 나무를 벤 나무꾼은 일을 모두
끝마쳤는데 나머지 나무꾼 하나는 그러지 못했습니다. 게으름을 피우는 사이
돌도끼에 **이끼**④가 껴서 날이 **무뎌졌기**⑤ 때문이었습니다. 돌도끼의 무딘 날로는 나무
한 그루조차 제대로 벨 수 없었습니다.

"허허, 구르는 돌에는 이끼가 끼지 않는*것처럼 도끼도 매일 써야 무뎌지지 않지.
부지런한 나무꾼의 소원을 내가 들어주마."

산신령은 매일 열 그루씩 나무를 벤 나무꾼의 소원을 들어주었습니다.

어려운 낱말 풀이 ① **빼곡하게** 사람이나 물건이 어떤 공간에 빈틈없이 꽉 차게 ② **베어** 날이 있는 연장 따위로
무엇을 끊거나 잘라 ③ **곧장** 이어서 바로 ④ **이끼** 바위나 습지 등에서 자라는 식물 ⑤ **무뎌졌기**
칼이나 송곳 따위의 끝이나 날이 날카롭지 못하게 되었기

1 다음은 부지런한 나무꾼과 게으른 나무꾼, 그리고 두 나무꾼이 쓴 도끼를 각각 나타낸 그림입니다. 나무꾼과 그 나무꾼이 쓴 도끼를 서로 알맞게 이어 보세요.

2 마지막 날에 나무를 한꺼번에 베려 했던 나무꾼은 왜 나무를 베지 못했는지 알맞은 말에 ○표를 해 보세요.

나무꾼이 9일 동안 { 게으름을 피운 / 열심히 일한 } 탓에 도끼에 이끼가 껴서 도끼의 날이 { 날카로워졌기 / 무뎌졌기 } 때문입니다.

3 다음 그림의 물건을 세는 말로 알맞은 것을 [보기]의 글자에서 찾아 써 보세요.

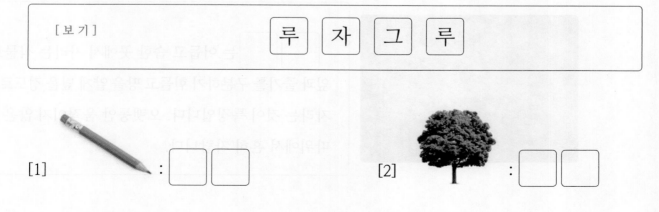

[보 기]   루   자   그   루

[1] ☐☐ : ☐☐   [2] ☐☐ : ☐☐

4 다음은 '구르는 돌에는 이끼가 끼지 않는다'라는 속담의 뜻을 설명한 글입니다. 빈칸에 들어갈 알맞은 말은 무엇인지 골라 보세요. ━━━━━━━━━━━━━━━━━━ [   ]

> 이끼는 축축하고 그늘진 곳에서 자란답니다. 그런데 구르는 돌에는 이끼가 끼지 않습니다. 쉬지 않고 계속 구르다 보니 이끼가 낄 시간이 없는 것이지요. 이처럼 **'구르는 돌에는 이끼가 끼지 않는다'**라는 속담은 '부지런하고 꾸준히 노력하는 사람은 멈추지 않고 계속 _____'라는 뜻입니다.

① 발전한다   ② 후퇴한다   ③ 주저앉는다

5 다음 대화에서 '구르는 돌에는 이끼가 끼지 않는다'라는 속담의 뜻과 가장 잘 어울리는 부분을 골라 보세요. ━━━━━━━━━━━━━━━━━━ [   ]

> 아빠: 선미야.
>
> 선미: 네, 아빠.
>
> 아빠: 얼마 뒤에 반 장기자랑에서 리코더를 불기로 했지?
>
> 선미: 네, ① 그러기로 했어요.
>
> 아빠: 그런데 요즘 연습을 하지 않는 듯해서 걱정이구나.
>
> 선미: 며칠 쉰다고 ② 무언가 달라지겠어요?
>
> 아빠: ③ 꾸준히 연습해야 실력이 떨어지지 않고 느는 법이란다.

6 다음 그림과 설명을 보고 빈칸에 들어갈 단어를 써 보세요.

> ☐☐는 어둡고 습한 곳에서 자라는 식물로, 잎과 줄기를 구분하기 힘들고 땅을 얇게 덮을 정도로만 자라는 것이 특징입니다. 오랫동안 움직이지 않은 돌 따위에서 흔히 자랍니다.

1
단계

다음 뜻에 알맞은 낱말을 골라 빈칸에 옮겨 써 보세요.

[1] 산을 지키고 다스리는 신

　　① 산신령　　② 용왕님

[2] 바위나 습지 등에서 자라는 식물

　　① 잔디　　② 이끼

[3] 칼이나 송곳 따위의 끝이나 날이 날카롭지 못하다.

　　① 마치다.　　② 무디다.

2
단계

1단계 28회 받아쓰기2
QR코드를 찍으면
받아쓰기 음성이
나옵니다.

불러 주는 말을 잘 듣고 빈칸을 알맞게 채워 보세요.

[1] 나무 한 ☐☐

[2] ☐☐ 이 지났다.

[3] ☐☐ 달려갔다.

3
단계

1단계 28회 받아쓰기
QR코드를 찍으면
받아쓰기 음성이
나옵니다.

불러 주는 말을 잘 듣고 띄어쓰기에 유의하여 받아써 보세요.

[1] | 나 | | | ∨ | | | ∨ | | | | | | | |

[2] | | | 게 | ∨ | | 란 | ∨ | | | | | | |

[3] | | | | | ∨ | | | ∨ | | | | | |

6
주
28
회

해설편
014쪽

시간 끝난 시간 ☐시 ☐분

　　1회분 푸는 데 걸린 시간 ☐분

채점 독해 6문제 중 ☐개

　　맞춤법·받아쓰기 9문제 중 ☐개

귀가 가렵다*

사람들이 자신에 대해 어딘가에서 얘기하고 있다고 생각해 보세요. 귀가 근질거리는 것 같지 않나요?
이처럼 '귀가 가렵다'라는 말은 '다른 사람이 자기 얘기를 하는 것처럼 느끼다'라는 뜻입니다.

>>> QR코드를 찍으면
지문 읽기를 들을 수 있어요
1단계 29회 본문

공부한 날 [ ]월 [ ]일 시작 시간 [ ]시 [ ]분

옛날 어느 나라의 임금님이 잠에서 깨어나 거울을 보니 귀가 당나귀처럼 길어져

있었습니다. 귀가 부끄러워진 임금님은 아무도 모르게 **모자장이**①를 불렀습니다.

"내 귀를 가릴 수 있는 모자를 만들어 오너라. 내 귀가 길어진 건 비밀이다."

집으로 돌아가는 길에 모자장이는 임금님의 귀가 너무 우스워 누구한테든 말하고 싶었습니다. **마침**② 집으로 돌아가는 길은 **울창한**③ 대나무 숲이었습니다. 모자장이는 사람이 아무도 없는지 잘 **살핀**④ 뒤 큰 소리로 외쳤습니다.

"임금님 귀는 당나귀 귀!"

속이 시원해진 모자장이는 집으로 돌아가 기분 좋게 모자를 만들었습니다.

모자장이는 길고 큰 모자를 만들어 임금님에게 바쳤습니다. 임금님은 기뻐하며

모자를 받았습니다. 그리고는 귀를 자꾸만 긁적이는 것이었습니다.

"누가 내 이야기를 하는 건지, **귀가 가렵구나.***"

그때 대나무 숲에는 바람이 불고 있었습니다. 바람이 불 때마다 '임금님 귀는

당나귀 귀!'하는 소리가 울려 퍼졌습니다.

– 우리나라 전래 동화

 어려운 낱말 풀이 ① **모자장이** 모자를 만드는 사람 ② **마침** 어떤 상황에 알맞게
③ **울창한** 나무가 빽빽하게 많고 푸른 鬱우거질 울 蒼푸를 창 - ④ **살핀** 주의하여 자세히 본

1 모자장이가 본 임금님의 귀는 어떤 모습이었을지 골라 보세요. ─────── [   ]

①

②

2 임금님은 왜 모자장이를 불렀는지 써 보세요.

| | | | 처럼 길어진 귀를 가릴 | | 를 만들기 위해서

3 아무에게도 말을 할 수 없어 답답했던 모자장이가 찾아간 곳은 어디인지 골라 보세요.

─────────────────────────── [   ]

① 모래 언덕

② 바위 산

③ 대나무 숲

4 '귀가 가렵다'는 무슨 뜻인지 골라 보세요. -------------------------------- [   ]

① 고민이 해결되어 속이 시원하다.

② 일을 맡긴 사람이 일을 잘 해주어 기쁘다.

③ 다른 사람이 자기 얘기를 하는 것처럼 느끼다.

5 다음을 읽고, 이어질 지민이의 말은 무엇일지 ○표를 해 보세요.

지민이는 오늘 전학 왔습니다. 그래서 친구들은 지민이에게 궁금한 것이 많습니다. 친구들은 지민이가 지나갈 때마다 수군거렸습니다. 지민이는 학교를 안내해 주던 정국이에게 귀를 긁으며 말했습니다.

" _____ "

누가 내 이야기를 하나?
국물도 없네.

[   ]

누가 내 이야기를 하나?
귀가 가렵네.

[   ]

6 다음 빈칸에 공통으로 들어갈 낱말을 써 보세요.

☐☐ 라는 말은 어떤 말 뒤에 붙어, '어떤 것에 대한 기술을 가진 사람'을 뜻합니다. 예를 들어, 모자를 만드는 것에 대한 기술을 가진 사람을 모자 ☐☐ 라고 합니다. 또, 도배에 대한 기술을 가진 사람을 도배 ☐☐ 라고 불렀습니다.

→ ☐☐

1단계

다음 뜻에 알맞은 낱말을 골라 빈칸에 옮겨 써 보세요.

[1] 재미가 있어 웃고 싶은 기분이다.
　① 우습다.　　② 살피다.

[2] 긁고 싶은 느낌이 있다.
　① 퍼지다.　　② 가렵다.

[3] 나무가 빽빽하게 우거지고 푸르다.
　① 시원하다.　　② 울창하다.

해설편 015쪽

2단계

1단계 29회 받아쓰기2
QR코드를 찍으면 받아쓰기 음성이 나옵니다.

불러 주는 말을 잘 듣고 빈칸을 알맞게 채워 보세요.

[1] 큰 소리로 ☐☐☐.

[2] ☐☐☐ 내 머리카락

[3] ☐☐☐ 분다.

3단계

1단계 29회 받아쓰기
QR코드를 찍으면 받아쓰기 음성이 나옵니다.

불러 주는 말을 잘 듣고 띄어쓰기에 유의하여 받아써 보세요.

[1] | 귀 | 를 | ∨ | | | | . | | | | | | |

[2] | | 서 | ∨ | | ∨ | 임 | | | | | | | |

[3] | | | ∨ | | | ∨ | | | ∨ | | | | |

시간 ⏰ 끝난 시간 ☐시 ☐분
1회분 푸는 데 걸린 시간 ☐분

채점 독해 6문제 중 ☐개
맞춤법·받아쓰기 9문제 중 ☐개

30회

좌충우돌(左 衝 右 突)*
왼쪽 좌　찌를 충　오른쪽 우　부딪칠 돌

'좌충우돌(左衝右突)'이라는 말은 '왼쪽'을 뜻하는 한자 좌(左)와 '찌르다'를 뜻하는 한자 충(衝), '오른쪽'을 뜻하는 한자 우(右), 그리고 '부딪치다'를 뜻하는 한자인 돌(突)이 합쳐진 사자성어입니다. 즉, '이리저리 마구 찌르고 부딪침'이라는 뜻입니다.

공부한 날 ☐월 ☐일　시작 시간 ☐시 ☐분

>>> QR코드를 찍으면
지문 읽기를 들을 수 있어요
1단계 30회 본문

　　울산바위는 울산에서 가장 멋진 바위였습니다. 어느 날, 북쪽에서 까치가 날아와 울산바위에게 **말을 걸었습니다**.①

　　"안녕하세요, 울산바위님! 듣던 대로 정말 크고 멋지시네요. 그런데 **혹시**② 소문 들으셨나요? 금강산이 온 세상의 멋진 바위들을 **모집**③하고 있대요. 울산바위님 정도라면 금강산의 한가운데 가장 멋진 바위가 될 거예요."

　　"그런 일에 나 같은 바위가 빠질 수 없지! 서둘러 출발해야겠어."

　　울산바위는 무거운 몸을 일으켜 금강산으로 달리기 시작했습니다. 울산바위가 한 걸음 한 걸음 뛸 때마다 온 땅이 흔들리고 쿵쿵하는 큰 소리가 났습니다. 울산바위는 이 산 저 산 부딪치며 몸이 조금씩 갈라지기도 했습니다. 또 큰 구덩이에 빠져 한참을 **버둥거리기도**④ 했습니다. 그렇게 울산바위는 금강산을 향해 **좌충우돌*** 달려갔습니다.

　　울산바위가 설악산에 도착했을 때, 그 까치가 다시 날아왔습니다.

　　"울산바위님! 바위를 모집하는 게 벌써 끝나 버렸대요. 온 세상에서 멋진 바위들이 일만 이천 개나 모였다지 뭐예요!"

　　그 얘기를 들은 울산바위는 한숨을 내쉬며 그 자리에 털썩 주저앉았습니다. 그 후 울산바위는 지금까지도 설악산에 눌러앉아 있다고 합니다.

　　– 우리나라 전설

⬆ 설악산에 있는 울산바위의 모습

🧻 어려운 낱말 풀이　① **말을 걸었습니다** 말을 건넸습니다　② **혹시** 어쩌다 우연히 或혹시 혹 是바를 시　③ **모집** 어떤 일에 필요한 사람이나 물건을 모으는 것 募모을 모 集모일 집　④ **버둥거리기도** 팔다리를 저으며 움직이기도

1 울산바위는 지금 어디에 있는지 써 보세요.

→ [ ] [ ] [산]

2 울산바위가 까치에게 어떤 말을 듣고 금강산으로 출발하였는지 골라 보세요.

"혹시 소문 들으셨나요?
금강산이 온 세상의
멋진 바위들을 모집하고
있대요."

[   ]

"울산바위님! 바위를
모집하는 게 벌써
끝나 버렸대요."

[   ]

3 다음의 뜻과 낱말이 알맞도록 선으로 이어 보세요.

크고 무거운 것이
바닥이나 물건에 부딪쳐
나는 소리

•

•

콩콩

작고 가벼운 것이
바닥이나 물건에 부딪쳐
나는 소리

•

•

쿵쿵

4 다음은 '좌충우돌'의 뜻입니다. 빈칸에 들어갈 알맞은 말을 골라 보세요. ·········· [   ]

좌충우돌(左衝右突)

이리 찌르고 저리 부딪치며 _____.

① 여러 일을 맞닥뜨리며 나아감

② 어디로 가야 할지 몰라 이리 갔다 저리 갔다 함

③ 위험을 피하기 위해 뒤로 물러남

5 다음 빈칸에 어울리는 사자성어를 써 보세요.

태산이는 주말에 영화를 보았습니다. 그 영화는 한 소년이 세계 일주를 하면서 겪는 □□□□ 모험담을 담고 있었습니다. 태산이는 영화의 주인공인 소년처럼 여러 일을 맞닥뜨려도 헤쳐 나가는 사람이 되는 꿈을 가지게 되었습니다.

→ □□□□

6 다음 중 빈칸에 들어갈 수 있는 낱말에 <u>모두</u> ○표를 해 보세요. (답 2개)

□□ 앉다

치워   부숴   눌러

주저   서서

1단계

다음 뜻에 알맞은 낱말을 골라 빈칸에 옮겨 써 보세요.

[1] 두 발을 번갈아 움직여 나아가는 동작

① 도착   ② 걸음

[2] 사람이나 작품 등을 널리 알려 뽑다.

① 모집하다.   ② 서두르다.

[3] 어쩌다 우연히

① 혹시   ② 벌써

2단계

불러 주는 말을 잘 듣고 빈칸을 알맞게 채워 보세요.

[1] ☐ ☐ ☐ ☐ 달려갔다.

[2] 달리기 ☐ ☐ ☐ ☐ .

[3] ☐ ☐ ☐ 내쉬었다.

1단계 30회 받아쓰기2
QR코드를 찍으면
받아쓰기 음성이
나옵니다.

3단계

불러 주는 말을 잘 듣고 띄어쓰기에 유의하여 받아써 보세요.

[1]

온	∨	세	상	의	∨			∨						

[2]

		에	서	∨			온	∨						

[3]

			∨					∨						

1단계 30회 받아쓰기
QR코드를 찍으면
받아쓰기 음성이
나옵니다.

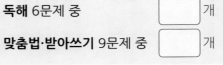

시간   끝난 시간 ☐ 시 ☐ 분   채점   **독해** 6문제 중 ☐ 개

1회분 푸는 데 걸린 시간 ☐ 분   **맞춤법·받아쓰기** 9문제 중 ☐ 개

배다(흡수) / 베다(절단)

정후: 할머니, 왜 고기를 바로 먹지 않는 거예요?

할머니 댁에 놀러간 정후는 할머니가 고기에 양념을
바른 뒤 먹지 않고 냉장고에 넣자 궁금해서 물었습니다.

할머니: 하룻밤만 가만히 두면 고기에 양념이

잘 { ① 배거든.
    ② 베거든. }

정후: 그렇구나. 맛있는 고기를 먹을 수 있다면 하루 정도는 참을 수 있어요!

'배다'와 '베다'는 비슷한 말처럼 보이지만 그 뜻은 전혀 다릅니다. '배다'는 '스며들다'라는 뜻이고, '베다'는 '날이 있는 물건으로 무언가를 끊거나 가르다'라는 뜻입니다. 다시 말해 '배다'는 무언가가 더해지는 것이고, '베다'는 무언가를 자르는 것입니다. 예를 들어 배다는 '좋은 향이 배다', '옷에 땀이 배다' 등으로 쓸 수 있고, 베다는 '낫으로 벼를 베다', '오래된 나무를 베다' 등으로 쓸 수 있습니다.

배다: 스며들다.
'좋은 향이 배다', '옷에 땀이 배다' 등.

베다: 날이 있는 물건으로 무언가를 끊거나 가르다.
'낫으로 벼를 베다', '오래된 나무를 베다' 등.

✎ **바르게 고쳐 보세요.** 정답: 015쪽

할머니: 하룻밤만 가만히 두면 고기에 양념이 잘 ~~베~~ 거든.

→ 하룻밤만 가만히 두면 고기에 양념이 잘 [ ] 거든.

7주차

회차	영역	학습내용	학습계획일	맞은 문제수
31회	속담	**불난 집에 부채질한다** 불이 난 곳에 적절하게 바람을 일으켜 주면 더 불이 활활 타오릅니다. 따라서 '불난 집에 부채질한다'는 말은 '화난 사람을 더 화나게 하거나 나쁜 일을 당한 사람을 더 힘들게 만드는 행동'을 뜻합니다.	월 일	독해 6문제 중 □개 맞춤법·받아쓰기 9문제 중 □개
32회	관용어	**배가 아프다** '배가 아프다'는 말은 무슨 의미일까요? 이 말은 '다른 사람이 잘되면 축하하기커녕 오히려 질투하고 시기하는 못된 마음'을 뜻합니다. 친구가 잘되면 배 아파하지 말고 축하해 주는 착한 친구가 되도록 합시다.	월 일	독해 6문제 중 □개 맞춤법·받아쓰기 9문제 중 □개
33회	사자성어	**동문서답(東問西答)** '동문서답(東問西答)'은 동쪽이 어디냐고 물어보았는데, 서쪽이 어디인지 답해 준다는 말입니다. 즉, '어떤 것을 물어보았을 때 질문과 맞지 않는 엉뚱한 대답을 한다'라는 뜻입니다.	월 일	독해 6문제 중 □개 맞춤법·받아쓰기 9문제 중 □개
34회	속담	**가는 말이 고와야 오는 말도 곱다** 누군가에게 나쁜 말을 들으면 자신도 화가 나서 똑같이 나쁜 말을 하게 됩니다. 반대로 칭찬을 들으면 자신도 기분이 좋아 칭찬을 하게 되지요. 이처럼 '가는 말이 고와야 오는 말이 곱다'라는 말은 '내가 남에게 말이나 행동을 좋게 해야 남도 나에게 좋게 한다'는 뜻입니다.	월 일	독해 6문제 중 □개 맞춤법·받아쓰기 9문제 중 □개
35회	관용어	**눈도 깜짝 안 하다** 혹시 무언가에 엄청 놀란 적이 있나요? 당황한 나머지 눈을 질끈 감거나, 눈이 휘둥그레지게 되지요. 그렇다면 '눈도 깜짝 안 하다'라는 말은 어떤 뜻일지 상상해보세요. 맞아요, 이 말은 '조금도 놀라거나 당황하지 않는다'는 뜻입니다.	월 일	독해 6문제 중 □개 맞춤법·받아쓰기 9문제 중 □개

31회 불난 집에 부채질한다*

불이 난 곳에 적절하게 바람을 일으켜 주면 더 불이 활활 타오릅니다. 따라서 '불난 집에 부채질한다'는 말은 '화난 사람을 더 화나게 하거나 나쁜 일을 당한 사람을 더 힘들게 만드는 행동'을 뜻합니다.

공부한 날 ☐ 월 ☐ 일 시작 시간 ☐ 시 ☐ 분

>>> QR코드를 찍으면 지문 읽기를 들을 수 있어요

1단계 31회 본문

옛날 어느 마을에 욕심쟁이 형 놀부와 착한 동생 흥부가 살고 있었습니다. 놀부는 부모님이 돌아가시자 흥부를 집에서 내쫓고 집과 돈을 모두 자기가 가졌습니다.

흥부는 산에 난 나물이나 뿌리라도 구해서 가족들을 먹여 살리려 했습니다. 그러나 흥부에게는 아내와 여덟 명의 아이들이 있었습니다. **산에서 캔**[①] 것들만으로는 많은 가족들의 배를 채울 수 없었습니다. 흥부는 가족들이 쫄쫄 굶는 것을 더 이상 볼 수 없어 놀부의 집으로 찾아갔습니다.

놀부는 아무것도 줄 수 없다며 흥부를 집 밖으로 쫓아 버리려고 했습니다. 흥부는 놀부에게 **쌀을 좀 꾸어 달라고**[②] 싹싹 빌었습니다. 놀부 부인은 흥부를 내쫓기 위해 주걱으로 흥부의 뺨을 때렸습니다. 그러자 **주걱**[③]에 있던 밥풀 몇 알이 흥부의 뺨에 붙었습니다. 놀부 부인은 쌀을 주었으니 이제 나가라며 흥부를 쫓아냈습니다.

"형수님, **곤란**[④]한 가족들을 도와주시기는커녕 쫓아내시다니요, **불난 집에 부채질하시는*** 건가요? 정말 너무하십니다."

"시끄러워! 썩 나가지 못해?"

결국 흥부는 힘없이 쫓겨나고 말았습니다.

– 전래 동화 「흥부 놀부 이야기」 중(32회차에서 계속됩니다.)

어려운 낱말 풀이 ① 산에서 캔 산의 땅을 파서 얻은 ② 쌀을 좀 꾸어 달라고 쌀을 좀 빌려 달라고 ③ 주걱 밥을 푸는 넓적한 도구 ④ 곤란 사정이 몹시 딱하고 어려움. 또는 그런 일 困곤할 곤 難어려울 란(본래 발음은 '난'이지만 ㄴ받침 뒤에서는 '란'으로 발음)

1 이 이야기에 나오지 <u>않는</u> 사람을 찾아 ○표를 해 보세요.

| 흥부 | 사또 | 놀부 | 놀부 부인 |

2 흥부가 놀부의 집에 찾아간 까닭은 무엇인지 골라 보세요. ---------------------------------- [　　　]

① 놀부의 재산을 빼앗기 위해서

② 가족들이 쫄쫄 굶는 것을 더 이상 볼 수 없어 밥을 얻기 위해서

③ 놀부가 부모님의 재산을 차지한 것이 억울해 따지기 위해서

3 흥부와 놀부 부인이 한 말을 각각 알맞게 선으로 이어 보세요.

↑ 흥부

"시끄러워!
썩 나가지 못해?"

↑ 놀부 부인

"불난 집에 부채질하시는
건가요?
정말 너무하십니다."

4 '불난 집에 부채질한다'라는 속담 뜻에 알맞게 빈칸에 들어갈 말은 무엇인지 골라 보세요.

.... [   ]

> 불난 곳에 부채질을 하면 더 잘 타겠죠? 이처럼 '불난 집에 부채질한다'는 도와주지는
> 못할망정 곤란한 사람을 _____는 뜻입니다.

① 무시한다

② 응원해 준다

③ 더 곤란하게 만든다

5 다음 중 '불난 집에 부채질'하는 행동을 하는 친구에 ○표를 해 보세요.

배탈 난 친구를 놀리며 햄버거를 먹는 **유리**	아픈 친구를 병원에 데려다 준 선아	주말에 대청소를 한 **신지**
[ ]	[ ]	[ ]

6 빈칸에 공통으로 들어갈 말을 [보기]에서 찾아 ○표를 해 보세요.

> [보 기]   산   들   물   풀

> [1] 주걱에 밥 [   ]이 묻어 있어.
>
> [2] 아침에 마당에 나와 보니 [   ] 잎 끝에 이슬이 맺혀 있습니다.
>
> [3] 내일 준비물은 색종이, 가위, [   ]이에요.

1단계

다음 뜻에 알맞은 낱말을 골라 빈칸에 옮겨 써 보세요.

[1] 숫자 8을 이르는 우리말

① 일곱　　　② 여덟

[2] 밥을 푸는 넓적한 도구

① 밥풀　　　② 주걱

[3] 떨어지지 않는 상태가 되다.

① 빌다.　　　② 붙다.

2단계

1단계 31회 받아쓰기2
QR코드를 찍으면
받아쓰기 음성이
나옵니다.

불러 주는 말을 잘 듣고 빈칸을 알맞게 채워 보세요.

[1] ☐ 가 고프다.

[2] ☐☐☐ 돌아갔다.

[3] ☐☐ 주세요.

3단계

1단계 31회 받아쓰기
QR코드를 찍으면
받아쓰기 음성이
나옵니다.

불러 주는 말을 잘 듣고 띄어쓰기에 유의하여 받아써 보세요.

[1]

곤	란	한	V									

[2]

		난	V									

[3]

		V			V							

시간　끝난 시간 ☐시☐분

1회분 푸는 데 걸린 시간 ☐분

채점　독해 6문제 중 ☐개

맞춤법·받아쓰기 9문제 중 ☐개

32회 배가 아프다*

'배가 아프다'는 말은 무슨 의미일까요? 이 말은 '다른 사람이 잘되면 축하하는커녕 오히려 질투하고 시기하는 못된 마음'을 뜻합니다. 친구가 잘되면 배 아파하지 말고 축하해 주는 착한 친구가 되도록 합시다.

공부한 날 ☐월 ☐일 시작 시간 ☐시 ☐분

>>> QR코드를 찍으면
지문 읽기를 들을 수 있어요

1단계 32회 2쇄

　　흥부는 결국 놀부의 집에서 아무것도 얻지 못한 채로 집으로 돌아왔습니다. 흥부는 어쩔 수 없이 다른 사람들에게 겨우 먹을 것을 조금씩 얻어 가며 힘들게 지내야 했습니다.

　　그러던 어느 날이었습니다. 흥부는 집 앞마당에서 다리를 다친 제비를 발견했습니다. 흥부는 붕대를 감아 제비를 정성껏 **치료**①해 주었습니다. 덕분에 제비는 다시 하늘을 날아 남쪽으로 돌아갈 수 있게 되었습니다.

　　이듬해 봄이 되자 제비가 흥부의 집에 박씨를 물고 다시 나타났습니다. 흥부는 제비가 준 박씨를 땅에 묻었습니다. 그러자 **금세**② 커다란 박들이 자라났습니다. 박들을 열어 보니 여러 가지 보석들이 쏟아져 나왔습니다. 흥부는 그 보석들을 팔아 마을에서 **제일가는**③ 부자가 되었습니다.

　　이 소문을 들은 놀부는 **배가 아팠습니다.*** 놀부는 자신도 보물을 얻기 위해 제비를 잡아 일부러 다리를 부러뜨리고 치료해 주었습니다. 얼마 후 놀부가 치료해 준 제비도 박씨를 물어 왔습니다. 놀부는 신이 나서 박씨를 땅에 심었고, 곧 커다란 박들이 열렸습니다. 그런데 박을 열어 보니 도깨비가 나타났습니다.

　　도깨비는 방망이로 놀부의 **허벅지**④며 **종아리**⑤며 **팔꿈치**⑥ 등을 마구 때리고 집을 망가뜨렸습니다. 하지만 착한 흥부는 놀부네 가족을 자신의 집에서 살게 해 주었습니다. 놀부는 그제야 자신의 잘못을 크게 뉘우치고 흥부에게 사과했습니다.

－ 전래 동화 「흥부 놀부 이야기」 중

1 흥부가 치료해 준 동물을 찾아 ○표를 해 보세요.

[　　　]

[　　　]

[　　　]

2 그림을 보고 흥부와 놀부가 열어 본 박은 각각 어떤 것이었을지 연결해 보세요.

↑ 흥부

↑ 놀부

3 이 이야기를 읽고 민지가 쓴 느낀 점입니다. 빈칸에 알맞은 말을 써 보세요.

> 민지: 흥부가 부자가 되었다는 소식을 듣고 심술을 부리는 놀부의 모습을 보니
> '□□□□□'라는 말이 떠올랐다.

어려운 낱말 풀이　① **치료** 상처나 병 따위를 고침 治다스릴 치 療고칠 료　② **금세** 금방　③ **제일가는** 최고의 第차례 제 —한 일 -　④ **허벅지** 다리에서 무릎과 허리 사이에 있는 넓적한 부분　⑤ **종아리** 다리에서 무릎과 발목 사이에 있는, 뒤쪽의 살이 많은 부분　⑥ **팔꿈치** 팔이 접히는 부분의 바깥쪽

7주 32회

해설편 016쪽

4 '배가 아프다'라는 표현은 어떤 뜻인지 골라 보세요. ────────────── [   ]

① 세상일은 알 수 없다.

② 남이 잘되어 심술이 나다.

③ 무엇이든 최선을 다하면 이룰 수 있다.

5 다음 그림 중 이 이야기에서 나오지 <u>않는</u> 장면에 ○표를 해 보세요.

[   ]

[   ]

[   ]

6 다음 빈칸에 공통으로 들어갈 말로 알맞은 것은 어느 것인지 골라 보세요. ──── [   ]

[보기]
- 영수는 머리를 [   ].
- 지호는 먼지 때문에 눈을 [   ].
- 누나는 팽이에 줄을 [   ].

① 묶었다   ② 풀었다   ③ 감았다

1단계

다음 뜻에 알맞은 낱말을 골라 빈칸에 옮겨 써 보세요.

[1] 여럿 가운데서 가장 뛰어나다.

　① 자라나다. 　② 제일가다.

[2] 미처 찾아내지 못하였거나 아직 알려지지
　않은 것을 찾아냄

　① 발전 　　　② 발견

[3] 바로 다음의 해

　① 이듬해 　　② 이튿날

2단계

1단계 32회 받아쓰기2
QR코드를 찍으면
받아쓰기 음성이
나옵니다.

불러 주는 말을 잘 듣고 빈칸을 알맞게 채워 보세요.

[1] 잘못을 ⬜⬜⬜⬜.

[2] 땅에 ⬜⬜⬜.

[3] ⬜⬜⬜에 대라.

3단계

1단계 32회 받아쓰기
QR코드를 찍으면
받아쓰기 음성이
나옵니다.

불러 주는 말을 잘 듣고 띄어쓰기에 유의하여 받아써 보세요.

[1]

정	성	껏	∨				∨		∨					

[2]

		를	∨			온	∨							

[3]

		∨			∨			∨						

시간 　끝난 시간 ⬜ 시 ⬜ 분

1회분 푸는 데 걸린 시간 ⬜ 분

채점 　독해 6문제 중 ⬜ 개

맞춤법·받아쓰기 9문제 중 ⬜ 개

사자성어
어떤 일에 대한 교훈이나 일어난 까닭을 한자 네 자로 표현한 말

동문서답(東 問 西 答)*
동쪽 동   질문 문   서쪽 서   답할 답

'동문서답(東問西答)'은 동쪽이 어디냐고 물어보았는데, 서쪽이 어디인지 답해 준다는 말입니다. 즉, '어떤 것을 물어보았을 때 질문과 맞지 않는 엉뚱한 대답을 한다'라는 뜻입니다.

공부한 날 [ ]월 [ ]일   시작 시간 [ ]시 [ ]분

>>> QR코드를 찍으면
지문 읽기를 들을 수 있어요
1단계 33회 본문

　　숲속 산골짜기에 사슴과 **종달새**① 한 마리가 살고 있었습니다. 사슴과 종달새는 심심하면 숨바꼭질을 하며 시간을 보내고는 했습니다.

　　"···일곱, 여덟, 아홉, 열! 다 숨었지?"

　　종달새는 재빨리 주위를 둘러보았습니다. 저 멀리 바위 뒤로 사슴의 **뭉뚝한**② 꼬리가 보였습니다. 신이 난 종달새가 사슴에게 날아가는데, 뒤에서 갑자기 호랑이가 불렀습니다.

　　"어흥! 종달새야, 어딜 그렇게 바삐 가니?"

　　깜짝 놀란 종달새는 사슴이 숨은 곳을 호랑이에게 들킬 것 같아서 **딴청을 피웠습니다**③.

　　"안녕하세요, 호랑이님! 오늘 날씨가 참 좋지요?"

　　호랑이는 다시 물었습니다.

　　"어디서 사슴 냄새가 나는 것 같은데……. 너는 사슴이 어디 있는지 알고 있지?"

　　종달새는 **식은땀**④을 **뻘뻘**⑤ 흘리며 대답했습니다.

　　"지금은 햇볕이 이렇게 쨍쨍해도, 곧 **소나기**⑥가 쏟아질 것 같아요. 털이 비에 **흠뻑**⑦ 젖기 전에 얼른 집으로 돌아가셔요!"

　　"종달새 네 이놈! 어째서 아까부터 계속 **동문서답***만 하는 거야? 어휴, 답답해!"

　　호랑이는 **결국**⑧ 돌아가 버렸습니다.

　　– 우리나라 전래 동화

📃 **어려운 낱말 풀이**

① **종달새** 참새보다 조금 크며 갈색이고 검은색 가로무늬가 있는 새   ② **뭉뚝한** 짧고 동그란   ③ **딴청을 피웠습니다** 모른 체하고 엉뚱한 짓을 했습니다   ④ **식은땀** 긴장하거나 놀랐을 때 나는 땀   ⑤ **뻘뻘** 땀을 매우 많이 흘리는 모양   ⑥ **소나기** 갑작스레 내리는 비   ⑦ **흠뻑** 몹시 많이 젖은 모양   ⑧ **결국** 마지막에는 **結**맺을 결 **局**판 국

종달새

© DAVID ILIFF

1 사슴이 숨어 있는 곳에 ○표를 해 보세요.

나무 위에
[   ]

산꼭대기에
[   ]

바위 뒤에
[   ]

물 속에
[   ]

7
주
33
회

해
설
편
0
1
7
쪽

2 빈칸에 들어갈 말을 [보기]에서 골라 쓰세요.

[보기]   답답   당황

호랑이를 만난 종달새는 [   ][   ] 해서 식은땀을 흘렸습니다. 종달새는

사슴이 숨어 있는 것을 들키지 않기 위해 호랑이의 질문에 엉뚱한 대답을

했습니다. 동문서답을 하자 [   ][   ] 해진 호랑이는 휙 뒤돌아 가 버렸습니다.

3 [보기]와 같은 뜻으로 쓰이는 낱말을 이 이야기에서 찾아 써 보세요.

[보기]   갑자기 세차게 쏟아지다가 금방 그치는 비

 [   ][   ][   ]

4 다음 '동문서답'의 뜻을 읽고, 쓰이는 상황에 알맞게 빈칸을 채워 보세요.

뜻: '동쪽이 어디냐고 질문하는데 서쪽이 어디인지 대답한다'라는 뜻입니다.

쓰이는 상황: ㅈㅁ과 어울리지 않는 엉뚱한 ㄷㄷ을 할 때 쓰입니다.

5 종달새가 호랑이의 물음에 계속 동문서답한 까닭은 무엇인지 골라 보세요. ⋯⋯ [   ]

① 호랑이에게 비 소식을 알려 주기 위해서
② 호랑이의 질문이 이해하기 어려워서
③ 친구인 사슴을 호랑이로부터 지키기 위해서

6 다음은 종달새와 호랑이의 대화입니다. '동문서답'에 어울리도록 호랑이의 질문에 가장 엉뚱한 대답을 골라 호랑이를 떠나게 만들어 보세요.

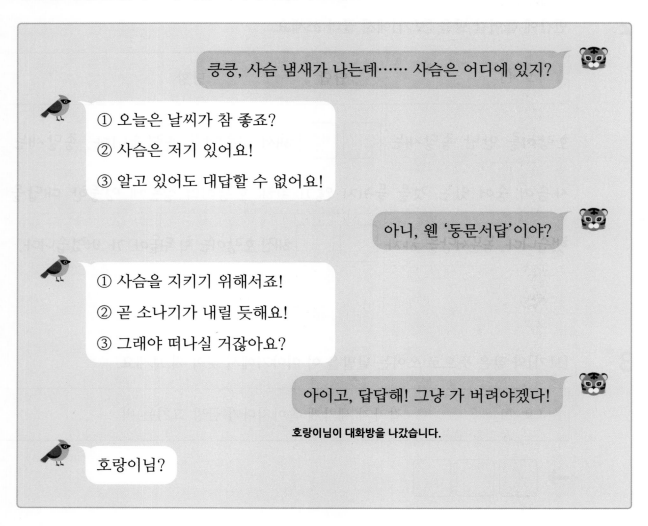

킁킁, 사슴 냄새가 나는데⋯⋯ 사슴은 어디에 있지?

① 오늘은 날씨가 참 좋죠?
② 사슴은 저기 있어요!
③ 알고 있어도 대답할 수 없어요!

아니, 웬 '동문서답'이야?

① 사슴을 지키기 위해서죠!
② 곧 소나기가 내릴 듯해요!
③ 그래야 떠나실 거잖아요?

아이고, 답답해! 그냥 가 버려야겠다!

호랑이님이 대화방을 나갔습니다.

호랑이님?

1단계

다음 뜻에 알맞은 낱말을 골라 빈칸에 옮겨 써 보세요.

[1] 술래가 숨은 사람을 찾아내는 놀이

① 숨바꼭질　② 줄다리기

[2] 생각할 겨를도 없이 급히

① 갑자기　② 천천히

[3] 물에 몹시 젖은 모양

① 흠뻑　② 깜짝

2단계

1단계 33회 받아쓰기2
QR코드를 찍으면
받아쓰기 음성이
나옵니다.

불러 주는 말을 잘 듣고 빈칸을 알맞게 채워 보세요.

[1] [　][　][　] 둘러보다.

[2] 딴청을 [　][　][　] .

[3] [　][　][　] 쨍쨍하다.

3단계

1단계 33회 받아쓰기
QR코드를 찍으면
받아쓰기 음성이
나옵니다.

불러 주는 말을 잘 듣고 띄어쓰기에 유의하여 받아써 보세요.

[1]

사	습	과	V												

[2]

		진	V			이									

[3]

			V			V									

해설편 017쪽

시간  끝난 시간 [　]시 [　]분

1회분 푸는 데 걸린 시간 [　]분

채점 독해 6문제 중 [　]개

맞춤법·받아쓰기 9문제 중 [　]개

34회 가는 말이 고와야 오는 말이 곱다*

누군가에게 나쁜 말을 들으면 자신도 화가 나서 똑같이 나쁜 말을 하게 됩니다. 반대로 칭찬을 들으면 자신도 기분이 좋아 칭찬을 하게 되지요. 이처럼 '가는 말이 고와야 오는 말이 곱다'라는 말은 '내가 남에게 말이나 행동을 좋게 해야 남도 나에게 좋게 한다'는 뜻입니다.

공부한 날 ☐ 월 ☐ 일 시작 시간 ☐ 시 ☐ 분

>>> QR코드를 찍으면
지문 읽기를 들을 수 있어요

1단계 34회 본문

한 마을에 고운 말만 하는 나무꾼과 **험한**^① 말만 하는 나무꾼이 살고 있었습니다. 어느 날 험한 말만 하는 나무꾼이 산에 나무를 하러 갔다가 새끼 호랑이를 만났습니다. 그 나무꾼은 작은 호랑이를 보고 눈살을 찌푸리며 **험담**^②을 늘어놓았습니다.

"고놈 정말 못생겼구나! 쯧쯧, 나중에 아주 사납고 **흉측하게**^③ 자라겠어."

그때 새끼 호랑이의 뒤에서 엄마 호랑이가 나타났습니다. 엄마 호랑이는 험한 말만 하는 나무꾼을 **흠씬**^④ 혼내 주고 산에서 내쫓았습니다.

다음 날 고운 말만 하는 나무꾼도 산에서 새끼 호랑이를 만났습니다. 그러나 이 나무꾼은 미소를 지으며 새끼 호랑이를 칭찬해 주었습니다.

"아유, 귀여워라. 씩씩하고 늠름한 어른 호랑이로 크겠구나!"

그 말을 들은 엄마 호랑이는 몹시 **흐뭇해하였습니다**^⑤. 그 뒤부터 엄마 호랑이는 날마다 나무꾼의 집에 나무와 귀한 산삼을 가져다 주었습니다. 그 모습을 보고 험한 말만 하는 나무꾼이 투덜거렸습니다.

"호랑이가 왜 자네에게만 선물을 주는 건가?"

그러자 고운 말만 하는 나무꾼이 이렇게 대답했습니다.

"자네는 **가는 말이 고와야 오는 말이 곱다***는 이야기도 못 들어 봤는가?"

험한 말만 하는 나무꾼은 그 말을 듣고 깊이 **반성**^⑥했습니다.

– 우리나라 전래 동화

🧻 **어려운 낱말 풀이** ① **험한** 거칠고 듣기 싫은 險험할 험 - ② **험담** 남의 흠을 들추어 헐뜯음 險험할 험 談말씀 담 ③ **흉측하게** 징그럽고 보기 싫게 凶흉할 흉 測잴 측 - ④ **흠씬** 심하게, 잔뜩 ⑤ **흐뭇해하였습니다** 매우 만족스러워 기분이 좋았습니다 ⑥ **반성** 자신의 말과 행동에 잘못이나 부족함이 없는지 돌이켜 봄 反돌이킬 반 省살필 성

1 고운 말만 하는 나무꾼과 험한 말만 하는 나무꾼이 각각 새끼 호랑이에게 무슨 말을 했는지 알맞게 선으로 이어 보세요.

고운 말만 하는 나무꾼

•

•

정말 못생겼구나! 나중에 아주 사납고 흉측하게 자라겠어.

험한 말만 하는 나무꾼

•

•

귀여워라. 씩씩하고 늠름한 어른 호랑이로 크겠구나!

2 엄마 호랑이는 왜 고운 말만 하는 나무꾼에게만 선물을 주었을지 골라 보세요. [   ]

① 험한 말만 하는 나무꾼에게는 나무와 산삼이 필요하지 않았기 때문에

② 고운 말만 하는 나무꾼이 새끼 호랑이의 험담을 했기 때문에

③ 고운 말만 하는 나무꾼이 새끼 호랑이에게 칭찬을 해 주었기 때문에

3 다음 빈칸에 들어갈 글자를 [보기]에서 알맞게 찾아 써 보세요.

[보 기]　　　　　　　　　말　　길　　날

☐ 이 험하다

☐ 이 험하다

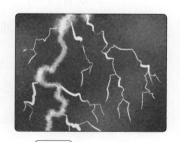

☐ 씨가 험하다

4 다음 빈칸에 알맞은 말을 [보기]에서 찾아 써 보세요.

[보 기]   선물   칭찬

고운 말만 하는 나무꾼이 먼저 새끼 호랑이에게 □□ 을 해 주었기 때문에,

흐뭇해진 엄마 호랑이가 고운 말만 하는 나무꾼에게 □□ 을 주었습니다.

5 '가는 말이 고와야 오는 말이 곱다'의 뜻을 바르게 말한 친구를 골라 ○표를 해 보세요.

선규: 내가 먼저 다른 사람에게 잘 대해 주어야 상대방도 나에게 잘 대해 줄 거라는 뜻이야.

[   ]

영민: 내가 나쁘게 말하더라도 친구는 나한테 잘해 줄 거야. 그러니까 상관없다는 뜻이야.

[   ]

6 다음 이야기를 읽고, 빈칸에 들어갈 알맞은 속담을 골라 보세요. ---------------- [   ]

민영이와 명준이는 옆자리에 앉은 짝꿍이었지만 매일 싸웠습니다. 민영이가 명준이를 먼저 놀렸기 때문이었습니다. 명준이와 친해지고 싶었던 민영이가 선생님께 여쭤 보았습니다.

"선생님, 어떻게 하면 명준이와 싸우지 않을 수 있을까요?"

"_____는 속담이 있지? 네가 명준이를 놀리지 않고 먼저 칭찬을 해 준다면, 명준이도 너에게 잘 대해 줄 거야."

① 가는 말이 고와야 오는 말이 곱다

② 열 번 찍어 안 넘어가는 나무가 없다

1
단계

다음 뜻에 알맞은 낱말을 골라 빈칸에 옮겨 써 보세요.

[1] 남의 흠을 들추어 헐뜯음

① 칭찬   ② 험담

[2] 자신의 말과 행동에 잘못이나 부족함이 없는지
돌이켜 봄

① 반성   ② 미소

[3] 낮은 목소리로 자꾸 불평을 하다.

① 찌푸리다.   ② 투덜대다.

2
단계

1단계 34회 받아쓰기2
QR코드를 찍으면
받아쓰기 음성이
나옵니다.

불러 주는 말을 잘 듣고 빈칸을 알맞게 채워 보세요.

[1] ☐☐☐☐ 생겼다.

[2] ☐☐ 선물

[3] ☐☐을 찌푸리다.

3
단계

1단계 34회 받아쓰기
QR코드를 찍으면
받아쓰기 음성이
나옵니다.

불러 주는 말을 잘 듣고 띄어쓰기에 유의하여 받아써 보세요.

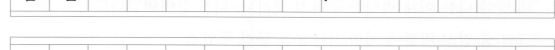

[1] | 흠 | 씬 | ∨ | | | ∨ | | | . | | | | | |

[2] | | 시 | ∨ | | | | 진 | ∨ | | | | | | |

[3] | | | | | ∨ | | | | | | . | | | |

시간
끝난 시간 ☐시 ☐분
1회분 푸는 데 걸린 시간 ☐분

채점
독해 6문제 중 ☐개
맞춤법·받아쓰기 9문제 중 ☐개

혹시 무언가에 엄청 놀란 적이 있나요? 당황한 나머지 눈을 질끈 감거나, 눈이 휘둥그레지게 되지요. 그렇다면 '**눈도 깜짝 안 하다**'라는 말은 어떤 뜻일지 상상해 보세요. 이 말은 '**조금도 놀라거나 당황하지 않는다**'는 뜻입니다.

공부한 날 ☐월 ☐일 시작 시간 ☐시 ☐분

>>> QR코드를 찍으면
지문 읽기를 들을 수 있어요

1단계 35회 본문

어느 옛날에 까치가 살았습니다. 까치에게는 걱정이 하나 있었는데, 여우가 매일 찾아와 먹이를 내놓으라 하는 것이었습니다. 먹이를 내놓지 않으면 둥지를 엉망으로 만든다는 말에 까치는 매번 먹이를 내놓는 수밖에 없었습니다. 그러던 어느 날 **황새**① 가 까치를 찾아왔습니다.

"까치야, 요즘 왜 그렇게 **표정이 어두워**②?"

까치는 황새에게 여우 이야기를 털어놓았습니다. 그러자 황새는 까치에게 여우는 나무를 오르지 못하니 걱정하지 말라고 알려주었습니다. 다음 날, 여우가 또다시 까치를 찾아왔지만 까치는 **눈도 깜짝하지 않았습니다**.* 여우는 황새가

까치에게 도움을 준 것을 알고 황새에게 **복수**③ 하기로 했습니다.

여우는 황새를 동굴로 초대했습니다. 그리고 황새가 동굴에 들어오자 날카로운 이빨을 드러내며 말했습니다.

"네 탓에 나는 이제 먹이를 구하지 못하니, 너를 잡아먹겠다!"

"그럴 줄 알고 바깥에 이미 사냥꾼을 불러 두었지."

황새는 **눈도 깜짝하지 않고,*** **도리어**④ 여우에게 **겁을 주었습니다**⑤. 마침 바깥에선 바람이 심해 '우우'하는 소리가 나고 있었습니다. 그때 여우가 겁을 집어먹고 바깥을 보는 사이, 황새는 **푸드덕**⑥ 날아올랐습니다. 여우는 그제야 다급히 황새의 다리를 물었습니다. 그러나 황새는 여우를 뿌리치고 하늘로 사라졌습니다.

그때 여우에게 다리를 물려 황새의 다리는 아직까지 빨갛다고 합니다.

– 이솝 우화

1 까치의 걱정은 무엇이었는지 골라 보세요. ────────────────── [   ]

① 여우가 보이지 않는 것

② 여우가 매일 먹이를 내놓으라 하는 것

③ 사냥꾼이 자꾸 둥지 근처에서 보이는 것

2 황새의 말을 듣고 까치의 생각은 어떻게 바뀌었을지 바르게 선으로 이어 보세요.

걱정하지 마, 여우는
나무를 오르지 못해.

그렇다면 여우가 찾아와도
겁먹지 않아도 되겠군!

이제 나는 어쩌나. 여우에게
꼼짝없이 당하겠네.

3 이 이야기를 읽고 황새의 다리라고 짐작되는 것에 ○표를 해 보세요.

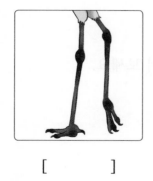

[   ]

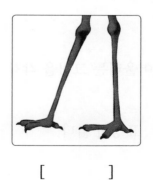

[   ]

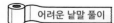 어려운 낱말 풀이 ┃ ① **황새** 하얀 깃털을 가진 큰 새   ② **표정이 어두워** 우울하고 걱정스러워 보여 表겉 표 情뜻 정 -
③ **복수** 원한 따위를 되갚음 復되돌아올 복 讐원수 수   ④ **도리어** 오히려, 반대로   ⑤ **겁을 주었습니다**
겁이 나게 만들었습니다 怯겁낼 겁 -   ⑥ **푸드덕** 날갯짓 따위를 할 때 나는 소리를 흉내내는 말

4 이 이야기를 읽고 '눈도 깜짝 안 하다'의 뜻을 골라 보세요. ---------------------------- [   ]

① 무척 놀라고 겁먹다

② 상대를 지나치게 깔보다

③ 조금도 놀라거나 당황하지 않고 태연하다

5 이 이야기를 연극 대본으로 바꿀 때, 밑줄 친 부분과 바꿔 쓸 수 있는 말은 무엇인지 골라 ○표를 해 보세요.

> 여우: (날카로운 이빨을 드러내며) 왜 나를 방해했느냐? 내가 먹이를 구하지 못하니
> 너를 잡아먹어야겠다!
>
> 황새: (**눈도 깜짝 안 하고**) 이럴 줄 알고 미리 사냥꾼을 불러 두었지. 바깥에서 나는
> 소리가 들리지 않느냐?
>
> *(효과음)* 우우-

겁먹은 채 덜덜 떨며	아무렇지 않은 듯 태연하게
[ ]	[ ]

6 다음 표현과 어울리는 그림을 각각 선으로 이어 보세요.

표정이 밝다. •

•

표정이 어둡다. •

•

①
단계

다음 뜻에 알맞은 낱말을 골라 빈칸에 옮겨 써 보세요.

[1] 동물들의 먹을거리

　① 둥지　　　② 먹이

[2] 밖으로 옮겨 놓거나 꺼내 놓다.

　① 내놓다.　　② 오르다.

[3] 바로 그때에 이르러서야 비로소

　① 도리어　　② 그제야

②
단계

1단계 35회 받아쓰기2
QR코드를 찍으면
받아쓰기 음성이
나옵니다.

불러 주는 말을 잘 듣고 빈칸을 알맞게 채워 보세요.

[1] 여우의 날카로운 [　][　]

[2] 먹이를 [　][　][　] 않으면

[3] [　][　][　] 주다.

③
단계

1단계 35회 받아쓰기
QR코드를 찍으면
받아쓰기 음성이
나옵니다.

불러 주는 말을 잘 듣고 띄어쓰기에 유의하여 받아써 보세요.

[1] | 어 | 두 | 운 | ∨ | | | | | | | | | | |

[2] | | 에 | ∨ | | 둔 | ∨ | | | | | | |

[3] | | 새 | | ∨ | | | | ∨ | | | . | |

7
주
35
회

해
설
편
0
1
8
쪽

시간　끝난 시간 [　]시[　]분
1회분 푸는 데 걸린 시간 [　]분

채점　독해 6문제 중 [　]개
맞춤법·받아쓰기 9문제 중 [　]개

땀과 관련된 표현

우리 몸은 덥거나 긴장했을 때, 뭔가를 열심히 할 때 자연스럽게 땀을 흘립니다.

그래서인지 "땀 흘리는 자에게 영광이 있을 것이다"라는 말처럼, 땀을 흘리는 것은

열심히 노력한다는 뜻으로 쓰이기도 합니다.

그 밖에도 땀과 관련된 말에는 다양한 표현이 있습니다.

[식은땀]

우리 몸은 긴장하거나 겁이 날 때 차가운 땀을 흘리기도 합니다. 이처럼 식은땀은 '몹시 긴장하거나
놀랐을 때 흐르는 땀'을 의미합니다. 곤란하고 당황스러운 일을 맞닥뜨리거나 거짓말을 들켰을 때,
혹은 아주 무서운 것을 보았을 때에도 식은땀이 난다고 말합니다.

예 **식은땀**이 날 만큼 무서운 악몽을 꿨다.
　　└→ 긴장하거나 놀라서 흘리는 땀

[구슬땀]

구슬땀은 말 그대로 '구슬처럼 방울방울 맺힌 땀'을 의미하는데, 보통 관용 표현으로 쓰일 때는 매우 노력하고
있을 때 흘리는 땀을 뜻합니다.

예 태풍으로 피해를 입은 사람들을 도우러 온 봉사자들이 뜻깊은 **구슬땀**을 흘렸다.
　　　　　　　　　　　　　　　　　　　　└→ 방울방울 맺힌 땀

[비지땀]

비지땀은 '몹시 힘든 일을 할 때 흐르는 땀'을 의미합니다. 구슬땀이 노력을 할 때 흘리는 땀이라면 비지땀은
매우 힘든 일을 하면서 흘리는 땀입니다.

예 더운 여름에 사람들은 **비지땀**을 흘리며 짐을 날랐다.
　　　　　　　　└→ 힘든 일을 할 때 흐르는 땀

[손에 땀을 쥐다]

영화 속에서 주인공이 악당을 피해 도망칠 때 나도 모르게 손 안에 땀이 나는 기분을 느껴본 적이 있을
것입니다. 이처럼 '손에 땀을 쥐다'라는 표현은 '아슬아슬하여 마음이 조마조마하도록 몹시 애달다'라는
뜻입니다.

예 **손에 땀을 쥘** 만큼 긴장감이 넘치는 영화였다.
　　└→ 아슬아슬해서 마음이 조마조마할

8주차

회 차	영 역	학 습 내 용	학습계획일	맞은 문제수
36회	사자성어	**백발백중(百發百中)** 활이나 총 같은 것을 백 번 쏘아서 백 번 모두 맞히는 것을 '**백발백중(百發百中)**'이라고 합니다. 이는 '**무언가를 쏘는 것 말고도, 미리 생각한 것들이 모두 들어맞을 때**' 쓰기도 합니다.	월 / 일	독 해 6문제 중 ⬚ 개 맞춤법·받아쓰기 9문제 중 ⬚ 개
37회	속담	**소 잃고 외양간 고친다** 외양간은 소를 기를 때, 소가 먹고 자는 곳입니다. 그런데 외양간이 망가져서 소가 도망치고 난 다음 외양간을 고쳐 봐야 소를 다시 찾을 수는 없습니다. '**소 잃고 외양간 고친다**'라는 말은 '**일이 이미 잘못된 뒤에는 손을 써도 소용이 없다**'는 뜻입니다.	월 / 일	독 해 6문제 중 ⬚ 개 맞춤법·받아쓰기 9문제 중 ⬚ 개
38회	관용어	**바람을 넣다** 누군가에게 계속 어떤 행동을 하라고 부추기는 광경을 본 적 있나요? 이러한 행동을 할 때 '**바람을 넣다**'라고 합니다. 즉, '**남을 부추겨서 무슨 행동을 하려는 마음이 생기게 만들다**'라는 뜻입니다.	월 / 일	독 해 6문제 중 ⬚ 개 맞춤법·받아쓰기 9문제 중 ⬚ 개
39회	사자성어	**우왕좌왕(右往左往)** '**우왕좌왕(右往左往)**'이라는 말은 '오른쪽'을 뜻하는 한자 우(右)와 '가다'를 뜻하는 한자 왕(往), 그리고 '왼쪽'을 뜻하는 한자인 좌(左)가 합쳐진 사자성어입니다. 이 사자성어는 '**어떤 일을 할 때에 올바른 방향을 잡지 못하고 이리저리 왔다 갔다 하는 모습**'을 두고 쓰는 말입니다.	월 / 일	독 해 6문제 중 ⬚ 개 맞춤법·받아쓰기 9문제 중 ⬚ 개
40회	속담	**콩 심은 데 콩 나고 팥 심은 데 팥 난다** '콩 심은 데 콩 나고 팥 심은 데 팥 난다'는 말은 무슨 의미일까요? 땅에 콩을 심으면 콩이 자라고, 팥을 심으면 팥이 자랍니다. 이처럼 '콩 심은 데 콩 나고 팥 심은 데 팥 난다'라는 속담은 '**어떤 원인이나 까닭에 따라 그 결과가 생긴다**'는 뜻으로 쓰이는 말입니다.	월 / 일	독 해 6문제 중 ⬚ 개 맞춤법·받아쓰기 9문제 중 ⬚ 개

36회

백발백중(百 發 百 中)*
일백 백　쏠 발　일백 백　가운데 중

활이나 총 같은 것을 백 번 쏘아서 백 번 모두 맞히는 것을 '백발백중(百發百中)'이라고 합니다. 이는 '무언가를 쏘는 것 말고도, 미리 생각한 것들이 모두 들어맞을 때' 쓰기도 합니다.

공부한 날 [　]월 [　]일　시작 시간 [　]시 [　]분

>>> QR코드를 찍으면
지문 읽기를 들을 수 있어요

1단계 36회 2쇄

　옛날 마음씨가 아주 나쁜 왕이 있었습니다. 그는 **백성**①들을 괴롭히는 것을 좋아했습니다. 그러던 어느 날 빌헬름 텔이라는 마음씨 착한 사람이 그 왕에게 나쁜 짓을 그만해 달라고 말했습니다. 그러자 **화가 머리끝까지 난**② 왕이 말했습니다.

　"나에게 이래라저래라 하다니. 저 자의 아들을 잡아들여라!"

　왕은 빌헬름 텔의 아들을 잡아 묶고 아들의 머리에 사과를 올려놓고 말했습니다.

　"만약 네가 활을 쏴서 저 사과를 **정확히**③ 맞힌다면 아들과 너를 살려 주겠다."

　하지만 빌헬름 텔은 백 번 활을 쏘면 백 번 모두 정확하게 맞히는 **백발백중***의 사나이였습니다. 그가 자신 있게 활을 쏘자 화살은 정확히 사과에 꽂혔습니다.

　"정말 대단하다! 저 사람은 진짜 **백발백중***이구나."

　사람들은 좋아하며 박수를 쳤습니다. 결국 왕은 빌헬름 텔과 그의 아들을 풀어 줄 수밖에 없었습니다.

　- 다른 나라 전래 동화

🧻 어려운 낱말 풀이

① **백성** 왕이 다스리는 나라에 사는 사람들 百일백 백 姓성 성
② **화가 머리끝까지 난** 매우 화가 난 火불 화-
③ **정확히** 바르고 확실히 正바를 정 確굳을 확-

1 왕은 빌헬름 텔의 아들을 묶은 후 빌헬름 텔에게 무엇을 시켰는지 알맞은 그림을 골라 ○표를 해 보세요.

[   ]

[   ]

[   ]

2 왕과 빌헬름 텔은 어떤 사람이었는지 각각 2개씩 선으로 이어 보세요.

↑ 왕

↑ 빌헬름 텔

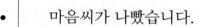

• 마음씨가 나빴습니다.

• 활을 아주 잘 쐈습니다.

• 마음씨가 착했습니다.

• 사람들을 괴롭혔습니다.

8 주 36 회

해설편 018쪽

3 왜 사람들은 빌헬름 텔에게 '백발백중'이라고 하였는지 골라 보세요. ----------------- [   ]

① 백 번 활을 쏘면 백 번 모두 정확하게 맞혔기 때문입니다.

② 백 번 넘어지면 백 번 모두 씩씩하게 일어났기 때문입니다.

4 다음은 '백발백중'의 한자와 뜻입니다. 한자와 뜻을 알맞게 이어 보세요.

사자성어의 한자

百	發	百	中
일백 백	쏠 발	일백 백	가운데 중

· · · ·

사자성어의 뜻

· · · ·

백 번	쏘아서	백 번	가운데에 맞힌다.

5 '백발백중'은 어떨 때 쓸 수 있는 말인지 알맞은 친구를 골라 ○표를 해 보세요.

> 농구공을 던질 때마다
> 항상 골대에 넣는 **찬우**

[   ]

> 너무 잠이 많아서
> 걱정이 많은 **민준**

[   ]

6 다음 빈칸에 공통으로 들어갈 알맞은 낱말을 골라 ○표를 해 보세요.

[1] 빨간색 과일은 뭐가 있을까요? 딸기, 앵두, 자두, ☐☐가 있지요.

[2] 어서 친구한테 미안하다고 ☐☐하렴.

감자	포도	사과	인형

1 단계

다음 뜻에 알맞은 낱말을 골라 빈칸에 옮겨 써 보세요.

[1] 활이나 총, 대포 따위를 목표를 향해 발사하다.

　① 묶다.　　② 쏘다.

[2] 머리의 끝

　① 머릿속　　② 머리끝

[3] 하던 일을 그만 멈추다.

　① 그만하다.　② 대단하다.

2 단계

1단계 36회 받아쓰기2
QR코드를 찍으면
받아쓰기 음성이
나옵니다.

불러 주는 말을 잘 듣고 빈칸을 알맞게 채워 보세요.

[1] 사과를 ☐☐☐☐ .

[2] 저 자를 ☐☐☐☐☐ !

[3] 화살이 ☐☐☐ .

3 단계

1단계 36회 받아쓰기
QR코드를 찍으면
받아쓰기 음성이
나옵니다.

불러 주는 말을 잘 듣고 띄어쓰기에 유의하여 받아써 보세요.

[1] | 마 | 음 | 씨 | ∨ | | | ∨ | | | | | | | | |

[2] | | | 히 | ∨ | | | 다 | . | | | | | | | |

[3] | | | | ∨ | | | ∨ | | | | | | | | |

8
주
36
회

해설편 018쪽

37회 소 잃고 외양간 고친다*

외양간은 소를 기를 때, 소가 먹고 자는 곳입니다. 그런데 외양간이 망가져서 소가 도망치고 난 다음 외양간을 고쳐 보았자 소를 다시 찾을 수는 없습니다. '소 잃고 외양간 고친다'라는 말은 '일이 이미 잘못된 뒤에는 손을 써도 소용이 없다'는 뜻입니다.

공부한 날 [ ]월 [ ]일 시작 시간 [ ]시 [ ]분

>>> QR코드를 찍으면 지문 읽기를 들을 수 있어요

1단계 37회 본문

어느 옛날에 **새장**^① 안에 갇힌 새가 있었습니다. 그 새는 낮에는 울지 않고, 밤에만 노래를 불렀습니다. 어느 날, 그 모습을 지켜보던 **호기심**^② 많은 부엉이가 새에게 물었습니다.

"너는 왜 밤에만 노래를 부르는 거니?"

"내가 숲에 있었을 때에는 낮에 노래를 불렀어. 그러다 지나가던 인간이 그 노래를 듣고 나를 붙잡아 이 새장에 가둬 버렸지. 그래서 그 뒤로는 밤에만 노래를 부르고 있는 거야."

그 말을 듣고 부엉이는 **코웃음**^③을 치며 날아올랐습니다.

"이미 새장에 갇힌 뒤에 조심하면 무슨 **소용**^④이람. 소 잃고 **외양간** 고치기지."

새는 부엉이의 말에 아무 말도 하지 못했습니다.

– 이솝 우화

어려운 낱말 풀이

① **새장** 새를 넣어 기르는 곳 - 欌장롱 장
② **호기심** 새롭고 신기한 것을 알고 싶어 하는 마음 好좋을 호 奇신기할 기 心마음 심
③ **코웃음** 콧소리를 내어 남을 비웃는 웃음
④ **소용** 쓸모 所바 소 用쓸 용

1 다음 중 이 이야기에서 서로 대화를 나눈 동물은 누구인지 <u>모두</u> 골라 ○표를 해 보세요.

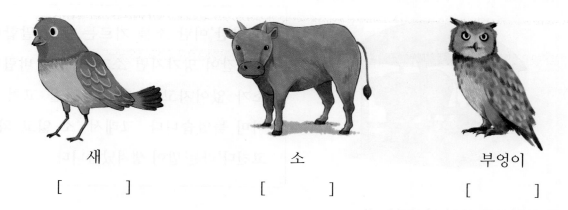

새   소   부엉이

[   ]   [   ]   [   ]

2 새가 밤에만 노래하는 까닭은 무엇이었는지 빈칸에 알맞은 말을 써 보세요.

새가 숲에 있었을 때, ☐에 노래를 부르다가 지나가던 인간에게 붙잡혀

새장에 갇혀 버렸기 때문에 ☐에만 노래를 부르게 되었습니다.

8주 37회

해설편 019쪽

3 다음 빈칸에 공통으로 들어갈 글자를 써 보세요.

- 새 ☐ : 새를 넣어 기르는 곳

- 옷 ☐ : 옷을 넣어 두는 가구

- ☐ 롱: 옷이나 작은 물건들을 넣어 두는 가구

→ ☐

4 다음 그림과 설명을 읽고, '소 잃고 외양간 고친다'의 뜻을 골라 보세요. ·········· [   ]

'**외양간**'이란 소를 기르는 곳을 말합니다. 외양간이 망가지면 소가 도망쳐 버립니다. 소가 없어지고 나서 외양간을 고쳐 봐야 이미 늦었습니다. 그래서 '**소 잃고 외양간 고친다**'라는 말이 생겨났습니다.

① 무언가를 무척 아낀다는 뜻

② 자기가 잘못을 해놓고 도리어 화를 낸다는 뜻

③ 일이 이미 잘못된 뒤에야 뒤늦게 손을 쓴다는 뜻

5 다음 대화의 빈칸에 알맞은 말은 무엇인지 골라 보세요. ··········· [   ]

도현: 너 다리가 왜 그래? 어디서 넘어졌어?

수애: 얼마 전에 자전거를 타다 다쳤어. 무릎 보호대를 하지 않았거든. 앞으로는 안전 장비를 꼭 차고 다닐 거야.

도현: 으이구, 소 잃고 외양간 고친다더니. _____

① 무릎 보호대는 너무 불편해.

② 무릎 보호대를 했어도 어차피 다쳤을 거야.

③ 다음부터는 다치고 후회하지 말고 미리 안전 장비를 해.

6 다음 끝말잇기의 빈칸에 들어갈 낱말을 [보기]를 참고해 써 보세요.

[보 기]   새롭고 신기한 것을 알고 싶어 하는 마음

1 단계

다음 뜻에 알맞은 낱말을 골라 빈칸에 옮겨 써 보세요.

[1] 쓸 곳, 쓰이는 바

① 소용　　② 조심

[2] 나무가 우거진 곳

① 밤　　② 숲

[3] 콧소리를 내어 남을 비웃는 웃음

① 눈웃음　　② 코웃음

2 단계

1단계 37회 받아쓰기2
QR코드를 찍으면
받아쓰기 음성이
나옵니다.

불러 주는 말을 잘 듣고 빈칸을 알맞게 채워 보세요.

[1] 어느 ☐ ☐ ☐

[2] ☐ ☐ ☐ 노래했어.

[3] 그 안에 ☐ ☐ 버렸지.

3 단계

1단계 37회 받아쓰기
QR코드를 찍으면
받아쓰기 음성이
나옵니다.

불러 주는 말을 잘 듣고 띄어쓰기에 유의하여 받아써 보세요.

[1] | 호 | 기 | 심 | ∨ | | | ∨ | | | | | | | |
|---|---|---|---|---|---|---|---|---|---|---|---|---|---|

[2] | | | ∨ | | 에 | ∨ | | 힌 | ∨ | | | | | |
|---|---|---|---|---|---|---|---|---|---|---|---|---|---|

[3] | | ∨ | | | ∨ | | | ∨ | | | | | | |
|---|---|---|---|---|---|---|---|---|---|---|---|---|---|

8
주
37
회

해
설
편
0
1
9
쪽

시간　끝난 시간 ☐ 시 ☐ 분

1회분 푸는 데 걸린 시간 ☐ 분

채점　독해 6문제 중　☐ 개

맞춤법·받아쓰기 9문제 중　☐ 개

38회 바람을 넣다*

누군가에게 계속 어떤 행동을 하라고 부추기는 광경을 본 적 있나요? 이러한 행동을 할 때 '바람을 넣다'라고 합니다. 즉, '남을 부추겨서 무슨 행동을 하려는 마음이 생기게 만들다'라는 뜻입니다.

공부한 날 ☐ 월 ☐ 일 시작 시간 ☐ 시 ☐ 분

>>> QR코드를 찍으면
지문 읽기를 들을 수 있어요

1단계 38회 본문

어느 날 까마귀 한 마리가 땅에 떨어진 고기를 발견했습니다. 기분이 좋아진 까마귀는 까악까악 노래를 부르고는 고기를 물고 날아갔습니다.

그리고 까마귀가 나뭇가지에 앉아 고기를 먹으려는 순간, 여우가 다가왔습니다.

"까마귀님, 정말 아름다운 노랫소리예요. 노래를 한 번만 더 들려 주시겠어요?"

여우가 계속 **바람을 넣자*** 까마귀는 기분이 점점 좋아졌습니다. **이윽고**① 까마귀가 **부리**②를 벌려 노래하기 시작했습니다. 그러자 까마귀가 물고 있던 고기가 땅에 툭 떨어졌고, 여우는 재빨리 떨어진 고기를 입에 물고 도망쳐 버렸습니다.

그 모습을 보며 까마귀는 **후회**③했지만, 여우가 다시 돌아오는 일은 없었습니다.

– 이솝 우화

어려운 낱말 풀이

① **이윽고** 얼마 정도의 시간이 지나
② **부리** 새들의 입
③ **후회** 과거의 잘못을 깨닫고 뉘우침 後뒤 후 悔뉘우칠 회

1 이 이야기에서 까마귀는 노래를 두 번 불렀습니다. 까마귀가 노래를 부른 까닭으로 알맞은 것끼리 선으로 이어 보세요.

첫 번째로 노래를
부른 까닭 •

두 번째로 노래를
부른 까닭 •

• 여우가 부추겨서

• 노래 대회 연습을 하려고

• 울적한 마음을 달래려고

• 고기를 발견해서

2 여우는 무슨 생각으로 까마귀에게 노래를 불러 달라고 했을지 골라 ○표를 해 보세요.

까마귀를 부추겨서 노래를
하게 하자. 그러면 까마귀 부리에
있는 고깃덩어리가 아래로
떨어질 거야.

[   ]

어떻게 노래 실력이 저렇게
훌륭할까, 한 번 더 노래를
듣고 싶어.

[   ]

3 다음은 이야기를 그림으로 나타낸 것입니다. 알맞은 순서대로 번호를 써 보세요.

[   ]

[   ]

[   ]

4 '바람을 넣다'는 무슨 뜻인지 골라 보세요. ────────────── [   ]

① 옳고 그름을 판단하다.

② 남을 멀리 떠나게 하다.

③ 남을 부추겨 무언가를 하려는 마음이 들게 하다.

5 다음 여우의 말 중 '바람을 넣는 말'은 무엇인가요? ○표를 해 보세요.

"까마귀님, 정말 아름다운
노랫소리예요. 노래를
한 번만 더 들려 주실래요?"

"바보 같은 까마귀, 이
고깃덩어리는 이제 내 거야!"

[   ]   [   ]

6 다음 중 '부리'는 무엇인지 골라 보세요. ──────────── [   ]

①  ②  ③

1 단계

다음 뜻에 알맞은 낱말을 골라 빈칸에 옮겨 써 보세요.

[1] 얼마 정도의 시간이 지나

　① 재빨리　　② 이윽고

[2] 아주 잠깐 동안

　① 순간　　② 시간

[3] 이전의 잘못을 깨치고 뉘우침

　① 기분　　② 후회

2 단계

1단계 38회 받아쓰기2
QR코드를 찍으면 받아쓰기 음성이 나옵니다.

불러 주는 말을 잘 듣고 빈칸을 알맞게 채워 보세요.

[1] ☐☐☐ 도망쳤다.

[2] 저기에 ☐☐☐.

[3] 바람을 ☐☐.

3 단계

1단계 38회 받아쓰기
QR코드를 찍으면 받아쓰기 음성이 나옵니다.

불러 주는 말을 잘 듣고 띄어쓰기에 유의하여 받아써 보세요.

[1] | 땅 | 에 | ∨ | | | | ∨ | | | | | | |

[2] | | | 는 | ∨ | | | | | | | | | |

[3] | | | | ∨ | | ∨ | | | | | | | |

해설편 019쪽

시간  끝난 시간 ☐시 ☐분

1회분 푸는 데 걸린 시간 ☐분

채점 독해 6문제 중 ☐개

맞춤법·받아쓰기 9문제 중 ☐개

39회 우왕좌왕(右往左往)*

오른쪽 우   갈 왕   왼쪽 좌   갈 왕

'우왕좌왕(右往左往)'이라는 말은 '오른쪽'을 뜻하는 한자 우(右)와 '가다'를 뜻하는 한자 왕(往), 그리고 '왼쪽'을 뜻하는 한자인 좌(左)가 합쳐진 사자성어입니다. 이 사자성어는 '어떤 일을 할 때에 올바른 방향을 잡지 못하고 이리저리 왔다 갔다 하는 모습'을 두고 쓰는 말입니다.

공부한 날 [ ] 월 [ ] 일   시작 시간 [ ] 시 [ ] 분

>>> QR코드를 찍으면
지문 읽기를 들을 수 있어요

1단계 39회 본문

어느 날 뱀이 **수풀**①을 지나고 있는데, 꼬리가 벌컥 화를 내며 말했습니다.

"머리야, 나는 왜 항상 네 뒤만 졸졸 따라다녀야 하는 거니?"

"그렇지만 꼬리야, 눈이 없는 네가 앞장을 선다면 어디로 가는지 몰라 위험할 거야."

"수풀을 기어 다니는 것 정도는 나도 얼마든지 할 수 있어. 내가 앞에서 갈래."

"알았어, 꼬리야. 그럼 이제부터는 네가 **앞장**②을 서렴."

앞장을 서게 된 꼬리는 신이 나서 수풀을 기어갔습니다.

그러나 꼬리에겐 눈이 없어 오른쪽으로 갔다 왼쪽으로 갔다 **우왕좌왕***했습니다. 그러면서 돌멩이에 부딪히고 나무에도 부딪혔습니다. 한참을 **우왕좌왕***하던 꼬리는 머리에게 말했습니다.

"머리야, 혼자서도 앞장설 수 있을 줄 알았던 내 생각이 짧았어. 네가 다시 앞에서 가는 게 좋을 것 같아."

"그래, 꼬리야. 너와 내가 서로 도우니 안전하게 기어다닐 수 있는 거야."

그 뒤, 머리와 꼬리는 다시는 싸우지 않고 지금까지 서로 도우며 수풀 속을 기어 다니고 있다고 합니다.

– 이솝 우화

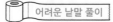 어려운 낱말 풀이   ① **수풀** 나무, 풀, 덩굴 따위가 무성한 곳
② **앞장** 맨 앞자리 혹은 그 자리에 선 사람

1 뱀의 머리가 한 말과 꼬리가 한 말을 알맞게 이어 보세요.

•

•

"네가 앞장을
선다면 위험할 거야."

•

"나는 왜 항상 네 뒤만 졸졸
따라다녀야 하는 거니?"

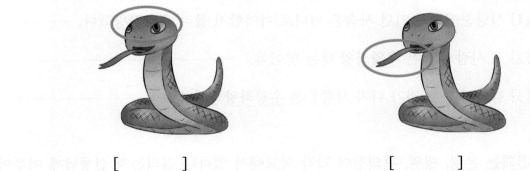

2 꼬리가 앞장설 때, 뱀은 무엇이 없어서 이리저리 부딪혔는지 골라 ○표를 해 보세요.

[   ]   [   ]

3 꼬리는 왜 머리에게 다시 앞장서라고 말했는지 골라 보세요. ------------------------ [   ]

① 앞에서 가보니 지루해서

② 다른 동물들이 꼬리가 앞에서 가니 비웃어서

③ 오른쪽으로 가는지 왼쪽으로 가는지도 모르고 계속 어딘가에 부딪혀서

4 다음은 '우왕좌왕'의 한자와 뜻입니다. 한자와 뜻을 알맞게 이어 보세요.

사자성어의 한자

右	往	左	往
오른쪽 우	갈 왕	왼쪽 좌	갈 왕

사자성어의 뜻

오른쪽으로 · 갔다가 · 왼쪽으로 · 갔다가

5 다음 중 우왕좌왕이 알맞게 쓰인 문장에는 ○표, 잘못 쓴 문장에는 ×표를 해 보세요.

[1] 사냥꾼에게 쫓기던 사슴은 어디로 가야할지 몰라 **우왕좌왕**했다. ---------------- [   ]

[2] 그 사람의 말은 **우왕좌왕** 맞는 말이야. --- [   ]

[3] 갑자기 큰 소리가 나자 사람들은 **우왕좌왕**하였다. ------------------------- [   ]

6 건희는 은행, 병원, 편의점이 각각 학교에서 얼마나 걸리는지 선생님께 여쭈어보았습니다. 다음 선생님의 말을 보고 가장 먼 곳에 ○표를 해 보세요.

은행은 **조금만** 가면 돼.	병원은 **한참**을 가야해.	편의점은 **바로 앞**이야.
[ ]	[ ]	[ ]

1단계

다음 뜻에 알맞은 낱말을 골라 빈칸에 옮겨 써 보세요.

[1] 갑자기 화를 내거나 기운을 쓰는 모양

① 벌컥　　② 항상

[2] 다치거나 크게 해를 입을 일이 많다.

① 위험하다.　② 기어가다.

[3] 다른 사람과 어울리거나 함께 있지 않고
동떨어져서

① 서로　　② 혼자

2단계

1단계 39회 받아쓰기2
QR코드를 찍으면
받아쓰기 음성이
나옵니다.

불러 주는 말을 잘 듣고 빈칸을 알맞게 채워 보세요.

[1] ☐☐ 으로 가 보렴.

[2] ☐☐☐ 를 줍다.

[3] ☐☐ 다니다.

3단계

1단계 39회 받아쓰기
QR코드를 찍으면
받아쓰기 음성이
나옵니다.

불러 주는 말을 잘 듣고 띄어쓰기에 유의하여 받아써 보세요.

[1]

수	풀	을	∨					∨					

[2]

		가	∨			을	∨		다	.			

[3]

	∨			∨				.					

시간　끝난 시간 ☐시 ☐분　채점　**독해** 6문제 중　☐개

1회분 푸는 데 걸린 시간 ☐분　**맞춤법·받아쓰기** 9문제 중　☐개

40회 콩 심은 데 콩 나고 팥 심은 데 팥 난다*

'콩 심은 데 콩 나고 팥 심은 데 팥 난다'는 말은 무슨 의미일까요? 땅에 콩을 심으면 콩이 자라고, 팥을 심으면 팥이 자랍니다. 이처럼 '콩 심은 데 콩 나고, 팥 심은 데 팥 난다'라는 속담은 '어떤 원인이나 까닭에 따라 그 결과가 생긴다'는 뜻으로 쓰이는 말입니다.

공부한 날 [ ] 월 [ ] 일 시작 시간 [ ] 시 [ ] 분

>>> QR코드를 찍으면
지문 읽기를 들을 수 있어요

1단계 40회 본문

　　옛날에 다른 사람들을 시험하기 좋아하는 왕이 살았습니다. 어느 날 왕은 사람들이 얼마나 정직한지 궁금해졌습니다. 그래서 왕은 사람들에게 볶은 꽃씨를 주며 꽃을 피워낸 사람에게 큰 상을 내리겠다고 말했습니다. 볶은 꽃씨에서는 꽃을 피울 수 없으니, 누가 큰 상을 받으려고 거짓말을 하는지 알 수 있기 때문이었습니다.

　　사람들은 그 꽃씨가 볶은 꽃씨인지 모르고 열심히 키웠지만 꽃은 나지 않았습니다. 사람들은 상을 받고 싶은 욕심에 똑같은 꽃씨를 사서 꽃을 피웠습니다. 몇 달 후 왕이 꽃을 가져오라고 하자 사람들은 너도나도 꽃을 들고 왕 앞에 찾아왔습니다. 그런데 한 소년만이 빈 화분을 들고 울고 있었습니다. 그러자 왕이 물었습니다.

"너는 어째서 울고 있느냐?"

"어째서인지 제 씨앗에는 매일 물을 주었는데도 꽃이 피지 않았습니다. 제 씨앗만 꽃을 피우지 못한 것 같아 속상해서 울고 있었습니다."

　　왕은 소년에게 큰 상을 내렸습니다. 그리고 **어리둥절해하는**① 사람들에게 말했습니다.

　　"**콩 심은 데 콩 나고 팥 심은 데 팥 난다***는 말이 있다. 내가 준 씨앗은 사실 볶은 씨앗이었다. 소년만이 정직함을 지켰으니 그에게 상을 내리는 건 당연한 일이다."

　　그 말을 들은 사람들은 부끄러워 고개를 숙였습니다.

　　- 다른 나라 동화

🧻 어려운 낱말 풀이 ┃ ① 어리둥절해하는 눈앞에 벌어진 일이 어떤 일인지 몰라 당황해하는

1 왕이 사람들에게 나눠 준 것은 무엇인지 찾아 ○표를 해 보세요.

| 건강한 꽃씨 | 볶은 꽃씨 | 콩 씨앗 | 팥 씨앗 |

2 상을 받은 사람의 화분과 상을 받지 못한 사람의 화분을 각각 선으로 이어 보세요.

상을 받은 사람 ·

상을 받지 못한 사람 ·

3 왕이 소년에게만 큰 상을 준 까닭은 무엇인지 골라 ○표를 해 보세요.

| 소년이 씨앗을 잘 볶아서 | 소년만이 정직했기 때문에 | 소년이 꽃에 물을 주지 않아서 |

[   ]   [   ]   [   ]

4 '콩 심은 데 콩 나고 팥 심은 데 팥 난다'라는 말은 무슨 뜻인지 골라 보세요. ⸺ [   ]

① 돌 하나로 새 두 마리를 잡는다.

② 모든 일은 원인에 따른 결과가 나온다.

③ 여러 사람이 고집을 부리기 시작하면 일이 엉망이 된다.

5 그림을 보고 ? 에 들어갈 그림으로 알맞은 것을 골라 ○표를 해 보세요.

[   ]

[   ]

6 다음 중 어울리는 말끼리 선으로 이어 보세요.

[1] 꽃이 •   • 트다

[2] 싹이 •   • 피다

1 단계

다음 뜻에 알맞은 낱말을 골라 빈칸에 옮겨 써 보세요.

[1] 무엇을 탐내는 마음

① 고개　　② 욕심

[2] 사람의 됨됨이를 알기 위하여 떠보다.

① 속상하다.　② 시험하다.

[3] 꽃을 심어 가꾸는 그릇

① 화분　　② 씨앗

2 단계

1단계 40회 받아쓰기2
QR코드를 찍으면
받아쓰기 음성이
나옵니다.

불러 주는 말을 잘 듣고 빈칸을 알맞게 채워 보세요.

[1] ☐☐☐ 을 하다.

[2] ☐ 빙수는 맛있다.

[3] ☐☐☐☐ 해하는 사람들

3 단계

1단계 40회 받아쓰기
QR코드를 찍으면
받아쓰기 음성이
나옵니다.

불러 주는 말을 잘 듣고 띄어쓰기에 유의하여 받아써 보세요.

[1]

볶	은	∨											

[2]

		∨		을	∨					다	.		

[3]

		∨			∨			∨				∨	

시간　끝난 시간 ☐ 시 ☐ 분

1회분 푸는 데 걸린 시간 ☐ 분

채점　독해 6문제 중　☐ 개

맞춤법·받아쓰기 9문제 중　☐ 개

✏️ 다음은 지난 한 주 동안 배웠던 표현들을 표현한 그림입니다. 알맞은 표현을 빈칸에 써 보세요.

답 _____

답 _____

답 _____

book.toptutor.co.kr

구하기 어려운 교재는
마더텅 모바일(인터넷)을 이용하세요.
즉시 배송해 드립니다.

마더텅 학습 교재 이벤트에 참여해 주세요. 　참여해 주신 모든 분께 선물을 드립니다.

🎁 이벤트 ① 1분 간단 교재 사용 후기 이벤트

마더텅은 고객님의 소중한 의견을 반영하여 보다 좋은 책을 만들고자 합니다.
교재 구매 후, 〈교재 사용 후기 이벤트〉에 참여해 주신 모든 분께는 감사의 마음을 담아 　모바일 문화상품권 1천 원권 을
보내 드립니다. 지금 바로 QR 코드를 스캔해 소중한 의견을 보내 주세요!

🎁 이벤트 ② 학습계획표 이벤트

STEP 1 책을 다 풀고 SNS 또는 수험생 커뮤니티에 작성한 학습계획표 사진을 업로드

필수 태그 #마더텅 #초등국어 #뿌리깊은 #독해력 #학습계획표 #공스타그램
SNS/수험생 커뮤니티 페이스북, 인스타그램, 블로그, 네이버/다음 카페 등

STEP 2

왼쪽 QR 코드를 스캔하여
작성한 게시물의 URL 인증

참여해 주신 모든 분께는 감사의 마음을 담아 　CU 모바일 편의점 상품권 1천 원권 및 B 북포인트 2천 점 을 드립니다.

🎁 이벤트 ③ 블로그/SNS 이벤트

STEP 1 자신의 블로그/SNS 중 하나에 마더텅 교재에 대한 사용 후기를 작성

필수 태그 #마더텅 #초등국어 #뿌리깊은 #독해력 #교재리뷰 #공스타그램
필수 내용 마더텅 교재 장점, 교재 사진

STEP 2

왼쪽 QR 코드를 스캔하여
작성한 게시물의 URL 인증

참여해 주신 모든 분께는 감사의 마음을 담아 　CU 모바일 편의점 상품권 2천 원권 및 B 북포인트 3천 점 을 드립니다.
매달 우수 후기자를 선정하여 　모바일 문화상품권 2만 원권 과 B 북포인트 1만 점 을 드립니다.

B **북포인트란?** 마더텅 인터넷 서점 **http://book.toptutor.co.kr**에서 교재 구매 시 현금처럼 사용할 수 있는 포인트입니다.

※자세한 사항은 해당 QR 코드를 스캔하거나 홈페이지 이벤트 공지글을 참고해 주세요.
※당사 사정에 따라 이벤트의 내용이나 상품이 변경될 수 있으며 변경 시 홈페이지에 공지합니다.　※만 14세 미만은 부모님께서 신청해 주셔야 합니다.
※상품은 이벤트 참여일로부터 2~3일(영업일 기준) 내에 발송됩니다.　※동일 교재로 세 가지 이벤트 모두 참여 가능합니다. (단, 같은 이벤트 중복 참여는 불가합니다.)
※이벤트 기간: 2024년 12월 31일까지 (※해당 이벤트는 당사 사정에 따라 조기 종료될 수 있습니다.)

뿌리깊은 국어 독해 시리즈

뿌리깊은 초등국어 독해력	뿌리깊은 초등국어 독해력 어휘편	뿌리깊은 초등국어 독해력 한자	뿌리깊은 초등국어 독해력 한국사
하루 15분으로 국어 독해력의 기틀을 다지는 초등국어 독해 기본 교재	국어 독해로 초등국어에서 반드시 익혀야 할 속담·관용어·한자성어를 공부하는 어휘력 교재	하루 10분으로 한자 급수 시험을 준비하고 초등국어 독해력에 필요한 어휘력의 기초를 세우는 교재	하루 15분의 국어 독해 공부로 초등 한국사의 기틀을 다지는 새로운 방식의 한국사 교재
• 각 단계 40회 구성 • 매회 어법·어휘편 수록 • 독해에 도움 되는 읽을거리 8회 • 배경지식 더하기·유형별 분석표 • 지문듣기 음성 서비스 제공 (시작~3단계)	• 각 단계 40회 구성 • 매회 어법·어휘편 수록 • 초등 어휘력에 도움 되는 주말부록 8회 • 지문듣기 음성 서비스 제공 (1~3단계)	• 각 단계 50회 구성 • 수록된 한자를 활용한 교과 단어 • 한자 획순 따라 쓰기 수록 • 한자 복습에 도움이 되는 다양한 주간활동	• 각 단계 40회 구성 • 매회 어법·어휘편 수록 • 한국사능력검정시험 대비 정리 노트 8회 • 지문듣기 음성 서비스 제공 • 한국사 연표와 암기 카드

시작단계 / 예비 초등

독해력 시작단계
- 한글 읽기를 할 수 있는 어린이를 위한 국어 독해 교재
- 예비 초등학생이 읽기에 알맞은 동요, 동시, 동화 및 짧은 지식 글 수록

1단계 / 초등 1·2학년

 독해력 1단계
- 처음 초등국어 독해 공부를 시작하는 학생을 위한 재밌고 다양한 지문 수록

 어휘편 1단계
- 어휘의 뜻과 쓰임을 쉽게 공부할 수 있는 이솝 우화와 전래 동화 수록
- 맞춤법 공부를 위한 받아쓰기 수록

 한자 1단계
- 한자능력검정시험 (한국어문회) 8급 한자 50개

 한국사 1단계 (선사 시대~삼국 시대)
- 한국사를 쉽고 재미있게 이해할 수 있는 다양한 유형의 지문 수록
- 당시 시대를 보여 주는 문학 작품 수록

2단계

 독해력 2단계
- 교과 과정과 연계한 다양한 유형의 지문 수록
- 교과서 수록 작품 중심으로 선정한 지문 수록

 어휘편 2단계
- 어휘의 쓰임과 예문을 효과적으로 공부할 수 있는 다양한 이야기 수록
- 맞춤법 공부를 위한 받아쓰기 수록

 한자 2단계
- 한자능력검정시험 (한국어문회) 7급 2 한자 50개

 한국사 2단계 (남북국 시대)
- 한국사능력검정시험 문제 유형 수록
- 초등 교과 어휘를 공부할 수 있는 어법·어휘편 수록

3단계 / 초등 3·4학년

  독해력 3단계
- 초대장부터 안내문까지 다양한 유형의 지문 수록
- 교과서 중심으로 엄선한 시와 소설 수록

 어휘편 3단계
- 어휘의 뜻과 쓰임을 다양하게 알아볼 수 있는 여러 가지 종류의 글 수록
- 어휘와 역사를 한 번에 공부할 수 있는 지문 수록

 한자 3단계
- 한자능력검정시험 (한국어문회) 7급 한자 50개

 한국사 3단계 (고려 시대)
- 신문 기사, TV드라마 줄거리, 광고 등 한국사 내용을 바탕으로 한 다양한 유형의 지문 수록

4단계

 독해력 4단계
- 교과 과정과 연계한 다양한 유형의 지문 수록
- 독해에 도움 되는 한자어 수록

 어휘편 4단계
- 공부하고자 하는 어휘가 쓰인 실제 문학 작품 수록
- 이야기부터 설명문까지 다양한 종류의 글 수록

 한자 4단계
- 한자능력검정시험 (한국어문회) 6급 한자를 세 권 분량으로 나눈 첫 번째 단계 50개 한자 수록

 한국사 4단계 (조선 전기)(~임진왜란)
- 교과서 내용뿐 아니라 조선 전기의 한국사를 이해하는 데 알아 두면 좋은 다양한 역사 이야기 수록

5단계 / 초등 5·6학년

 **독해력 5단계**
- 깊이와 시사성을 갖춘 지문 추가 수록
- 초등학생이 읽을 만한 인문 고전 작품 수록

 어휘편 5단계
- 어휘의 다양한 쓰임새를 공부할 수 있는 다양한 소재의 글 수록
- 교과 과정과 연계된 내용 수록

 한자 5단계
- 한자능력검정시험 (한국어문회) 6급 한자를 세 권 분량으로 나눈 두 번째 단계 50개 한자 수록

 한국사 5단계 (조선 후기)(~강화도 조약)
- 한국사능력검정시험 문제 유형 수록
- 당시 시대를 보여 주는 문학 작품 수록

6단계

 독해력 6단계
- 조금 더 심화된 내용의 지문 수록
- 수능에 출제된 작품 수록

 **어휘편 6단계**
- 공부하고자 하는 어휘가 실제로 쓰인 문학 작품 수록
- 소설에서 시조까지 다양한 장르의 글 수록

 한자 6단계
- 한자능력검정시험 (한국어문회) 6급 한자를 세 권 분량으로 나눈 세 번째 단계 50개 한자 수록

 한국사 6단계 (대한 제국~대한민국)
- 한국사를 쉽고 재미있게 이해할 수 있는 다양한 유형의 지문 수록
- 초등 교과 어휘를 공부할 수 있는 어법·어휘편 수록

중학 / 예비 중학~예비 고1

 1단계 (예비 중학~중1)

 2단계 (중2~중3)

 3단계 (중3~예비 고1)

뿌리깊은 중학국어 독해력
- 각 단계 30회 구성
- 독서 + 문학 + 어휘 학습을 한 권으로 완성
- 최신 경향을 반영한 수능 신유형 문제 수록
- 교과서 안팎의 다양한 글감 수록
- 수능 문학 갈래를 총망라한 다양한 작품 수록

※ 단계별로 권장 학년이 있지만 학생에 따라 느끼는 난이도는 다를 수 있습니다. 학생의 독해 실력에 맞는 단계를 공부하는 것이 좋습니다.

※ <뿌리깊은 초등국어 한자>는 해당 학년을 참고하시기보다는 학생의 실력에 맞는 단계를 선택해 주세요. ※ <뿌리깊은 초등국어 독해력 한국사>의 단계는 독해력 난이도가 아닌 시대 순서를 바탕으로 구성되었습니다.

1주차

뿌리깊은 초등국어 독해력 어휘편 1단계

01회 본문 002쪽

1주차

1 거북이에 O표
2 잠
3 깜빡, 후유, 털썩
4 거북이
5 실력, 결과, 직접
6 민영

맞춤법·받아쓰기

[1단계]

[1] ① 인정 [2] ① 대다 [3] ② 통과

[2단계]

[1] 한참 [2] 덥네 [3] 깜빡

[3단계]

[1] 달리기 경주
[2] 길고 짧은 것
[3] 꾸준한 거북이

---

1. 거북이가 잠이 든 토끼보다 먼저 결승점을 통과하였습니다.

2. 경주 중에 잠이 든 토끼는 경주에서 지고 말았습니다.

3. 머리를 긁으며 무언가 생각나지 않는 듯한 모습에는 '깜빡'이라는 표현이 어울리고, 달린 후 숨을 크게 내쉬는 모습에는 '후유'가 어울리며, 주저앉아 좌절하고 있는 모습에는 '털썩'이라는 표현이 어울립니다.

4. 거북이는 토끼에게 '길고 짧은 것은 대어 보아야 안다'라고 말하고 경기에서 승리하였습니다.

5. 달리기 실력으로만 보면 거북이보다는 토끼의 실력이 더 뛰어나지만 결과는 거북이의 승리였습니다. 이처럼 '길고 짧은 것은 대어 보아야 안다'라는 속담은 '일이 어떻게 될지는 직접 해봐야 안다'라는 뜻으로 쓰입니다.

6. 내일 우리나라와 경기하는 축구팀이 작년 우승팀이라고 해도 직접 경기를 해보기 전까지는 결과를 알 수 없겠죠? 민영이의 말에 어울리는 속담입니다.

맞춤법·받아쓰기편 해설

[1단계] '어떤 점을 분명히 그렇다고 여기는 것'이라는 뜻을 담고 있는 낱말은 '인정'입니다. '다른 것과 견주다'라는 뜻을 담고 있는 낱말은 '대다', '어떤 곳이나 때를 지나쳐 감'이라는 뜻을 담고 있는 낱말은 '통과'입니다.

[2단계] [1]의 정답인 '한참'의 발음을 혼동하여 '함찬'으로 잘못 쓰지 않도록 지도해 주세요. [3]의 정답인 '깜빡'은 두 글자 모두 된소리 그대로 받아써야 합니다.

[3단계] 불러 주는 말을 잘 듣고 본문에 나온 내용을 받아쓰는 문제입니다. 아이들이 맞춤법과 띄어쓰기를 잘 지키고 있는지 확인해 주세요.

02회 본문 006쪽

1주차

1 ①
2 첫 번째 칸에 O표
3 편
4 ③
5 ②
6 박쥐

맞춤법·받아쓰기

[1단계]

[1] ② 이빨 [2] ① 행동 [3] ① 들통

[2단계]

[1] 좋지 [2] 벌이다 [3] 꾸짖다

[3단계]

[1] 박쥐의 변명
[2] 진땀을 빼다.
[3] 거짓말을 들켰다.

---

1. 박쥐는 쥐와 새가 싸울 때 이기는 편에 서고 싶어서 이리 붙었다 저리 붙었다 하였습니다.

2. 날개를 가지고 있으니 같은 편이라고 말하는 것을 보아 박쥐는 새에게 말을 하고 있습니다.

3. '편'은 무리를 나누었을 때 하나하나의 쪽을 의미하는 말입니다.

4. 박쥐는 쥐와 새에게 변명을 하며 난처한 상황을 벗어나기 위해 고생을 해야 했습니다.

5. '진땀을 빼다'는 '어려운 일을 겪어서 몹시 애를 쓴다'라는 의미의 관용어입니다. 몹시 곤란해 하며 변명을 하고 있는 ②의 상황과 어울리는 표현입니다.

6. 박쥐는 날개, 코, 이빨이 있는 동물이며 땅에서는 네 다리로 기어 다닙니다. 이야기 속에서 박쥐는 이리저리 옮겨 다니며 이기는 편에 붙는 동물로 등장하였습니다. 이런 사람을 두고 박쥐를 닮았다고 합니다.

맞춤법·받아쓰기편 해설

[1단계] '이를 낮춰서 부르는 말'은 '①날개'가 아니라 '②이빨'입니다. '몸을 움직여 동작을 하거나 어떤 일을 함'이라는 뜻을 담고 있는 낱말은 '행동', '비밀이나 잘못된 일 따위가 드러남'이라는 뜻의 낱말은 '들통'입니다.

[2단계] [1]의 빈칸에는 '좋다'의 형태가 변한 말이 들어가야 하므로 '좋지'가 들어가야 합니다. [2]의 정답은 '벌이다'로 '전쟁이나 말다툼 따위를 하다'라는 뜻의 낱말입니다. [3]의 빈칸에 들어가는 '꾸짖다'는 받침이 헷갈릴 수 있습니다. '꾸짓다', '꾸짇다' 등으로 잘못 쓰지 않도록 지도해 주세요.

[3단계] 불러 주는 말을 잘 듣고 본문에 나온 내용을 받아쓰는 문제입니다. 아이들이 맞춤법과 띄어쓰기를 잘 지키고 있는지 확인해 주세요.

03회 본문 010쪽

1 연못
2 첫 번째 칸에 O표
3 자신의, 칭찬, 하얀 수선화
4 목이 - 마르다, 모습을 - 보다
5 첫 번째 칸에 O표
6 그림, 칭찬

맞춤법·받아쓰기

[1단계]
[1] ② 비치다　　[2] ① 사냥　　[3] ① 기울이다

[2단계]
[1] 안타깝다　　[2] 떴다　　　[3] 연못에

[3단계]
[1] 이렇게 아름다울 수가!
[2] 스스로 칭찬했습니다.
[3] 하얀 수선화가 피었습니다.

---

1. 나르키소스는 숲속에서 사냥을 하던 중 연못에 비친 자신의 모습을 보게 되었습니다.

2. 나르키소스는 연못에 비친 자신의 모습을 보고 "이렇게 아름다울 수가!"라고 말하면서 감탄하고 칭찬하였습니다.

3. 이야기를 읽어보고 정리하는 문제입니다. 나르키소스는 연못에 비친 '자신'의 모습을 매일 보면서 '칭찬'을 했습니다. 그러다가 물에 빠지고 말았고, 그 자리에 '하얀 수선화'가 피었습니다.

4. '목이'는 '마르다', '모습을'은 '보다'와 어울립니다.

5. 화가는 자신의 그림에 대해 지나치게 칭찬을 하고 있습니다. 따라서 사람들은 "저 화가, 자화자찬이 너무 심하군."이라고 말했을 것입니다.

6. '자화자찬'에 쓰인 한자의 뜻은 각각 '자기 자신', '그림', '칭찬'입니다. 빈칸에는 '그림'과 '칭찬'이 들어가야 합니다.

맞춤법·받아쓰기편 해설

[1단계] '어떤 모습이나 그림자 따위가 나타나다'는 '비치다', '산이나 들의 짐승을 잡는 일'은 '사냥', '어떤 방향으로 향하게 하다'는 '기울이다'라고 써야 합니다.

[2단계] [1]의 빈칸에 들어가는 '안타깝다'는 [안타깝따]로 발음하지만, 글로 쓸 때는 소리 나는 대로 쓰지 않고 '안타깝다'로 써야 합니다. [3]의 빈칸에는 '연못에'가 들어가야 하는데, 소리 나는 대로 쓰면 안 되고, '연못'의 받침인 'ㅅ'을 잘 살려서 써야 합니다.

[3단계] 불러 주는 말을 잘 듣고 본문에 나온 내용을 받아쓰는 문제입니다. 아이들이 맞춤법과 띄어쓰기를 잘 지키고 있는지 확인해 주세요.

04회 본문 014쪽

1 ①
2 O, O, X
3 울다 - 웃다, 나타나다 - 사라지다, 풀어주다 - 붙잡다
4 위급한, 벗어날
5 ②
6 어리둥절

맞춤법·받아쓰기

[1단계]
[1] ② 사냥감　　[2] ① 침착하다　　[3] ① 잊다

[2단계]
[1] 계셨습니다　　[2] 말을　　　[3] 속아

[3단계]
[1] 호랑이 형님
[2] 꾀가 많은 나무꾼
[3] 그것이 정말이냐?

---

1. 나무꾼은 살기 위해 호랑이를 형님이라고 부르는 꾀를 내었습니다.

2. 나무꾼의 꾀에 넘어간 호랑이는 나무꾼의 집에 사냥감을 종종 놓아주고, 나무꾼의 어머니가 죽자 슬피 울었습니다. 나무꾼을 잡아먹지는 않았습니다.

3. '울다'의 반대는 '웃다', '나타내다'의 반대는 '사라지다', '풀어주다'의 반대는 '붙잡다'입니다.

4. '호랑이에게 물려 가도 정신만 차리면 산다'는 호랑이에게 물려가는 것처럼 위급한 상황에도 당황하지 않고 침착하게 행동하면 위기를 벗어날 수 있다는 뜻입니다.

5. 위급한 상황 속에서 침착하게 행동하는 모습에는 '호랑이에게 물려가도 정신만 차리면 산다'라는 속담이 어울립니다.

6. 사람에게 형님이라는 소리를 들은 호랑이는 이게 무슨 영문인지 몰라 어리둥절해졌습니다.

맞춤법·받아쓰기편 해설

[1단계] '사냥해서 잡으려고 하는 것, 혹은 잡은 것'은 '사냥감', '차분하고 들뜸이 없다'는 '침착하다', '기억을 떠올리지 못하다'는 '잊다'라고 써야 합니다.

[2단계] [1]의 빈칸에 들어가는 '계셨습니다'는 [계셛씀니다]로 읽을 수 있을 뿐 아니라 [게셛씀니다]로 읽는 것도 옳은 발음이니, 발음보다는 맞춤법에 맞게 받아쓸 수 있도록 지도해 주세요. '말을'과 '속아' 모두 받침의 소리가 뒤에 따라오는 조사로 넘어가 [마를], [소가]로 읽힙니다.

[3단계] 불러 주는 말을 잘 듣고 본문에 나온 내용을 받아쓰는 문제입니다. 아이들이 맞춤법과 띄어쓰기를 잘 지키고 있는지 확인해 주세요.

05회 | 본문 018쪽

1 꿈에서 소년이 소가 ⋯ - 두 번째 그림
  소년이 처음에 부러워 ⋯ - 첫 번째 그림
2 '밭 갈기', '짐 나르기'에 O표
3 첫 번째 칸에 O표
4 ②
5 이제 그만
6 ①

맞춤법·받아쓰기

[1단계]
[1] ② 갈다　　[2] ② 부지런히　[3] ① 소원

[2단계]
[1] 나르다　　[2] 박히도록　　[3] 고쳐먹다

[3단계]
[1] 시큰둥한 얼굴
[2] 소가 된 게으름뱅이
[3] 평생 느긋하게 살고 싶어.

1. 소년이 처음에 부러워했던 소의 모습은 매일 풀이나 뜯으며 여유롭게 사는 모습이었지만, 소년이 꿈에서 소가 되고 난 후의 모습은 매일 밭을 갈고 무거운 짐을 나르는 모습이었습니다.

2. 소년이 소가 되어 한 일은 밭 갈기, 짐 나르기입니다.

3. 게으름뱅이 소년이 매일 귀에 못이 박히도록 들었던 말은 "너 그렇게 게으르게 살면 소가 된다!"라는 말이었습니다.

4. '귀에 못이 박히다'는 같은 말을 오랫동안 여러 번 들어 지겹다는 뜻입니다.

5. '이제 그만'이라는 동시에는 일어나라는 알람 시계의 알람이 귀에 못이 박히도록 들어 귀찮아 하는 모습이 드러나고 있습니다.

6. '시큰둥하다'는 못마땅하여 별 반응이 없을 때 쓰는 표현이므로 ①의 표정과 가장 어울립니다.

맞춤법·받아쓰기편 해설

[1단계] '밭에 씨앗을 심어 가꾸다'라는 뜻의 낱말은 '갈다'이며, '일을 미루지 않고 꾸준하게 열심히'라는 뜻의 낱말은 '부지런히', '바라고 원함'이라는 뜻의 낱말은 '소원'입니다. '후회'는 '지난 잘못을 깨닫고 뉘우침'이라는 뜻의 낱말입니다.

[2단계] [1] '나르다'는 소리 나는 대로 써야 하며, [2]의 불러 주는 말인 [바키도록]은 '박히도록'에서 'ㄱ'의 다음 소리인 'ㅎ'과 합쳐져서 'ㅋ'으로 소리 난 경우입니다. [3]의 빈칸에 들어가는 '고쳐먹다'는 '고처먹다'로 잘못 쓰지 않도록 주의해야 합니다.

[3단계] 불러 주는 말을 잘 듣고 본문에 나온 내용을 받아쓰는 문제입니다. 아이들이 맞춤법과 띄어쓰기를 잘 지키고 있는지 확인해 주세요.

06회 | 본문 024쪽 　2주차

1 3, 2, 1
2 비단, 재판, 비단
3 첫 번째 칸에 O표
4 두 번째 칸에 O표
5 칠 박 - 치면서, 손바닥 장 - 손뼉을, 클 대 - 크게, 웃음 소 - 웃음
6 첫 번째 칸에 O표

맞춤법·받아쓰기

[1단계]
[1] ② 낮잠　　[2] ① 명령　　[3] ② 옆

[2단계]
[1] 무늬　　[2] 감탄했다　[3] 돌덩이

[3단계]
[1] 망주석 재판
[2] 몽땅 도둑맞은 비단
[3] 지혜로운 원님의 재판

1. 이야기의 순서는 다음과 같습니다. 비단 장수가 비단을 도둑맞자, 원님은 망주석을 데려와 재판을 했습니다. 이후 원님은 지혜를 발휘해 비단 도둑을 잡았습니다.

2. 원님은 갑자기 비단이 많이 생긴 사람을 알아보기 위해 일부러 망주석을 데려와 재판을 했습니다. 도둑은 훔친 비단을 마을 사람들에게 팔아 그 죄를 원님에게 들키고 말았습니다.

3. 원님이 망주석을 데려와 재판을 하는 모습을 본 마을 사람들은 모두 돌덩이를 가지고 난리를 친다고 박장대소하며 우스워하였습니다.

4. 원님이 망주석을 매로 때리기 시작하자, 마을 사람들은 박장대소를 하며 매우 크게 웃었습니다.

5. '칠 박'이라는 한자는 '치면서'라는 뜻으로, '클 대'라는 한자는 '크게'라는 뜻으로, '웃음 소'라는 한자는 '웃음'이라는 뜻으로 사용되었습니다.

6. '박장대소'는 손뼉을 치며 크게 웃는다는 뜻이므로, 형석이의 장난에 반이 웃음바다가 된 상황에 어울립니다.

맞춤법·받아쓰기편 해설

[1단계] '낮에 자는 잠'은 '낮잠'입니다. '윗사람이 아랫사람에게 무엇을 하게 함'이란 뜻의 낱말은 '명령'이고('복종'은 '명령을 따르는 것'입니다.), '양쪽 곁'은 '앞'이 아니라 '옆'입니다.

[2단계] '무늬'는 [무니]로 발음되지만 '무늬'로 써야 합니다. '돌덩이'는 [돌떵이]로 발음되지만 '돌덩이'로 써야 합니다.

[3단계] 불러 주는 말을 잘 듣고 본문에 나온 내용을 받아쓰는 문제입니다. 아이들이 맞춤법과 띄어쓰기를 잘 지키고 있는지 확인해 주세요.

07회 본문 028쪽

1 노래
2 ③
3 노래 잘하는 혹부리 영감 - 두 번째 그림
  욕심쟁이 혹부리 영감 - 첫 번째 그림
4 ①
5 사과, 잘못, 화
6 찬웅에 ○표

맞춤법·받아쓰기

[1단계]
[1] ① 저물다 [2] ① 금은보화 [3] ① 머무르다

[2단계]
[1] 소문   [2] 떼어 가는   [3] 꾀

[3단계]
[1] 혹부리 영감
[2] 형편없는 노래 실력
[3] 방귀 뀐 놈이 성낸다.

1. 도깨비들은 노래를 잘 부르고 싶어서 혹부리 영감의 혹을 떼어 갔습니다.

2. '성내다'는 매우 화를 낸다는 뜻입니다.

3. 노래를 잘하는 혹부리 영감은 꾀를 내어 도깨비에게 혹을 주고 금은보화를 얻었지만, 욕심쟁이 혹부리 영감은 욕심을 부리다가 혹을 하나 더 얻어왔습니다.

4. 욕심쟁이 혹부리 영감은 자신도 혹을 떼고 금은보화를 받기 위해서 도깨비들을 찾아갔지만, 오히려 혹을 하나 더 얻어 왔습니다.

5. 사람들이 많은 곳에서 방귀를 뀌는 잘못된 행동을 하면 사과를 해야 하지만 오히려 화를 내는 사람을 보고 '방귀 뀐 놈이 성낸다'라고 말을 합니다.

6. 찬웅이는 자신이 숙제를 하지 않았으면서 오히려 친구에게 화를 냈으니 '방귀 뀐 놈이 성낸다'라는 표현이 어울립니다.

맞춤법·받아쓰기편 해설

[1단계] '해가 져서 어두워지다'라는 뜻의 낱말은 '저물다'입니다. '금과 은 같은 귀중한 물건'은 '금은보화'이며, '중간에 멈추거나 잠깐 어떤 곳에서 지내다'라는 뜻의 낱말은 '머무르다'입니다.

[2단계] [2]의 빈칸에 들어갈 말은 '붙어 있는 것을 떨어지게 하다'라는 뜻의 낱말인 '떼다'가 활용된 표현인 '떼어 가는'입니다. 발음 및 맞춤법에 유의하여 받아쓸 수 있도록 해 주세요. [3]의 빈칸에는 '일을 잘 해결해 낼 수 있는 좋은 생각'이라는 뜻으로 '꾀'가 들어가야 합니다.

[3단계] 불러 주는 말을 잘 듣고 본문에 나온 내용을 받아쓰는 문제입니다. 아이들이 맞춤법과 띄어쓰기를 잘 지키고 있는지 확인해 주세요.

08회 본문 032쪽

1 ②
2 열려라 참깨
3 ③
4 첫 번째 칸에 ○표
5 첫 번째 칸에 ○표
6 ②

맞춤법·받아쓰기

[1단계]
[1] ② 기울이다   [2] ① 수상한   [3] ② 돌아오다

[2단계]
[1] 주인이   [2] 많이   [3] 동굴에

[3단계]
[1] 열려라 참깨!
[2] 잔뜩 쌓인 보물들
[3] 알리바바와 도둑들

1. 도둑들은 숲속의 동굴에 보물을 숨겼습니다.

2. 마법 동굴을 여는 비밀 암호는 '열려라 참깨!'였습니다.

3. 도둑들이 훔친 보물을 가져온 알리바바는 그 보물들을 주인에게 되돌려주고 남은 보물들로 부자가 되었습니다.

4. 알리바바가 귀를 기울여서 들은 말은 도둑들이 한 말로, "보물들은 이 마법 동굴에 숨겨 두면 안전하지"였습니다.

5. '귀를 기울인다'는 것은 다른 사람이 하는 말에 관심을 가지고 열심히 듣는다는 뜻입니다. 귀를 막고 있는 그림과는 어울리지 않습니다.

6. '드러나다'는 겉으로 나타난다는 뜻입니다. '드러나다'의 반대는 '사라지다'입니다.

맞춤법·받아쓰기편 해설

[1단계] '정성이나 노력 따위를 한곳에 모으다'는 '기울이다', '하는 짓이나 차림새가 이상하고 의심스러운'이라는 뜻의 낱말은 '수상한', '원래 있던 곳으로 다시 오다.'라는 뜻의 낱말은 '돌아오다'입니다. '드러나다'는 '보이지 않던 것이 보이게 되다'라는 뜻의 낱말입니다.

[2단계] [1]에 들어가는 '주인이'는 '인'의 받침이 조사인 '이'로 넘어가 합쳐지면서 [주이니]로 읽힙니다. [2]에서는 '많이'의 받침을 틀리지 않도록 유의해서 받아써야 합니다.

[3단계] 불러 주는 말을 잘 듣고 본문에 나온 내용을 받아쓰는 문제입니다. 아이들이 맞춤법과 띄어쓰기를 잘 지키고 있는지 확인해 주세요.

---

1 ②
2 두 번째 칸에 O표
3 3,1,2
4 ②
5 닭다리
6 어떤 일이 있은 그다음의 날 - 이튿날, 이로움을 얻는 것 - 이득, 아주 오래된 지난 날 - 옛날

맞춤법·받아쓰기

[1단계]
[1] ② 쪼다　　[2] ② 부리　　[3] ① 이득

[2단계]
[1] 쐬다　　[2] 끼다　　[3] 힘껏

[3단계]
[1] 어느 맑은 날
[2] 이튿날이 되었습니다.
[3] 새의 부리와 조개의 껍데기

1 개구리 - '우물이 세상의 전부야.'
　거북이 - '더 넓은 세상인 바다로 가야 해.'
2 첫 번째 칸에 O표
3 우물, 물
4 ③
5 지현
6 밖, 넓다

맞춤법·받아쓰기

[1단계]
[1] ② 없다　　[2] ② 건네다　　[3] ② 마리

[2단계]
[1] 답답하다　　[2] 밖을　　[3] 믿을

[3단계]
[1] 우물 안 개구리
[2] 세상은 넓다.
[3] 모래알처럼 작은 우물

---

1. 이야기 속에는 조개와 새, 그리고 어부가 등장합니다.

2. 조개와 새가 싸우는 것을 본 어부는 둘 다 힘을 들이지 않고도 잡을 수 있다는 생각에 신이 났습니다.

3. 조개가 시원한 바닷바람을 쐬고 있었는데 새가 날아와 조개를 먹으려고 하였습니다. 새가 도망갈 수 없게 새의 부리를 꽉 물고 있는 조개를 본 어부는 이들을 손쉽게 잡아갔습니다.

4. '어부지리'는 이야기 속의 상황과 같이 두 사람이 싸우는 사이에 엉뚱한 사람이 힘을 들이지 않고 이득을 얻을 때 사용하는 말입니다.

5. 동생들이 싸워서 어부지리로 주형이가 얻은 것은 닭다리입니다.

6. '이튿날'은 '어떤 일이 있은 그다음 날', '이득'은 '이로움을 얻는 것', '옛날'은 '아주 오래된 지난날'을 의미합니다.

맞춤법·받아쓰기편 해설

[1단계] '뾰족한 끝으로 쳐서 찍다'라는 뜻의 낱말은 '물다'가 아니라 '쪼다'입니다. '새의 부둥이'는 '뿌리(땅속에 묻혀서 수분과 양분을 흡수하는 식물의 한 부분)'가 아니라 '부리'입니다. '이로움을 얻는 것'이라는 뜻의 낱말은 '이득'입니다. '손해'는 '이득'의 반대말로 '해를 입음'이라는 뜻의 낱말입니다.

[2단계] [1]의 빈칸에 들어가는 '쐬다'는 '쏘이다'가 줄어서 만들어진 말입니다. '쐐다'로 잘못 쓰지 않도록 조심해야 합니다. [2]의 빈칸에는 '끼다', [3]의 빈칸에는 '힘껏'이 들어가야 합니다.

[3단계] 불러 주는 말을 잘 듣고 본문에 나온 내용을 받아쓰는 문제입니다. 아이들이 맞춤법과 띄어쓰기를 잘 지키고 있는지 확인해 주세요.

1. 개구리는 우물 밖으로 나가본 적이 없기 때문에 '우물이 세상의 전부'라고 생각했지만, 넓은 바다에서 온 거북이는 '더 넓은 세상인 바다로 가야 한다'고 생각했습니다.

2. 개구리는 우물 밖 세상에 한 번도 나가보지 않았기 때문에 우물 안이 무척이나 넓다고 생각했습니다.

3. 옛날 사람들은 땅속에서 맑은 물을 얻기 위해 우물을 파서 사용하였습니다.

4. 우물 안에서만 살았던 개구리는 자신이 있던 곳이 가장 넓은 곳이라고 생각하였습니다. 이처럼 '우물 안 개구리'는 자신이 경험하고 배운 것이 전부라고 생각하는 사람을 보고 쓰는 말입니다.

5. 지현이는 기존에 알던 것에서 벗어나 새로운 것을 경험하고 깨달았기 때문에 '우물 안 개구리'에서 벗어났다고 할 수 있습니다.

6. '안'의 반대는 '밖'이고, '좁다'의 반대는 '넓다'입니다.

맞춤법·받아쓰기편 해설

[1단계] '생겨나거나 일어나지 않다'는 '없다', '남에게 말을 붙이다'는 '건네다', '짐승이나 물고기, 벌레 따위를 세는 단위'는 '마리'입니다. '그루'는 나무를 세는 단위입니다.

[2단계] [1]에는 '답답하다'가 들어가야 합니다. '땁땁하다'로 쓰면 틀립니다. [2]의 '밖을'과 [3]의 '믿을'에서는 받침을 잘못 쓰지 않도록 신경 써서 받아써야 합니다.

[3단계] 불러 주는 말을 잘 듣고 본문에 나온 내용을 받아쓰는 문제입니다. 아이들이 맞춤법과 띄어쓰기를 잘 지키고 있는지 확인해 주세요.

2주차 주말부록 정답　　본문 044쪽

② 드러냈어요! / 드러

11회 본문 046쪽

1 ③
2 용궁
3 바다, 육지
4 첫 번째 칸에 O표
5 간
6 잔치

맞춤법·받아쓰기

[1단계]
[1] ① 치료　　[2] ① 하도　　[3] ① 끝내

[2단계]
[1] 어쩔 수　　[2] 깨다　　[3] 약속대로

[3단계]
[1] 간이 크다.
[2] 호기심 많은 토끼
[3] 가까스로 찾은 토끼

1. 의사는 용왕님을 치료할 약은 토끼의 간뿐이라고 말했습니다.

2. 토끼는 자라를 따라 용궁으로 향했습니다.

3. 그림에서 육지는 물에 잠기지 않은 땅을 말하고, 바다는 짠물이 고여 있는 넓은 곳을 말합니다.

4. '간이 크다'는 겁이 없고 용감한 사람에게 쓰는 표현입니다.

5. 겁이 없어서 큰 개를 보고도 기가 죽지 않은 강아지를 보고 '간이 크다'라고 표현할 수 있습니다.

6. '잔치'는 기쁜 일이 있을 때 음식을 차려 놓고 여러 사람이 모여 즐기는 일을 말합니다.

맞춤법·받아쓰기편 해설

[1단계] '병이나 상처를 잘 다스려 낫게 함'이란 뜻의 낱말은 '치료'입니다. '매우, 몹시'라는 뜻의 낱말은 '①하도'와 '②진작' 중에서 '아주, 몹시'의 뜻을 나타내는 '하'를 강조하는 말인 '하도'를 골라야 합니다. '진작'은 '좀 더 일찍이'라는 뜻입니다. '결국, 기어이'라는 뜻의 낱말은 '끝내'입니다. '금세'는 '지금 바로'라는 뜻의 낱말입니다.

[2단계] [1]의 빈칸에는 '어쩔 수'가 들어가야 하고, [2]의 빈칸에는 '깨다', [3]의 빈칸에는 '약속대로'가 들어가야 합니다. '약속'을 소리 나는 대로 '약쏙'이라고 잘못 쓰지 않도록 유의해 주세요.

[3단계] 불러 주는 말을 잘 듣고 본문에 나온 내용을 받아쓰는 문제입니다. 아이들이 맞춤법과 띄어쓰기를 잘 지키고 있는지 확인해 주세요.

12회 본문 050쪽

1 도시 - 두 번째 그림
　시골 - 첫 번째 그림
2 3, 2, 1
3 ①
4 ①
5 두 번째 칸에 O표
6 [1] 불　[2] 유

맞춤법·받아쓰기

[1단계]
[1] ② 여행　　　[2] ② 괜찮다　　[3] ② 맡다

[2단계]
[1] 겪었습니다　[2] 주저앉다　　[3] 좋아

[3단계]
[1] 시골쥐와 서울쥐
[2] 불쾌한 매연
[3] 깊은 산골짜기

1. 도시는 차가 많고 건물이 많은 반면, 시골은 풀과 나무가 많고 한적한 풍경입니다.

2. 시골쥐는 도시에 올라와 차례대로 차에 치일 뻔하고, 매연에 괴로워했으며, 집고양이에게 쫓겼습니다.

3. 시골쥐는 쌩쌩 달리는 차에 치일 뻔 했습니다.

4. '다사다난'은 한자 그대로 일과 어려움이 많아 힘든 상황을 말합니다.

5. '다사다난'은 일과 어려움이 많다는 뜻이므로, 위험하고 어려운 일이 많이 생긴다는 오른쪽 서울쥐의 말이 적절합니다.

6. '불쾌하다'는 '마음이 상쾌하지 않다'라는 뜻이고, '유쾌하다'는 '즐겁고 상쾌하다'는 뜻이므로 [1]에는 '불쾌하다'가, [2]에는 '유쾌하다'가 들어가야 합니다.

맞춤법·받아쓰기편 해설

[1단계] '다른 고장이나 나라에 가는 일'은 '여행'입니다. '말썽이나 문제가 없어서 좋다'라는 뜻의 낱말은 '괜찮다'이며('치이다'는 '무거운 물건에 부딪히다'라는 뜻의 낱말), '코로 냄새를 느끼다'라는 뜻의 낱말은 '맡다'입니다.

[2단계] '겪었습니다'[격껃씀니다], '주저앉다'[주저안따], '좋아'[조아] 모두 받침이 표기대로 발음되지 않습니다. 세 낱말 모두 받침을 잘못 쓰지 않도록 유의해야 합니다.

[3단계] 불러 주는 말을 잘 듣고 본문에 나온 내용을 받아쓰는 문제입니다. 아이들이 맞춤법과 띄어쓰기를 잘 지키고 있는지 확인해 주세요.

13회 본문 054쪽

1 두 번째 그림에 O표
2 너처럼 몸집도 작고 하찮은 …
3 ①
4 꿈틀꿈틀, 데굴데굴
5 작고 하찮은, 무시
6 ②

맞춤법·받아쓰기

[1단계]
[1] ① 갑자기   [2] ① 무시   [3] ② 울먹이다

[2단계]
[1] 뿔에   [2] 어떻게   [3] 밟지

[3단계]
[1] 몸집이 큰 소
[2] 퉁명스러운 대답
[3] 작고 하찮은 벌레

1. 벌은 소의 뿔 위에 앉아 있었습니다.

2. 벌이 소에게 사과하자, 소는 '너처럼 몸집도 작고 하찮은 벌레가 내 뿔에 앉은 걸 어떻게 알겠니?'라고 무시하였습니다.

3. '따갑다'는 '바늘로 찌르는 것 같이 아프다'는 뜻입니다.

4. '데굴데굴'은 어떤 물건이 계속하여 구르는 모양을 나타낼 때 사용하고, '꿈틀꿈틀'은 몸의 일부를 구부리며 움직이는 모양을 나타낼 때 사용합니다.

5. '지렁이도 밟으면 꿈틀한다'는 아무리 작고 하찮은 것이라도 함부로 무시하면 안 된다는 뜻입니다.

6. 작고 어린 동생을 무시하는 민아에게 해줄 수 있는 말은 "지렁이도 밟으면 꿈틀한다고 했어. 동생을 괴롭히면 안 돼"입니다.

맞춤법·받아쓰기편 해설

[1단계] '뜻밖에 불쑥'은 '갑자기', '남을 깔보고 하찮게 여기는 것'은 '무시', '울상이 되어 자꾸 울음이 터져 나오려고 하다'는 '울먹이다'라고 써야 합니다.

[2단계] [1]의 빈칸에는 '뿔에', [2]의 빈칸에는 '어떻게'가, [3]의 빈칸에는 '밟지'가 들어가야 합니다. 받침을 잘못 쓰지 않도록 유의해서 받아써야 합니다.

[3단계] 불러 주는 말을 잘 듣고 본문에 나온 내용을 받아쓰는 문제입니다. 아이들이 맞춤법과 띄어쓰기를 잘 지키고 있는지 확인해 주세요.

14회 본문 058쪽

1 첫 번째 동물 - 첫 번째 그림
  두 번째 동물 - 두 번째 그림
2 나뭇가지
3 ①
4 ①
5 눈을 씻고 보았는데도
6 ②

맞춤법·받아쓰기

[1단계]
[1] ② 굶주린   [2] ① 거닐다   [3] ② 다가가다

[2단계]
[1] 그런데   [2] 수밖에   [3] 놓치다

[3단계]
[1] 배고픈 사자
[2] 재빠르게 달아난 사슴
[3] 눈을 씻고 보다.

1. 사자가 처음에 본 동물은 토끼이고, 두 번째로 본 동물은 사슴입니다.

2. 사슴을 발견한 사자는 사슴에게 조용히 다가갔지만, 나뭇가지를 밟는 바람에 큰 소리가 나서 사슴이 도망가고 말았습니다.

3. 처음에는 흐릿하던 그림을 다시 정신을 차리고 집중해 보니 복숭아가 아니라 사과였다는 말이므로, 빈칸에는 '눈을 씻고 보았더니'가 들어갈 수 있습니다.

4. '눈을 씻고 보다'는 '정신을 차리고 집중해서 보다'라는 뜻을 가지고 있습니다.

5. '눈을 비비고 보다'는 '눈을 씻고 보다'와 같은 의미로 사용할 수 있습니다.

6. 이야기 속 사자는 욕심을 부리다가 토끼와 사슴 모두 놓치고 말았습니다. 이런 경우에 '두 마리 토끼를 잡으려다가 하나도 못 잡는다'라는 속담으로 표현하기도 합니다.

맞춤법·받아쓰기편 해설

[1단계] '먹을 것이 없어 배가 고픈'은 '굶주린', '가까운 거리를 이리저리 한가로이 걷다'는 '거닐다'('부리다'는 '행동이나 성질 등을 계속 보이다'라는 뜻의 낱말입니다.), '어떤 것을 향해 가까이 가다'는 '다가가다'입니다.

[2단계] [1]의 빈칸에는 '그런데'가 들어가야 합니다. '그런대'로 잘못 쓰지 않도록 유의하세요. [2]의 빈칸에는 '수밖에'가 들어가야 합니다. [3]의 빈칸에는 '놓치다'가 들어가야 합니다.

[3단계] 불러 주는 말을 잘 듣고 본문에 나온 내용을 받아쓰는 문제입니다. 아이들이 맞춤법과 띄어쓰기를 잘 지키고 있는지 확인해 주세요.

15회
본문 062쪽

1 거짓말
2 ③
3 여덟, 아홉
4 첫 번째 칸에 O표
5 서희에 O표
6 거짓말을, 필요할

맞춤법·받아쓰기

[1단계]
[1] ① 심심하다   [2] ② 속다   [3] ② 쫓겨나다

[2단계]
[1] 깜짝   [2] 여덟   [3] 모조리

[3단계]
[1] 양치기 소년
[2] 늑대가 나타났다!
[3] 십중팔구는 거짓말

1. 양치기 소년은 심심할 때마다 늑대가 나타났다고 거짓말을 했습니다.

2. 늑대가 진짜로 나타났지만 양치기 소년의 말은 거의 다 거짓말이었기 때문에 사람들은 믿지 않았습니다.

3. '십중팔구'는 '열 번 가운데 여덟 번, 아홉 번'이라는 뜻입니다.

4. '십중팔구'는 '반반'의 의미가 아니라 '열에 여덟, 혹은 아홉'이라는 뜻으로 사용됩니다.

5. 양치기 소년은 '거짓말쟁이'를 나타내는 말로 쓰이는데, 거짓말을 하다가 혼난 사람의 경우에 사용할 수 있습니다.

6. 양치기 소년처럼 거짓말을 하다 보면 언젠가 아무도 믿지 않는 사람이 되어, 정말 도움이 필요할 때 도움을 받을 수 없다는 가르침을 얻을 수 있습니다.

맞춤법·받아쓰기편 해설

[1단계] '하는 일이 없어 지루하고 재미가 없다'는 '심심하다', '남의 거짓이나 꾀에 넘어가다'는 '속다', '내쫓음을 당하다'는 '쫓겨나다'입니다.

[2단계] [1]의 빈칸에는 '깜짝', [2]의 빈칸에는 '여덟', [3]의 빈칸에는 '모조리'라고 써야 합니다. '여덟'의 받침을 잘못 쓰지 않도록 유의해서 받아써야 합니다.

[3단계] 불러 주는 말을 잘 듣고 본문에 나온 내용을 받아쓰는 문제입니다. 아이들이 맞춤법과 띄어쓰기를 잘 지키고 있는지 확인해 주세요.

16회
본문 068쪽

1 두 번째 그림에 O표
2 첫째 - 세 번째 그림
   둘째 - 첫 번째 그림
   셋째 - 두 번째 그림
3 두 번째 칸에 O표
4 첫 번째 칸에 O표
5 많은, [1]번
6 위험하다, 안전하다

맞춤법·받아쓰기

[1단계]
[1] ② 들이받다   [2] ① 벌벌   [3] ① 입김

[2단계]
[1] 대충   [2] 부서   [3] 위험

[3단계]
[1] 아기 돼지 삼 형제
[2] 지푸라기로 지은 집
[3] 벽돌을 쌓는 막내 돼지

1. 이야기에 등장하는 동물은 아기 돼지 삼 형제와 늑대입니다.

2. 첫째 돼지는 지푸라기로, 둘째 돼지는 나무로, 셋째 돼지는 벽돌로 집을 지었습니다.

3. '공든 탑이 무너지지 않는다'는 많은 노력과 정성이 들어가면 실패하지 않는다는 뜻입니다.

4. '공든 탑은 무너지지 않는다'는 많은 노력과 정성이 들어가면 실패하지 않는다는 뜻입니다. 따라서 1년간 열심히 합창 연습을 하여 1등을 한 친구들에게 어울리는 말입니다.

5. 공든 탑이란 탑을 쌓는 데 많은 노력과 정성을 들여 쌓은 탑을 말합니다. 두 개의 탑 중 그러한 노력과 정성을 들여 쌓은 탑은 [1]번 탑입니다.

6. '위험하다'는 해로움이 있을 수 있는 상태를, '안전하다'는 사고가 날 염려가 없는 상태를 말합니다. 따라서 물놀이 전에 준비 운동을 하지 않으면 위험하고, 횡단보도에서 신호등을 잘 지켜서 건너면 안전합니다.

맞춤법·받아쓰기편 해설

[1단계] '머리를 들이대어 받다'는 '들이받다', '몸을 자꾸 크게 떠는 모양'은 '벌벌', '입에서 나오는 더운 김'은 '입김'입니다.

[2단계] [1]의 빈칸에는 '대충', [2]의 빈칸에는 '부서', [3]의 빈칸에는 '위험'을 써야 합니다. [2]에서 '부셔'로 잘못 쓰지 않도록 해야 합니다.

[3단계] 불러 주는 말을 잘 듣고 본문에 나온 내용을 받아쓰는 문제입니다. 아이들이 맞춤법과 띄어쓰기를 잘 지키고 있는지 확인해 주세요.

17회 본문 072쪽

1 점심 - 두루미
  저녁 - 두루미, 여우
2 여우 - 첫 번째 그림
  두루미 - 두 번째 그림
3 ⑤
4 ③
5 [2]에 O표
6 준희에 O표

맞춤법·받아쓰기

[1단계]
[1] ① 실수   [2] ② 거의   [3] ② 짧다

[2단계]
[1] 그림의   [2] 않다   [3] 사이좋은

[3단계]
[1] 여우의 주둥이
[2] 두루미의 부리
[3] 평평한 접시

1. 점심에는 여우가 두루미를 집으로 초대하였고, 저녁에는 두루미가 여우를 집으로 초대하였습니다.

2. 여우는 두루미에게 평평한 접시를 내주었고, 두루미는 여우에게 입구가 긴 병을 내주었습니다.

3. '짧다'는 시간이 길지 않을 때, 길이가 길지 않을 때, 범위에 미치지 못했을 때 사용하는 말입니다.

4. '그림의 떡'은 아무리 마음에 들어도 가지거나, 쓸 수 없는 경우에 쓰는 말입니다.

5. '그림의 떡'은 아무리 마음에 들어도 가지거나, 쓸 수 없는 경우에 쓰는 말입니다. [2]의 경우에 돈이 없는 민호는 떡볶이를 먹고 싶지만 먹을 수 없기 때문에 이 표현이 어울립니다.

6. 서로의 입장을 생각하지 않은 채 식사를 대접한 여우와 두루미는 맛있게 밥을 먹을 수 없었습니다. 이 이야기를 통해 상대방의 입장을 생각할 줄 알아야 한다고 생각한 준희에게 O표를 해야 합니다.

맞춤법·받아쓰기편 해설

[1단계] '조심하지 않아 잘못하는 것'은 '실수', '전부에서 조금 모자라게'라는 뜻의 꾸밈말은 '거의', '길이가 길지 않다'라는 뜻의 낱말은 '짧다'입니다.

[2단계] [1]의 빈칸에는 '그림의', [2]의 빈칸에는 '않다', [3]의 빈칸에는 '사이좋은'을 써넣어야 합니다. [2], [3]은 소리 나는 대로 쓰는 것 대신에 받침에 유의해서 받아써야 합니다.

[3단계] 불러 주는 말을 잘 듣고 본문에 나온 내용을 받아쓰는 문제입니다. 아이들이 맞춤법과 띄어쓰기를 잘 지키고 있는지 확인해 주세요.

18회 본문 076쪽

1 떡
2 두 번째 그림에 O표
3 ②
4 두 번째, 세 번째 그림에 O표
5 첫 번째 칸에 O표
6 ②

맞춤법·받아쓰기

[1단계]
[1] ② 훔치다   [2] ① 한참   [3] ② 벗겨지다

[2단계]
[1] 뻗어   [2] 곧바로   [3] 앞을

[3단계]
[1] 떡장수의 떡
[2] 물러날 기미
[3] 원숭이 엉덩이는 빨갛다.

1. 원숭이가 떡장수의 떡을 훔치자 떡장수의 개는 원숭이를 쫓아왔습니다.

2. 원숭이의 엉덩이 털은 모두 벗겨졌고, 아직까지 빨갛다고 합니다. 따라서 오른쪽 사진에 O표를 해야 합니다.

3. '틈'은 벌어진 공간을 말합니다. ②번이 바위의 틈입니다.

4. '견원지간'은 개와 원숭이의 좋지 않은 사이를 이르는 말입니다.

5. '견원지간'은 대단히 나쁜 사이를 이르는 말입니다. 따라서 만날 때마다 서로 다투는 철수와 영희의 사이를 말할 때 쓸 수 있습니다.

6. 떡장수는 떡을 파는 사람을 말합니다.

맞춤법·받아쓰기편 해설

[1단계] '남의 물건을 슬쩍 가져다가 자기 것으로 하다'는 '훔치다', '오랜 시간이 지나는 동안'은 '한참', '덮이거나 씌워진 것이 떼어지거나 떨어지다'는 '벗겨지다'입니다.

[2단계] [1]의 빈칸에는 '뻗어'라고 써넣어야 합니다. '뻗다(오므렸던 것을 펴다)'라는 말이 활용된 표현입니다. [2]의 빈칸에는 '곧바로'라고 써넣어야 합니다. 발음은 [곧빠로]이지만 이 발음은 낱말의 철자와 다르니 주의해야 합니다. [3]의 빈칸에는 '앞을'이라고 써넣어야 합니다.

[3단계] 불러 주는 말을 잘 듣고 본문에 나온 내용을 받아쓰는 문제입니다. 아이들이 맞춤법과 띄어쓰기를 잘 지키고 있는지 확인해 주세요.

1 첫 번째 칸에 O표
2 두 번째 칸에 O표
3 장수
4 남의 떡이 더 커 보인다
5 [1]에 O표
6 [1] 요리조리   [2] 티격태격

맞춤법·받아쓰기

[1단계]
[1] ② 장수   [2] ① 난리   [3] ① 빨개지다

[2단계]
[1] 요리조리   [2] 빼앗은   [3] 나눠

[3단계]
[1] 툭하면 다투는 사이
[2] 큰 떡으로 바꿔 주시오.
[3] 서로 티격태격하다.

1. 강 서방은 처음 떡장수에게 떡을 받았을 때 본인의 떡보다 이 서방의 떡이 더 크다고 생각하여 바꿔 달라고 하였습니다.

2. 사실 강 서방과 이 서방이 받은 떡은 똑같은 떡이었습니다.

3. '장수'는 장사를 하는 사람을 말합니다.

4. '남의 떡이 더 커 보인다'라는 표현은 다른 사람의 것이 더 좋아 보여 탐이 나는 상황에서 쓰는 말입니다.

5. '남의 떡이 더 커 보인다'라는 표현은 다른 사람의 것이 더 좋아 보여 탐이 나는 상황에서 쓰는 말입니다. 다른 친구의 물건과 자신의 물건을 비교하고 질투하는 영우에게 '남이 떡이 더 커 보인다'고 말할 수 있습니다.

6. '요리조리'는 일정한 방향 없이 여기로 저리로 다니는 모습을, '티격태격'은 의견이 맞지 않아 다투는 모습을 나타낼 때 사용합니다.

맞춤법·받아쓰기편 해설

[1단계] '장사를 하는 사람'은 '장수', '떠들썩하게 일을 벌이는 것'은 '난리', '빨갛게 되다'는 '빨개지다'라고 써야 합니다.

[2단계] [1]의 빈칸에는 '요리조리'라고 받아써야 합니다. [2]에는 '빼앗은'이라고 받아써야 합니다. '빼앗다'라는 말이 활용된 표현입니다. 이 낱말에서 '빼앗'은 변하지 않는 부분이므로 '빼앗은'이라고 써야 합니다. [3]에는 '나눠'라고 받아써야 합니다. '나눠'는 '나누어'의 준말입니다.

[3단계] 불러 주는 말을 잘 듣고 본문에 나온 내용을 받아쓰는 문제입니다. 아이들이 맞춤법과 띄어쓰기를 잘 지키고 있는지 확인해 주세요.

1 ①   2 세 번째 그림에 O표
3 ②   4 손에 잡힐 듯
5 독차지했다 - 세 번째 그림
  꽤 가져왔다 - 첫 번째 그림
  조금 가져왔다 - 두 번째 그림
6 손

맞춤법·받아쓰기

[1단계]
[1] ① 다리   [2] ① 후회   [3] ② 위협

[2단계]
[1] 냇물   [2] 깨달았다   [3] 탐이

[3단계]
[1] 욕심 많은 강아지
[2] 고기를 독차지하다.
[3] 손에 잡힐 듯하다.

1. 욕심 많은 강아지는 고기를 독차지하기 위해 고기를 물고 도망쳤습니다.

2. 욕심 많은 강아지는 냇가의 다리를 건너다가 냇물에 고기를 빠뜨리고 말았습니다.

3. '손에 잡힐 듯하다'는 손에 잡힐 만큼 가깝고 또렷하다는 말로 ② 번을 골라야 합니다.

4. '선명하다'는 뚜렷하다는 말로, '손에 잡힐 듯하다'와 비슷한 의미입니다.

5. '독차지했다'는 '피자 한 판을 다 차지했다'라는 의미이므로 세 번째 사진과 연결해야 하고, '꽤 가져왔다'는 '비교적 많이' 가져왔다는 의미이므로 첫 번째 사진과, '조금 가져왔다'는 말 그대로 적게 가져왔다는 의미이므로 두 번째 사진과 연결해야 합니다.

6. '빈손'은 아무것도 가진 것이 없는 상태를, '일손'은 일하는 사람, 혹은 일하는 솜씨를, '손에 잡힐 듯하다'는 무언가가 무척 가깝게 혹은 또렷하게 보이는 것을 말합니다.

맞춤법·받아쓰기편 해설

[1단계] '물을 건너갈 수 있도록 만든 것'은 '다리'입니다. '이전의 잘못을 깨치고 뉘우침'은 '후회', '힘으로 으르고 협박함'은 '위협'입니다.

[2단계] [1]의 빈칸에는 '냇물('내(시내보다 작은 물줄기)'와 '물'이 합쳐진 말입니다. 두 낱말 사이에 사이시옷이 들어갑니다.)로 받아써야 합니다. [낸물]이라고 읽습니다.

[3단계] 불러 주는 말을 잘 듣고 본문에 나온 내용을 받아쓰는 문제입니다. 아이들이 맞춤법과 띄어쓰기를 잘 지키고 있는지 확인해 주세요.

4주차 주말부록 정답 본문 088쪽

그림의 떡(또는 '손에 잡힐 듯하다.'), 견원지간, 남의 떡이 더 커 보인다.

21회 본문 090쪽

1 ①

2 ①

3 숲 - 나무들이 무성하게 우거지거나 …
깔보다 - 얕잡아보다
부탁 - 어떤 일을 해달라고 청하거나 맡김

4 고맙, 덕

5 지효

6 우진에 O표

맞춤법·받아쓰기

[1단계]
[1] ② 부하   [2] ② 도리어   [3] ① 돕다

[2단계]
[1] 괴롭힘   [2] 시간이   [3] 끝내야

[3단계]
[1] 숲속의 동물들
[2] 늙고 약해진 사자
[3] 눈물을 흘리며 후회하다.

---

1. 이 이야기는 나이가 들어 약해진 사자의 이야기입니다.

2. 늙고 병들어 힘이 약해진 사자는 동물들에게 도와달라고 하였습니다. 이야기 속에서 겨울이 찾아왔다는 내용은 없습니다.

3. '숲'은 '나무들이 무성하게 우거지거나 꽉 들어찬 것', '깔보다'는 '얕잡아 보다', '부탁'은 '어떤 일을 해달라고 청하거나 맡김'의 뜻으로 쓰입니다.

4. '감지덕지'는 한자 그대로 '고맙게 여기고, 덕스럽게 생각한다'라는 뜻입니다.

5. '감지덕지'는 '분에 넘치는 듯 싶어 매우 고맙게 여기는 모양'을 나타내는 표현입니다. 배가 고팠는데 빵이라도 있어 감사하게 생각한다는 지효의 경우에 어울립니다.

6. 사자가 만약 동물들에게 친절하게 대했었더라면 동물들도 늙은 사자를 챙겨 주었겠죠? 이 이야기를 읽고 바르게 말한 친구는 우진입니다.

맞춤법·받아쓰기편 해설

[1단계] '자기보다 더 낮은 자리에 있는 사람'은 '부하', '예상과는 다르게'라는 뜻의 꾸밈말은 '도리어', '하는 일이 잘되도록 힘을 보태다'라는 낱말은 '돕다'입니다. '삼다'는 '무엇을 무엇으로 여기다'라는 뜻입니다.

[2단계] [1]에는 '괴롭힘('괴롭히다'가 명사로 활용된 표현)', [2]에는 '시간이', [3]에는 '끝내야'라고 써넣어야 합니다.

[3단계] 불러 주는 말을 잘 듣고 본문에 나온 내용을 받아쓰는 문제입니다. 아이들이 맞춤법과 띄어쓰기를 잘 지키고 있는지 확인해 주세요.

22회 본문 094쪽

1 ③

2 첫 번째 그림에 O표

3 2, 1, 3

4 도둑, 잘못, 마음

5 두 번째 칸에 O표

6 민수보다 세 살 어린 여자아이 지현

맞춤법·받아쓰기

[1단계]
[1] ② 꾸미다   [2] ① 뒤덮이다   [3] ② 도끼

[2단계]
[1] 얘들아   [2] 열어   [3] 튼튼한

[3단계]
[1] 도둑이 제 발 저리다.
[2] 해와 달이 된 오누이
[3] 무사히 하늘로 올라가다.

---

1. 오누이가 호랑이에게 문을 열어주지 않은 이유는 호랑이의 목소리가 엄마의 목소리와 달랐기 때문입니다.

2. 문틈으로 들어온 손은 복슬복슬한 털로 뒤덮인 호랑이의 손이었습니다.

3. 어머니로 위장한 호랑이가 문틈으로 손을 내밀자 뒷마당의 나무로 올라간 오누이는 튼튼한 동아줄이 내려오기를 간절히 빌었습니다. 간절한 기도 끝에 내려온 동아줄을 타고 하늘로 올라간 오누이는 각자 해와 달이 되었습니다.

4. '도둑이 제 발 저리다'라는 표현은 잘못이 있을 때 마음이 조마조마해져 행동으로 드러나는 상황에서 사용합니다.

5. 어머니처럼 꾸며 입은 호랑이가 '나는 절대 너희 어머니처럼 꾸며 입은 호랑이가 아니란다'라고 말한 것은 호랑이가 스스로 마음이 조마조마해져 이야기한 것으로, '도둑이 제 발 저린' 상황이라고 할 수 있습니다.

6. '오누이'는 오빠와 여동생, 즉 남매를 이르는 말입니다. 남자아이인 민수와 오누이 사이가 될 수 있는 사람은 민수보다 세 살 어린 여자아이, 지현이입니다.

맞춤법·받아쓰기편 해설

[1단계] '모양이 나게 매만져 차리거나 손질하다'는 '꾸미다', '빈데가 없이 온통 덮이다'는 '뒤덮이다', '나무를 찍거나 장작을 패는 도구'는 '도끼'입니다. '지게'는 '등에 짐을 짊어질 수 있게 만든 도구'입니다.

[2단계] [1]에는 '얘들아'('애들아'로 잘못 쓰지 않도록 주의해 주세요.), [2]에는 '열어', [3]에는 '튼튼한'이라고 써넣어야 합니다.

[3단계] 불러 주는 말을 잘 듣고 본문에 나온 내용을 받아쓰는 문제입니다. 아이들이 맞춤법과 띄어쓰기를 잘 지키고 있는지 확인해 주세요.

1 '앞으로 매일 강물에 빠져야겠다.'
2 ②에 O표
3 징검다리
4 간단하고, 쉬운
5 첫 번째에 O표
6 ②

맞춤법·받아쓰기

[1단계]
[1] ② 머금다　　[2] ② 헛디디다　[3] ② 허겁지겁

[2단계]
[1] 햇볕　　　　[2] 옮겨　　　　[3] 후회

[3단계]
[1] 미끄러지고 말았습니다.
[2] 강물에 다 녹겠네!
[3] 짐이 왜 이렇게 가볍지?

1 동굴
2 두 번째 그림에 O표
3 ②
4 ②
5 사랑하고, 소중히 여기는
6 두 번째 칸에 O표

맞춤법·받아쓰기

[1단계]
[1] ② 마침　　[2] ② 묻다　　[3] ① 없어지다

[2단계]
[1] 바　　　　[2] 아끼던　　[3] 훔쳐

[3단계]
[1] 애지중지하다.
[2] 구두쇠의 금덩이
[3] 이웃 사람이 준 돌멩이

---

1. 당나귀는 처음 물에 빠졌을 때 소금이 녹아 짐이 가벼워지자 앞으로 매일 강물에 빠져서 무게를 덜어야겠다고 생각했습니다.

2. 짐이 오히려 무거워지자 당황한 당나귀가 짊어지고 있던 것은 소금이 아닌 솜이었습니다.

3. '징검다리'는 개울이나 웅덩이에 돌이나 흙, 나무토막 등을 띄엄 띄엄 놓아 건너갈 수 있도록 한 다리입니다.

4. '식은 죽 먹기'라는 표현은 식은 죽을 먹는 것처럼 간단하고 쉬운 일을 할 때 사용하는 표현입니다.

5. '식은 죽 먹기'는 아주 간단하고 쉬운 일을 할 때 사용하는 표현 이므로, 수학을 잘하는 미진이가 동생의 수학 숙제를 도와주는 상 황에 어울립니다.

6. 그림 속의 사람은 매우 무거운 짐을 옮기느라 고생을 하고 있습 니다. '낑낑거리다'는 매우 괴로운 상황에서 낑낑 소리를 낸다는 표 현입니다.

맞춤법·받아쓰기편 해설

[1단계] '물을 빨아들여 품다'는 '머금다', '발을 잘못 디디다'는 '헛 디디다', '몹시 다급하여 정신없이 서두르는 모양'은 '허겁지겁'입니 다. '낑낑대며'는 '힘이 들어서 괴로운 소리를 내며'라는 뜻입니다.

[2단계] [1]에는 '햇볕'이라고 써넣어야 합니다. 철자를 잘못 쓰지 않도록 유의하며 받아써 주세요. [2]에는 '옮겨'라고 써넣어야 합니 다. '옮기다'라는 낱말이 활용된 표현으로 '옮기어'가 줄어서 만들어 진 말입니다. [3]에는 '후회'라고 받아써야 합니다. [후회]라고 읽어 야 하지만 [후훼]도 옳은 발음입니다.

[3단계] 불러 주는 말을 잘 듣고 본문에 나온 내용을 받아쓰는 문 제입니다. 아이들이 맞춤법과 띄어쓰기를 잘 지키고 있는지 확인해 주세요.

1. 구두쇠는 어느 동굴에 금덩이를 묻어 놓고 매일매일 꺼내보며 애지중지 대했습니다.

2. 지나가던 이웃은 사라진 금덩이 대신 돌멩이를 묻어 두라고 하 였습니다.

3. 이웃이 돌멩이를 묻어 두라고 한 이유는 쓰지 않을 금덩이는 어 차피 돌멩이와 같다고 생각했기 때문입니다.

4. '뉘우치다'는 '제 스스로 잘못을 깨닫고 반성한다'라는 뜻입니다.

5. '애지중지'는 '매우 사랑하고 소중하게 여긴다'는 뜻입니다.

6. 연규는 햄스터를 아끼고 사랑하는 마음으로 키우고 있습니다. 연규가 애지중지하는 것은 고양이 인형이 아닌 햄스터입니다.

맞춤법·받아쓰기편 해설

[1단계] '어떤 경우에 알맞게'라는 뜻의 꾸밈말은 '마침'입니다. '별 반'은 '따로 별다르게'라는 뜻의 꾸밈말입니다. '물건을 흙 따위에 넣 어 보이지 않게 하다'라는 뜻의 낱말은 '묻다'이며, '무언가가 사라지 다'라는 뜻의 낱말은 '없어지다'입니다.

[2단계] [1]의 빈칸에는 '바', [2]의 빈칸에는 '아끼던', [3]의 빈칸 에는 '훔쳐'라고 받아써야 합니다.

[3단계] 불러 주는 말을 잘 듣고 본문에 나온 내용을 받아쓰는 문 제입니다. 아이들이 맞춤법과 띄어쓰기를 잘 지키고 있는지 확인해 주세요.

25회 본문 106쪽

1 종달새
2 O, O, X
3 벌레, 부지런, 이득
4 ③
5 진철
6 ②

맞춤법·받아쓰기

[1단계]
[1] ② 유리하다   [2] ② 활동하다   [3] ② 지역

[2단계]
[1] 무척   [2] 덕분에   [3] 부지런한

[3단계]
[1] 일찍 일어나는 종달새
[2] 방해를 받지 않고
[3] 이른 아침에 지저귀는 새

1. 이 글에서는 종달새에 대한 이야기를 하고 있습니다.

2. 종달새는 아침 일찍 일어나 벌레를 잡아먹는 새입니다. 우리 조상님들은 아침 일찍 일어나 먹이를 잡는 종달새를 부지런한 새라고 부르며 무척 아꼈습니다.

3. '일찍 일어나는 새가 벌레를 잡는다'라는 속담은 부지런한 사람이 더 많은 이익을 챙긴다는 뜻을 가지고 있습니다. 일찍 일어나 많은 벌레를 잡는 종달새와 어울리는 표현입니다.

4. 종달새는 일찍 일어나서 부지런히 움직이기 때문에 다른 새들의 방해를 받지 않고 벌레를 잡을 수 있습니다.

5. '일찍 일어나는 새가 벌레를 잡는다'라는 속담은 부지런한 사람이 되어야 한다는 교훈을 담고 있습니다. 아침에 일찍 일어나 달리기 연습을 하기 싫어하는 진철이에게 말해주면 좋을 표현입니다.

6. '유리하다'는 이익이 있다는 뜻을 가지고 있습니다. '유리하다'의 반대는 '불리하다'로, 이롭지 못하다는 뜻을 가지고 있습니다.

맞춤법·받아쓰기편 해설

[1단계] '이익이 있다'라는 뜻의 낱말은 '유리하다', '몸을 움직여 행동하다'는 '활동하다', '일정한 범위의 땅'은 '지역'입니다. '주변'은 '어떤 대상의 둘레'라는 뜻의 낱말입니다.

[2단계] [1]의 빈칸에는 '무척', [2]의 빈칸에는 '덕분에', [3]의 빈칸에는 '부지런한'이라고 받아써야 합니다.

[3단계] 불러 주는 말을 잘 듣고 본문에 나온 내용을 받아쓰는 문제입니다. 아이들이 맞춤법과 띄어쓰기를 잘 지키고 있는지 확인해 주세요.

26회 본문 112쪽

1 '바둑'에 O표
2 바둑을 둘 때부터 비범한 …
3 까닭, 허겁지겁
4 편하게, 해결
5 오른쪽 칸에 O표
6

	[1]호	통
	랑	
[2]먹	이	

맞춤법·받아쓰기

[1단계]
[1] ② 길목   [2] ① 애쓰다   [3] ① 깨달음

[2단계]
[1] 호통   [2] 허겁지겁   [3] 사라져라

[3단계]
[1] 뛰어난 장군
[2] 겁에 질린 까닭
[3] 다리를 뻗고 자다.

1. 강감찬 장군은 호랑이와 바둑을 두어 승리하였습니다.

2. 강감찬 장군이 바둑 경기에서 승리하고 호통을 치자 호랑이는 벌벌 떨며 다시는 사람들 앞에 나타나지 않겠다는 약속을 하고 허겁지겁 도망쳤습니다.

3. '이유'는 '까닭'으로, '헐레벌떡'은 '허겁지겁'과 같은 의미로 쓸 수 있습니다.

4. '다리를 뻗고 자다'는 걱정 없이 마음을 놓고 편하게 잔다는 뜻으로, 어떠한 문제가 해결되었을 때 쓸 수 있는 표현입니다.

5. '다리를 뻗고 자다'는 드디어 시험이 끝나서 걱정이 사라진 친구가 사용하기에 적절한 표현입니다.

6. '호통'은 '크게 소리쳐 꾸짖음'이라는 뜻을 가지고 있습니다. '호랑이'는 '범'이라고도 하며, 사납고 무서운 맹수입니다. '먹이'는 동물이 살기 위해 먹는 것입니다.

맞춤법·받아쓰기편 해설

[1단계] '길의 중요한 통로가 되는 곳'은 '길목'입니다. '어떤 일에 몸과 마음을 다하여 힘쓰다'라는 뜻의 낱말은 '애쓰다', '생각하고 궁리하다 알게 되는 것'은 '깨달음'입니다.

[2단계] [1]의 빈칸에는 '호통', [2]의 빈칸에는 '허겁지겁', [3]의 빈칸에는 '사라져라'라고 받아써야 합니다.

[3단계] 불러 주는 말을 잘 듣고 본문에 나온 내용을 받아쓰는 문제입니다. 아이들이 맞춤법과 띄어쓰기를 잘 지키고 있는지 확인해 주세요.

27회 본문 116쪽

1 낚시
2 '물고기', '황소'에 O표
3 九 - 아홉 번, 死 - 죽을 뻔하다,
  一 - 한 번, 生 - 살아난다.
4 ③
5 첫 번째 칸에 O표
6 ④

맞춤법·받아쓰기

[1단계]
[1] ① 사방　　[2] ② 함께　　[3] ② 별안간

[2단계]
[1] 섞어라　　[2] 밝은　　[3] 던져졌다

[3단계]
[1] 주먹이의 구사일생
[2] 큰 물고기를 낚다.
[3] 죽을 뻔한 고비

1. 주먹이는 아버지와 함께 낚시를 하러 갔습니다.

2. 주먹이는 먼저 황소에게 먹히고, 이후에는 물고기에게 먹히고 말았습니다.

3. 九(아홉 구)는 '아홉 번', 死(죽을 사)는 '죽을 뻔하다', 一(하나 일)은 '한 번', 生(살 생)은 '살아난다'라는 뜻으로, 구사일생은 여러 번의 죽을 고비를 넘기고 겨우 살아난다는 뜻입니다.

4. '구사일생'이란 여러 번의 죽을 고비를 넘기고 겨우 살아난다는 뜻입니다.

5. 길을 가다가 늑대를 만났지만, 꾀를 발휘해 겨우 목숨을 구했다는 토끼의 이야기가 '여러 번의 죽을 고비를 넘기고 겨우 살아남'의 뜻을 가진 구사일생과 어울리는 내용입니다.

6. '가다'는 '목적지를 향해 가다', '시간, 세월 따위가 지나다' 등의 의미를 가지고 있는 말입니다.

맞춤법·받아쓰기편 해설

[1단계] '동, 서, 남, 북의 네 방향'을 뜻하는 낱말은 '사방', '서로 더불어'라는 뜻의 낱말은 '함께', '눈 깜짝할 사이에 갑자기'라는 뜻의 낱말은 '별안간'입니다.

[2단계] [1]의 빈칸에는 '섞어라', [2]의 빈칸에는 '밝은'이라고 받아써야 합니다. 두 문제의 정답 첫 글자의 받침은 모두 'ㄲ'입니다. [3]의 빈칸에는 '던져졌다'라고 받아써야 합니다.

[3단계] 불러 주는 말을 잘 듣고 본문에 나온 내용을 받아쓰는 문제입니다. 아이들이 맞춤법과 띄어쓰기를 잘 지키고 있는지 확인해 주세요.

28회 본문 120쪽

1 매일 부지런히 일해야지! - 두 번째 그림
  귀찮으니 마지막 날에 해야겠다. - 첫 번째 그림
2 게으름을 피운, 무뎌졌기
3 [1] 자루　　[2] 그루
4 ①
5 ③
6 이끼

맞춤법·받아쓰기

[1단계]
[1] ① 산신령　　[2] ② 이끼　　[3] ② 무디다

[2단계]
[1] 그루　　[2] 열흘　　[3] 곧장

[3단계]
[1] 나무를 베는 나무꾼
[2] 빼곡하게 자란 나무
[3] 돌도끼를 베개 삼아

1. 매일 부지런히 일한 나무꾼의 도끼는 멀쩡했지만, 게으른 나무꾼의 도끼에는 이끼가 껴서 날이 무뎌졌습니다.

2. 마지막에 나무를 한꺼번에 베려고 했던 나무꾼은 9일 동안 게으름을 피운 탓에, 도끼에 이끼가 껴서 도끼의 날이 무뎌져 나무를 베지 못했습니다.

3. 연필은 '자루', 나무는 '그루'라는 단위를 사용하여 셀 수 있습니다.

4. '구르는 돌에는 이끼가 끼지 않는다'라는 속담은 부지런하고 꾸준히 노력하는 사람은 멈추지 않고 계속 발전한다는 뜻입니다.

5. 아빠의 말씀 중 '꾸준히 연습해야 실력이 떨어지지 않고 느는 법이란다'는 말이 '부지런히 노력하는 사람은 계속 발전한다'라는 의미를 가진 '구르는 돌에는 이끼가 끼지 않는다'라는 속담과 어울립니다.

6. 이끼는 어둡고 습한 곳에서 자라는 식물로, 오랫동안 움직이지 않은 돌 따위에서 흔히 자랍니다.

맞춤법·받아쓰기편 해설

[1단계] '산을 지키고 다스리는 신'은 '산신령'입니다. '용왕님'은 '바다에 사는 용 중에 으뜸인 용'을 뜻합니다. '바위나 습지 등에서 자라는 식물'은 '이끼', '칼이나 송곳 따위의 끝이나 날이 날카롭지 못하다'라는 뜻의 낱말은 '무디다'입니다.

[2단계] [1]의 빈칸에는 '그루', [2]의 빈칸에는 '열흘'이라고 받아써야 합니다. '열흘'은 '열 개의 하루'를 뜻하는 우리말입니다. [3]의 빈칸에는 '곧장'이라고 받아써야 합니다. [곧짱]이라고 읽히지만 두 번째 글자를 된소리로 쓰지 말아야 합니다.

[3단계] 불러 주는 말을 잘 듣고 본문에 나온 내용을 받아쓰는 문제입니다. 아이들이 맞춤법과 띄어쓰기를 잘 지키고 있는지 확인해 주세요.

1 ①
2 당나귀, 모자
3 ③
4 ③
5 두 번째 칸에 O표
6 장이

맞춤법·받아쓰기

[1단계]
[1] ① 우습다　　[2] ② 가렵다　　[3] ② 울창하다

[2단계]
[1] 외치다　　　[2] 길어진　　　[3] 바람이

[3단계]
[1] 귀를 긁적이다.
[2] 잠에서 깬 임금님
[3] 임금님 귀는 당나귀 귀

1. 모자장이가 본 임금님의 귀는 마치 당나귀처럼 길어진 귀였습니다.

2. 임금님은 당나귀처럼 길어진 귀를 가릴 모자를 만들기 위해 모자장이를 불렀습니다.

3. 임금님의 비밀을 아무에게도 말을 할 수 없어 답답했던 모자장이는 대나무 숲에 찾아갔습니다.

4. '귀가 가렵다'는 다른 사람이 나에 대한 얘기를 하고 있는 것처럼 느껴진다는 의미를 가지고 있습니다.

5. 친구들이 나에 대한 이야기를 하고 있다고 생각한 지민이가 쓸 수 있는 적절한 표현은 '귀가 가렵다'입니다.

6. '장이'는 '어떤 것에 대한 기술을 가진 사람'을 뜻합니다.

맞춤법·받아쓰기편 해설

[1단계] '재미가 있어 웃고 싶은 기분이다'라는 뜻의 낱말은 '우습다', '긁고 싶은 느낌이 있다'는 '가렵다', '나무가 빽빽하게 우거지고 푸르다'라는 뜻의 낱말은 '울창하다'입니다.

[2단계] [1]의 빈칸에는 '외치다', [2]의 빈칸에는 '길어진', [3]의 빈칸에는 '바람이'라고 받아써야 합니다.

[3단계] 불러 주는 말을 잘 듣고 본문에 나온 내용을 받아쓰는 문제입니다. 아이들이 맞춤법과 띄어쓰기를 잘 지키고 있는지 확인해 주세요.

1 설악산
2 첫 번째 칸에 O표
3 크고 무거운 것이 … - 쿵쿵
　작고 가벼운 것이 … - 콩콩
4 ①
5 좌충우돌
6 '눌러', '주저'에 O표

맞춤법·받아쓰기

[1단계]
[1] ② 걸음　　　[2] ① 모집하다　　[3] ① 혹시

[2단계]
[1] 부딪치며　　[2] 시작했다　　　[3] 한숨을

[3단계]
[1] 온 세상의 멋진 바위
[2] 북쪽에서 날아온 까치
[3] 설악산에 눌러앉은 울산바위

1. 울산바위는 금강산에 가던 도중, 설악산에서 까치의 이야기를 듣고 설악산에 눌러앉았습니다.

2. 울산바위는 까치에게 금강산이 온 세상의 멋진 바위들을 모집하고 있다는 말을 듣고 금강산으로 향했습니다.

3. 콩콩은 작고 가벼운 것이 바닥이나 물건에 부딪쳐 나는 소리이고, 반대로 쿵쿵은 크고 무거운 것이 바닥이나 물건에 부딪쳐 나는 소리를 말합니다.

4. '좌충우돌'은 '이리 찌르고 저리 부딪치며 여러 일을 맞닥뜨리며 나아감'이라는 뜻을 가지고 있습니다.

5. 세계 일주를 하며 여러 일을 맞닥뜨리는 내용의 영화에 어울리는 사자성어는 '좌충우돌'입니다.

6. '앉다'와 함께 쓸 수 있는 표현은 '눌러', '주저'입니다. '눌러앉다'는 같은 장소에 계속 머무름, '주저앉다'는 '섰던 자리에 힘없이 앉다'의 뜻을 가지고 있습니다.

맞춤법·받아쓰기편 해설

[1단계] '두 발을 번갈아 움직여 나아가는 동작'은 '걸음', '사람이나 작품 등을 널리 알려 뽑다'라는 뜻의 낱말은 '모집하다', '어쩌다 우연히'라는 뜻의 낱말은 '혹시'입니다. '벌써'는 '예상보다 빠르게'라는 뜻의 꾸밈말입니다.

[2단계] [1]에는 '부딪치며'라고 받아써야 합니다. '딪'의 'ㅈ' 받침에 유의해야 합니다. [2]에는 '시작했다', [3]에는 '한숨을'이라고 받아써야 합니다.

[3단계] 불러 주는 말을 잘 듣고 본문에 나온 내용을 받아쓰는 문제입니다. 아이들이 맞춤법과 띄어쓰기를 잘 지키고 있는지 확인해 주세요.

6주차 주말부록 정답　　본문 132쪽

① 배거든. / 배

31회 본문 134쪽

1 '사또'에 O표
2 ②
3 흥부 - 불난 집에 부채질 하시는 …
  놀부 부인 - 시끄러워! 썩 나가지 못해?
4 ③
5 유리
6 풀

맞춤법·받아쓰기

[1단계]
[1] ② 여덟   [2] ② 주걱   [3] ② 붙다

[2단계]
[1] 배   [2] 힘없이   [3] 도와

[3단계]
[1] 곤란한 가족들
[2] 쫓겨난 흥부
[3] 불난 집에 부채질

1. 이 이야기에서 사또는 등장하지 않습니다.

2. 흥부는 가족들이 쫄쫄 굶는 것을 더 이상 지켜볼 수 없어 밥이라도 얻기 위해 놀부의 집에 찾아갔습니다.

3. 쫓겨난 흥부가 '불난 집에 부채질 하시는 건가요? 정말 너무 하십니다'라고 말하자, 놀부 부인은 '시끄러워! 썩 나가지 못해?'라고 말하였습니다.

4. '불난 집에 부채질 한다'는 '도와주지는 못할망정 곤란한 사람을 더 곤란하게 만든다'라는 의미로 쓰입니다.

5. 배탈이 난 친구를 놀리며 햄버거를 먹는 유리의 모습이 '도와주지는 못할망정 곤란한 사람을 더 곤란하게 만든다'라는 뜻을 가지고 있는 '불난 집에 부채질'이라는 표현과 어울립니다.

6. '풀'은 '가위와 풀'과 같이 접착제의 종류뿐만 아니라 '풀잎'처럼 식물의 의미로 쓰일 수 있고, '밥' 뒤에 붙어 '밥풀'로 쓰이면 '밥알'이라는 의미로 쓰입니다.

맞춤법·받아쓰기편 해설

[1단계] '숫자 8을 이르는 우리말'은 '여덟'입니다. '일곱'은 '숫자 7을 이르는 우리말'입니다. '밥을 푸는 넓적한 도구'는 '주걱'입니다. '떨어지지 않는 상태가 되다'라는 뜻의 낱말은 '붙다'입니다. '빌다'는 '바라는 바를 이루게 하여 달라고 간절히 부탁하다'라는 뜻입니다.

[2단계] [1]의 빈칸에는 '배', [2]의 빈칸에는 '힘없이', [3]의 빈칸에는 '도와'라고 받아써야 합니다.

[3단계] 불러 주는 말을 잘 듣고 본문에 나온 내용을 받아쓰는 문제입니다. 아이들이 맞춤법과 띄어쓰기를 잘 지키고 있는지 확인해 주세요.

32회 본문 138쪽

1 첫 번째 그림에 O표
2 흥부 - 두 번째 그림
  놀부 - 첫 번째 그림
3 배가 아프다
4 ②
5 두 번째 그림에 O표
6 ③

맞춤법·받아쓰기

[1단계]
[1] ② 제일가다   [2] ② 발견   [3] ① 이듬해

[2단계]
[1] 뉘우치다   [2] 묻었다   [3] 팔꿈치

[3단계]
[1] 정성껏 치료해 준 흥부
[2] 박씨를 물어온 제비
[3] 금세 자라난 커다란 박

1. 흥부는 집 앞 마당에서 다리가 다친 제비를 발견했습니다.

2. 흥부가 연 박 안에는 여러 가지 보석이 들어있었지만, 놀부가 연 박 안에서는 도깨비가 등장하여 놀부를 마구 때리고 집을 망가뜨렸습니다.

3. 흥부가 부자가 되었다는 소식을 듣고 심술을 부리는 놀부의 모습은 '다른 사람이 잘되면 축하하는커녕 오히려 질투를 하고 시기하는 못된 마음'이라는 뜻을 가지고 있는 '배가 아프다'라는 표현이 어울립니다.

4. '배가 아프다'는 '남이 잘되어 심술이 난다'라는 의미를 가지고 있습니다.

5. 첫 번째 그림은 흥부네 가족이 박을 타는 모습이고, 세 번째 그림은 흥부가 다리를 다친 제비를 발견한 모습입니다. 두 번째 그림과 같은 내용은 이야기에 나오지 않았습니다.

6. '감다'는 '머리를 감다'와 같이 '머리를 물에 씻다'의 의미뿐만 아니라 '눈을 감다'처럼 '아래위 눈시울을 한데 붙이다'의 의미로도 쓰일 수 있습니다. '줄을 감다'에서는 '실, 끈 등을 무엇에 말다'라는 의미로 사용되었습니다.

맞춤법·받아쓰기편 해설

[1단계] '여럿 가운데서 가장 뛰어나다'라는 뜻의 낱말은 '제일가다', '미처 찾아내지 못하였거나 아직 알려지지 않은 것을 찾아냄'은 '발견', '바로 다음의 해'는 '이듬해'입니다. '이튿날'은 '그다음 날'입니다.

[2단계] [1]의 빈칸에는 '뉘우치다', [2]의 빈칸에는 '묻었다'라고 받아써야 합니다. '질문하다'라는 뜻의 '묻다', '가루 등이 들러붙다'라는 뜻의 '묻다' 모두 철자가 같지만 서로 다른 낱말입니다. [3]의 빈칸에는 '팔꿈치'라고 받아써야 합니다.

[3단계] 불러 주는 말을 잘 듣고 본문에 나온 내용을 받아쓰는 문제입니다. 아이들이 맞춤법과 띄어쓰기를 잘 지키고 있는지 확인해 주세요.

33회 | 본문 142쪽

1 '바위 뒤에'에 O표
2 당황, 답답
3 소나기
4 질문, 대답
5 ③
6 ①, ②

맞춤법·받아쓰기

[1단계]
[1] ① 숨바꼭질   [2] ① 갑자기   [3] ① 흠뻑

[2단계]
[1] 주위를   [2] 피웠다   [3] 햇볕이

[3단계]
[1] 사슴과 종달새
[2] 답답해진 호랑이
[3] 식은땀을 뻘뻘 흘리며

1. 종달새와 숨바꼭질을 하던 사슴은 바위 뒤에 숨었습니다.

2. 호랑이를 만난 종달새는 당황해서 식은땀을 흘렸습니다. 종달새는 사슴이 숨어 있는 것을 들키지 않도록 호랑이의 질문에 엉뚱한 대답을 했습니다. 종달새가 계속 동문서답을 하자 답답해진 호랑이는 휙 뒤돌아 가 버렸습니다.

3. '소나기'는 '갑자기 세차게 쏟아지다가 금방 그치는 비'를 말합니다.

4. '동문서답'은 질문과 어울리지 않는 엉뚱한 대답을 할 때 쓰는 표현입니다.

5. 종달새가 호랑이의 물음에 엉뚱한 대답을 한 이유는 친구인 사슴을 호랑이로부터 지키기 위해서였습니다.

6. '동문서답'에 어울리도록 대답을 하려면 차례대로 ①, ②번 대답과 같이 질문과는 어울리지 않는 엉뚱한 대답을 해야 합니다.

맞춤법·받아쓰기편 해설

[1단계] '술래가 숨은 사람을 찾아내는 놀이'는 '숨바꼭질', '생각할 겨를도 없이 급히'는 '갑자기', '물에 몹시 젖은 모양'은 '흠뻑'입니다. '깜짝'은 '갑자기 놀라는 모양'입니다.

[2단계] [1]의 빈칸에는 '주위를', [2]의 빈칸에는 '피웠다', [3]의 빈칸에는 [해뼈치]라고 읽히지만 '햇볕이'라고 받아써야 합니다. 받침의 'ㅌ'이 다음 글자로 넘어가면서 조사 '이'와 만나면 [치]로 발음됩니다.

[3단계] 불러 주는 말을 잘 듣고 본문에 나온 내용을 받아쓰는 문제입니다. 아이들이 맞춤법과 띄어쓰기를 잘 지키고 있는지 확인해 주세요.

34회 | 본문 146쪽

1 고운 말만 하는 나무꾼 - 귀여워라. …
  험한 말만 하는 나무꾼 - 정말 못생겼구나! …
2 ③
3 길, 말, 날
4 칭찬, 선물
5 선규에 O표
6 ①

맞춤법·받아쓰기

[1단계]
[1] ② 험담   [2] ① 반성   [3] ② 투덜대다

[2단계]
[1] 흉측하게   [2] 귀한   [3] 눈살

[3단계]
[1] 흠씬 혼내 주다.
[2] 몹시 흐뭇해진 호랑이
[3] 늠름하게 자라겠구나.

1. 고운 말만 하는 나무꾼은 새끼 호랑이에게 '귀여워라. 씩씩하고 늠름한 어른 호랑이로 크겠구나!'라고 말했고, 험한 말만 하는 나무꾼은 새끼 호랑이에게 '정말 못생겼구나! 나중에 아주 사납고 흉측하게 자라겠어.'라고 말했습니다.

2. 엄마 호랑이는 고운 말만 하는 나무꾼이 새끼 호랑이에게 칭찬을 해 주었기 때문에 그에게만 선물을 주었습니다.

3. '험하다'는 여러 가지 의미로 쓰이는데, '길이 험하다'는 길이 가기 힘들만큼 상태가 좋지 않다'라는 의미이고, '말이 험하다'는 '말이 막되다'라는 의미입니다. '날씨가 험하다'는 '날씨가 좋지 않고 위태롭다'라는 뜻으로 쓰입니다.

4. 고운 말만 하는 나무꾼이 먼저 새끼 호랑이에게 칭찬을 해 주었기 때문에, 흐뭇해진 엄마 호랑이가 고운 말만 하는 나무꾼에게 선물을 주었습니다.

5. '가는 말이 고와야 오는 말이 곱다'라는 속담은 선규의 말과 같이 '내가 남에게 말이나 행동을 좋게 해야 남도 나에게 좋게 한다'라는 뜻입니다.

6. 민영이와 명준이가 친해지려면 민영이가 먼저 명준이를 놀리지 않고 칭찬을 해주면 됩니다. '가는 말이 고와야 오는 말이 곱다'라는 속담과 어울리는 상황입니다.

맞춤법·받아쓰기편 해설

[1단계] '남의 흠을 들추어 헐뜯음'은 '험담', '자신의 일과 행동에 잘못이나 부족함이 없는지 돌이켜 봄'은 '반성', '낮은 목소리로 자꾸 불평을 하다'는 '투덜대다'입니다.

[2단계] [1]에는 '흉측하게', [2]에는 '귀한'이 들어가야 하며, [3]의 빈칸에 들어갈 낱말은 [눈쌀]로 읽히지만 '눈살'로 받아써야 합니다.

[3단계] 불러 주는 말을 잘 듣고 본문에 나온 내용을 받아쓰는 문제입니다. 아이들이 맞춤법과 띄어쓰기를 잘 지키고 있는지 확인해 주세요.

35회 본문 150쪽

1 ②
2 그렇다면 여우가 찾아와도 …
3 두 번째 그림에 O표
4 ③
5 두 번째 칸에 O표
6 표정이 밝다 - 첫 번째 그림
　표정이 어둡다 - 두 번째 그림

맞춤법·받아쓰기

[1단계]
[1] ② 먹이　[2] ① 내놓다　[3] ② 그제야

[2단계]
[1] 이빨　　[2] 내놓지　　[3] 도움을

[3단계]
[1] 어두운 얼굴
[2] 바깥에 불러둔 사냥꾼
[3] 황새의 다리는 빨갛다.

1. 까치는 여우가 매일 찾아와 먹이를 내놓으라고 하는 것이 걱정이었습니다.

2. 황새가 '여우는 나무를 오르지 못한다'라고 얘기해주자 까치는 황새의 말을 믿고 안심하였습니다.

3. 여우를 따라 동굴로 따라간 황새는 여우에게 다리를 물려 아직까지 빨갛다고 합니다.

4. '눈도 깜짝 안 하다'는 '조금도 놀라거나 당황하지 않고 태연하다'라는 뜻입니다.

5. '눈도 깜짝 안 하다'는 '조금도 놀라거나 당황하지 않고 태연하다'라는 뜻이므로 '아무렇지 않은 듯 태연하게'로 바꿔 쓸 수 있습니다.

6. '표정이 밝다'는 환하게 웃고 있는 그림과, '표정이 어둡다'는 얼굴에 걱정이 가득한 그림과 어울립니다.

맞춤법·받아쓰기편 해설

[1단계] '동물들의 먹을거리'는 '먹이', '밖으로 옮겨 놓거나 꺼내 놓다'는 '내놓다', '바로 그때에 이르러서야 비로소'는 '그제야'입니다. '도리어'는 '생각과 반대되거나 다르게'라는 뜻입니다.

[2단계] [1]의 빈칸에는 '이빨'(소리 나는 대로 받아쓰면 됩니다), [2]의 빈칸에는 '내놓지', [3]의 빈칸에는 '도움을'이라고 받아써야 합니다.

[3단계] 불러 주는 말을 잘 듣고 본문에 나온 내용을 받아쓰는 문제입니다. 아이들이 맞춤법과 띄어쓰기를 잘 지키고 있는지 확인해 주세요.

36회 본문 156쪽

1 두 번째 그림에 O표
2 왕 - 마음씨가 나빴습니다.
　　사람들을 괴롭혔습니다.
　빌헬름 텔 - 활을 아주 잘 쐈습니다.
　　　　마음씨가 착했습니다.
3 ①
4 百- 백 번, 發 - 쏘아서,
　百 - 백 번, 中 - 가운데에 맞힌다.
5 찬우에 O표
6 '사과'에 O표

맞춤법·받아쓰기

[1단계]
[1] ② 쏘다　　[2] ② 머리끝　[3] ① 그만하다

[2단계]
[1] 올려놓다　[2] 잡아들여라　[3] 꽂히다

[3단계]
[1] 마음씨 나쁜 왕
[2] 정확히 맞히다.
[3] 나무에 묶인 아들

1. 왕은 빌헬름 텔의 아들을 묶은 후에 아들의 머리에 사과를 올려 놓고 빌헬름 텔에게 사과를 정확히 맞힌다면 아들과 빌헬름 텔을 살려주겠다고 했습니다.

2. 왕은 마음씨가 나빠 사람들을 괴롭혔고, 빌헬름 텔은 활을 아주 잘 쏘는 착한 사람이었습니다.

3. 빌헬름 텔은 백 번 활을 쏘면 백 번 모두 정확하게 맞힐 만큼 활을 아주 잘 쏘는 사람이었기 때문입니다.

4. 百(일백 백)은 '백 번', 發(쏠 발)은 '쏘아서', 百(일백 백)은 '백 번', 中(가운데 중)은 '가운데에 맞힌다'라는 한자로, '백발백중'은 '백 번 활을 쏘면 백 번 다 가운데에 맞힌다'라는 뜻입니다.

5. '백발백중'은 '백 번 활을 쏘면 백 번 다 가운데에 맞힌다'라는 뜻이므로 농구공을 던질 때마다 항상 골대에 넣는 찬우의 경우에 어울립니다.

6. '사과'는 과일의 종류로 쓰일 뿐만 아니라 잘못에 대해 용서를 비는 행위에도 쓸 수 있습니다.

맞춤법·받아쓰기편 해설

[1단계] '활이나 총, 대포 따위를 목표를 향해 발사하다'라는 뜻의 낱말은 '쏘다', '머리의 끝'은 '머리끝', '하던 일을 그만 멈추다'는 '그만하다'입니다.

[2단계] [1]에는 '올려놓다', [2]에는 '잡아들여라', [3]에는 '꽂히다'라고 받아써야 합니다. '꽂히다'의 받침에 유의해 주세요.

[3단계] 불러 주는 말을 잘 듣고 본문에 나온 내용을 받아쓰는 문제입니다. 아이들이 맞춤법과 띄어쓰기를 잘 지키고 있는지 확인해 주세요.

37회 | 본문 160쪽

1 '새', '부엉이'에 O표
2 낮, 밤
3 장
4 ③
5 ③
6 호기심

맞춤법·받아쓰기

[1단계]
[1] ① 소용　　　[2] ② 숲　　　[3] ② 코웃음

[2단계]
[1] 옛날에　　　[2] 낮에만　　　[3] 가둬

[3단계]
[1] 호기심 많은 부엉이
[2] 새장 안에 갇힌 새
[3] 소 잃고 외양간 고치기

38회 | 본문 164쪽

1 첫 번째로 노래를 부른 까닭 - 고기를 발견해서
　두 번째로 노래를 부른 까닭 - 여우가 부추겨서
2 첫 번째 칸에 O표
3 2, 3, 1
4 ③
5 첫 번째 칸에 O표
6 ③

맞춤법·받아쓰기

[1단계]
[1] ② 이윽고　　[2] ① 순간　　[3] ② 후회

[2단계]
[1] 재빨리　　　[2] 앉아라　　　[3] 넣다

[3단계]
[1] 땅에 떨어진 고기
[2] 후회하는 까마귀
[3] 바람을 넣는 여우

1. 이야기에서는 새장 안의 새와 그 모습을 지켜보던 부엉이가 대화를 나누었습니다.

2. 새가 밤에만 노래를 하는 이유는, 새가 숲에 있었을 때 낮에 노래를 부르다가 지나가던 인간에게 붙잡혀 새장에 갇혀 버렸기 때문입니다.

3. '장'은 물건을 넣어두는 공간을 뜻하는 글자로, '새장'은 '새를 넣어 기르는 곳', '옷장'은 '옷을 넣어두는 가구', '장롱'은 '옷이나 작은 물건들을 넣어두는 가구'라는 의미로 쓰였습니다.

4. '소 잃고 외양간 고친다'라는 말은 일이 이미 잘못된 뒤에야 뒤늦게 손을 쓴다는 뜻입니다.

5. '소 잃고 외양간 고친다'라는 말은 일이 이미 잘못된 뒤에야 뒤늦게 손을 쓴다는 뜻으로, 다음부터는 다친 후에 후회하지 말고 미리 안전장비를 하라는 충고가 어울립니다.

6. '호기심'은 '새롭고 신기한 것을 알고 싶어 하는 마음'이라는 뜻입니다.

맞춤법·받아쓰기편 해설

[1단계] '쓸 곳, 쓰이는 바'라는 뜻의 낱말은 '소용'입니다. '나무가 우거진 곳'은 '밤'이 아니라 '숲'입니다. '콧소리를 내어 남을 비웃는 웃음'은 '코웃음'입니다. '눈웃음'은 '소리 없이 눈으로 웃는 웃음'을 말합니다.

[2단계] [1]의 빈칸에는 '옛날에', [2]의 빈칸에는 '낮에만'으로 받아써야 합니다. '낮'의 받침을 틀리지 않도록 유의하세요. [3]의 빈칸에는 '가둬'로 받아써야 합니다. '가둬'는 '가두어'가 줄어서 만들어진 표현입니다.

[3단계] 불러 주는 말을 잘 듣고 본문에 나온 내용을 받아쓰는 문제입니다. 아이들이 맞춤법과 띄어쓰기를 잘 지키고 있는지 확인해 주세요.

1. 처음에 까마귀는 큰 고기를 발견하여 신나는 마음에 노래를 불렀습니다. 두 번째에는 여우의 칭찬을 듣고 기분이 좋아져 노래를 불렀습니다.

2. 여우가 까마귀를 칭찬하며 노래를 불러달라고 한 이유는 까마귀를 부추겨서 고기를 뺏어먹기 위해서였습니다.

3. 까마귀는 큰 고기를 발견하고 나무 위에서 혼자 먹으려고 하였지만 여우의 꾀에 넘어가서 여우에게 고기를 뺏기고 말았습니다.

4. '바람을 넣다'는 '남을 부추겨서 무언가를 하려는 마음이 들게 하다'라는 뜻입니다.

5. '바람을 넣다'는 '남을 부추겨서 무언가를 하려는 마음이 들게 하다'라는 뜻이므로, 여우가 까마귀를 부추겨 노래를 하게 하는 말에 어울리는 표현입니다.

6. '부리'는 '새의 입'을 말합니다. 따라서 ③의 사진이 정답입니다.

맞춤법·받아쓰기편 해설

[1단계] '얼마 정도의 시간이 지나'라는 뜻을 지닌 낱말은 '이윽고'입니다. '아주 잠깐 동안'은 '순간'입니다. '시간'은 '어떤 시각에서 어떤 시각 사이'라는 뜻입니다. '이전의 잘못을 깨치고 뉘우침'이란 뜻의 낱말은 '후회'입니다.

[2단계] [1]의 빈칸에는 '재빨리', [2]의 빈칸에는 '앉아라', [3]의 빈칸에는 '넣다'라고 받아써야 합니다. '앉아라'와 '넣다'의 받침을 틀리지 않도록 조심하세요.

[3단계] 불러 주는 말을 잘 듣고 본문에 나온 내용을 받아쓰는 문제입니다. 아이들이 맞춤법과 띄어쓰기를 잘 지키고 있는지 확인해 주세요.

39회 본문 168쪽

1 머리 - "네가 앞장을 선다면 위험할 거야."
　　꼬리 - "나는 왜 항상 네 뒤만 … "
2 첫 번째 그림에 O표
3 ③
4 右 - 오른쪽으로, 往 - 갔다가,
　　左 - 왼쪽으로, 往 - 갔다가
5 O, X, O
6 두 번째 칸에 O표

맞춤법·받아쓰기

[1단계]
[1] ① 벌컥　　[2] ① 위험하다　　[3] ② 혼자

[2단계]
[1] 왼쪽　　　[2] 돌멩이　　　　[3] 기어

[3단계]
[1] 수풀을 지나는 뱀
[2] 꼬리가 앞장을 서다.
[3] 내 생각이 짧았어.

1. 뱀의 꼬리는 항상 머리의 뒤만 졸졸 따라다니는 것이 불만이었습니다. 그러자 뱀의 머리는 꼬리에게 '너는 눈이 없으니 네가 앞장을 선다면 위험할거야'라고 말했습니다.

2. 뱀의 꼬리에는 눈이 없어서 앞장을 섰을 때 자꾸 이리저리 부딪혔습니다.

3. 뱀의 꼬리는 자신이 앞장을 서자 오른쪽으로 가는지 왼쪽으로 가는지도 모르고 계속 어딘가에 부딪혀서 머리에게 다시 앞장을 서라고 말했습니다.

4. 右(오른쪽 우)는 '오른쪽'으로, 往(갈 왕)은 '갔다가', 左(왼쪽 좌)는 '왼쪽으로', 往(갈 왕)은 '갔다가'라는 뜻으로, 우왕좌왕은 '어떤 일을 할 때에 올바른 방향을 잡지 못하고 이리저리 왔다갔다하는 모습'을 두고 쓰는 말입니다.

5. '우왕좌왕'은 '어떤 일을 할 때에 올바른 방향을 잡지 못하고 이리저리 왔다갔다하는 모습'을 두고 쓰는 말로, [1]과 [3]의 상황에 어울리는 표현입니다.

6. '조금만', '한참', '바로 앞'으로 봤을 때 가장 먼 곳은 한참을 가야 하는 병원입니다.

맞춤법·받아쓰기편 해설

[1단계] '갑자기 화를 내거나 기운을 쓰는 모양'은 '벌컥', '다치거나 크게 해를 입을 일이 많다'는 '위험하다', '다른 사람과 어울리거나 함께 있지 않고 동떨어져서'라는 뜻의 낱말은 '혼자'입니다.

[2단계] [1]에는 '왼쪽', [2]에는 '돌멩이'('돌맹이'로 잘못 쓰지 않도록 조심하세요), [3]에는 '기어'라고 받아써야 합니다.

[3단계] 불러 주는 말을 잘 듣고 본문에 나온 내용을 받아쓰는 문제입니다. 아이들이 맞춤법과 띄어쓰기를 잘 지키고 있는지 확인해 주세요.

40회 본문 172쪽

1 '붉은 꽃씨'에 O표
2 상을 받은 사람 - 두 번째 그림
　　상을 받지 못한 사람 - 첫 번째 그림
3 두 번째 칸에 O표
4 ②
5 두 번째 칸에 O표
6 꽃이 - 피다, 싹이 - 트다

맞춤법·받아쓰기

[1단계]
[1] ② 욕심　　[2] ② 시험하다　　[3] ① 화분

[2단계]
[1] 거짓말　　[2] 팥　　　　　[3] 어리둥절

[3단계]
[1] 붉은 꽃씨
[2] 매일 물을 주었습니다.
[3] 큰 상을 받은 정직한 소년

1. 왕은 사람들에게 붉은 꽃씨를 나누어 주어 그들을 시험했습니다.

2. 소년은 꽃을 피우지는 못했지만 정직했기 때문에 상을 받게 되었고, 다른 사람들은 꽃을 피웠지만 정직하지 못했기 때문에 상을 받지 못하였습니다.

3. 꽃을 피우지 못한 소년에게 왕이 상을 내린 이유는 소년만이 정직했기 때문입니다.

4. '콩 심은데 콩 나고 팥 심은 데 팥 난다'라는 말은 '모든 일은 원인에 따른 결과가 나온다'는 말입니다.

5. '콩 심은데 콩 나고 팥 심은 데 팥 난다'라는 말은 '모든 일은 원인에 따른 결과가 나온다'는 말로, 찬웅이는 매일 놀기만 했기 때문에 시험에서 0점을 받았습니다.

6. '트다'와 '피다'는 둘 다 '꽃봉오리나 잎 따위가 벌어지다'라는 뜻을 가지고 있지만 '꽃'은 '피다'와, '싹'은 '트다'와 함께 쓰입니다.

맞춤법·받아쓰기편 해설

[1단계] '무엇을 탐내는 마음'은 '욕심', '사람의 됨됨이를 알기 위하여 떠보다'는 '시험하다', '꽃을 심어 가꾸는 그릇'은 '화분'입니다.

[2단계] [1]에는 '거짓말', [2]에는 '팥', [3]에는 '어리둥절'이라고 받아써야 합니다.

[3단계] 불러 주는 말을 잘 듣고 본문에 나온 내용을 받아쓰는 문제입니다. 아이들이 맞춤법과 띄어쓰기를 잘 지키고 있는지 확인해 주세요.

8주차 주말부록 정답 본문 176쪽

소 잃고 외양간 고친다, 백발백중, 콩 심은 데 콩 나고 팥 심은 데 팥 난다

스스로 붙임딱지 활용법

공부를 마치면 아래 보기를 참고해 알맞은 붙임딱지를 '학습결과 점검표'에 붙이세요. ※붙임딱지는 마지막 장에 있습니다.

**다 풀고 나서
스스로 대단하다는
생각이 들었을 때**
- 정답 수 : 3개 이상
- 걸린 시간 : 10분 이하

**열심히 풀었지만
어려운 문제가 있었을 때**
- 정답 수 : 2개 이하
- 걸린 시간 : 20분 이상

**오늘 읽은 글이
재미있었을 때**
- 내용이 어려웠지만
점수와 상관없이
학생이 재미있게 학습했다면

**스스로 공부를 시작하고
끝까지 마쳤을 때**
- 학생이 스스로 먼저
오늘 할 공부를 시작하고
끝까지 했다면

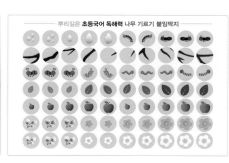

독해력 나무 기르기 붙임딱지 활용법

공부를 마치면 아래 설명을 참고해 알맞은 붙임딱지를 '독해력 나무 기르기'에 붙이세요. 나무를 완성해 가면서 끝까지 공부를 했다는 성취감을 느껴 보세요. ※독해력 나무 기르기는 뒤쪽에 있습니다.

❶ 그날 학습을 마쳤을 때, 학습을 한 회차 칸에 어울리는 붙임딱지를 자유롭게 붙이세요.
❷ 첫째~셋째 줄까지는 뿌리 부분(1~20일차)에 붙이는 붙임딱지입니다. 뿌리 모양 붙임딱지는 뿌리 끝의 모양에 맞춰서 붙여 보세요.
❸ 넷째~일곱째 줄까지는 나무 부분(21~40일차)에 붙이는 붙임딱지입니다.

2025 The 5th Mothertongue Scholarship for TOP Elementary School Students

2025 마더텅 제5기 초등학교 성적 우수 장학생 모집

2025년 저희 교재로 열심히 공부해 주신 분들께 장학금을 드립니다!

대상 30만 원 / 금상 10만 원 / 은상 3만 원

지원 자격 및 장학금 초1 ~ 초6

지원 과목 국어 / 영어 / 한자 중 1과목 이상 지원 가능 ※여러 과목 지원 시 가산점이 부여됩니다.

성적 기준
아래 2가지 항목 중 1개 이상의 조건에 해당하면 지원 가능
① 2024년 2학기 혹은 2025년 1학기 초등학교 생활통지표 등 학교에서 배부한 학업성취도를 확인할 수 있는 서류
② 2024년 7월~2025년 6월 시행 초등학생 대상 국어/영어/한자 해당 인증시험 성적표
책과함께 KBS한국어능력시험, J-ToKL, 전국영어학력경시대회, G-TELP Jr., TOEFL Jr., TOEIC Bridge, TOSEL, 한자능력검정시험(한국어문회, 대한검정회, 한자교육진흥회 주관)

위 조건에 해당한다면 마더텅 초등 교재로 공부하면서 느낀 점과 공부 방법, 학업 성취, 성적 변화 등에 관한 자신만의 수기를 작성해서 마더텅으로 보내 주세요. 우수한 글을 보내 주신 분들께 수기 공모 장학금을 드립니다!

응모 대상 마더텅 초등 교재들로 공부한 초1~초6

뿌리깊은 초등국어 독해력, 뿌리깊은 초등국어 독해력 어휘편, 뿌리깊은 초등국어 독해력 한국사, 뿌리깊은 초등국어 한자, 초등영문법 3800제, 초등영문법 777, 초등교과서 영단어 2400, 초등영어 받아쓰기·듣기 10회 모의고사, 비주얼파닉스 Visual Phonics, 중학영문법 3800제 스타터 및 기타 마더텅 초등 교재 중 1권 이상으로 신청 가능

응모 방법

① 마더텅 홈페이지 이벤트 게시판에 접속
② [2025 마더텅 초등학교 장학생 선발] 클릭 후 [2025 마더텅 초등학교 장학생 지원서 양식]을 다운
③ [2025 마더텅 초등학교 장학생 지원서 양식] 작성 후 메일(mothert.marketing@gmail.com)로 발송

접수 기한 2025년 7월 31일   수상자 발표일 2025년 8월 12일   장학금 수여일 2025년 9월 10일

뿌리깊은 초등국어 독해력 나무 기르기

*하루 공부를 마칠 때마다 붙임딱지를 붙여서 독해력 나무를 길러보세요!

| 이름 | | 공부 시작한 날 | 년 월 일 | 공부 끝난 날 | 년 월 일 |

● 가장 좋았던 글은 무엇이었나요? 제목

이유

독해력 나무 기르기 완성하고, 선물 받으세요! 참여자 전원 증정! 🎁

책을 다 풀고
SNS 또는 수험생 커뮤니티에
작성한 학습계획표 사진을 업로드

좌측 QR코드를 스캔하여
작성한 게시물의
URL 인증

전 원 증 정
CU 모바일상품권 1천 원권 + B 2천 점

필수 태그 #마더텅 #초등국어 #뿌리깊은 #계획표 #초등학생 #독해력
SNS / 수험생 커뮤니티 페이스북, 인스타그램, 블로그, 네이버/다음 카페 등

※ 상품은 이벤트 참여일로부터 2~3일(영업일 기준) 내에 발송됩니다.
※ 동일한 교재의 학습계획표로 중복 참여시, 이벤트 대상에서 제외됩니다.
※ 자세한 사항은 왼쪽 QR 코드를 스캔하거나 또는 홈페이지 이벤트 공지글을 참고해 주세요.
※ 부모님께서 직접 신청해 주세요.
※ 이벤트 기간: 2024년 12월 31일까지 (※해당 이벤트는 당사 사정에 따라 조기 종료될 수 있습니다.)

 Book 포인트란? 마더텅 인터넷 서점(http://book.toptutor.co.kr)에서 교재 구매 시 현금처럼 사용할 수 있는 포인트입니다.